中国特色社会主义法治理论系列教材
编审委员会

（按姓氏笔画排序）

·中国特色社会主义法治理论系列教材·

黄　进／总主编

行政法与行政诉讼法

林鸿潮／著

中国政法大学出版社

2017·北京

图书在版编目（ＣＩＰ）数据

行政法与行政诉讼法/林鸿潮著.—北京：中国政法大学出版社，2017.8
ISBN 978-7-5620-7588-2

Ⅰ.①行… Ⅱ.①林… Ⅲ.①行政法－中国②行政诉讼法－中国 Ⅳ.①D922.1②D925.3

中国版本图书馆CIP数据核字(2017)第154915号

书　　名	行政法与行政诉讼法 Xingzhengfa Yu Xingzhengsusongfa	
出 版 者	中国政法大学出版社	
地　　址	北京市海淀区西土城路 25 号	
邮　　箱	fadapress@163.com	
网　　址	http://www.cuplpress.com（网络实名：中国政法大学出版社）	
电　　话	010-58908435(第一编辑部) 58908334(邮购部)	
承　　印	固安华明印业有限公司	
开　　本	787mm×1092mm　1/16	
印　　张	21.25	
字　　数	426 千字	
版　　次	2017 年 8 月第 1 版	
印　　次	2017 年 8 月第 1 次印刷	
印　　数	1~4000 册	
定　　价	49.00 元	

总　序

今年是中国政法大学建校 65 周年。经过 65 年的建设发展，中国政法大学作为国家"211 工程""985 工程优势学科创新平台"和"2011 计划"重点建设大学，已从一所普通大学成长为如今具有国际影响力的国内一流大学，被誉为"中国法学教育的最高学府"和"中国人文社会科学领域的学术重镇"。法大一直秉承"厚德、明法、格物、致公"的校训精神，坚持"学术立校、人才强校、质量兴校、特色办校、依法治校"的办学理念，以"经国纬政、法治天下""经世济民、福泽万邦"为办学使命，形成了独特的法学教育理念，积累了丰富的法治理论研究和法治人才培养经验，汇集了一批自强不息、追求卓越的学术名师。在实现中华民族伟大复兴中国梦的征程中，法大正致力于建设开放式、国际化、多科性、创新型的世界一流法科强校，并积极推进国家法治建设和高等教育事业的发展，以卓越的人才培养、科学研究、社会服务推动国家法治昌明、政治民主、经济发展、文化繁荣、社会和谐及生态文明，书写着充满光荣与梦想、开拓与奋进的时代华章。

习近平总书记今年 5 月 3 日考察中国政法大学时指出：全面推进依法治国是一项长期而重大的历史任务，全面依法治国是一个系统工程，法治人才培养是其重要组成部分；办好法学教育，必须坚持中国特色社会主义法治道路，坚持以马克思主义法学思想和中国特色社会主义法治理论为指导，立德树人，德法兼修，培养大批高素质法治人才。他特别强调：高校是法治人才培养的第一阵地，要为完善中国特色社会主义法治体系、建设社会主义法治国家提供理论支撑，努力以中国智慧、中国实践为世界法治文明建设作出贡献；对世界上的优秀法治文明成果，要积极吸收借鉴，但也要加以甄别，有条件地吸收和转化，不能囫囵吞枣、照搬照抄；要坚持从我国国情和实际出发，正确解读中国现实、回答中国问题，提出标识性学术概念，打造具有中国特色和国际视野的学术话语体系，尽快把我国法学学科体系和教材体系建立起来。为了贯彻落实习近平总书记的"5.3"重要讲话精神，中国政法大学秉承先进的法学教育理念，充分利用学校教师资源、出版资源和数字网络平台优势，深谋远虑、善作善为，自今年5月就开始积极打造摆在读者面前的这套全新的立体化、数字化法学系列教材。

据我所知，本系列教材的编写人员均为法大从事一线教学工作多年、拥有丰富法学教学经验和丰硕科研成果、教学特点鲜明的中青年教师，他们在法大深受学生喜爱和好评，有的还连续数年当选"中国政法大学最受本科生欢迎的老师"。本系列教材就是他们立足于法学教育改革和人才培养模式创新的需要，结合互联网资源信息化、数字化的特点，以自己多年授课形成的讲义为基础，根据学生课堂学习和课外拓展的需求与信息反馈，经过细致的加工与打磨，用心编写而成的。本系列教材可以说是各位编写人员一二十年来教学实践与探索的结晶，更是他们精雕细琢的课堂教学的载体和建模。

在我看来，本系列教材在以下几个方面颇具特色：

第一，坚持以中国特色社会主义法治理论为指导。本系列教材定位为马克思主义理论研究和建设工程重点教材的补充教材，教材的编写认真贯彻落实党的十八大、十八届三中、四中、五中和六中全会精神和习近平总书记考察中国政法大学重要讲话精神，坚持中国特色社会主义法治道路，坚持以马克思主义法学思想和中国特色社会主义法治理论为指导，坚持"立德树人、德法兼修"的法治人才培养观，坚持从我国国情和实际出发，正确解读中国现实、回答中国问题，提出标识性学术概念，用"中国智慧、中国实践"培养高素质法治人才，坚持全面准确反映中国特色社会主义法治建设丰富实践和法治理论最新理论成果，努力打造具有中国特色和国际视野的法学学术话语体系、学科体系和教材体系，为完善中国特色社会主义法治体系、建设社会主义法治国家提供理论支撑。

第二，知识呈现从整体到细节，巧构法科学习思维导图。法学教育不仅要传授学生法学基础知识，更要帮助学生在脑海中形成脉络清晰的树状知识结构图，对于如何解构法律事实、梳理法律关系、分清主次矛盾、找到解决方法，有一个科学完整的法学方法论，为学生以后从事理论研究或法律实务工作奠定坚实的基础。

第三，重点难点内容突出，主干精炼、枝叶繁茂。得益于数字网络平台的拓展功能和数字设备扫描二维码的方便快捷，本系列教材得以从过去厚重缛杂、全而不精的闭合循环中解脱出来，着力对每个知识点的通说进行深度解读并介绍主要的学术观点，力求提纲挈领、简明扼要。同时，对于每个学科的重点难点内容予以大篇幅的详细对比和研讨，力求重点难点无巨细，使学生通过学习教材能够充分掌握该学科的主要内容，并培养足以应对常见问题的能力。相关知识点的学术前沿动态和学界小众学术观点，则通过二维码栏目向学生打开课外拓展学习的窗口，使学有余力者能够有据可查、有章可循、有的放矢。

第四，注重理论教学与实践教学相结合，应试教学与实务教学相结合。法学学科是实践性很强的学科，法学教育必须妥善处理理论教学和实践教学的关系。本系列教材充分结合案例教学、情景教学、模拟法庭、法律诊所、社会调查、实习实践、团队研讨和专题研究等教学和学习方法，引导学生探究式学习，从理论走向实践、从课堂走向社会。同时，考虑到学生未来工作或继续深造的发展方向，满足学生准备国家统一法律职业资格考试和研究生入学考试的需要，本系列教材设置了专门的题库和法律法规库并定期更新，通过二维码栏目向学生开放各类考试常考的知识点及其对应的真题、模拟题，并结合司法实务的需求，提供法律法规及案例等司法实务中常用的信息，或跳转到相关资源丰富的实务网站，引领学生从单纯理论知识学习走向理论知识学习与法律实务训练同步、从应对法学考试走向应对法律实务、从全面学习走向深度研究。

第五，加强课堂教学与课下研讨相结合，文字与图表、音视频相结合。本系列教材立意除了强化课堂教学互动外，还在课下为学生提供了丰富、立体的学习资源，既有相关知识点的分析对比图表，也有包含全书的课程讲义PPT。此外，针对重点难点知识，授课教师在PPT的基础上录制讲解视频，并在网络学习平台上开辟师生交流渠道，由教师布置课后作业并通过网络学习平台打分、统计答题信息等方式，有针对性地进行二次讲解和课后答疑，在充分缩短时间和空间距离的前提下，加强师生沟通互动，不断提高教师教学效果和学生学习成效。

本系列教材是中国政法大学中青年教师多年立德树人、教书育人、潜心教学、耕耘讲台的直接成果，也是我国法学法律界同仁长期以来对中国政法大学事业发展关心、支持和帮助的结果。借此机会，我代表中国政法大学对我国法学法律界同仁，对本系列教材编辑委员会的顾问和委员，对所有编写人员和组编工作人员，表示衷心的感谢并致以崇高的敬意！我们相信，本系列教材的出版必将有力地推进中国政法大学法学教学改革创新和法治人才培养质量的提升，也将对我国法学教育起到示范和引领作用。我们也真诚希望海内外广大从事法学教育工作的专家、学者能够同我们进行坦诚交流，对本系列教材提出宝贵意见，予以批评指正。

中国政法大学的65年，是薪火相传、文化传承的65年；是耕耘不辍、拓荒法治的65年；是以人为本、尊师重教的65年；是艰苦奋斗、淡泊明志的65年；是崇尚学术、追求真理的65年；是开拓创新、放飞梦想的65年。法大之所以有今天，是因为一代又一代法大人自强不息、追求卓越，一点一滴不懈努力奋斗才有的结果。本系列教材的编写、出版，就是今日法大人对法大的贡献，就是今日法大人对法大历史的书写，就是今日法大人承前启后、继往开来的印记。法大的事业乃千秋伟业，胸怀"经国纬政、法治天下"壮志，坚守"经世济民、福泽万邦"情怀的法大人，唯有肩负起时代的使命和人民的重托，同心毕力，奋楫争先，在新的征程上继续砥砺前行！

是为序。

中国政法大学校长　黄进
2017年7月26日星期三于蓟门

前　言

　　我想说说自己学习行政法的经历和心得，对于大家学习行政法，也许可以作为一个参考。我之所以说是对"大家学习行政法"而不是"大家学好行政法"作为参考，并不是谦虚，而是我确实不知道自己的行政法学得算不算好。不过，我好歹学了、也教了很多年的行政法，学生们的评价大体还不错，至少算学得不差吧，所以觉得我自己的经历可以拿出来作为一个参考。

　　我和行政法的缘分完全是一场偶遇。我上本科的时候，行政法学得并不好。当然，这不怪给我们上课的胡锦光老师，而是因为我自己实在没兴趣；这其实也不怪我，因为我的大多数同学也对行政法不感兴趣。所以，我在当了老师之后，每当看到对行政法怀着浓厚兴趣的本科同学，总是暗自惊讶和敬佩。我念本科的时候，主要精力都用于去学习民法和民诉了。所以，当我被确定保送（现在叫推免，不过我不喜欢这个叫法，"保"和"送"多好听啊！）本校研究生之后，我便毫不犹豫地选择了知识产权专业。但是，后来学院说保送的同学不能选择民商法（包括知识产权）、经济法和国际法这三个热门专业，导致我最终没有念成知识产权专业。这个限制保送生选择专业的事情，当时在人大法学院还引起了一场小风波。当事的分管副院长韩大元老师颇为我们这几个保送生说了好话，争得了一些权益，我是很感动的，所以就选择了他作为学科带头人的专业——宪法和行政法。到了入学面试的时候，我发现这个专业来了一位新老师，是搞行政法的，很和蔼亲切。后来一打听，是刚刚从重庆市社科院调来人大的莫于川老师，尽管那个时候我对什么是行政法基本上还是一头雾水，但我还是找到莫老师，说要跟他学习行政法。

　　上了研究生，我的行政法依然学得不好。当然，这也不能怪我的导师莫于川教授，而是因为我没有时间好好地进行专业学习：由于我们是人大法学院第一届两年制法学硕士，时间本来就短，还碰上2003年"非典"停课（后来并没有补），再加上当年司考因"非典"而延期，以及后来又要应付研究生英语考试（我的英语一直学得不理想），导致留给学习专业知识的时间就特别少了。并且因为我决定考博，但人大的宪法与行政法专业博士入学考试有个很奇葩的做法，就是不考行政法，只考宪法。所以，我在努力考博复习时也没有学过一丁点的行政法，但最后居然还是考上了博士。

直到这个时候，我才开始正式学习行政法，但走的是"野路子"。当时，我为了挣一点生活费，在一位师兄的引荐下开始去讲司法考试，讲的自然是行政法。由于上这个课的学生都怀着考试过关的目的，并付了不菲的代价，他们对老师授课效果的要求很高，所以讲这个课压力很大。在这个压力的倒逼下，我不得不头悬梁、锥刺股地边学边教，现学现卖，吐血恶补。大约过了一年时间，我才感觉自己的行政法功底变得比较扎实了。所以有句话说，兴趣是最好的老师，我觉得这句话适合对小孩子说，对于成年人，应用或者说需求才是最好的老师，学以致用才学得最快。

虽说我学行政法的经历是个不折不扣的"野路子"，但毕竟还是把它学懂了、学通了，起码是能够用来教学、科研、混饭吃，这里还是有几点值得总结的心得：

第一，学好民法、民事诉讼法对于学好行政法至关重要。我是由于意外的原因学的行政法，之所以能够在比较短的时间内达到可以用来教学的水平，和原来有着比较扎实的民法、民事诉讼法基础有很大的关系。行政法这个学科很年轻，它的很多概念、体系和范式来源于民法，而行政诉讼法更是脱胎于民事诉讼法，学好民法、民事诉讼法，行政法与行政诉讼法上的很多东西就能够触类旁通，特别是关键性的东西才能够理解得透彻。

第二，学点公共管理对掌握行政法大有裨益。公共管理是行政法的上游学科，这两个学科在建立之初甚至是不分家的，后来虽然分家了，但还是一个屋檐下的近邻。不懂公共管理就去学行政法，很容易脱离实际，在纯粹的逻辑思辨中打转，讲一些很雷人的话。我在硕士研究生期间虽然没有花多少时间去学行政法，却花了不少时间去学了很多公共管理的课程，有了这个基础，在认识行政法律现象、解决行政法律问题的时候就会得心应手。

第三，永远不要被"套路"。法学学科讲究一个体系和逻辑，很容易形成套路。是不是掌握了这个套路，往往被看作你是否入门的一个标志，因为有了这个套路，很多问题就都可以套进去并得出一个结论，还能够自圆其说，如同在流水线上生产东西，机器一转，立等可取，感觉良好。这样学习行政法最多可以让你成为一个庸才。行政法这个学科还很稚嫩，很多东西远远没有定型，很多"通说"也未必符合实际，通过套路就能够得到正确结论的东西其实很少。学习行政法，永远要有怀疑精神，要敢于打破常规、推陈出新，不被套路所羁绊。因时而变、因事而变，用理论去衡量实践，再用实践去修正理论，如此往复无穷，才是行政法的活力之源。

2017 年 7 月 26 日

林鸿潮于温州调研途中

目　录

第一章

行政法概述

　　相对于民法、刑法等学科来说，行政法是一个新兴的学科。而且，这个学科的体系还远远没有定型，甚至可能永远没有定型的那一天。因为，行政活动的活跃性、多样性、复杂性使得这个领域的新问题和新范式层出不穷，行政法需要在不断回应这些问题的过程中发展和改变自己，这使得行政法学科的知识体系一直呈现比较开放的状态。可以说，每一个时代的行政法都具有不同的特质，行政法的基本范畴在不同的时代背景下含义也不尽相同。因此，把握好这些基本范畴在当下的内涵，对于我们理解行政法的整个体系框架，对于分析每一个具体的行政法律制度和法律现象，都具有基础性的意义。

一、行政

　　行政法是调整行政活动的法律，因此，学习行政法首先应当比较准确地把握"行政"这个概念和特征，并懂得将这个概念和其他相关的概念、现象相区别。

（一）行政的概念

　　"行政"对应的是英文中的"administration"一词，从字面含义上来看就是"管理"。在某些情境下，"行政"和"管理"两个词还可能被相互替换或者结合使用。例如，与行政法学密切相关的行政学也常常被称为行政管理学或公共管理学，这里的"管理"或"行政管理"对应的也是"administration"一词。所以说，"行政"最核心的含义就是"管理"。但是，"管理"这个词的含义是十分宽泛的，人类社会在不同层次上都存在着所谓"管理"的问题，甚至一个单独的、孤立的人也存在着对自我管理的问题。如果我们简单地将"行政"和"管理"等同起来，就不可能准确地揭示其在行政法学科视野下的内涵。

　　1. 我们应当认识到，行政法上所讲的"行政"是一种公共行政，也就是特指以实现一定范围内的公共利益为目标、对公共事务实施的管理。与此相对应的概念是"私行政"，即一定的组织——包括家庭、企业、团体等——为了更好地追求、实现自身的利益而对其内部事务实施的管理。也就是说，公共部门和私人部门都存在着行政管理的问题，但只有前者才可能属于行政法调整的范围，行政法学才将其加以研究；后者则可能属于企业管理、工商管理的范畴。这一点决定了，政府等行政组织不应当具有独立于公共利益之外的自身利益，更不能为了追求这样的利益而实施行政管理活动。但是，这里有一点是值得讨论的，政府等行政组织除了对公共事务实行管理之外，也需要像任何组织一样，对自身的内部事务——如人事、财务、物资等实施管理，否则就不可能维持其自身的运转。那么，这种公共部门对自身事务的内部管理，到底是否属于行政法上所定义的"行政"呢？我们认为，答案还是肯定的。公共部门和其他任何组织一样，都需要一定的人员、资金、场所、设备等来维持自身的存在和运行，也就需要对这些人、财、物实施管理。因此，从表面上看，这些管理活动的直接目标并不是公共利益，而是组织自身的利益，似乎属于私行政的范畴。但从根本上看，公共部门对内部事务实施的这些管理活动，是为了保证其能够有效、甚至高效地履行对外的职责，而其对外职责显然具有公共性，因此这些管理活动的最终指向还是公共利益。另一方面，公共部门人、财、物的形成最终来源于公共资金，主要是税收。可以说，公共部门内部管理的任何一个环节都离不开公共资金的使用和流动，所以，这种内部管理活动的物质基础具有明显的公共性，需要通过法律进行规范和调整。此外，通过开放、公平的竞争获得进入公共机构担任公职的机会，是公民的一项重要权利。而出于保证公职人员清廉的需要，其履行职责的过程还要接受各种方式的监督，其中包含公职人员的某些个人事项。因此，公共部门中的人事管理和私人部门的明显不同之处在于应当具有相当程度的开放性和透明度，并置于法律的约束之下。总之，基于上述原因，公共部门的内部管理活动显然不同于一般组织内部的私行政，而仍然是属于公共行政的范畴，也要受到行政法的调整。也正因如此，我们才建立起了公务员制度、预算管理制度、公共资金审计制度、公产公物管理制度等，作为这一领域的法律规范。

2. 我们这里所讲的"行政"还具有十分明显的国家意志属性。公共行政主要是通过国家机构来完成的，国家的行政机构就是政府。因此，公共行政主要是国家行政、政府行政。这里有两个问题需要辨析。第一个问题，是非政府组织实施行政管理的情况。包括我国在内的大多数国家，行政主体都是二元化的，除了国家行政机关之外，还有一部分政府之外的组织——包括企业、事业单位、社会团体、自治团体等——被法律、法规授予一定范围内的行政管理权。这种做法的好处在于能够缩小政府规模、减少治理层级、降低行政成本，以及减少行政管理过程中与被管理者的冲突，等等。但无论如何，这些组织的行政管理权都不是其自身的功能中所本来具备的，而是基于法律、法规的授权，也就是仍然体现了国家的意志。换言之，只不过是国家行政权运行的另外一种形式而已。除此以外，还有大量的企事业单位、社会组织和个人接受了政府的委托，代理政府从事众多的行政管理事务，或者由政府向其购买公共服务，这体现了政府行政管理手段的多样化，有利于进一步降低行政成本并增加管理的灵活性。但在法律上，这些接受委托的组织和个人都只是政府在某项事务中的代理人，在法律上承受其行为权利义务后果的主体仍然是作为委托者的政府机构。总之，授权行政和委托行政都只是国家行政权行使方式的延伸。第二个问题，是国家行政与社会自治管理之间的关系。在新公共管理思潮的影响下，国家开始退出部分社会公共事务的管理，取而代之的是大量具有非营利性质的社会组织进入这些领域扮演治理者的角色，这种公共事务的自治化在近几十年来总体上呈现不断扩大的趋势，在我国也有相应的表现。很显然，这些社会组织所实施的管理活动也属于公共行政的范畴，但其实施管理的基础并不是国家权力，而是一定范围内团体成员对规则的自愿同意和遵守，因此不属于国家行政的范畴。在现阶段，行政法基本上还没有对这种社会行政加以调整，行政法学也还没有将其作为一个单独的问题来研究，现有的研究主要也集中在国家行政和社会行政的关系上。因此，现在行政法上讲的"行政"主要还是国家行政，还有以国家权力为依托的授权行政。

3. 现代国家的"行政"主要是一种从属性、执行性的行政。现代民主制是一种间接民主，就是人民通过选举产生立法机关——议会、人民代表大会等，立法机关制定法律之后交给行政机关来执行，这类似于一种"传送带"的机制。因此，行政机关的活动必须受到法律的约束，行政机关的意志应当从属于立法机关的意志。由此，行政法确立了其根本的原则，就是"依法行政"。可以说，现代行政法的大部分内容就是为了解决行政与立法的关系而发展起来的。当然，20世纪以来行政权在国家权力体系中的不断扩张，以及行政"疆域"在社会生活中的迅速扩大，使得行政对立法的这种从属性出现了一定的变化，这主要表现在两个方面。一方面，大量委托立法的出现使得行政机关分享了一部分立法权。随着现代经济社会活动以及相应的国家任务的日益复杂化，在一切问题上由立法机关事先制定好规则再由行政机关执行的模式已经不太行得通。立法机关不可能及时又细致地提供足够的规范对人们的行为加以调整，只能将一部分立法任务交给行政机关去完成，这主要是一些实施性的或者实验性的立法。这就是所谓的委托立法，在我国则通常称为授权立法。但是，行政机关所行使的这种立法权还是受到很多限制的：实施性的立法局限在对上位法的细化和执行，本质上是行政机关为了更好地执行议会立法而进行的一种解释；实验性的立法则通常受到立法机关较为严格的监督，并必须在一定条件和期限下上升为议会的立法。因此，总的来说，行政机关在各种情况下行使的这些制定规则的权力，相对于立法机关来说还是具有从属性的。另一个方面，就是公众参与在当代的勃兴使行政活动具有了某些直接民主的色彩。公众在重大行政决策和其他行政活动中的意见表达，以及行政机关对这些民意的吸收，使得行政活动在一定程度上具有了直接的民意基础，行政机关的决策因为源于和公众达成的共识从而具有了正当性，这似乎绕开了立法机关，增强了行政相对于立法的独立性。但我们必须看到，公众参与对行政决策的作用只是补充性的，行政机关只能在遵循既有法律规定的前提下才能对参与者的意见加以考虑和吸收，参与者的意见并不能成为行政机关突破法律规定的理由，更不可能直接替代法律成为行政的依据。因此，公众参与的出现和发展并没有改变行政对于立法的从属性，从整体上看，现代国家的行政就是对立法的执行，"行政"一词有时候可以和"执行"画上等号。

4. 这里所说的行政还是一种以公权力的运用为内容的管理活动。如前所述，公共行政主要是国家行政，其背后以国家公权力作为依托。但是，并非行政组织的所有活动都需要运用这些公权力。通常认为，行政组织在没有运用公权力的情况下从事某种活动，其身份还是一个民事主体——也就是民法上所说的机关法人，其从事的这些活动也就属于民事活动，而不是行政活动。一个经常被使用的例子，就是行政组织对外购买物资——如办公用品、家具、交通工具、食品等情况。因为购买这些物资是为了满足行政组织自身运行的需要，不是直接在履行某种行政职责，这种需求和其他组织相比并没有什么特殊之处，行政组织不可能、也不应该对交易的另外一方行使什么公权力，因此这只能是一种民事行为。但也有观点认为，即使是这样的购买行为也包含着公权力运用的因素。因为，行政组织采购物资的资金来源于税收等公共收入，对公共资金的使用必须加以严格控制，既要保证纳税人的钱不被滥用，还要保证这些钱在正确的用途上能够发挥最大的效益，就是要尽可能用最少的钱购买足够多的东西、产生足够好的效果。为了达到这一目的，法律对行政组织在交易过程中的活动必须给予一定约束，同时又需要赋予行政组织以一定的权力。在这种情况下，行政组织对外购买产品或服务的行为就具有了某种权力色彩，不能再被看作纯粹的民事交易了。政府采购制度正是由此而诞生的一种公、私混合的法律制度，作为采购方的行政组织在合同的缔约过程中拥有和行使多项公权力。因此，政府采购合同并不是单纯的民事合同，政府采购行为也不是单纯的民事活动。尽管如此，我们仍然不能认为行政组织实施的所有活动都属于行政的范畴，例如，那些没有纳入政府采购范围的小额采购就还是一种简单的民事活动。总之，行政法上所定义的"行政"指的是以公权力的行使为内在要素的公共管理活动，因此，才有必要通过法律来对这种权力的行使加以控制和规范。

由此可见，行政法上所定义的"行政"，指的是国家行政机关、法律和法规授权的组织以及他们所委托的组织和个人，按照法律的规定，运用国家公权力，以实现公共利益为目标，对一定范围内的公共事务实施管理的活动。

（二）行政的特征

基于上面对"行政"这个概念的分析，我们可以总结出行政的一些特征，并根据这些特征作为行政与其他社会活动相区别的标准。

1. 主体上的特征。行政活动的实施主体归根到底是两类，一类是国家行政机关，也就是政府；另一类是法律、法规、规章授权的组织。当然，这两类主体还可以委托其他的组织或者个人实施行政活动，但从法律上讲，受委托的组织和个人并不是这些行政活动的真正实施者，它们只是委托者的代理人，这些活动的法律后果全部都要由委托者来承担。总之，这些活动仍然应当被看作是委托者的行为。

2. 内容上的特征。行政的内容必然表现为行政权力的行使和行政职责的承担，由于对行政组织的权利义务配置强调权责的一致性，因此，权力的行使和职责的承担可以被看作是同一个过程。无论是对内还是对外实施管理，行政活动的过程必然直接或间接地包含着对权力的运用和对职责的履行。离开了这样的内容，我们就不能将其称之为行政。

3. 方式上的特征。行政权的运行方式具有执行性和积极性两个方面的特点。执行性这一点，是行政权相对于立法权来说的，这一点在前面已经进行过分析。总的来说，就是行政权的运行主要不是制定规则，而是为了执行规则。即使在一定情况下，行政机关制定了部分规则，其目的也仅仅是为了更好地理解和执行上位规则，或者为上位规则的制定积累经验。总之，就是行政权对于立法权来说具有很强的从属性。至于积极性这一点，是行政权相对于司法权来说的。尽管司法活动作为解决纠纷、定纷止争的一种手段，在广义上也属于对社会公共事务的管理。但是，司法活动具有不告不理、严守中立的特征，这一点与行政权大不相同。行政权的行使主要体现为国家对经济社会生活的一种主动管理和组织，在现代国家从"守夜人"角色转变为福利国家之后，行政权的积极性表现得更为淋漓尽致，"看得见的手"几乎无处不在。尽管在具体的方式上，行政活动存在着依职权启动的行为和依申请启动的行为，后者以行政许可最为典型。但是，即使是依申请的行政行为，这个申请事项的设定本身就已经体现了国家对个人自由的干预。因此，行政相对于司法的主动性、积极性特征是毋庸置疑的。

◆ 例 1 – 1

"城管公司"的出现

2007 年，一种新型的城管形式——城市管理公司在湖北武汉出现。这家城管公司诞生的背景是：武汉东西湖区的国营吴家山农场在快速的城市化进程中被纳入城区范围，但由于编制和经费限制，城管的步伐一时无法跟上这片新兴城区，国营吴家山农场城市管理服务公司便应运而生。"城管公司"的负责人称，公司是吴家山农场、长青街道办事处的二级单位，没有工商登记手续。但公司办公楼外却挂有"东西湖区城管局长青城管所""东西湖区城管执法局长青街执法中队"两块牌子。实际上，在这个执法中队里，除了极少数人拥有武汉市政府核发的行政执法证，其余人员就是城管公司的职员。这家公司共有三百多人，分派在保洁、市政、物业等分公司及执法中队里。2007 年，这个物业公司下属的"控违专班"在街道上撬掉一些乱停乱靠车辆的牌照，并对车主进行罚款，引起了当地媒体的声讨。

分析：这个例子提出了一个很有意思的问题，就是行政机关能不能设立企业来承担一部分行政管理任务。如果设立了这样的企业，如例子中的城管公司，那么，这些企业所实施的行为还属不属于行政管理活动？

我们知道，实施行政管理的主体只能是国家行政机关或者法律、法规、规章授权的组织。但是，其他组织和个人也有可能成为行政活动的直接实施者，只不过应当获得前面两类主体的委托而已。这个例子中的城管公司本身显然不能构成一个行政主体，因为没有任何法律、法规授予它相关的行政管理职权，而它在事实上又实施了大量的行政管理活动，我们只能将其视为是相关的主体对它进行了委托——委托者可能包括设立这个公司的长青街道办事处，也可能包括和这个公司一道挂牌办公的"东西湖区城管局长青城管所""东西湖区城管执法局长青街执法中队"。因此，这个城管公司实施的活动实际上是在行使这几个行政组织的相关职权，在性质上仍然属于行政活动，其法律后果应当由这几个委托者来承担。当然，行政主体委托其他组织和个人实施行政管理活动也不是没有条件的，在委托的条件、内容、对象等方面都应当遵循法律的规定。在这个例子当中，上述几个主体委托一个自行设立且没有工商登记的企业来协助其实施城市管理，显然是缺乏法律依据的。

◆ 例 1－2

市政管理服务的外包

2007 年，深圳宝安区西乡街道以每平方米 9.38 元的价格，把 6 项市政管理服务事项承包给鑫梓润物业管理公司。该物业公司还要承担起协助对承包区域内乱张贴、乱摆卖、劝阻乞讨、日常巡查等 7 项城市管理执法的辅助工作，再加上以前区和街道公路管理的死角。对此，西乡街道的负责人称"从政府成本角度，肯定是笔划算的'买卖'"。

分析：政府将公共服务外包越来越普遍，其目的是降低行政成本，确实是比较划算的买卖。但是，什么样行政管理事务可以外包，什么不能外包呢？服务外包是一种什么性质的行为？外包之后的公共服务还属不属于"行政"？

应当说，公共服务外包的性质还是一种行政委托，就是将公共服务的直接提供者由政府变成企业或个人，委托出去之后的公共服务当然还是属于"行政"的范畴，只不过这种委托是通过一种有偿购买服务的协议来实现而已。当然，我们要注意到能够"外包"出去的行政事务通常是那些"服务"属性比较强、"执法"属性比较弱的领域，因为对于执法事项的委托往往要受到法律上很多的限制，政府试图将这个事务外包出去是不太现实的。所以，我们在这个例子中可以看到，西乡街道外包出去的主要是一些市政管理服务事项，也就是市容市貌的维护保养。另外虽然有一些涉及执法的外包事项，如乱张贴、乱摆卖、乞讨等，但物业管理公司在这些事项中只是对行政机关的执法活动提供辅助而不是直接执法，这是和上一个武汉"城管公司"的例子明显不同之处。

二、行政法

（一）行政法的概念和体系

调整由于行政活动所发生的社会关系的法律原则和法律规范的总和，就是行政法。把握行政法的概念需要体会以下几个方面：

1. 行政法调整的是由于行政活动所发生的社会关系。行政活动在实施的过程中，由于表现为行政组织对内、对外的一系列管理行为，自然会产生相应的社会关系。而对这些行政活动加以监督、进行审查还会产生其他的社会关系，包括监督机关和被监督的行政组织之间的关系，还包括在行政诉讼中司法机关和各种诉讼主体之间的关系等。后面这些社会关系也属于行政法调整的范畴。无论如何，只有这些与行政权的行使直接相关的社会关系，才由行政法加以调整。

2. 这些社会关系经过行政法调整之后所形成的就是行政法律关系。法律的调整就是赋予相应的社会关系以权利义务内容，通过一系列的权利义务安排来指引、规范相关主体的行为，这些权利义务安排的核心内容是既保障行政权的有效行使，又对行政权加以严格控制以防止其滥用，从而保护社会个体的利益免遭侵害，或者在遭受侵害之后能够获得救济。

3. 行政法是由一系列法律原则和法律规范构成的。这里的法律规范，包括法律、法规、规章等各种层次的法律渊源当中包含着行政法上权利义务安排的全部规范。这里的法律原则，既包括整个行政法的基本原则，也包括行政法中某一部分或者某部法律的原则。行政法中哪怕是最微小的一个部分，都必须将相关的法律原则和法律规范结合起来，其内容才是完整的。

从理论上看，所有调整因行政活动而产生的社会关系的法都是行政法，但我们在一般情况下所谈论的行政法范围比这要小得多。因为，随着现代国家行政权的不断膨胀，社会生活中的几乎每一个领域都出现了行政管理的身影，这些领域众多而芜杂，相关的法律规范浩如烟海。在现实中，几乎每一个政府的管理部门就对应着一个行政法的细分领域，例如教育行政法、卫生行政法、公安行政法等。毫无疑问，这些内容都属于行政法的一部分，但我们在论及行政法的制度体系和行政法学的学科体系时，通常并不包括这些内容。因为，这些部门性的制度是由那些总体性的制度所统率的，而在我们掌握了那些总体性知识之后，也就掌握了分析这些部门性知识的工具。作为一般的行政法学习者，也没有必要对这些部门性的知识加以掌握。因此，我们通常所讲的行政法实际上指的是行政法中的基本制度，我们所讲的行政法学实际上指的是行政法学中的总论。下面，我们就在这个前提下来介绍行政法的知识体系。

行政法的知识体系可以分为四个部分：法律原则、行政组织法、行政行为与程序法、行政监督与救济法。①法律原则。作为一个独立部分的法律原则主要指的是整个行政法的基本原则，至于各个部分或各部法律的原则，应当将它们和相应的法律规范结合在一起来把握。②行政组织法。指的是有关行政组织的法律地位、组织方式、基本职权、人员管理等方面的法律制度，包括政府的组织法、行政机构的设置和编制管理、公务员法等。③行政行为与程序法。指的是调整有关行政行为实施过程的法律制度。行政活动既要受到实体法的调整，也要接受程序法的调整，即行政活动的过程也要接受法律的控制。这一点是行政法和其他法律部门的重要区别之一，因为民法、刑法都不可能存在行为上的程序法，只有解决争议的程序法——也就是民事诉讼法、刑事诉讼法。而在有关行政行为的法律制度中，实体性的规定和程序性的规定往往是紧密结合、甚至是相互融合的。因此，我们通常将这些实体性和程序性的法律制度结合在一起来掌握，然后再对一些重要的程序性制度单独提炼出来研究和把握。行政许可、行政处罚、行政强制等制度都属于典型的行政行为与程序法。④行政监督与救济法。指的是对行政活动加以监督，并对合法权益受到行政活动侵害的公民、法人或其他组织提供救济的法律制度，这些制度还常常与行政争议的解决结合在一起。这些制度有的同时具备权利救济、争议解决和监督行政活动三重功能，如行政诉讼制度和行政复议制度。当然，权利救济的功能在这里肯定是第一位的，换言之，就是这些制度通过解决行政争议的方式实现了对受到侵害的私人权益的救济，客观上又起到了监督行政机关的效果。有的制度则主要具备权利救济和监督行政活动两重功能，争议解决的色彩相对淡一些，如国家赔偿、国家补偿制度，其主要功能就是权利救济，兼有部分监督功能，但后者在制度设计中不应该被过多强调。有的制度则基本上是单纯的监督制度，没有权利救济等其他功能，如行政监察、行政审计等制度。总的来说，在监督和救济法这一部分，主体还是行政诉讼、行政复议和国家赔偿三种制度。

（二）行政法的任务

简单地说，行政法的任务解决的就是行政法用来干什么的问题。对于这个问题，主要有三种观点。第一种被称为"管理论"，就是认为行政法的任务在于保障国家能够对社会顺利地实施行政管理，保证行政权的有效行使。当然，现在已经很少有人持这样的观点了。因为，政府在行政管理中本来就处于明显的优势地位，拥有各种强制性权力，要保证行政机关顺利行使职权，没有法律也能够做到。在没有行政法的历史阶段，我国政府依靠政治动员，依靠行政命令，依靠颁发红头文件也一直很顺利地行使着职权。因此，行政法是否存在这种任务是十分值得怀疑的。第二种被称为"控权论"，认为行政法的任务在于规范行政权的行使，控制行政权的滥用，从而保护公民、法人和其他组织的合法权益免受行政权的伤害。这是传统上的主流观点，为大多数人所接受，这种理念在大多数行政法领域的制度中都得到了体现。第三种称为"平衡论"，主要为我国北京大学的罗豪才教授所主张，并在较大范围内引起了讨论。这种观点认为行政法的任务是为了在保障公权和保护私权之间取得平衡，既要保障行政权的有效行使，又要防止其滥用而对私人权益造成的伤害。这种观点和"控权论"在实质上是相同的，或者说没有根本上的差别。因为如果没有依靠法律对行政权进行控制，行政活动当中公权和私权的关系就必然是失衡的，公权力的拥有者必然会利用其权力挤压乃至侵犯私人的合法权益。而通过行政法对公权力加以控制之后，双方才有可能达到相对平衡的状态。换句话说，行政法就是通过"控权"来实现保障公权和保护私权两者之间的"平衡"的，"控权"的功能还是第一位的。而保障公权力行使的功能主要并不是凭借法律来实现的，即使法律也存在这样的功能，那也是次要的。总之，行政法是"控权"法，这一点对于立法者、执法者、司法者、研究者来说，都已经是长期以来形成的基本共识。

但是，近年来对行政法的任务也出现了新的认识，认为行政法不仅要解决好行政合法的问题，也要解决其合理、有效的问题。而在以前，人们通常认为只有前者才是行政法的任务，后者是行政管理本身的任务。因此，行政法要解决的是行政活动在职权、目的、事实证据、法律依据、程序等方面受到合法性控制，对于违法的行政行为能够通过行政复议、行政诉讼等制度加以纠正，并对遭受侵害的私人权益提供救济。应该说，上述传统认识包含了这样一个默认的前提：一项行政活动只要是合法的，对于实现行政的目标来说，也就必然是较优的选择。但事实并非如此，形式上的合法性确实保证了行政活动受到法律的控制、行政权不被滥用、私人权益免于被侵害，但这并不意味着这样的权利义务安排就确实能够解决当时面临的问题、就能够实现当时面临的行政管理任务、就能够较好地实现公共利益。因此，仅仅保证了行政活动的合法性，有时候并没有解决社会生活中的实际问题。如果行政法的任务仅仅止步于此，就过于简单了，最终也必将陷入停滞。因此，越来越多的人认为行政法的任务应当从追求"法治"向追求"善治"延伸，并实现"法治"与"善治"的统一。这意味着，行政权的任务是要在法律上作出一定的权利义务安排，这种安排一方面要符合法治的目标的原则，就是要能够防止行政权的违法或不当行使、保障行政管理对象的合法权益；另一方面，这种安排对于实现政府的行政管理目标、对于实现相关事项中的公共利益又是一种较优，乃至是最优的选择。换句话说，行政法的目标就是要在满足法治标准的前提下，选择一项良好的公共政策并将其在法律上确定下来。相对于传统上仅仅满足于行政活动合法性的追求，行政法这一新的任务实现起来显然更有难度、更有挑战性，但它代表了行政法将来的发展方向。

（三）行政法的法律渊源

行政法的法律渊源，解决的是行政法的法律原则和法律规范存在于哪里的问题。应该说，行政法的法律渊源在各部门法中最为复杂丰富，包括宪法、法律、行政法规、地方性法规、行政规章、法律解释、国际条约和协议在内，都可能包含用于调整行政法律关系的原则和规范，只不过在效力等级上有所不同而已，因此它们都是行政法的法律渊源。

1. 宪法。宪法作为国家的根本大法，确定了国家和公民的基本关系、国家政权的组织形式以及国家机关之间的相互关系，其中有不少条款调整的是行政法律关系，对于整个行政法的体系具有基础性的意义，是行政法的主体制度建构的依据。这些内容主要包括：中央和地方各级政府及其部门的性质、地位、组织方式和基本职权，行政机关和权力机关、司法机关的关系，公民对国家机关的批评、建议、申诉、控告、监督及其向国家请求赔偿等基本权利。

2. 法律和法律解释。狭义的法律指的是由全国人大或其常委会制定的规范性文件。法律层面的规范是行政法制度的主体部分，我们学习的行政法知识大部分也是属于这一层面的。其中，最主要的法律包括《立法法》《行政处罚法》《行政许可法》《行政强制法》《行政诉讼法》《行政复议法》《国家赔偿法》等。法律解释是全国人大常委会对法律条文的含义作出的解释，其效力等同于法律本身。

3. 行政法规。行政法规指的是国务院制定的、以国务院令的形式颁布的规范性文件，对于法律起着解释、补充或者先行先试的作用。在我国，由于长期以来行政权十分强大，而立法机关的权威性又受到比较大的局限，行政法规在国家法律体系中处于举足轻重的地位，在行政法领域尤其如此。作为行政法渊源的行政法规主要包括三类：一是对法律进行解释、用于执行和实施法律的行政法规，如《行政复议法实施条例》；二是因履行国务院自身职权所需而制定的行政法规，如《政府信息公开条例》；三是根据全国人大及其常委会授权制定的试验性的行政法规，如《国家公务员暂行条例》（已失效）。

4. 地方性法规。地方性法规是由省级和设区的市、自治州人大或其常委会制定的规范性文件，由于地方立法权限有限，大多数地方性法规都是关于当地政府行政管理事项的。因此，地方性法规是各地方行政法律子系统的重要渊源。在我国，民族自治地方的人大所制定的自治条例和单行条例也属于广义的地方性法规，它们除了具备地方性法规的一般属性，还可以根据本民族、本区域的特点对上位法做出某些变通性的规定，并优先适用这些规定。

5. 部门规章。部门规章是由国务院组成部门、直属机构等下属单位制定的规范性文件，其权限仅在于执行与本部门职权相关的上位法规范，主要是一种解释性的规范，但在具体行业管理中扮演着十分重要的角色。

6. 地方政府规章。地方政府规章是由省级和设区的市、自治州政府制定的规范性文件，性质上与地方性法规类似，但立法权限更小，主要也是为了上位法而制定的解释性规范，但往往是当地行政机关实施行政管理的最直接依据。

7. 司法解释。司法解释是最高法院、最高检察院出于指导司法实践的需要，就有关法律在司法活动中的适用问题作出的解释。司法解释虽然不是正式的法律渊源，但在事实上发挥着接近于法律的效力，为各级司法机关所实际遵循。在行政法上，最高法院的司法解释具有十分重要的地位，尤其以对《行政诉讼法》《国家赔偿法》作出的一系列司法解释为最。

8. 国际条约和协议。我国政府签署的国际条约和协议不能被行政机关所直接执行，也不能被司法机关所直接适用，所以不是行政法的直接法律渊源。但是，这些条约和协议最终必须通过一定的国内立法来实施，它们是一部分国内立法的直接依据。因此，我们可以将其视为一种间接的法律渊源。

由于立法权限的限制，我们可以发现，民法、刑法、民事诉讼法、刑事诉讼法等法律部门的法律渊源层次是十分有限的，行政法规及其以下的规范性文件几乎不可能成为这些部门法的法律渊源。但是，行政管理事项纷繁复杂，不同事项的重要程度差别很大，可能分别属于不同层次立法的立法权限，这是行政法的法律渊源比较多样的根本原因。但是，我们在学习中主要掌握的是法律、行政法规和司法解释这三个层次的法律渊源，它们构成了我国行政法的主体内容。

（四）行政法和相邻领域的关系

行政法是一个综合性很强的法律部门，行政法学也呈现出比较明显的交叉性。因此，行政法（学）与宪法、民法、民事诉讼法、刑事诉讼法、经济法学、行政学等法律部门和学科都有着十分密切的关系，理解它们之间的这些关系，对于更好地把握和定位行政法是很有帮助的。

1. 行政法与宪法的关系。宪法的核心任务是解决好国家和公民、社会之间的关系，而在现代社会中，政府是国家机器中最强大、最主要的分支，这就决定了政府和公民、社会的关系是最为重要的公法问题，它既是宪法上的问题，也是行政法上的问题。因此，宪法和行政法的基本任务具有一致性，其精神和原则也是一脉相承、一以贯之的。只不过，相对于宪法来说，行政法所面对的问题要更加具体，技术性、变动性更强一些。

2. 行政法与民法。行政法与民法所调整的是不同的社会关系，除了在部分领域相互有所渗透、交叉，在内容上两者并没有太多的交集。但尽管如此，行政法与民法的关系仍然十分密切。因为，作为一个后起的学科，行政法在自身体系的构建上大量借鉴了民法的基本范畴。例如，行政主体与民事主体之间、行政行为与民事行为之间、行政法律关系与民事法律关系之间都存在着千丝万缕的传承关系。可以说，行政法的精神源自于宪法，而行政法之框架取之于民法，具有较为扎实的民法基础对于学习行政法是大有帮助的。

3. 行政法与民事诉讼法。行政法与民事诉讼法的交集主要在行政诉讼部分。一方面，行政诉讼法是与民事诉讼法、刑事诉讼法并列的三大诉讼法之一，其与行政法的关系是诉讼程序法与其实体法之间的关系，而不是行政法的一部分；但另一方面，行政诉讼法又可以看作是通过诉讼方式监督行政权、对遭受行政权违法或不当损害的私人权益提供救济的一项法律制度，在这个意义上又显得与行政法密不可分，可以被认为是广义行政法的一个组成部分。而在行政诉讼法这一部分，与民事诉讼法恰恰存在着十分紧密的关系。目前，世界上很多国家——尤其是英美法系的国家并不存在单独的行政诉讼法，而是通过民事诉讼程序来解决行政机关与私人之间的官民纠纷。即使是那些单独建立了行政诉讼制度的国家，其行政诉讼制度也都是从民事诉讼制度中发端、分化而来，我国也不例外。而且，单独立法之后的行政诉讼制度在基本框架和大多数具体制度上和民事诉讼仍然是相同或者类似的，只是在此基础上为了适用诉讼双方实质能力上的不对等而建立起一系列特殊的规则而已。我们甚至可以说，行政诉讼法是民事诉讼法的特别法，对于行政诉讼法没有作出专门规定的问题，仍然应当适用或者参照民事诉讼法。从这一意义上，民事诉讼法的部分制度甚至可以被看作是行政诉讼法的法律渊源。

4. 行政法与刑事诉讼法。行政法与刑事诉讼法的交集主要在国家赔偿领域。国家赔偿主要包括行政赔偿与司法赔偿，而司法赔偿又以刑事司法赔偿（或称冤狱赔偿）最为重要。行政赔偿和刑事司法赔偿在性质上是明显不同的，前者因为行政活动侵权而引起，后者则因刑事司法活动而产生，两者在归责原则、赔偿程序等方面也有明显差别。因此，刑事司法赔偿本来应当属于刑事诉讼法的一部分。但是，我国的《国家赔偿法》采取了将行政赔偿和司法赔偿合并立法的模式，导致司法赔偿习惯上也被认为属于行政法律体系的一个组成部分。

5. 行政法学与经济法学。狭义上的经济法，指的是调整国家对市场经济活动实行干预、管理、调控所产生的经济关系的法律原则和法律规范的总称。国家对经济活动的这种干预、管理和调控主要是通过政府的行为来实施的，本质上也是一种行政管理活动。因此，调整这种活动所产生的社会关系的法律原则和规范，也应该属于行政法的范畴。可以说，狭义上的经济法就是部门行政法中的经济行政法这一部分。但在我国，行政法学通常研究的是行政法的总论，对部门行政法的涉及较少。而经济法作为一个专业性强、内容丰富的研究领域，已经有大量的学者进行专门的研究，经过数十年的积累，形成了相对完整、独立的知识体系。尽管在学术界还存在一些争论，但经济法通常已经被视为一个单独的法律部门，这是基于我国法制体系和法学研究的历史和传统所形成的事实。因此，除非有特别的说明，否则人们在提及行政法（学）的时候，其范围通常并不将经济法（学）包括在内。

6. 行政法学与行政学。行政法是调整因行政活动而产生的各种社会关系的法，对行政法加以研究的学科就是行政法学；行政学则是研究行政管理活动规律的科学。传统上，人们认为行政法的任务是使得行政活动更"合法"，行政学的任务则是使行政活动更"有效"，两者虽然关系紧密，但任务各有不同。但正如前文所述，行政法的任务已经逐步从简单追求"法治"到进一步追求"善治"，对行政活动合理性、有效性的关注不断加深，行政法学正在逐步发展为以在法治框架下寻求更优公共治理方案为目标的科学，因此与行政学的关系变得日益密切，在很多情况下甚至难以完全区分，行政法学与行政学"不分家"的现象越来越常见。

本章二维码

| 第一章示范案例 | 第一章思考案例 | 第一章练习题 | 第一章课件与授课视频 |

第二章

行政法的基本原则

行政法的基本原则，指的是可以普遍适用于行政法的各个部分，对于行政法制定、执行和适用的各环节都具有指导意义的若干基本规则，是整个行政法律体系建构和运行的根基。在行政法学中，对基本原则的探索、讨论一直是一个重点，已经达到了比较深入的程度。作为学习者，主要应掌握两个方面的内容：一是基本原则的功能，就是基本原则到底是用来干什么的；二是基本原则的内容，也就是掌握每一个基本原则的具体含义，并能够将其运用于对案件的研判当中。

一、基本原则的功能

我们知道，一个法律体系的内容既包括十分具体的法律规范，也包括相对抽象的法律原则。既然已经有了那么多数量庞大、体系严密的法律规范，为什么还需要法律原则呢？换句话说，行政法的基本原则到底有什么作用？我们认为，这主要表现在三个方面：

1. 指引功能。指引功能主要体现在立法阶段，无论是整个法律部门法律体系的建构，还是一部法律的草拟制定，甚至是一个具体条款的确定，都有一个方向的问题。特别是在有多个可供选择的不同方案时，选择哪一个方案就有一个价值取向的问题。而行政法所追求的控制公权、保障私权等价值目标首先就体现在其基本原则上，此时，基本原则就会成为一种指引的标准，用来保障法律构建的过程不会偏离法治的基本方向。我们知道，行政法的法律渊源比较复杂，但无论是哪一个层次的立法活动，都必须在行政法基本原则的指引之下来完成。

2. 解释功能。对法律规范的解释，可以说是法律执行和适用过程中最核心的一个环节，法律的每一次被执行和被适用都必然包含着执法者、司法者对法律进行解释这个过程。当然，在绝大多数情况下，由于法律的含义是比较明确的，这种含义所指向的情况和实际生活也是比较符合的，因此，执法者和司法者对法律解释的结果基本上是一致的，也能够比较准确地用于解决其面临的个案。但在一部分情况下，法律条文的含义可能存在着这样那样的不确定性、甚至是歧义，或者说虽然它的含义比较明确，但已经跟实际生活中的情况有所脱离的。这个时候，执法者、司法者对法律的解释就有会产生困难，其解释的结果就很难预期，可能千差万别。在这种情况下，如何使执法者和司法者对法律的解释符合法治的精神并尽可能取得一致呢？就需要一些标准。这些标准不可能是其他的，只能是一些法律原则，具体到行政法这个部门，就是行政法的基本原则。

3. 补充功能。无论立法者如何试图将法律规范体系构建得尽量严密，也难免留下漏洞。事实上，在法律被执行和适用的过程中，这样的漏洞、空白是非常多的。对于一个必须处理的案件，执法者和司法者首先应当在既有的法律规范中寻求适当的条款来解决问题；如果恰好找不到这样的法律条款，接下来就应当尝试运用法律解释的方法（比如扩大解释、类比解释）从而利用其他既有的法律条款来覆盖这个案件中的事实；如果连运用法律解释的余地也没有，就只能运用法律的基本原则作为解决问题的依据。法律原则的这种补充作用，在司法过程中体现得比较明显。在行政执法中，如果遇到因法律空白而无法可依的情况，行政机关有可能由于"法无授权即禁止"而不得不放弃执法。而在司法活动中，法院是不能拒绝裁判的，在这种情况下最终就有可能要求助于法律原则，直接援引法律原则作为裁判的依据，这就是法律原则的补充作用。当然，在这里必须强调的是，法院不能随意援引抽象的法律原则作为裁判依据，因为这样做等于给了裁判者极大的自由裁量权。在绝大多数情况下，法律的原则已经在具体的法律规范中得到了体现，法院应当首先选择这样的依据作出裁判。只有在穷尽了既有的法律规范和法律解释方法之后，法院才可以直接援引法律原则。因此，在现实中依据法律原则而裁判的案例必然是十分稀少的。

二、基本原则的内容

行政法的基本原则有哪些？这是一个找不到统一答案的问题，几乎每一本行政法教科书上的介绍都有所不同，但实质上是大同小异的基本原则。那么，到底什么样的内容可以称得上行政法的基本原则呢？或者说，确定基本原则本身需要一个标准，这个标准是什么？

1. 基本原则应当具有普适性。一项法律原则要称得上是某个部门法的基本原则，就必须对这个部门法的全部内容、至少是大部分内容具有指导意义。如果这项原则仅仅适用于这个部门法中的某一部分，那么，它只是这个部分的原则，而不是整个部门法的基本原则。例如，合议审理是行政诉讼中的一个原则，但这个原则和行政法其他部分的内容基本上是无关的，我们就不可能将其称为行政法的一个基本原则。

2. 基本原则应当具有特殊性。我们这里讲的是一个部门法——行政法的基本原则，而不是整个法律的基本原则。因此，这些原则应当能够体现行政法的特殊性，它们要么是行政法所独有的，要么虽然是与其他部门共有但在行政法上具有独特的含义。对于那些在所有法律部门中都能够适用、"放之四海而皆准"的、一般意义上的法律原则，虽然对于行政法也有重要的指导作用，但不能被称为行政法的基本原则，而是整个法律体系的基本原则了。例如，我们不能说"法律面前人人平等"是行政法的一个基本原则。

3. 基本原则应当体现行政法的精神和品格。行政法是"控权法"，其目的是制约公权、保障私权，行政法的基本原则应该是这种目标和价值的具体化。例如，在行政法最重要的基本原则"合法行政原则"中，有一个基本的含义是法律保留，它要解决行政机关对于法律上没有规定的事项应该怎么办的问题。这里就面临着两个可能的选择：一是只要法律没有明确禁止的事情，行政机关就可以做；二是只要法律没有明确允许的事情，行政机关就不能做。这两种选择的结果当然差异十分巨大。这个时候，我们就要考虑到行政法的目的是要控制行政权力的，行政权的行使必须有明确的法律依据才行，所以行政法的原则应该是"法无授权即禁止"，而不是"法无禁止即自由"。后者体现的是民法的精神品格，是民法的原则；前者体现的才是行政法的原则。

按照这样的标准所确定的行政法基本原则，虽然各家观点可能略有不同，但还是存在基本共识的。这里我们以2004年颁布的国务院《全面推进依法行政实施纲要》（以下简称《纲要》）所确定的"基本原则"作为依据来阐述。之所以使用这个"官方"版本的"基本原则"，一是《纲要》毕竟具有较高的权威性，对于当前阶段我国法治政府的建设也确实发挥了核心的指导作用；二是《纲要》对这些基本原则的概括博采众长，在较大程度上体现了学术界的共识，也比较符合我们在上面提出的确定基本原则的这几条标准。《纲要》提出的行政法基本原则一共有6条，分别是合法行政、合理行政、程序正当、高效便民、诚实守信、权责统一。

（一）合法行政原则

合法行政是行政法最重要的基本原则，其核心内容是强调行政行为形式上的合法性。行政法的其他基本原则都可以被理解为合法行政原则的扩展、延伸或者平衡。合法行政原则的含义主要包括三个方面：

1. 法律保留，指的是所有行政活动都只能在法律授权的范围内进行，包括以下两种情形：①依法只能由法律规定的事项，行政机关除非获得授权，否则不得作出任何规定；②在没有立法文件进行规定的情况下，行政机关不得作出影响公民、法人和其他组织权利义务的行为。

2. 法律优先，指的是所有行政活动都不得违背现有法律的规定，包括以下三种情形：①行政机关制定的任何文件、作出的任何决定都必须符合现有法律的规定，不得与其相抵触；②对于法律授予的职权，行政机关应当严格按照法定的程序、在法定的范围内行使；③对于法律规定的义务与职责，行政机关应当积极有效地履行或执行。

3. 合法性审查。行政机关作出的具有法律效果的行为，应当能够通过一定的机制给予合法性上的审查。也就是说，行政机关作出的决定在合法性上不应当具有终局的效力，如果当事人不服这些决定，应当有机会通过一定的程序来挑战其合法性。原则上，这种合法性审查应当由司法机关进行；即使在一定的阶段内无法完全纳入司法机关审查的范围，也应当建立起其他的审查机制，如行政复议。

◆ 例2-1

下列哪些做法违反了合法行政原则的要求？

A. 某规章规定行政机关对行政许可事项进行监督时，不得妨碍被许可人正常的生产经营活动

B. 行政机关要求行政处罚听证申请人承担组织听证的费用

C. 行政机关将行政强制措施权委托给另一行政机关行使

D. 行政机关对行政许可事项进行监督时发现直接关系公共安全、人身健康的重要设备存在安全隐患，责令停止使用和立即改正

分析："行政机关对行政许可事项进行监督时，不得妨碍被许可人正常的生产经营活动"，这本身是《行政许可法》作出的规定。某规章重申了这一点，和法律的规定是一致的。因此，说法A没有违反合法行政原则。按照《行政处罚法》的规定，听证的费用应当由行政机关自己承担，因此B项的说法违反了法律的既有规定，也就是违反了法律优先。根据《行政强制法》的规定，行政强制措施不得委托他人行使——无论被委托的对象是谁，因此C项的说法也违反了法律优先。D项的说法符合《行政许可法》的规定，也就没有违反合法行政原则。

◆ 例2-2

下列哪些做法违反合法行政原则的要求？

A. 因蔬菜价格上涨销路看好，某镇政府要求村民拔掉麦子改种蔬菜

B. 为解决残疾人就业难的问题，某市政府发布《促进残疾人就业指导意见》，对录用残疾人达一定数量的企业予以奖励

C. 孙某受他人胁迫而殴打他人致轻微伤，某公安局决定对孙某从轻处罚

D. 某市政府发布文件规定，外地物流公司到本地运输货物，应事前得到当地交通管理部门的准许，并缴纳道路特别通行费

分析：A项的做法显然超过了镇政府的法定职权，镇政府显然无权决定村民应当种植何种作物，因此违反了法律保留。B项的做法既合法又必要，没有违反合法行政。C项的做法违反了法律的明文规定，即违反了法律优先，因为《治安管理处罚法》规定受他人胁迫实施治安违法行为且后果轻微的，应当减轻（而不是从轻）处罚。D项的做法是超越了职权，有违反法律保留的问题。因为，按照《行政许可法》的规定，只有法律、行政法规、地方性法规、省级地方政府规章可以设定行政许可，同时只有法律、行政法规可以规定行政许可的收费。这里，市政府的一个文件既无权设定许可、更无权设定许可的收费。

（二）合理行政原则

合理行政原则是建立在合法行政原则基础上的进一步要求，不同于后者所强调的形式上的合法性，合理行政原则强调行政行为实质上的正当性，指的是所有行政活动，特别是行政机关根据裁量权作出的活动，都必须符合基本理性。这里所讲的合理，指的是符合最基本的、最起码的理性，即符合一个理智健全的人所应当达到的合理与适当。包括以下几点：

1. 公平公正对待。当行政机关面对同等或基本相似的情形时，应当作出同等或相近的处理，不得有明显的偏差或歧视。

2. 考虑相关因素。行政机关在行使裁量权时应当符合法律的目的，必须考虑也只能考虑与该管理事项有关的因素，不得考虑无关因素以影响其决定。

3. 符合适当比例。行政机关为实现某一行政目标而采取的手段，应当能够实现该目标（适合性）；并以必要为限度，在可以实现行政目的的各种手段中，应当选择对当事人权利影响最小的手段（必要性）；为此付出的成本与获得的效益不能显失均衡（均衡性）。

上述第三点要求也被称作比例原则。很多情况下，这一点也被作为一项独立的行政法基本原则提出，在实践中运用最广，把握起来的难度也最大。

◆ 例2-3

廖某在某镇沿街边搭建小棚经营杂货，县建设局下发限期拆除通知后于到期日强制拆除，并对廖某作出罚款2万元的处罚。廖某起诉，法院审理认为廖某所建小棚未占用主干道，其违法行为没有严重到既需要拆除又需要实施顶格处罚的程度，判决将罚款改为1000元。法院判决此案适用了行政法上的什么原则？

分析：很显然，法院裁判此案的理由是行政行为的手段应当与行为性质、目的相匹配，不要超过必要的限度。行政处罚的目的是惩罚与教育相结合，过与罚要相适应，廖某虽有违法事实，但程度并不十分严重，不应采取法定范围之内的最严厉处罚。因此，法院判决将处罚结果减轻，运用的就是合理行政中的比例原则。

◆ 例2-4

2003年，某市为了加强道路交通管理，规范日益混乱的交通秩序，决定出台一项新举措，由交通管理部门向市民发布通告，凡自行摄录下机动车辆违章行驶、停放的照片、录像资料，经送交通管理部门确认后，被采用并在当地电视台播出的，一律奖励人民币200元~300元。此举使许多市民踊跃参与，积极举报违章车辆，当地的交通秩序一时间明显好转，市民满意。新闻报道后，省内甚至省外不少城市都来取经、学习。但与此同时，也发生了一些意想不到的事：有违章驾车者往往不愿被别人知道的地方，电视台将车辆及背景播出后，引起当事人家庭关系、同事关系紧张，甚至影响了当事人此后的正常生活的；有乘车人以肖像权、名誉权受到侵害，把电视台、交管部门告上法庭的；有违章司机被单位开除，认为是交管部门超范围行使权力引起的；有抢拍者被违章车辆故意撞伤后，向交管部门索赔的；甚至有利用偷拍照片向驾车人索要高额"保密费"的；等等。报刊将上述新闻披露后，某市治理交通秩序的举措引起了社会的不同看法和较大争议。请谈谈对某市治理交通秩序这一举措合法性、合理性的认识。

分析：这个案例曾经被作为国家司法考试历史上的第一道论述题，主要涉及的是行政法上的两项基本原则——合法行政原则与合理行政原则。案中涉及的主要是合法行政原则中的法律保留问题，以及合理行政原则中符合适当比例的问题。对于前者，我们应当注意到，法律并没有允许行政机关将行政处罚的调查权授予或委托给一般公众，而是要求由法定的行政机关自己来行使，而案中某市交管部门的做法显然有违法律保留。对于后者，我们应当注意到，某市交管部门的行为所造成的社会成本，以及对各方当事人利益造成的严重侵害，相对于短期所收获的交通秩序好转的效果来说，可能代价太大、有失均衡，因此不符合比例原则。

（三）程序正当原则

在行政法律规范中，程序性规范占据极大比例，并且与实体性规范高度融合、难以分割。其根本原因在于，行政权的行使既要受到实体上的控制，也要受到程序上的约束，程序正义在很多时候是实体正义实现的保证。程序正当，就是要求行政活动要符合最低限度的正当要求。所谓"正当"，就是按照人们朴素的正义观理所当然地认为是正确的、应当的东西。因此，这一原则带有明显的自然公正色彩，其内容在实定法上的确认，是逐步实现的。一般认为，程序正当原则至少应当包括如下三个方面的内涵：

1. 信息公开，指的是基于公民的知情权，行政机关应向社会公众公开其活动的依据、过程以及结果。当然，涉及国家秘密和依法受到保护的商业秘密、个人隐私，不在公开之列。

2. 公众参与，指的是行政机关作出重要的规定或决定时，应当听取公众意见，尤其是应当听取直接相对人与其他利害关系人的陈述、申辩。公众参与本质上是一种直接民主的行使，是现代社会间接民主的一种有效补充，有利于增强行政活动的民意基础，增加其正当性。

3. 公务回避，也称为中立原则，其含义包括：①当行政机关工作人员与其处理的公务存在利害关系时，应该回避，这一点与诉讼法中"自己不能做自己的法官"的理念是相通的；②当行政机关工作人员与其处理的公务无利害关系，但由于其他原因可能影响客观中立时，也应回避。例如，行政处罚中已经参与了某一案件调查的人员，由于受到"先入为主"思维惯性的影响，可能对该案已经形成了难以改变的固定看法，就不适合担任听证程序的主持人。

◆ 例2-5

下列哪些做法违背了程序正当原则的要求？

A. 某环保局对当事人的处罚听证，由本案的调查人员担任听证主持人

B. 某县政府自行决定征收基本农田35公顷

C. 某公安局拟给予甲拘留10日的治安处罚，告知其可以申请听证

D. 乙违反治安管理的事实清楚，某公安派出所当场对其作出罚款500元的处罚决定

分析：按照《行政处罚法》的规定，参与案件调查的人员在听证程序中不能担任主持人，以免"先入为主"，因此A项的说法显然违反了公务回避的要求。B项中县政府的做法是符合其职权的，实际上与程序正当也没有关系。C项的情况比较特殊，按照《治安管理处罚法》的规定，拘留处罚是无需听证的。但是，公安局告知当事人听证也并无不当，因为这样做实际上增加了当事人的权利、加重了行政机关自己的义务，还是符合正当程序的。D项则违背了《治安管理处罚法》关于200元以下罚款或者警告才可以当场处罚的规定，属于适用程序错误。

（四）高效便民原则

高效便民原则是针对行政活动的效率提出的要求，从表面上看，这应该只是一项行政管理的原则，而不是一项法律原则，因为法律似乎不应该去关心行政管理的效率问题。但是，我们应当知道，行政管理过程中存在着两个方面的成本，而这两种成本都与公民、法人和其他组织的利益密切相关。一个是行政机关的成本，这个成本是由纳税人的钱形成的；另外一个是当事人的成本，包括费用、时间、精力等，是由当事人直接投入的。因此，不断提升行政管理活动的效率，最终是为了降低社会公众为维持政府的运行而付出的成本，以及在具体事项办理过程中付出的成本，关系到公众的切身利益。这一点，当然是法律应当予以关注的问题。因此，在行政法中，有大量的制度专门用来解决行政的效率问题，包括期限制度、简易程序制度、集中权力或集中办事的制度，甚至行政委托制度与效率问题也是密切相关的。因此，一个"好"的政府，其行为既应当是合法的，也应当是高效的。高效便民原则的含义具体包括两个方面：

1. 行政效率，指的是行政机关应当积极、迅速、及时地履行其职责、实现其职能，严守时限规定，并不断降低行政成本。

2. 便利当事人，指的是行政机关应当尽可能减少当事人的程序性负担，节约当事人的办事成本。如《行政许可法》第26条规定的"一个窗口对外"统一办理、联合办理行政许可，就是贯彻这一原则的典型做法。

（五）诚实守信原则

诚实守信原则包括两个方面：

1. 诚实，即信息真实，行政机关无论是面对特定对象，还是普通公众，它所提供的信息都应当是真实有效的，行政机关不能提供虚假信息对当事人或社会公众进行欺骗。

2. 信用，即信赖保护，行政机关的规定或决定一旦作出，就不能轻易更改，如确因法律变动、情事变更、公共利益等原因而必须改变它们时，除了要有充分的法律依据并遵循法定程序之外，还应当给予权益受损的人以一定补偿或采取补救措施。

诚实守信原则的核心在于信赖保护，其内涵我们进一步分析如下：

（1）信赖对象。信赖保护中"信赖"的对象（客体）是相当广泛的，并不仅仅局限于具有单方性、处分性的行政行为，还应当包括行政主体颁布行政法规、行政规章、其他规范性文件的行为以及长期以来所形成的惯例、规则等，而行政指导、非拘束性行政计划、行政承诺等非强制性行为（包括一些事实行为）也应在信赖的对象之列，此外还应当包括行政主体之间的职权划分等。上述对象之所以能够成为信赖的客体，在于这些因素一旦形成，行政相对人将对此因素及其结果产生一定的预期，从而选择、调整自己的行为方式，可谓"无预期则无信赖"。因此，"信赖"的客体应该是行政主体的可预期的行为、承诺、规则、惯例及事实状态等因素。

（2）信赖利益。信赖保护所"保护"的客体是所谓"人民的处置权"；但"人民的处置权"之所以值得保护，实际上在于这种处置权的行使已经或者可以为其带来一定的利益。这种利益由于人民对行政主体所形成的可预期因素的信赖而发生，因人民就此种信赖所作出的处置、选择而获得。无论这种利益业已为行政相对人所获得，或仅在其可以期待获得的范围之内，只要其具有正当性，均应受到法律的保护。因此，信赖保护所"保护"的客体应当是私人的正当利益。

（3）信赖保护的实现机制。对于信赖保护的实现机制而言，传统上认为主要包括两种：一是"存续保护"，即为行政行为的改变设置一定的过渡期，以避免或减少当事人信赖利益的损失；二是"财产保护"，即在行政行为不得不被改变的情况下，对当事人所蒙受的信赖利益上的损失予以财产上的补偿。

综上所述，我们对行政法上的诚实守信原则可作如下界定：诚实守信原则是指在现代法治国家中，基于保护私人正当权益的考虑，行政主体对其在行政过程中形成的可预期的行为、承诺、规则、惯例、状态等因素，必须遵守信用，不得随意变更，否则将承担相应的法律责任，如因重大公共利益需要变更时也必须作出相应的补救安排。

诚实守信原则在我国行政法上提出的时间较晚，在立法上被引入和确立的时间更迟。最早对这一原则有所体现的是最高人民法院的司法解释，其2000年通过的《关于执行〈中华人民共和国行政诉讼法〉若干问题的解释》

（以下简称原《若干解释》，该解释虽然是针对修订前的《行政诉讼法》作出的，但对于其中没有与修订后的新《行政诉讼法》以及新的司法解释不一致的条款，仍然是可以适用的，本书也将多次援引该司法解释）第59条中规定，根据行政诉讼法第54条第2项规定判决撤销违法的被诉具体行政行为，将会给国家利益、公共利益或者他人合法权益造成损失的，人民法院在判决撤销的同时，可以责令被诉行政机关采取相应的补救措施。这一条款虽然还称不上是对行政信赖保护的明文规定，但已经从特殊角度促使行政信赖保护的理念和原则得以在行政审判实践中发挥一定作用。2003年通过的《行政许可法》是第一部引入诚实守信原则的正式立法，该法第8条规定："……行政机关不得擅自改变已经生效的行政许可……为了公共利益的需要，行政机关可以依法变更或者撤回已经生效的行政许可。由此给公民、法人或者其他组织造成财产损失的，行政机关应当依法给予补偿"。此条规定虽未明确提及诚实守信的概念，但已将禁止反言、情变补偿等政府诚信和信赖保护的内容大致加以表述，具有重要的行政法制实践指导意义。2004年国务院颁发的《全面推进依法行政实施纲要》虽然也未正式使用诚实守信的概念，但将"诚实守信"作为依法行政的基本要求之一明确规定下来，要求："行政机关公布的信息应当全面、准确、真实。非因法定事由并经法定程序，行政机关不得撤销、变更已经生效的行政决定；因国家利益、公共利益或者其他法定事由需要撤回或者变更行政决定的，应当依照法定权限和程序进行，并对行政管理相对人因此而受到的财产损失依法予以补偿。"应该说，这一规定已经涵括了诚实守信原则的基本内容。

◆ 例2-6

2002年7月，港资企业汇津公司投资2.7亿元人民币与吉林省长春市自来水公司签订合作合同，经营该市污水处理。享有规章制定权的长春市政府为此还专门制定了《污水处理专营管理办法》（以下简称《专营办法》），对港方作出一系列承诺，并规定政府承担污水处理费优先支付和差额补足的义务，该办法至合作期结束时废止。

2005年2月，长春市政府以合作项目系国家明令禁止的变相对外融资举债的"固定回报"项目，违反了《国务院办公厅关于妥善处理现有保证外方投资固定回报项目有关问题的通知》的精神，属于应清理、废止、撤销的范围为由，作出"关于废止《污水处理专营管理办法》的决定"，但并未将该决定告知合作公司和港方汇津公司。港方认为市政府的做法不当，理由是：其一，国务院文件明确要求，各级政府对涉及固定回报的外商投资项目应"充分协商""妥善处理"，长春市政府事前不做充分论证，事后也不通知对方，违反了文件精神；其二，1998年9月国务院通知中已明令禁止审批新的"固定回报"项目，而污水处理合作项目是2002年经过市政府同意、省外经贸厅审批、原国家外经贸部备案后成立的手续齐全、程序合法的项目。请运用行政法原理对长春市政府的上述做法进行评论。

分析：一般来说，一个具体案件是否存在行政法上的信赖利益且这种利益值得保护，需要符合这样的几个要件：一是存在被信赖的对象，二是当事人有信赖的表现，三是这种信赖具有合理性，四是这种信赖由于行政机关的行为遭到破坏并导致了利益上的损失，五是对这种损失的保护具有可行性。比照这一要件，我们对汇津公司一案中的信赖保护问题加以分析。

第一，信赖对象。本案中作为信赖对象的是长春市政府颁布的《专营办法》，属于地方政府规章，是正式的行政立法文件，显然能够成为信赖保护的对象。

第二，信赖表现。信赖表现指的是当事人基于对行政行为的信赖而作出的行为选择，通过这种行为选择表明其确实信赖了该行政行为。在本案中，汇津公司正是基于对《专营办法》的信赖才实施了投资建设长春汇津项目的行为，投资行为就是它在本案中的信赖表现。

第三，信赖具有合理性。对于行政信赖保护而言，值得保护的信赖应当是善意的，即当事人对行政行为的信赖应当是合理的。当信赖对象是一个合法的行政行为时，这个问题并不重要，因为人们信赖一个合法的行为是完全正常的。而当信赖对象是一个违法行为的时候，这个问题就显得十分重要了，本案正属于这样的情况。此时，判断当事人的信赖利益是否值得保护并不在于其信赖的对象是否合法，而是要看这种信赖本身是不是善意的、合理的，或者说其对于这种实质上违法的行为是否产生了"合法"的预期。在本案中，尽管《专营办法》是一个违法的规章，但这一规章却是长春市政府通过合法程序出台的，依托这个规章而上马的长春汇津项目也经过了各级政府的审批或备案，可以说完全具备一种合法的外观。汇津公司作为一个普通的企业，完全可能信赖《专营办法》及长春汇津项目的合法性，或者说，在其预期中上述行为就是具有合法性的。因此，其信赖利益也是值得保护的。

第四，利益损失。这一点在本案中表现得十分明显，长春市政府废止《专营办法》的行为破坏了汇津公司对这一行为的信赖，导致了其在长春汇津项目上投资和预期收益的巨大损失。

第五，信赖保护的可行性。汇津公司的损失属于财产利益，完全可以通过财产补偿的方式来实现其信赖利益的保护。

综上所述，汇津公司因长春市政府废止《专营办法》而蒙受的损失完全符合行政信赖保护的各个要件，是应当依法获得足额补偿的。

（六）权责统一原则

权责统一原则的内涵可以被概括为：执法有保障、有权必有责、用权受监督、违法受追究、侵权须赔偿。具体包括以下几点：

1. 行政效能，指的是行政活动的实施应当有效地达到其既定目标，为了保证行政目标的顺利实现，法律、法规应当赋予行政机关以一定的执法手段，并通过这些手段的运用排除其在职能实现过程中遇到的障碍。

2. 行政责任，指的是当行政机关违法或者不当行使职权时，有关单位或个人应当依法承担法律责任，从而实现权力和责任的统一，这一要求是行政赔偿制度、行政补偿制度和行政问责制度建立的基础。

◆ 例2-7

下列哪些做法是权责一致的直接体现？

A. 某建设局发现所作出的行政决定违法后，主动纠正错误并赔偿当事人损失

B. 某镇政府定期向公众公布本镇公款接待费用情况

C. 某国土资源局局长因违规征地受到行政记过处分

D. 某政府召开座谈会听取群众对政府的意见

分析：A项中建设局纠正错误并赔偿当事人损失的做法无疑是为自己的违法行为承担了责任，体现了权责统一原则。B项讲的是程序正当原则当中的行政公开问题。C项中国土资源局局长为其违规的职务行为承担了个人责任，自然也体现了权责统一原则。D项讲的是程序正当原则中的公众参与问题。

◆ 例2-8

某县政府发布通知，对直接介绍外地企业到本县投资的单位和个人按照投资项目实际到位资金金额的千分之一奖励。经张某引荐，某外地企业到该县投资500万元，但县政府拒绝支付奖励金。县政府的行为违反了行政法上的什么原则？

分析：这个案例比较简单，县政府承诺招商引资奖励的通知是张某的信赖对象，张某引荐某外地企业投资500万就是其对通知的信赖表现，信赖利益为500万的千分之一即5000元，县政府拒绝支付奖励损害了其信赖利益。因此，张某5000元的信赖利益应当获得保护，县政府应予支付。

本章二维码

第二章示范案例　第二章思考案例　第二章练习题　第二章课件与授课视频

第三章

行政主体

　　行政主体是行政法上最重要的范畴之一，只有具备行政主体资格，才能够在法律上成为行政活动的实施者，成为行政法律关系的当事一方，也是最重要的一方。我国的行政主体包括两大类：一是国家行政机关，二是法律、法规、规章授权的组织（简称被授权组织）。本章的重点是把握好行政主体的判断基准和常见类型，这关系到能否在后面的学习中正确地判别行政诉讼的被告、行政复议的被申请人，以及行政赔偿的赔偿义务机关。

一、行政主体的概念和判断

（一）行政主体和相关概念辨析

　　所谓行政主体，指的是独立拥有并行使行政权，能够以自己的名义实施行政管理活动，并承担由此而引起的法律后果的组织，包括行政机关、行政机构和被授权的组织。

　　行政主体是一个被提炼出来的学术概念，用于概括实定法上的一系列概念，但这个概念本身在实定法中并不被使用。实定法上使用的是诸如行政机关、行政机构这一类的概念，相互之间很容易混淆。因此，理解行政主体的概念，需要与行政机关、行政机构相互辨析。

　　行政机关是国家依法设立行使行政权的、具有独立法律地位的组织。行政主体未必都是行政机关，因为被授权的社会组织也可能是行政主体。行政机关也未必时时都以行政主体的面目出现，例如，行政机关在实施小额办公用品采购行为时就是民事主体；被其他行政机关管理时还可能是行政相对人，如消防部门对当地各行政机关办公场所实施消防安全检查时，后者就是消防部门的相对人。

　　在法律上，机关、机构两个概念有时是同义词。例如，在宪法上，立法机关、行政机关、司法机关、军事机关都统称为国家机构。但在行政法的一般语境下，两者还是有区别的。行政机关指的是一个具有独立地位和完整架构的行政组织，必然具有行政主体的资格。行政机构则是行政机关的一部分，如政府的办公机构、办事机构、议事协调机构，部门的内设机构、派出机构等。行政机构所行使的职权都来源和依附于其所在的机关，其行使职权的法律后果也都归结到其所在机关上，因此一般不具备行政主体的资格。只有在例外情况下，即获得法律、法规或规章对特定事项的授权时，行政机构才可能自己对外行使职权，具备行政主体资格。

和行政主体相对应的还有一个概念需要注意，就是行政相对人。行政相对人在行政法律关系中是与行政主体相对应的另外一方，指的是行政主体在特定事项中管理的对象，在行政管理过程中享有或承担着与行政主体相对应的权利和义务。行政相对人也是一个被提炼出来的学术概念，在实定法中的表述通常是"公民、法人和其他组织"，所谓其他组织指的就是没有法人资格的组织。但是，这种表述并不是十分严密的，因为并不是所有的自然人都是公民，事实上还包括外国人和无国籍人，这些人也完全可能成为我国行政机关管理的对象，成为行政相对人。因此，有关行政相对人的范围更加严谨的说法应该是"自然人、法人和其他组织"。行政相对人和行政主体这两个概念在性质上还有一点差别。行政主体既是一种资格，也是一种法律地位。之所以说是一种资格，因为并非所有的机关、机构和组织都会成为行政主体，而是必须符合一定的条件；之所以说又是一种法律地位，是因为在具体的行政法律关系中，行政主体对应着一系列的权利义务安排。而行政相对人只是一种法律地位，而不是一种资格。也就是说，行政相对人这个地位只是对应着行政法律关系中的一系列权利义务；但是，任何自然人、法人和其他组织都有可能成为行政管理的对象从而成为行政相对人，所以不存在什么资格的问题。和行政相对人有关的还有一个概念，叫行政相关人。因为行政管理活动具有多重法律效果，不仅会影响相对人的权利义务，还常常影响到其他人的权利义务。这些人虽然不是某项行政管理活动的直接对象，但利益受到这个事项的影响，就被称为行政相关人，在法律上也享有一定的地位。

（二）行政主体的判断标准

行政主体是独立拥有行政职权，能够以自己的名义对外实施行政活动，并承担由此而引起的法律后果的机关、机构、组织。也就是说，行政主体是一种法律上的资格。那么，在实践中，我们就常常需要判断一个机关、机构或者组织到底是不是行政主体，到底具不具备这样一种资格。我们对行政主体的上述概念稍作分解，就可得出判断行政主体资格的标准有三条：

1. 权。"权"指的是独立职权，也就是自己的职权。我们看到许多行政机关的内设机构，或者一些社会组织，甚至个人，都在一定条件下行使着行政职权，但它们行使的这种"权"可能并不是自己的，而是他人的。此时它们仅仅是接受了权力拥有者的委托，自己并非权力的拥有者。因此，用"权"的标准来判断行政主体，应该看谁是权力的拥有者，而不是看谁在实际行使权力。

2. 名。名义标准是判断行政主体的外在标准，最易识别，但误差的可能性也最大，一般只能作为参照。许多没有行政主体资格的机构与组织也常常以自己的名义独立行事，此时我们不能仅凭名义标准就简单判定。但在一种情况下名义标准可以作为最终标准，那就是当多个主体协作实施某一行政管理事务时，就要看最终是以谁的名义作出的行为，那么，谁就是此事的行政主体。

3. 责。"责"是判定行政主体的"金"标准，即能够承担行政活动所引起的法律责任。因为法律责任的承担需要以相关主体具备一定的能力作为条件，否则这种责任就无法最终落实下去。比如，当法院判决责令某个被告履行法定职责时，这个被告应当确实负有这种职责；判决某个被告重新作出行政行为时，这个被告应当确实有权作出该种行为；判决某个被告承担补偿责任时，这个被告应当确实具有补偿的给付能力。由于行政主体概念的提出，主要目的就是在法律上确定各种行政行为的责任承担者——如充当被告、充当被申请人、充当赔偿义务机关——因此，"责"的标准，也就是承担责任的能力这个标准，对于行政主体的判定就是至关重要的。

◆ 例 3-1

某县公安局民警甲在一次治安检查中被乙打伤，公安局认定乙的行为构成妨碍公务，据此对乙处以 200 元罚款。甲认为该处罚决定过轻。下列哪种说法是正确的？

A. 对乙受到的处罚决定，甲既不能申请复议，也不能提起行政诉讼

B. 甲可以对乙提起民事诉讼

C. 对乙受到的处罚决定，甲可以申请复议但不能提起行政诉讼

D. 对乙受到的处罚决定，甲应当先申请复议，对复议决定不服可提起行政诉讼

分析：我们知道，在行政法律关系中，行政主体（在本案中就是公安局）是其中的一方主体，公务人员（在本案中就是民警甲）只是代表行政主体实施行为，其行为的全部权利义务都要归结于行政主体，公务人员自己肯定不是行政法律关系的一方。因此，本案中民警甲既不能申请复议，也不能提起行政诉讼。至于民事诉讼，因为在本案中，民警甲是在执行公务的过程中受到乙的伤害的，而不是在日常生活中被乙伤害的，所以不应当属于民事法律关系。换句话说，乙打伤民警甲的行为并不是民事侵权行为，而是妨碍公务的行为，应当受到行政处罚——如果足够严重的话，可能要受到刑事处罚，但是肯定不应承担民事赔偿责任。

关于行政主体的判断标准，我们还可以做进一步的讨论。如前所述，根据权、名、责三个标准来综合判断行政主体资格，是目前通行的做法。在这三点当中："权"的因素是内在标准，或者说是实质标准，要求该主体在实质上合法地拥有行政职权，并且能够在行政管理活动中行使这种职权；"名"的因素是外在标准，或者说是形式标准，是该主体作为行政主体的一种外在表现，即表现在能够以自己的名义对外作出行政行为；"责"的因素是这个理论

架构、制度设计的落脚点，正是为了使每一项行政管理活动都能够找到一个法律上的责任承担者，才提出了"行政主体"这样的概念，换言之，所谓的行政主体最终就表现为以某种形式承担法律责任的那个主体。在权、名两个要素统一的情况下，对这一标准的理解和运用并不会存在什么困难。这样的情况就是，该主体在实质上拥有合法获得的行政职权，以自己的名义对外实施行政行为，如果因该行为引发法律责任的话，即由该主体自行承担。

但在实践中，权、名两个因素不一致的情况却是普遍存在的，这就给行政主体的判断带来了困难。这主要表现为两种情况：①是十分常见的"有名无权"，即一个机构或者组织虽然以自己的名义对外作出了行政行为，但实际上它并没有依法获得独立的行政职权。此时，法律上是否认其行政主体资格的，被法律认可的行政主体是这个机构或组织的所在机关、组建机关或者"授权"（实际上是委托）的机关。也就是说，在这种情况下，立法上所认可的实际上是"权"而不是"名"的标准。②是"有权无名"的情况，表现在多个行政机关（通常是上下级关系）对某一事项都拥有管理职权，但最后对外作出的行为是经过其中的上级机关批准的。此时，实际决定这一行为的机关和对外作出行为的机关有可能是不一致的，即出现了权、名的分离。对于这种情况，行政诉讼上认为应当采取"名"的标准，由对外签名盖章的机关承担法律责任；行政复议则认为应当采取"权"的标准，由批准此事的上级机关承担法律责任。应当说，这两种不同的做法各有利弊，"名"的标准为原告的起诉提供了便利但可能不利于判决的执行，"权"的标准则恰恰相反。但无论如何，这种矛盾的做法已经造成了实践和认识中的混乱和困扰。

对于行政主体资格的判断问题，我们认为比较正确的做法应该是以"权"的标准为基础、以"名"的标准为补充。以"权"的标准为基础，就要求行政主体首先应当在实质上依法获得独立的行政职权——无论这种权力来源于组织法，还是来源于单行法的个别授予，否则，即使它以自己的名义对外作出了什么行政行为，都不应当将其作为行政主体来看待。以"名"的标准为补充，指的是在多个机关都具备行政主体资格而又经过协商、请示、批准等内部程序之后作出行政行为时，应当把以自己名义对外作出行为的那一个（或几个）机关确定为法律责任的承担者。

二、行政主体的类型

行政主体可以分为两类：一是行政机关与行政机构，二是被授权的组织。为了便于理解，我们进一步将政机关与行政机构分为中央和地方两个层次来进行叙述。

（一）中央行政机关与行政机构

中央政府层面的行政机关、机构包括：

1. 国务院。国务院作为中央人民政府，是全国最高行政机关，当然具备行政主体资格。

2. 国务院组成部门。国务院组成部门，俗称中央部委，包括外交部、国防部、发改委、教育部、科技部、工业和信息化部、民族委、公安部、国家安全部、监察部、民政部、司法部、财政部、人力资源和社会保障部、国土资源部、环保部、住房和城乡建设部、交通运输部、水利部、农业部、商务部、文化部、卫生部、中国人民银行、审计署，共25个。组成部门履行国务院基本的行政管理职能，均有行政主体资格。

3. 国务院直属单位。国务院直属单位与部委相似，但地位上略低于部委，具体又分三种：

（1）直属机构，俗称直属局，包括海关总署、税务总局、工商总局、质监总局、新闻出版广电总局（国家版权局）、体育总局、安监总局、食品药品监管总局、统计局、林业局、知识产权局、旅游局、宗教事务局、参事室、机关事务管理局、预防腐败局，共16个。直属机构主管国务院的某项专门业务，具有独立的行政主体资格。不过，在现实中，国务院参事室并没有可以对外行使的职权。

（2）直属事业单位，包括新华社、中科院、社科院、工程院、国务院发展研究中心、国家行政学院、中国地震局、中国气象局、银监会、证监会、保监会、全国社保基金理事会、自然科学基金委，共13个。这些单位大部分没有行政主体资格，但个别因为获得法律、法规的授权，具备行政主体资格，如证监会、银监会、保监会等。这些具有行政主体资格的事业单位在地位上与直属机构无实质差别，所不同的只是它们被列入事业编制而非行政编制而已。

（3）直属特设机构，即国有资产监督管理委员会，有行政主体资格，仅有1个。

4. 国务院组成部门管理的机构。国务院组成部门管理的机构，俗称"部管局"，在体制上隶属于国务院的某个组成部门或直属单位（也可能与中共中央的部门共管），但本身具有一定的职权。有时能够以自己的名义实施行政管理，有时则代表主管部门行使职权，是一种特殊的、半独立的行政主体。包括信访局（国办管）、粮食局（发改委管）、能源局（发改委管）、国防科工局（工业与信息化部管）、烟草专卖局（工业与信息化部管）、外国专家局（人力资源和社保部管）、公务员局（人力资源和社保部管）、海洋局（国土部管）、测绘局（国土部管）、铁路局（交通运输部管）、民航局（交通部管）、邮政局（交通部管）、文物局（文化部管）、中医药管理局（卫生与计生委管）、外汇管理局（人民银行管）、煤监局（安监总局管）、档案局（中办管）、保密局（中办管）、密码管理局（中办管），共19个。

5. 国务院办公机构。国务院办公机构，即国务院办公厅，负责国务院的日常事务，不具有行政主体资格，对外应当以国务院的名义作出行政行为。

6. 国务院办事机构。国务院办事机构与办公机构类似，没有行政主体资格，包括国务院的侨务办、港澳办、法制办、研究室、台办、新闻办、防范和处理邪教办，共7个。

7. 国务院议事协调机构。国务院议事协调机构主要是处理某些在权限、职能上跨部门的业务，起到沟通、协调的作用，一般不具备行政主体资格。但个别因获得特别授权而成为行政主体，如国务院学位委员会、防汛抗旱总指挥部、抗震救灾指挥部等，此类机构数量很多，目前共有28个。

8. 国务院部门的内设机构。此类机构数量上也很多，设立于国务院组成部门、直属单位，甚至办公机构、办事机构的内部，是这些单位的一个组成部分，一般不能成为行政主体。但也有某些此类机构获得特别授权而成为行政主体，如国家知识产权局内设的专利复审委员会获得《专利法》的授权；工商行政管理总局内设的商标评审委员会获得《商标法》的授权。

需要注意，国务院组成部门的设立、增加、减少、合并，须经全国人大或其常委会决定；这些部门的正职领导人是国务院全体会议的组成人员。除此之外，国务院其他下属单位的设立、增加、减少、合并，无须经过全国人大或其常委会同意，国务院可自行决定；其他下属单位的正职领导也不是国务院全体会议的组成人员。

◆ 例3-2

国家禁毒委员会是国务院的一个议事协调机构。关于该机构，下列哪些说法是正确的？

A. 该机构的撤销由国务院机构编制管理机关决定

B. 该机构可以规定行政措施

C. 该机构议定的事项经国务院同意，由有关的行政机构按各自的职责负责办理

D. 该机构可以设立司、处两级内设机构

分析：国家禁毒委员会作为国务院的一个议事协调机构，是没有行政主体资格的，它也不像学位委员会等属于例外的个别情况。除了组成部门的设立、增加、减少、合并需要经过全国人大或其常委会决定之外，国务院可以决定其他下属单位的变动。在实践中，这种具体的变动方案是由机构编制管理机关（也就是编制管理办公室）草拟后，报国务院决定的。A项说法的错误在于它认为是编制管理机关自己决定的。国家禁毒委员会既然没有行政主体资格，也就不可能对外作出行政行为。所谓"规定行政措施"，其实就是作出行政规范性文件，国家禁毒委员会当然没有这样的权力，所以B项的说法也是错误的。议事协调机构的职能在于协调跨部门的事务，其议定的事项需要经过国务院同意之后付诸实施。但由于议事协调机构自己没有行政主体资格，也不会单独设立办事机构，所以只能由其各个成员单位（大多数议事协调机构包括一二十个成员单位）按照各自的职责分别办理。因此，C项的说法是正确的。国务院下属的单位在内部一般会分设若干司级机构，每个司级机构再分为若干处级机构；有的单位（主要是一些副部级单位，如"部管

局")也可能只设立若干处级机构。但是，像禁毒委员会这样的议事协调机构因为没有需要单独行使的职权，就没有设立内设机构的必要。所以，D项的讲法不正确。

◆ 例3-3

国家海洋局为国务院组成部门管理的国家局。关于国家海洋局，下列哪些说法是错误的？

A. 该局有权制定规章

B. 该局主管国务院的某项专门业务，具有独立的行政管理职能

C. 该局是其主管部门的一个内设机构

D. 该局的设立由国务院编制管理机关提出方案，报国务院决定

分析：按照《立法法》的规定，有权制定规章的是国务院的组成部门和直属机构。但在实践中，国务院的某些直属事业单位如证监会、银监会等也在制定规章，其效力在事实上也得到了认可。也就是说，那些有行政主体资格的国务院下属单位都可以制定规章。但是，国家海洋局只是国务院组成部门管理的国家局，即"部管局"，它并不直接隶属于国务院，因此是无权制定规章的。所以，A项的说法就是错误的。"部管局"虽然拥有一定的行政管理职能，但并没有完整的独立性，对于其主管部门（比如国家海洋局的主管部门是国土资源部）来说，只是相对独立的。在某些情况下，"部管局"能够以自己的名义对外实施行政管理，有的情况下又必须以主管部门的名义行事，因此B项的说法是错误的。当然，"部管局"和其主管部门的内设机构还是明显不同的，毕竟还处于相对独立的地位，而内设机构（比如国土资源部内部的一个司）则完全没有独立性，只能代表主管部门、以主管部门的名义履行职责。所以，C项的讲法也不准确。我们知道，除了组成部门之外，国务院其他下属单位的设立、增加、减少、合并都由国务院决定，事前由编制管理机关草拟方案，所以D项的说法是正确的。

（二）地方行政机关与行政机构

地方行政机关和机构包括以下几种：

1. 地方各级政府。我国地方政府分为省级（省、自治区、直辖市），地级（设区的市、自治州），县级（县、自治县、旗、县级市、市辖区），乡级（乡、民族乡、镇）四个层次。各级政府均是行政主体。

2. 地方各级政府的工作部门与直属单位。地方各级政府的工作部门与直属单位，与国务院的组成部门与直属单位，基本上存在对应关系。一般来讲，国务院的上述单位中具备行政主体资格的，地方政府中与其对应的单位也就具有行政主体资格；反过来也一样。注意只有县级以上（含县级）政府才设立这些部门与单位，乡镇政府不设工作部门。

3. 地方各级政府的派出机关。出于方便行政管理的需要，地方政府可能

在自己管辖的行政区域内划出一定范围，派出一个分支性的机关代表自己行使职权，这就是派出机构。派出机关的法律地位类似于这个区域内的下一层级政府，或者说是一种"准政府"。但与政府有所不同的是，这里并不真正存在一级地方政权，也就是并不存在某一级的人民代表大会来选举产生这个派出机关，派出机关在它的管辖区域之内行使的是上级政府的管理权。

在我国法律上，存在三种派出机关，具体是：省级政府派出的地区行政公署（事先必须得到国务院批准），县级政府派出的区公所（事先必须得到省级政府批准），市辖区或县级市政府派出的街道办事处（事先必须得到其上一级政府批准）。目前，地区行政公署只在部分边疆省份继续存在，区公所已经基本绝迹，而街道办事处则在城市中普遍存在。在现实中还有一类派出机关，就是很多地方政府往当地开发区、试验区、新区（其共同特点就是并非法定的行政区）派出的管理委员会。尽管法律上并没有明确这些管理委员会的地位，但本质上也属于当地政府的一个派出机关。由于这些派出机关在地位上类似于一级政府，是具有行政主体资格的。

4. 地方政府的办公机构、办事机构、议事协调机构。地方政府的这些机构在设立上与国务院类似，一般情况下不具有行政主体资格，不再赘述。

5. 中央在地方上的派出机构与分支机构。某些行政管理事项为中央政府所专属，地方政府不拥有此类行政职权，也就不存在相应的部门或机构。但为了管理上的方便，中央政府的行政机关或机构会在地方上设立自己的分支机构或派出机构，这些机构一般可以作为行政主体。例如，中国人民银行在地方上设立的分行、支行，银监会在地方上设立的银监局。

6. 地方行政机关的派出机构与内设机构。地方行政机关设立的派出机构或内设机构，是这个机关的组成部分，一般不具有独立职权，不能成为行政主体。但也有一些派出机构与内设机构获得授权，在一定权限内具备行政主体资格。在派出机构方面，常见的如派出所（处以警告或500元以下罚款）、税务所（处以2000元以下罚款）、工商所（对个体户或集市贸易中的违法行为进行处罚）等；在内设机构方面，常见的如地方公安部门的内设机构，包括公安消防机构、公安交通管理机构、公安出入境管理机构等。

需要注意，地方政府行政机构（议事协调机构、内设机构除外）的设立、增加、减少、合并或变更规格和名称，均须由本级政府提出方案，经上一级政府机构编制管理机关审核后，报上一级政府批准。其中，县级以上地方政府还应同时报本级人大常委会备案。

（三）被授权的组织

被授权组织是行政主体的另一类型，指的是本无行政职权，但根据法律、法规、规章的授权就特定事项实施行政管理的非政府组织。一般来说，被授权组织包括四类：

1. 国有企业。我国许多经营公用事业的国有企业，本是从"政企不分"的行政机关改制而来，改制后仍被赋予了一部分行政管理职权。这些企业多分布在水电煤气、电信、交通、金融、能源等行业。例如，国有商业银行根据《人民币管理条例》的授权，对假钞有没收权。

2. 事业单位。事业单位大致上有两类：一是专门执行国家行政管理职能的事业单位，如证监会、银监会、保监会等；二是履行公共服务职能的事业单位，如高等学校。前者专门履行行政管理职能，在设立时就根据单行法的授权在特定行业领域内行使行政管理职权；后者一般不实施行政管理，但在特定领域内经授权也可成为行政主体。例如，《学位条例》规定，学士学位由国务院授权的高等学校授予；硕士学位、博士学位由国务院授权的高等学校和科学研究机构授予。

3. 社会团体。我国的社会团体官办色彩浓厚，其对团体内部的管理大多不是自治管理，而是根据授权实施的行政管理。例如，《体育法》授权单项体育协会（如足协、篮协）对运动员实行注册管理；《注册会计师法》授权注会协会颁发注会证书。

4. 基层自治组织。基层自治组织，即村委会、居委会，它们在实施自治管理之余，也履行某些被授予的行政管理职权，如调解民间纠纷、协助治安管理、协助灾害救助等。

三、行政授权与行政委托

行政授权与行政委托是一对行政法上的重要概念，二者的区别尤其重要。行政授权指的是法律、法规、规章对一个本无独立行政职权的机构或组织，授予行政职权，从而使其具备行政主体资格的行为。而行政委托指的是行政主体委托其他机关、机构、组织或个人代理其实施行政活动、行使行政职权的行为。两者的区别在于：

1. 对象不同。行政授权的对象是本无行政职权的机构或组织，其中，被授权的机构是行政机关的派出机构或内设机构；被授权的组织包括企业组织（主要是公用事业企业，如铁路、电信、邮政等），事业单位（如高等学校、防疫站），社会团体（主要是各种行业协会，如律师协会、注册会计师协会），基层群众自治组织（包括村委会与居委会）；行政机关本身已经是行政主体，自然不能成为授权的对象；个人也不能成为授权的对象。行政委托的对象则十分宽泛，既可能委托给某些机构和组织，还可能委托给个人，乃至委托给另外一个行政机关。当然，对于特定的行政管理事项，到底能够委托给谁去实施，还要遵循单行法上的专门规定。例如，《行政处罚法》允许行政机关和事业单位成为行政处罚事项委托的对象；《行政许可法》只允许行政机关接受另一机关的委托实施行政许可事项；《行政强制法》则干脆禁止行政机关将行政强制权委托给任何对象。

2. 依据不同。行政授权的依据是有限的，视具体情况不同，其依据可能是法律，也可能包括法规，有时候还包括规章，但规章以下的一般规范性文件肯定不能成为授权的依据；而行政委托的依据可能是法律、法规、规章，甚至是一般规范性文件。

3. 结果不同。这是两者最为重要的差别，行政授权的结果是使被授权者获得了行政主体资格，能够独立地承担法律责任；而行政委托的结果却并不能使被委托者取得行政主体资格，其实施的行为在法律后果上仍然归属于委托者。

本章二维码

第三章示范案例　　第三章思考案例　　第三章练习题　　第三章课件与授课视频

第四章

公务员

行政公务人员，指的是所有从事行政公务的工作人员，既包括行政机关中的公务人员，也包括被授权组织中的公务人员、受委托组织中的公务人员，以及受委托的个人。行政公务人员实施行政管理活动，是受其所在机关委派或委托的一种职务行为，而非个人行为；其对外表达的是所在机关的意思表示而不是自己的；其行为产生的法律后果由所在机关承担而不是自己承担。行政公务人员如因公务活动有贪污受贿、徇私舞弊、使用暴力等行为，或发生自身遭受伤害等情节，应通过刑事追究、行政问责、纪律处分、嘉奖抚恤等其他法律制度解决，这与其所实施之行政管理活动所产生的行政法律关系是不同的。

但在我国，公务员的概念和一般意义上的行政公务人员还有所不同。它并不包括被授权组织中的公务人员、受委托组织中的公务人员以及受委托的个人，但包括在其他国家机关、政党机关、人民团体和部分事业单位中的公务人员，几乎包罗了所有在公共组织中履行公职并拥有正式编制的个人。我国原来并没有公务员制度，公务员原来被称为"干部"，直到1993年国务院根据全国人大常委会授权制定了《国家公务员暂行条例》，才初步确立了公务员制度。目前，我国公务员制度的核心是2006年1月生效的《公务员法》（原《国家公务员暂行条例》在该法施行后随之失效），该法是我国公职人员法律制度中的一般法。而其他组织法（如《国务院组织法》《中华人民共和国地方各级人民代表大会和地方各级人民政府组织法》《法官法》《检察官法》等）中调整公职人员法律关系的规范是特别法，它们共同构成了我国的公务员法律体系。本章的内容主要围绕《公务员法》进行介绍。

一、公务员概述

（一）公务员的范围

《公务员法》上所定义的公务员，远远宽于原《国家公务员暂行条例》。按照该法的定义，公务员是指依法履行公职、纳入国家行政编制、由国家财政负担工资福利的工作人员。这实际包括了立法、行政、司法等国家机关的全部公职人员，还包括了国家机关以外的组织——中国共产党机关、各民主党派机关、政协机关、工会、共青团、妇联等人民团体的公职人员。因此，我国的公务员基本上可以被理解为公职人员的同义词。

《公务员法》实际调整的范围还要更广，其附则规定"法律、法规授权的具有公共事务管理职能的事业单位中除工勤人员以外的工作人员，经批准参照本法进行管理"。这些人通常被称为"参公人员"，也可以被称为"准公务员"，在实际管理方式上与公务员无异。

由于公务员的范围很广，甚至包括非国家机关的公务人员，所以我国的公务员现在并不冠以"国家"二字，也就是不称为"国家公务员"。甚至，原来的《国家公务员暂行条例》中的"国家"二字在后来的《公务员法》中都不再使用了。

（二）公务员的分类

1. 职位分类。公务员分为综合管理类、专业技术类、行政执法类三类，并可以在必要时由国务院增设其他类别。尽管分为三类，但《公务员法》对后两类并无更多的具体规定，该法重点规范的是综合管理类公务员。现实中，大多数公务员也属于综合管理类公务员。

2. 职务分级。公务员分为领导职务和非领导职务，但这并不意味着领导职务的级别就一定高于非领导职务。在部分级别层次上，领导职务和非领导职位的级别是存在着对应关系的。具体内容如下：

领导职务序列	非领导职务序列
国家级正职（如总理）	
国家级副职（如副总理、国务委员）	
省部级正职（如部长、省长）	
省部级副职（如副部长、副省长）	
厅局级正职（如司长、厅长、市长）	巡视员
厅局级副职（如副司长、副厅长、副市长）	副巡视员
县处级正职（如处长、县长）	调研员
县处级副职（如副处长、副县长）	副调研员
乡科级正职（如科长、乡长、镇长）	主任科员
乡科级副职（如副科长、副乡长、副镇长）	副主任科员
	科员
	办事员

二、公务员职务的取得

（一）任职条件

1. 积极条件。担任我国公务员应当具备如下条件：①具有中国国籍；②年满18周岁；③拥护宪法；④具有良好的品行；⑤具有正常履行职责的身体条件；⑥具有符合职位要求的文化程度和工作能力；⑦法律规定的其他条件。

2. 消极条件。下列人员不得担任公务员：①曾因犯罪受过刑事处罚的；

②曾被开除公职的;③有法律规定不得录用为公务员的其他情形的。

这里有一个容易引起争议的问题,就是对"曾因犯罪受过刑事处罚"的理解。因为在刑法上,有些犯罪嫌疑人最终被法院判决认定为犯罪,但基于其他原因——如情节显著轻微等——而宣布免于刑罚。那么,这种情况是否能够担任公务员就有疑问。在现实操作中,人事管理部门常常把"曾因犯罪受过刑事处罚"直接理解为有犯罪记录,也就是作了扩大化的理解。这个理解是有问题的,应该认为这一规定的着眼点是"受过刑事处罚"而不是"犯罪"。因此,虽然被认定为犯罪但是免于刑罚的人,还是有资格担任公务员的。

(二)任职方式

成为公务员的途径有以下几种:

1. 录用—委任。这是担任公务员的最主要方式。担任主任科员以下(及其他相当职务层次的)非领导职务的公务员,采取录用方式,公开考试、严格考察、平等竞争、择优录取。中央公务员的录用,由中央公务员主管部门(中共中央组织部、国家公务员局)组织。地方公务员的录用,由省级(或其授权的地级市)公务员主管部门组织。

新录用的公务员试用期为1年。试用期满合格的,委任到某一职位;不合格的,取消录用。

也就是说,录用只是取得一个担任公务员的身份,并不等于直接取得了一个职位;经过试用期试用合格之后,才予以委任,此时才取得公务员的职位。

◆ 例 4 - 1

王某经过考试成为某县财政局新录用的公务员,但因试用期满不合格被取消录用。下列哪一说法是正确的?

A. 对王某的试用期限,由某县财政局确定

B. 对王某的取消录用,应当适用辞退公务员的规定

C. 王某不服取消录用向法院提起行政诉讼的,法院应当不予受理

D. 对王某的取消录用,在性质上属于对王某的不予录用

分析:初任公务员的试用期是1年,这是法定的,不是行政机关自己确定的,行政机关既不能延长也不能缩短这一期限,因此 A 项是错误的。取消录用就是录用之后再取消,取消的是其担任公务员的资格,而不是取消其职务(因为试用期之内还没有取得职务),这和正式委任之后辞退是不一样的,因此 B 项的说法是错的。行政诉讼解决的是因为行政行为而引起的争议,按照《行政诉讼法》的规定,行政机关内部的人事纠纷被认为不属于行政行为。在这个例子中,王某被取消录用时已取得了公务员的资格,已经属于县财政局的内部工作人员,因此他和单位的争议属于内部的人事争议,不是《行政诉讼法》上所定义的行政行为,不属于行政诉讼的受案范围,因此 C 项的讲

法是正确的。至于 D 项，很明显，取消录用是已经录用之后被取消，和一开始就没有被录用当然是不同的，因此这个说法错误。

2. 选任。选任适用于领导职务，即通过各级人大及其常委会选举的方式任免领导职务公务员，其具体的适用范围根据《宪法》和相关的组织法来确定。选任制公务员在选举结果生效时即任当选职务，其任期届满不再连任的，或者任期内辞职、被罢免、被撤职的，所任职务同时终止。也就是说，一个被选任为特定职务公务员的人，原来可能已经是也可能不是公务员。如果他原来不是公务员，一旦选举生效，便同时获得公务员的身份和相应的职务。

3. 公开选拔。厅局级正职以下领导职务（即正厅级至副科级），或副调研员以上非领导职务（即正厅级至副处级）出现空缺的，可以面向社会公开选拔。

初任法官、初任检察官，可以面向社会从通过国家司法考试的人员中公开选拔。

相对于录用—委任方式来说，公开选拔担任的公务员职务或者级别相对比较高，当然，其参加选拔的条件也要高得多。

4. 聘任。经过省级以上公务员主管部门批准，可以对专业性较强的职位和辅助性职位实行聘任制，但涉及国家秘密的职位除外。

聘任制公务员通过书面聘任合同确定其与聘用机关间的权利义务，实行协议工资制，聘任合同的签订、变更或解除报同级公务员主管部门备案。聘任合同期限为 1 年~5 年，可约定 1 个月~6 个月的试用期。这是聘任制公务员和普通公务员的不同之处，普通公务员和所在机关之间的权利义务关系不是通过签订合同来确定的，而是完全取决于法律的规定；普通公务员的工资待遇也不存在协商的问题，而是按照统一的方案来确定；但是，普通公务员不存在聘期的约束，在正常情况下可以工作到退休为止，退休之后还可以享受退休待遇。

◆ 例 4 - 2

关于聘任制公务员，下列做法正确的是什么？

A. 某县保密局聘任两名负责保密工作的计算机程序员

B. 某县财政局与所聘任的一名精算师实行协议工资制

C. 某市林业局聘任公务员的合同期限为 10 年

D. 某县公安局聘任网络管理员的合同需经上级公安机关批准

分析：涉及国家秘密的职务不能适用聘任制，因此 A 项的说法错误。聘任制公务员实行协议工资制，B 项的说法正确。聘任制公务员的一个聘任期最长也只有 5 年，不应该签订 10 年的聘任合同，C 项的说法错误。公务员的聘任合同只需向聘任机关的同级人事主管部门备案即可，无需经过其他机关的批准，因此 D 项的说法错误。

（三）兼任职务

公务员因工作需要可以在机关外兼职，但应当经过有关机关批准，并不得领取兼职报酬。但公务员不得从事或参与营利性活动，不得在企业或者其他营利性组织中兼任职务。实际上，公务员的兼职是比较常见的。例如，某些在自身工作领域具有业务专长或理论素养的领导职务公务员，经常在高等院校、科研机构担任兼职教授、兼职研究员、兼职研究生导师；再如，很多司法机关、公安机关的公务员被中小学校聘请担任其法制副校长或者法制辅导员；等等。

三、公务员职务的履行

公务员职务的履行是本章的重点内容，具体包括公务员的考核、奖励、处分、交流、回避等。

（一）公务员的考核

对公务员的考核，内容上包括德、能、勤、绩、廉五个方面，重点考核工作实绩。考核方式分为平时考核和定期考核，定期考核以平时考核为基础。定期考核结果分为优秀、称职、基本称职、不称职四等。

定期考核的结果是调整公务员职务、级别、工资以及公务员奖励、培训、辞退的依据。公务员在定期考核中确定为不称职的，应降低一个职务层次任职；连续2年不称职的，应当辞退。

（二）公务员的奖励

对公务员的奖励，既包括对公务员个人的奖励，也包括对某个单位公务员集体的奖励。包括精神奖励与物质奖励，以精神奖励为主。奖励的等级分为：嘉奖、记三等功、记二等功、记一等功、授予荣誉称号；并给予一次性奖金或其他待遇。

（三）公务员的处分

对公务员的处分是一项比较重要的制度。除《公务员法》外，2007年6月1日起还实施了国务院制定的《行政机关公务员处分条例》。尽管这个条例只适用于行政机关公务员，但对其他公务员的处分大多也参照此规定。对此需要注意如下内容：

1. 处分的设定。可以设定公务员处分的是法律、法规、规章和国务院的决定，除此以外，其他规范性文件无权设定对公务员进行处分的事项。

2. 处分的事由。给予公务员处分的理由是违反法律或纪律。但公务员执行公务时，认为上级的决定或命令有错误的，可以向上级提出改正或撤销的意见；上级不改变或要求立即执行的，公务员应当执行，后果由上级负责，公务员不承担责任；但公务员执行明显违法的决定或者命令的，应当依法承担相应责任。这就是公务员的错误命令抵抗权，这个制度的建立一方面有利于保护公务员——特别是较低层级公务员的合法权益，另一方面有利于在上下级公务员之间建立一种制衡关系，减少违法的行政命令被执行的可能性。在这一规定出台之前，公务员因为执行上级违法的命令而最终被追究法律责任的案件很多，《公务员法》出台之后，此类案件明显减少。

3. 处分的等级。对公务员的处分，从轻到重分为警告（6个月）、记过（12个月）、记大过（18个月）、降级（24个月）、撤职（24个月、同时降级）、开除（永久）。

◆ **例4－3**

下列哪些选项属于对公务员的处分？

A. 降级　　　B. 免职　　　C. 撤职　　　D. 责令辞职

分析：很明显可以发现 A 项的降级和 C 项的撤职属于对公务员的处分。这里对于 B 项的免职和 D 项的责令辞职需要做进一步的说明。所谓免职，指的是依法享有任免权的机关按照法律或制度规定免去某人所担任职务的行为。免职只是指不再担任原职务，未必包含惩罚性的含义。公务员被免职的原因有很多，比如因为职务的变动需要免去原来的职务，因为退休也需要免去退休前担任的职务。有些情况下，公务员实施了违法或者不当的行为，但是还没有完全调查清楚，此时为了回应社会舆论，任免机关也可能将该公务员先行免职。但即使如此，免职也并不等于撤职，撤职是公务员被查证属实有违法、违纪行为之后所受到的一种处分，是一种惩罚性的措施，而免职则未必。至于责令辞职，一般适用于领导职务的公务员。在有些情况下，领导干部的行为虽然违法但是还没有达到需要撤职的严重程度，或者没有违法但是存在一些过错，甚至个别情况下既没有违法也没有过错（例如，发生非人为因素的突发事件），但这种行为引起了比较严重的后果，社会舆论的反应十分强烈。此时，为了回应民意，分散舆论压力，就有可能需要这个领导干部引咎辞职。如果领导干部应当引咎辞职但不愿引咎辞职的，应当责令其辞职。我们在这里可以发现，责令辞职虽然也带有一定的惩罚意味，但其目的主要是为了回应民意，其后果与撤职也完全不同。比如，撤职的同时是要降低级别的，责令辞职之后一般并不降低级别，在一段时间之后通常会对该领导干部在相同的级别上另行任用。

4. 处分的适用。

（1）多种处分的适用。公务员有多种应处分行为的，分别确定其处分。多种处分种类不同的，执行其中最重的处分；多种处分种类相同的，在一个处分期以上、多个处分期之和以下执行该处分。公务员在受处分期间又受到新处分的，处分期为尚未执行的期限与新处分期限之和。处分期最长不得超过48个月。

（2）共同行为的处分。行政机关公务员2人以上共同违法违纪，需要给予处分的，根据各自应当承担的纪律责任，分别给予处分。

（3）已退休人员的处分。应当受到处分的公务员已经退休的，不再给予处分；但依法应当降级、撤职、开除的，按照规定相应降低或取消其享受的退休后待遇。

（4）从重处分。下列情形应当从重处分：在 2 人以上的共同违法违纪行为中起主要作用的；隐匿、伪造、销毁证据的；串供或者阻止他人揭发检举、提供证据材料的；包庇同案人员的；法律、法规、规章规定的其他从重情节。

（5）从轻处分。下列情形应当从轻处分：主动交代违法违纪行为的；主动采取措施，有效避免或者挽回损失的；检举他人重大违法违纪行为，情况属实的。

（6）减轻处分。行政机关公务员主动交代违法违纪行为，并主动采取措施有效避免或者挽回损失的，应当减轻处分。

（7）免于处分。违纪行为情节轻微，经过批评教育后改正的，可以免予处分；应当给予警告处分，又有减轻处分情形的，免予处分。

5. 处分的实施。对行政机关公务员给予处分，由其任免机关或监察机关决定。

公务员违法违纪被立案调查，不宜继续履行职责的，任免机关可以决定暂停其履行职务。被调查的公务员在违法违纪案件立案调查期间，不得交流、出境、辞去公职、办理退休手续。

对行政机关公务员违法违纪案件进行调查，应当由 2 名以上办案人员进行。

给予行政机关公务员处分，应当自批准立案之日起 6 个月内作出决定；案情复杂或者遇有其他特殊情形的，办案期限可以延长，但最长不得超过 12 个月。

6. 处分的后果。公务员受处分期间不得晋升职务和级别，记过、记大过、降级、撤职的，还不得晋升工资档次。

解除处分后，晋升工资档次、级别和职务不再受原处分的影响。但是，解除降级、撤职处分的，不视为恢复原级别、原职务。

◆ 例 4 - 4

关于行政机关公务员处分的说法，下列哪一选项是正确的？

A. 行政诉讼的生效判决撤销某行政机关所作的决定，即应给予该机关的负责人张某行政处分

B. 工商局干部李某主动交代自己的违法行为，即应减轻处分

C. 某环保局科长王某因涉嫌违纪被立案调查，即应暂停其履行职务

D. 财政局干部田某因涉嫌违纪被立案调查，即不应允许其挂职锻炼

分析：本单位行政行为被法院撤销，不一定等于单位负责人就存在违法违纪行为，也不等于就必须要追究单位负责人的个人责任。从另外一个角度来看，如果本单位的行政行为被法院撤销，单位负责人就应该被处分的话，

对行政诉讼制度的运行将是一个巨大的障碍。因为如此一来，行政机关的负责人由于担心自己要承担个人责任，一定会竭力阻挠法院对该机关行政行为的正常审理和判决，要通过行政诉讼对行政行为纠错将变得难上加难。因此，A 项的说法显然是错误的。对于 B 项的说法，公务员主动交代违法行为，还需要避免或挽回损失才能减轻处分。仅仅主动交代违法行为，应当从轻处分而不是减轻，因此 B 项的说法错误。公务员涉嫌违纪被调查期间，可以（而不是必须）暂停履行职务，因此 C 项也是错误的。公务员涉嫌违纪被调查期间，不得进行职务交流，因此 D 项正确。

◆ 例 4 -5

某行政机关负责人孙某因同时违反财经纪律和玩忽职守被分别给予撤职和记过处分。下列说法正确的是？

　　A. 应只对孙某执行撤职处分　　B. 应同时降低孙某的级别
　　C. 对孙某的处分期为 36 个月　　D. 解除对孙某的处分后，即应恢复其原职务

分析：公务员有多种应受处分的行为，多种处分种类又不同的，只执行其中最重的处分。这个例子中，孙某应当受到的是撤职和记过的处分，种类是不同的，因此 A 项的说法正确。公务员受到撤职处分的，必须同时降低其级别，因此 B 项的说法也正确。对公务员撤职的处分期是 24 个月，不是 36 个月，因此 C 项错误。解除撤职处分，只是意味着对公务员的惩戒期已经结束，对该公务员可以进行正常的管理，不再予以额外的不利对待和制约，并但不意味着要恢复其原有的职务，所以 D 项也是错的。

◆ 例 4 -6

关于对行政机关公务员的处分，下列哪些说法是正确的？

　　A. 某公安局干部梁某违法虽应受到处分，但在作出处分决定之前其已办理退休手续，应不再给予处分

　　B. 某县政府办公室干部刘某的撤职处分一年后被撤销，应恢复其原职务、级别、工资档次

　　C. 某县政府可以制定文件对本县行政机关公务员处分作出补充性规定

　　D. 某民政局应对因贪污被判处有期徒刑 3 年的干部何某给予开除处分

分析：应当受到处分的公务员已经退休的，不再给予处分，只调整其退休待遇，因此 A 项正确。如前文所述公务员的撤职处分期满解除的，并不自动恢复原职务、级别。但我们要注意到，B 项讲的是刘某的撤职处分被撤销了，而且是在 1 年之后被撤销（撤职的正常处分期限是两年），这就意味着原来对刘某的这个撤职处分是错误的，撤销这个处分就是要予以纠正，将其权利义务恢复到没有被撤职之前的状态，也就应当恢复其原职务、级别、工资档次。因此，B 项的讲法也是正确的。能够规定公务员处分的只能是法律、

法规、规章和国务院的决定，某县政府无权制定文件作出补充性的规定，因此 C 项错误。受到刑事处罚就不能再担任公务员了，因此被判处有期徒刑 3 年的何某应予开除，所以 D 项正确。

（四）公务员的交流

公务员的交流，就是离开原来的工作岗位，到其他岗位上工作。公务员既可以在公务员队伍内部交流，也可以与国有企业事业单位、人民团体和群众团体中从事公务的人员交流。其具体方式包括以下几种：

1. 调任。调任指的是从国家机关之外调入国家机关担任公务员。调任的公务员来源于国有企业事业单位、人民团体和群众团体，调入机关后担任的是领导职务或副调研员（副处级）以上的非领导职务。调任的目的主要是从其他国有单位中选拔人才到国家机关中工作，所以被调任的人所担任的都是领导职务或者是具有较高级别的非领导职务。因此，如果一个国有单位中的人员到国家机关中担任级别较低的非领导职务，就不属于调任的范畴，而是可能属于录用—委任，或者聘任。

2. 转任。转任指的是公务员在国家机关内部不同职位之间的调动，转任前后其公务员身份没有任何改变，改变的只是具体的工作岗位。

3. 挂职。挂职全称挂职锻炼，指的是公务员在不改变与原机关人事关系的前提下短时间实际担任其他职务。挂职锻炼的单位可以是原单位的下级机关，也可以是其上级机关，或其他地区的机关，还可以是国有企事业单位。实际上，挂职锻炼是双向的，国有企事业单位的工作人员也可以到国家机关当中挂职锻炼。但是，由于这些人原来并不是公务员，挂职锻炼又不改变其与原工作单位的关系，所以挂职锻炼期间也不是公务员。因此，这种情况不被认为属于公务员挂职锻炼的范畴。

◆ **例 4 - 7**

下列哪一做法不属于公务员交流制度？

A. 沈某系某高校副校长，调入国务院某部任副司长

B. 刘某系某高校行政人员，被聘为某区法院书记员

C. 吴某系某国有企业经理，调入市国有资产管理委员会任处长

D. 郑某系某部人事司副处长，到某市挂职担任市委组织部副部长

分析：高校属于国有事业单位，其副校长调入国务院某部任副司长，属于担任领导职务，属于公务员的调任，所以 A 项正确。刘某虽系高校行政人员，但其被聘为某区法院书记员，既不是领导职务，也不是副处级以上的非领导职务，不属于公务员的调任，不是一种职务交流方式，因此 B 项错误。国有企业经理调入市国有资产管理委员会任处长，担任的也是领导职务，同样属于调任，C 项也正确。某部人事司副处长到某市挂职担任市委组织部副部长，显然属于挂职锻炼，也属于公务员的交流，D 项也正确。

（五）公务员的回避

所谓回避，就是公务员基于某种原因不担任某一职务或者不从事某一工作，具体包括任职回避、执行公务回避与离职回避三种情况：

1. 任职回避。指的是公务员在特定条件下不得担任某一职务的情况，包括：

（1）近亲回避：公务员之间有夫妻关系、直系血亲关系、三代以内旁系血亲关系以及近姻亲关系的，不得在同一机关担任双方直接隶属于同一领导人员的职务，或者有直接上下级领导关系的职务，也不得在其中一方担任领导职务的机关从事组织、人事、纪检、监察、审计和财务工作。但在特殊情况下，经省级以上人事部门同意，上述规定可以变通。

（2）地域回避：公务员担任乡级机关、县级机关及其有关部门主要领导职务的，应当实行地域回避，即不得在本人所在乡镇、所在县担任有关职务，但法律另有规定的除外。这里的所谓"主要领导职务"，在实践中通常指当地党委的负责人（书记）、政府的负责人（县长、镇长、乡长）以及纪检书记、组织部长等重要职务。不过，这一规定允许法定例外的存在。例如，根据《民族区域自治法》的规定，实行民族自治的县应当由该民族的公民担任县长。但由于少数民族人口不多，要找到一位相同民族又适合异地任职的官员往往是比较困难的，因此，通常就由本县的公民担任该职务了。

2. 执行公务回避。指的是公务员在特定条件下不得执行某一项工作的情况。如果公务员在执行公务时，该任务：①涉及本人利害关系；②或涉及其配偶、直系血亲、三代以内旁系血亲、近姻亲的利害关系；③或涉及其他可能影响公正执行公务的情况，公务员应当回避。

3. 离职回避。公务员辞去公职或者退休的，原系领导成员的公务员在离职3年内，其他公务员在离职2年内，不得到与原工作业务直接相关的企业或其他营利性组织任职，不得从事与原工作业务直接相关的营利性活动。一言以蔽之，就是在该公务员的职务影响力还存在的特定时期内，禁止其利用原来的职务影响力为自己谋取经济利益。

◆ 例4-8

下列哪些情形违反了《公务员法》有关回避的规定？

A. 张某担任家乡所在县的县长

B. 刘某是工商局局长，其侄担任工商局人事处科员

C. 王某是税务局工作人员，参加调查一企业涉嫌偷漏税款案，但其妻之弟任该企业的总经理助理

D. 李某是公安局局长，其妻在公安局所属派出所担任户籍警察

分析：公务员不得在本人所在的县、乡担任主要领导职务，因此A项的做法违反了地域任职回避的规定。刘某及其侄子属于三代以内旁系血亲，在

刘某担任机关领导的情况下，其近亲属不得在本单位担任组织、人事、纪检、监察、审计和财务工作，因此 B 项的做法违反了近亲任职回避的规定。王某和其妻之弟属于近姻亲，王某到其近姻亲担任高层管理职务的企业执行公务，C 项的这种做法违反了执行公务回避。至于 D 项的做法，由于公安局长和派出所户籍警察之间不是直接领导关系，对于近亲属之间是间接领导关系的，法律对其任职并不禁止，因此并不违法。

四、公务员职务的丧失

公务员职务的丧失有四种方式：一是辞职，是公务员自愿要求退出公务员序列的方式；二是辞退，是因公务员不称职而丧失公务员身份的方式；三是退休，是由于自然原因不再担任公务员的方式；四是开除，是对违反纪律的公务员剥夺其身份的惩戒，对此前文已叙，不赘。

（一）公务员的辞职

公务员可以自愿辞去公职，但应当向任免机关书面提出申请，由任免机关在 30 日内审批（对领导成员的辞职申请在 90 日内审批）。公务员的辞职原则上是自愿的，但以下两点例外：

1. 公务员愿意辞职而不得辞职的。包括以下情形：①未满国家规定的最低服务年限的（这种年限一般在招录公务员时会进行说明）；②在涉及国家秘密等特殊职位任职，或者离开上述职位不满国家规定的脱密期限的；③重要公务尚未处理完毕，且须由本人继续处理的；④正在接受审计、纪律审查，或者涉嫌犯罪，司法程序尚未终结的；⑤法律、行政法规规定的其他不得辞去公职的情形。

2. 公务员不愿辞职而必须辞职的。即引咎辞职的情况：领导成员因工作严重失误、失职造成重大损失或者恶劣社会影响的，或者对重大事故负有领导责任的，应当引咎辞去领导职务。应当引咎辞职或因其他原因不再适合担任现职，而本人又不提出辞职的，有关机关应当责令其辞职。如前文所述，引咎辞职一般来说不是一种违法或者违纪的责任，而是一种为了回应民意而承担的政治责任。

（二）公务员的辞退

1. 应予辞退的情形。①在年度考核中，连续两年被确定为不称职的；②不胜任现职工作，又不接受其他安排的；③因所在机关调整、撤销、合并或者缩减编制员额需要调整工作，本人拒绝合理安排的；④不履行公务员义务，不遵守公务员纪律，经教育仍无转变，不适合继续在机关工作，又不宜给予开除处分的；⑤旷工或者因公外出、请假期满无正当理由逾期不归连续超过 15 天，或者 1 年内累计超过 30 天的。

2. 不得辞退的情形。①因公致残，被确认丧失或部分丧失工作能力的；②患病或者负伤，在规定的医疗期内的；③女性公务员在孕期、产假、哺乳期内的；④法律、行政法规规定的其他不得辞退的情形。

被辞退的公务员，可以领取辞退费，或者根据国家规定享受失业保险。

（三）公务员的退休

公务员达到退休年龄或者完全丧失工作能力的，应当退休。符合下列条件之一的，公务员可以申请提前退休：①工作年限满30年的；②距国家规定的退休年龄不足5年，且工作年限满20年的；③符合国家规定的可以提前退休的其他情形。

五、纠纷解决机制

由于国家机关或其他公共部门对公务员的管理属于内部的人事管理，这种管理行为虽然也是一种行政活动，但并不属于《行政诉讼法》或者《行政复议法》等定义的"行政行为"，由此引起的争议是无法通过行政诉讼、行政复议等制度来解决的。因此，《公务员法》创设了其他机制来解决公务员与所在机关或其他国家机关之间因人事管理而发生的各种纠纷，主要包括如下两种：

（一）申诉制度

1. 条件。人事申诉制度适用于一般的公务员，一般公务员对处分，辞退，取消录用，降职，定期考核不称职，免职，申请辞职、提前退休未予批准，未按规定确定或者扣减工资、福利、保险待遇等人事管理行为不服的，可以申诉。

◆ 例4-9

当事人不服下列行为提起的诉讼，属于行政诉讼受案范围的是什么？

A. 某人保局以李某体检不合格为由取消其公务员录用资格

B. 某公安局以新录用的公务员孙某试用期不合格为由取消录用

C. 某人保局给予工作人员田某记过处分

D. 某财政局对工作人员黄某提出的辞职申请不予批准

分析：我们知道，如果一个人获得了公务员的身份，他和所在单位之间的关系就是内部的人事关系，因为这种关系而发生的纠纷就被看作内部纠纷，主要只能通过人事申诉程序来解决。BCD三项描述的情况，都属于这样的情形，因此是不能通过行政诉讼来审理的。但是对于A项，因为李某尚未被录用，他和人保局的关系还不是一种内部的人事关系，还属于行政机关对外部相对人的一种管理行为，是可以提起行政诉讼来解决的。

2. 程序。公务员自知道上述行为之日起30日内向原处理机关申请复核，复核期限为30日；对复核结果不服的可以自接到复核决定之日起15日内，向同级人事部门或原处理机关的上一级机关申诉，也可以不经复核，自知道该行为之日起30日内直接申诉，申诉处理期限为60日，必要时可以延长不超过 30 日；对省级以下机关所作申诉处理决定不服的，还可以向作出该决定的上一级机关再申诉。

3. 效力。公务员对人事处理决定不满，复核、申诉期间不停止对原人事处理的执行。

◆ 例 4 - 10

下列哪种做法符合《公务员法》的规定？

A. 某卫生局副处长李某因在定期考核中被确定为基本称职，被降低一个职务层次任职

B. 某市税务局干部沈某到该市某国有企业中挂职锻炼 1 年

C. 某市公安局与技术员田某签订的公务员聘任合同，应当报该市组织部门批准

D. 某地环保局办事员齐某对在定期考核中被定为基本称职不服，向有关部门提出申诉

分析：对于 A 项，由于《公务员法》规定对定期考核不称职的才需要降低职务层次，而李某的考核结果是基本称职，不需要降级，因此是错误的。对于 B 项，公务员可以到国有企事业单位中挂职锻炼，1 年的期限也是没有问题的，因此正确。至于 C 项，市公安局与田某签订的聘任合同只需要报请同级人事部门备案即可，而不需要经过批准，因此该做法错误。对于 D 项，由于基本称职的考核结果并不影响齐某作为公务员的基本利益（不涉及辞退、降级、降低待遇），因此没有被纳入可以申诉的范围，因此也是错误的。对于考核结果，只有结果是不称职（因为影响了公务员的基本利益），才是可以申诉的。

◆ 例 4 - 11

下列哪些做法不符合有关公务员管理的法律法规规定？

A. 县公安局法制科科员李某因 2002 年和 2004 年年度考核不称职被辞退

B. 小王 2004 年 7 月通过公务员考试进入市法制办工作，因表现突出于 2005 年 1 月转正

C. 办事员张某辞职离开县政府，单位要求他在离职前办理公务交接手续

D. 县财政局办事员田某对单位的开除决定不服向县人事局申诉，在申诉期间财政局应当保留田某的工作

分析：上述说法中本题仅有 C 项的表述是正确，因为公务员辞职当然需要办理公务交接手续，否则不能离开。ABD 三项的说法都是有错误的。A 项的错误在于只有连续两年考核不称职的公务员才应该被辞退，而李某被考核为不称职的年份并不连续。B 的错误则在于新录用的公务员试用期为 1 年，小王的试用期才经过了半年。D 项的错误是因为人事处分的申诉期间并不停止处分的执行，既然是开除处分，就应该先行离职，如果申诉成功才能恢复

原来的职务。

(二) 人事仲裁

人事仲裁适用于聘任制公务员。

人事争议仲裁委员会由公务员主管部门的代表、聘用机关的代表、聘任制公务员的代表以及法律专家组成。聘任制公务员与所在机关因履行聘任合同发生争议的，可以自争议发生之日起 60 日内向仲裁委员会申请仲裁。当事人不服仲裁裁决的，可以在 15 日内向法院提起民事诉讼。

仲裁裁决生效后，承担义务的当事人又不予履行的，享有权利的一方可以申请法院强制执行。

◆ **例 4 - 12**

孙某是某行政机关的一个聘任制公务员，双方签订了聘任合同。对此，下列哪些说法是正确的？

A. 对孙某的聘任须按照公务员考试录用程序进行公开招聘

B. 该机关应按照《公务员法》和聘任合同对孙某进行管理

C. 对孙某的工资可以按照国家规定实行协议工资

D. 如孙某与该机关因履行聘任合同发生争议，可以向人事争议仲裁委员会申请仲裁

分析：对公务员聘任的方式与录用—委任方式是有所不同的，既可以参照录用程序，也可以简化部分程序，因此 A 项的说法是错误的。聘任制公务员同时受法律和合同调整，在遵守法律的基础上可以通过合同补充约定具体的权利义务内，因此 B 项的说法是对的。聘任制公务员可以实行协议工资，也就是比较灵活一些，因此 C 项也是对的。聘任制公务员与所在机关发生的纠纷适用人事争议仲裁，D 项的说法也是对的。

本章二维码

第四章示范案例　　第四章思考案例　　第四章练习题　　第四章课件与授课视频

第五章

行政规范

行政规范性文件（简称行政规范）等于原来所说的抽象行政行为，指的是行政主体制定具有普遍约束力的、可以反复多次适用的行政法规、行政规章和其他行政规范性文件的行为。其中，制定行政法规和行政规章的行为也称为行政立法。对于本章的内容，我们要重点掌握的是行政规范的制定、效力、监督与适用等问题，其中监督问题是关键。这些制度的内容主要规定在《立法法》《行政法规制定程序条例》《规章制定程序条例》《法规规章备案条例》当中。

一、行政规范的制定

行政规范表现为行政法规、行政规章、其他规范性文件的制定，我们主要掌握其制定权限与程序，其中以行政法规的制定最为重要。

（一）行政法规的制定

1. 主体。行政法规的制定主体是国务院。

2. 权限。国务院制定行政法规的权限有三：①为了执行法律的规定；②为了执行国务院自身的职权，即《宪法》上规定的国务院职权；③为了执行全国人大或其常委会授权的事项。其中，国务院根据上述第③项职权制定的行政法规，属于授权立法的范畴，具有一定特殊性，后文将加以详述。

3. 立项。有权报请国务院立项制定行政法规的，是国务院各下属单位。国务院法制办在汇总各部门立项申请之后，于每年初拟订国务院年度立法工作计划，报国务院审批后实施。国务院年度立法计划中的法律项目应当与全国人大常委会的立法规划、年度立法计划相衔接。

4. 起草。行政法规的起草，既可以由国务院的一个或几个部门负责，也可以由国务院法制办负责。其中，重要的行政法规应当由国务院法制办组织起草。向国务院提交的行政法规送审稿，应由起草部门负责人签署，由几个部门共同起草的应由其负责人共同签署。在这个阶段起草形成的草案版本，称为送审稿。

行政法规在起草过程中，应当广泛听取有关机关、组织和公民的意见，听取意见可以采取召开座谈会、论证会、听证会等多种形式。形成初步的草案之后，应当通过网络等媒介向社会公布征求意见，但经国务院决定不予公布的除外。

起草部门将行政法规送审稿报送国务院审查时，应当一并报送草案的说明、各方面对草案主要问题的不同意见和其他有关资料。

5. 审查。行政法规送审稿，由国务院法制办负责审查。在审查阶段，国务院法制办应将行政法规送审稿或其涉及的主要问题发送有关机关、组织和专家征求意见；必要时，国务院法制办还应召开有关座谈会、论证会，还可以举行听证会听取意见。

经过审查之后的行政法规版本，称为正式的草案。

审查结果按照以下方式处理：①送审稿不符合条件的，法制办可以缓办或退回起草部门；②送审稿符合条件的，一般情况下，由法制办主要负责人提出建议，提请国务院常务会议审议；③送审稿符合条件的，特殊情况下（该法规调整范围单一、各方面意见一致或它是依据法律制定的配套行政法规），采用传批方式，由法制办直接提请国务院审批（不召开常务会议）。

对于②、③两种情况，国务院法制办应当向国务院提出审查报告和草案修改稿，审查报告应当对草案主要问题作出说明。

6. 决定。行政法规决定的方式有二：①采用建议送审方式的草案，由国务院常务会议审议，国务院常务会议由总理、副总理、国务委员和秘书长组成，审议时由国务院法制办或起草部门作说明；②采用传批方式的草案，由国务院审批。

7. 公布。行政法规由总理签署国务院令公布施行，该国务院令应载明该行政法规的施行日期。有关国防建设的行政法规，可以由国务院总理、中央军委主席共同签署国务院、中央军委令公布。

行政法规签署公布后，应及时在国务院公报、国务院法制办网站（中国政府法制信息网）以及全国范围内发行的报纸上刊登，在国务院公报上刊登的文本为标准文本。

8. 实施。行政法规应当自公布之日起 30 日后施行，但涉及国家安全、外汇汇率、货币政策的确定以及公布后不立即施行将有碍其施行的，可以自公布之日起施行。

9. 备案。行政法规在公布后的 30 日内，由国务院办公厅报全国人大常委会备案。

10. 解释。

（1）法规条文本身需要进一步明确界限或者作出补充规定的，国务院各部门和各省级政府可以要求解释，此类解释由国务院法制办拟订解释草案，报国务院同意后，由国务院或其授权的有关部门公布。行政法规的解释与行政法规具有同等效力。

（2）对属于行政工作中具体应用行政法规的问题，国务院各部门的法制办和各省级政府的法制办可以要求解释，此类解释原则上由国务院法制办答复，涉及重大问题的由国务院法制办提出意见报国务院同意后答复。此类解释没有明确的法律效力，可以供有关行政机关在实际工作中参考。

◆ **例 5 - 1**

关于行政法规制定程序的说法，下列那些说法是错误的？

A. 行政法规的制定程序包括起草、审查、决定和公布，立项不属于行政法规制定程序

B. 几个部门共同起草的行政法规送审稿报送国务院，应当由牵头部门主要负责人签署

C. 对重要的行政法规送审稿，国务院法制办经国务院同意后向社会公布

D. 行政法规应当在公布后 30 日内由国务院法制办报全国人大常委会备案

分析：立项属于行政法规的制定环节之一，原则上，一般行政法规只有被立项列入国务院的立法计划，其后续立法步骤才有可能实施，最终也才有可能出台，因此 A 项的说法错误。由几个部门共同起草的行政法规送审稿应由这些部门的负责人共同签署，以示共同负责，因此 B 项也错误。行政法规经起草形成初步的草案之后，应当通过网络等媒介向社会公布征求意见，但经国务院决定不予公布的除外，而不是说重大的送审稿才经国务院同意后向社会公布，C 项的说法错误。行政法规的报备机构是国务院办公厅而非国务院法制办，因此 D 项也错误。

◆ **例 5 - 2**

下列关于行政法规解释的哪种说法是正确的？

A. 国务院各部门可以根据国务院授权解释行政法规

B. 行政法规条文本身需要作出补充规定的，由国务院解释

C. 在审判活动中行政法规条文本身需要进一步明确界限的，由最高人民法院解释

D. 对具体应用行政法规的问题，各级政府可以请求国务院法制机构解释

分析：行政法规的解释包括两种情况，涉及条文含义变动时由国务院解释，涉及具体应用问题时，由国务院法制办解答，不存在授权其他国务院部门作出解释的情况，因此 A 项是错误的。当然，国务院在对行政法规作出解释之后，有可能授权下属某一部门来公布这个解释。在解释立法文件时，只要涉及条文本身的含义问题，解释机关就是制定机关自己，因为这种解释实际上等于改变了原来法律条款的含义。只有在不涉及条文本身含义时，方可能由其他机关解答。因此 B 项是正确的。在我国，根据全国人大常委会的决定和《人民法院组织法》的有关规定，最高人民法院对于法律规范拥有司法解释权，但是这种司法解释权指的是对法律规范在审判活动中的具体应用问题，而不涉及明确法律条文的界限，因此 C 项的说法并不准确。对于行政法

规请求解释的主体，应当遵循机关对应机关，法制办对法制办的规则。也就是说，对于具体应用行政法规的问题，应当由国务院各部门的法制机构或者各省级政府的法制机构来请求国务院法制机构解释，因此 D 项是错误的。

◆ 例 5-3

关于行政法规的决定与公布，下列哪一说法是正确的？

A. 行政法规均应由国务院常务会议审议通过

B. 行政法规草案在国务院常务会议审议时，可由起草部门作说明

C. 行政法规草案经国务院审议报国务院总理签署前，不得再作修改

D. 行政法规公布后由国务院法制办报全国人大常委会备案

分析：行政法规的决定包括审议和审批两种方式，调整范围单一、各方面意见一致或者是依据法律制定的配套行政法规采用传批方式，由法制办直接提请国务院审批，无需召开国务院常务会议审议，因此 A 项的说法不对。行政法规的草案在国务院常务会议审议时，可以由起草部门或者由国务院法制办作说明，因此 B 项正确。行政法规草案经审议后可以根据审议意见修改后再报总理签署，修改后、签署前的行政法规称修改稿，因此 C 项错误。要注意在这一点上行政法规和法律的制定是不同的，法律在经过全国人大或其常委会表决通过之后、报请国家主席签署之前，是不可能进行任何修改的。行政法规的报备机构是国务院办公厅而非国务院法制办，因此 D 项错误。

（二）授权制定的行政法规

根据《立法法》第 8 条的规定，有 11 类事项由法律保留，仅能制定法律。但其第 9 条又规定，对于这 11 类事项中尚未制定法律的，全国人大及其常委会可以授权国务院制定行政法规。国务院根据此类授权制定的行政法规，就属于授权立法。授权立法的产生，是现代国家中行政权不断扩张以至于侵蚀立法权的一个最典型表现，尽管在日益纷繁复杂的现代公共管理中是不可避免的，但应当受到严格的限制，避免行政立法权的失控和滥用。

对于《立法法》上规定的授权立法制度，应当注意如下内容：

1. 授权立法的范围。并非所有的法律保留事项均可授权制定为行政法规，犯罪与刑罚、公民政治权利的剥夺、限制人身自由的强制措施和处罚、司法制度四项除外，它们被称作法律绝对保留事项，只能制定法律。

2. 授权立法的义务。全国人大及其常委会的授权决定应当明确授权的目的、事项、范围、期限、实施方式和应当遵循的原则等。国务院应当严格按照授权决定行使被授予的权力，不得将该项权力转授给其他机关，根据授权制定的行政法规应及时报请全国人大常委会备案。

3. 授权立法的终止。授权立法的期限不得超过 5 年，但是授权决定另有规定的除外。国务院应当在授权期限届满的 6 个月以前，向授权机关报告授权决定实施的情况，并提出是否需要制定、修改或者废止法律的意见；需要

继续授权的，可以提出相关意见，由全国人民代表大会及其常务委员会决定。

授权立法事项经过实践检验，制定法律的条件成熟时，国务院应当及时提请全国人民代表大会及其常务委员会制定法律。法律制定后，根据授权制定的行政法规和授权本身均告终止。

授权制定的行政法规在名称上和一般的行政法规是有所区别的，带有"暂行"二字，称为《XX暂行条例》《XX暂行规定》等。

（三）行政规章的制定

行政规章包括部门规章与地方政府规章两类，行政规章的制定与行政法规的制定基本环节是相同的，具体的制度内容也比较接近。我们仅就其与行政法规的制定有所不同之处，加以简要介绍。

1. 主体。部门规章的制定主体包括：①国务院组成部门；②国务院直属机构；③国务院直属特设机构，即国资委；④具有行政主体资格的国务院直属事业单位，即证监会、保监会、银监会等。其中，前面两者的规章制定权是《立法法》所明确规定的，后面两者虽然没有明确规定，但在实践中也按照规定的制定程序出台规范性文件，其出台的规范性文件在实践中也被作为部门规章来对待。

地方政府规章的制定主体包括：①省级政府；②设区的市政府；③自治州政府。需要注意的是，根据2015年修订的《立法法》规定，地方性法规和地方政府规章的制定主体已经从较大的市扩大到了一般的设区市和自治州；广东省东莞市和中山市、甘肃省嘉峪关市、海南省三沙市等个别城市虽然没有设区，也比照设区的市对待。为了方便起见，我们将这些地方的立法分别简称为市州地方性法规、市州地方政府规章。

2. 权限。部门规章只能规定属于执行法律或者国务院的行政法规、决定、命令的事项。涉及两个以上国务院部门职权范围的事项，应当提请国务院制定行政法规或由有关部门联合制定规章，一个部门单独制定的规章无效。

地方政府规章可以就下列事项作出规定：①为了执行法律、行政法规、地方性法规。②属于本行政区域的具体行政管理事项。③应当制定地方性法规但条件尚不成熟的，因行政管理迫切需要，可以先制定地方政府规章，规章实施满2年如果需要继续实施其规定的行政措施，应当提请本级人大或其常委会制定为地方性法规。其中，市州地方政府规章的立法事项仅限于城乡建设与管理、环境保护、历史文化保护等方面。但是，在新《立法法》扩大地方立法主体范围之前，已经拥有地方立法权的较大市已经制定的政府规章涉及上述事项之外的，继续有效。

没有上位法的依据，规章不得设定减损个体权利或增加其义务的规范，不得增加本单位的权力或减少本单位的法定职责。

3. 立项。部门规章由国务院部门的内设机构或其他下属机构报请立项；地方政府规章由地方政府的下属部门或其下级政府报请立项。

4. 决定。部门规章经其制定部门的部务会议或委员会会议决定；地方政府规章由制定它的地方政府常务会议或全体会议决定。

5. 公布。行政规章由其制定主体的首长签署命令予以公布。部门规章签署公布后，由部门公报或国务院公报、中国政府法制信息网，以及全国范围内发行的有关报纸予以刊登，在部门公报或国务院公报上刊登的文本为标准文本；地方政府规章签署公布后，由本级政府公报、中国政府法制信息网和本行政区域范围内发行的报纸予以刊登，在地方政府公报上刊登的文本为标准文本。

6. 备案。规章应当自公布之日起 30 日内，由制定主体的法制办报请有关机关备案。

◆ 例 5 - 4

下列哪一说法符合规章制定的要求？

A. 某省政府所在地的市政府将其制定的规章定名为"条例"

B. 某省政府在规章公布后 60 日向省人大常委会备案

C. 基于简化行政管理手续考虑，对涉及国务院甲乙两部委职权范围的事项，甲部单独制定规章加以规范

D. 某省政府制定的规章既规定行政机关必要的职权，又规定行使该职权应承担的责任

分析："条例"主要是法规——包括行政法规和地方性法规——的常用名称，有少数法律也称为"条例"，如《学位条例》《治安管理处罚条例》（已失效）等，但无论如何规章不得称为"条例"，因此 A 项是错误的。规章应当在公布之后 30 日内报请法定的机关备案，因此 B 项错误。涉及两个以上国务院部门职权的事项，应当提请国务院制定行政法规或由有关部门联合制定规章，单独制定的规章无效，因此 C 项也错。由行政法上的权责统一原则，可以知道规章既规定行政机关的职权，又规定其行使职权时需要承担的责任是正确的、应该的，因此 D 项正确。

◆ 例 5 - 5

有关规章的决定和公布，下列说法正确的是什么？

A. 审议规章草案时须由起草单位作说明

B. 地方政府规章须经政府全体会议决定

C. 部门联合规章须由联合制定的部门首长共同署名公布，使用主办机关的命令序号

D. 规章公布后须及时在全国范围内发行的有关报纸上刊登

分析：规章的草案提交有关会议审议时，和行政法规一样，由起草单位或者法制办做说明均可，未必一定要求是起草单位，因此 A 项错误。地方政府规章经政府常务会议或者全体会议决定，实践中大多数地方政府规章是由常务会议审议通过的，因此 B 项错误。部门联合规章应当由联合制定的部门

首长共同署名公布，以示共同负责，但为了管理和引用上的统一，只使用主办机关的命令序号，因此 C 项正确。部门规章签署公布后由部门公报或国务院公报、中国政府法制信息网和全国范围内发行的有关报纸予以刊登；地方政府规章签署公布后由本级政府公报、中国政府法制信息网和本行政区域范围内发行的报纸予以刊登，D 项的说法错误。

至于规章以下的行政规范性文件——例如，县级和乡镇政府制定的、各级地方政府部门的规范性文件——应当如何制定，目前法律上还没有统一的制度。各地方分别出台了一些自己的规范，总的原则是参照规章的制定程序执行。

行政规范根据其内容，理论上通常将其分为三类。第一类是创设性的规范，这种规范没有直接、具体的上位法依据，如果有也只是一个概括性授权的依据。第二类是补充性的规范，就是有一个上位法依据，但这个上位法所规定的权利义务内容是不完整的，如果没有相应的下位法来补充，这个上位法就不可能被真正实施。例如，《突发事件应对法》规定突发事件分为一般、较大、重大、特别重大四级，具体的分级标准授权国务院制定。如果国务院不去制定这个具体的分级标准，《突发事件应对法》上的这个规定就无法被实施；如果国务院制定了具体的分级标准，这就是一个补充性的规范。第三类是执行性的规范，同样具有上位法的依据，是对上位法的一种解释和细化，但即使没有下位法的这种解释和细化，上位法也能够被直接实施。按照上文我们对行政立法制度的介绍，可以发现不同层级的行政立法和不同性质的行政规范性文件之间基本上存在着这样的对应关系：行政法规既可以是执行性的规范，也可以是补充性的，甚至是创设性的——这主要指的是授权制定的行政法规；行政规章可能是执行性的或者补充性的规范，但不可能是创设性的；规章以下的其他行政规范性文件只可能是执行性的规范。

二、各种规范的效力等级

包括行政规范在内的各种立法文件，其效力等级可以归纳如下：

1. 宪法与法律。宪法具有至高无上的法律效力；法律的效力仅次于宪法。全国人大制定的法律被称为基本法律，全国人大常委会制定的被称为普通法律，但两者在效力上无异。

2. 行政法规。行政法规的效力低于宪法与法律，高于其他。注意国务院根据授权制定的行政法规，效力实际略高于其他行政法规。这主要体现在：当此类行政法规与法律相抵触时，并不当然适用法律，而是由全国人大常委会作出裁决。也就是说，根据授权制定的行政法规，在效力上被认为是与法律同等的。

3. 地方性法规。地方性法规由省级或设区市、自治州的人大及其常委会制定，其效力低于宪法、法律、行政法规。如果是市州的地方性法规，还低于所在地的省级地方性法规。例如，广州市地方性法规效力低于广东省地方性法规。

4. 部门规章。部门规章的效力低于宪法、法律、行政法规。注意部门规章与地方性法规在效力上是平行的，并无高低之分。如果单独比较的话，部门规章的效力既与省级地方性法规平行，也与市州的地方性法规平行。

5. 地方政府规章。地方政府规章的效力低于宪法、法律、行政法规、本级和本级以上地方性法规、上级地方政府规章。我们以青岛市的规章为例，其效力低于宪法、法律、行政法规、山东省地方性法规、青岛市地方性法规、山东省地方政府规章。需要注意，无论是省级的地方政府规章，还是市州的地方政府规章，在效力上与部门规章也都是平行的。

比较立法文件的效力切忌等式替换的方式，只能将两类立法文件独立比较。例如，我们不能因为部门规章等于省级地方政府规章，而省级地方政府规章又高于市州的地方政府规章，推导出部门规章高于市州地方政府规章的结论，实际上它们的效力是相等的。

6. 几类特殊的立法文件。这些立法文件之所以特殊，在于它们可以根据法律规定或有权机关的授权，对上位法作出变通，并在一定区域内优先适用这些变通规定。这些立法文件包括自治条例、单行条例、经济特区法规。

自治条例与单行条例由民族自治地方（自治区、自治州、自治县、自治旗）的人大（不包括其常委会）制定，在地位上与地方性法规类似。但它们根据法律的规定，可以对上位法的内容加以变通，并在本区域或本民族中优先适用变通性的规定。

经济特区法规由经济特区所在省、市的人大及其常委会制定，在地位上也类似于地方性法规。但由于它们的制定源于全国人大的特别授权，可以在授权的范围内对上位法加以变通，并在经济特区范围内优先适用变通规定。

三、对立法的监督

行政法规、行政规章属于行政立法的范畴，即使是规章以下的一般行政规范性文件，由于在一定范围内也具有普遍约束力，广泛地成为各级行政机关的执法依据，也具有"准立法"的地位。基于法律保留和法律优先的原理，这些规范性文件的制定既不能超越立法权限，也不能与上位法相抵触。而在实践中，由于各种各样的原因，行政规范的合法性还存在着比较严重的问题，层级越低的规范性文件，其合法性问题越严重、越普遍。因此，建立起一个对行政规范性文件审查和监督的机制就是十分必要的。为了保持国家法制统一，必须对各种立法文件的制定加以监督，包括合法性监督，即审查其制定是否符合法定权限与程序，其内容是否符合上位法的规定，合法性审查的结果往往表现为对被审查立法文件的撤销；适当性监督，即审查其内容是否妥当、合理，适当性审查的结果往往表现为对被审查立法文件的改变。对行政规范性文件的监督，与对其他立法文件的监督一道规定于《立法法》当中。

在此，我们将包括行政规范在内的各种立法文件的监督，一并介绍。

（一）批准

批准是一种对立法的事前监督方式，某些立法文件只有事先获得特定机关的批准方能生效。下列两类机关掌握着立法文件的批准权：

1. 全国人大常委会。自治区制定的单行条例与自治条例，必须经过全国人大常委会批准方能生效。

2. 省级人大常委会。自治州、自治县、自治旗制定的单行条例与自治条例，以及市州制定的地方性法规，必须经过所在地的省级人大常委会批准方能生效。例如，武汉市人大常委会制定的地方性法规，恩施自治州人大制定的条例，长阳自治县人大制定的条例，都需要经过湖北省人大常委会的批准。

（二）备案

对于立法文件的备案问题，我们可以通过总结其规律，结合实例说明如下：

1. 备案找上级。一个立法文件制定出来以后，如果存在着某些国家机关制定的立法文件在效力上比它更高，那么，这一法律文件就应当向这些"上级"机关备案。"找上级"是一条总的规律，通过这一规律很容易为每一个立法文件找到其可能的备案机关。下文所述几点均为这一规律的例外，运用这些例外，又可以从已经找到的机关里面剔除一部分，剩余的机关就是这个立法文件的备案机关。

例如，成都市的地方政府规章可能向这些"上级"备案：全国人大、全国人大常委会、国务院、四川省人大、四川省人大常委会、四川省政府、成都市人大、成都市人大常委会，共8个。

2. 人大不备案。即各级人大均不接受立法文件的备案，原因在于人大并非常设的国家机关，每年会期有限，这在客观上决定了它们不可能成为备案机关。因此，如果按照"备案找上级"的规律找到的"上级"正好是某级人大的话，应当将其删去。

例如，上述成都市地方政府规章的例子，结合这一规律，其可能的备案机关剩下：全国人大常委会、国务院、四川省人大常委会、四川省政府、成都市人大常委会，共5个。

3. 批准当备案。如果某个立法文件事先已经获得了上级机关的批准，就无须再向这一机关备案了。因为批准的监督方式在对立法文件审查的强度上远大于备案，如果既批准又备案无异于重复。此时，这一法律文件便不再向批准机关备案，而是向比批准机关级别更高的机关备案了。

例如，云南省大理自治州制定的单行条例，由于已经获得了云南省人大常委会的批准，此时就只需要向比云南省人大常委会级别更高的机关（全国人大常委会和国务院）备案了。

4. 规章有例外。行政规章的例外在于，它无须向全国人大常委会备案，即其最高备案机关只是国务院。

　　我们仍以上述成都市的地方政府规章为例，结合这一例外，可以发现其备案机关只有：国务院、四川省人大常委会、四川省政府、成都市人大常委会，共4个。这4个机关就是成都市地方政府规章的法定备案机关了。

　　（三）立法的撤销与改变

　　撤销或改变，是有权机关对立法文件加以审查之后的处理方式。我们可以总结为以下规律：

　　1. 领导关系下的处理。如果两个机关之间存在领导关系，则领导机关既有权撤销，也有权改变被领导机关的立法文件。领导关系存在于三类立法机关之间：①各级人大领导其常委会；②上级政府领导下级政府；③各级政府领导其所属部门。如广东省政府可以撤销或改变深圳市政府制定的规章。

　　2. 监督关系下的处理。如果两个机关之间存在监督关系，则监督机关有权撤销，但无权改变被监督机关的立法文件。监督关系存在于两类立法机关之间：①各级国家权力机关（人大及其常委会）监督本级政府；如广东省人大常委会可以撤销但不得改变广东省政府制定的规章。②上级国家权力机关监督下级国家权力机关。

　　3. 授权关系下的处理。如果两个机关之间存在立法授权关系，则授权机关有权撤销被授权机关的立法，乃至于撤销其授予的权限本身。立法授权关系存在于两类立法机关之间：①全国人大及其常委会授权国务院制定特殊的行政法规；②全国人大授权经济特区所在省、市的人大及其常委会制定经济特区法规。如全国人大常委会可以撤销国务院根据授权制定的某一暂行条例，甚至可以撤销其授予的该权力。

　　4. 批准关系下的处理。如果某个立法文件是经过批准生效的，则在此将其视为批准机关的立法来处理即可，处理的结果是撤销，即经批准的立法，视为批准者的立法。如内蒙古自治区制定的自治条例、单行条例在经过全国人大常委会批准之后生效，那么，在此将其视为全国人大常委会自己制定的立法文件对待即可，此时只有全国人大可以撤销它。再如自治州、自治县制定的自治条例与单行条例，以及市州制定的地方性法规，在经过所在地省级人大常委会批准之后生效，在此将其视为省级人大常委会自己制定的立法文件对待即可，只有全国人大、全国人大常委会、省级人大有权撤销它。

　　5. 对立法文件审查的启动方式。对立法文件审查程序的启动，包括三种方式：

　　（1）主动启动。即有权审查的机关通过某种方式发现下级立法文件存在合法性或适当性问题，主动启动审查程序。例如，《立法法》第99条第3款规定："有关的专门委员会和常务委员会工作机构可以对报送备案的规范性文件进行主动审查。"

　　（2）要求启动。即有限的特定机关可以向审查机关提出审查的要求，这种要求一旦提出，审查机关就必须启动审查程序。例如，《立法法》第99条第1款规定："国务院、中央军事委员会、最高人民法院、最高人民检察院和各省、自治区、直辖市的人民代表大会常务委员会认为行政法规、地方性法规、自治条例和单行条例同宪法或者法律相抵触的，可以向全国人民代表大会常务委员会书面提出进行审查的要求，由常务委员会工作机构分送有关的专门委员会进行审查、提出意见。"

（3）建议启动。在有权要求审查的特定机关之外，其他单位和个人也可以向审查机关提出审查的建议，但这种建议的效果是不确定的，接到这种建议，审查机关并不必然启动审查程序。例如，《立法法》第99条第2款规定："前款规定以外的其他国家机关和社会团体、企业事业组织以及公民认为行政法规、地方性法规、自治条例和单行条例同宪法或者法律相抵触的，可以向全国人民代表大会常务委员会书面提出进行审查的建议，由常务委员会工作机构进行研究，必要时，送有关的专门委员会进行审查、提出意见。"《规章制定程序条例》第35条规定："国家机关、社会团体、企业事业组织、公民认为规章同法律、行政法规相抵触的，可以向国务院书面提出审查的建议，由国务院法制机构研究处理。国家机关、社会团体、企业事业组织、公民认为较大的市的人民政府规章同法律、行政法规相抵触或者违反其他上位法的规定的，也可以向本省、自治区人民政府书面提出审查的建议，由省、自治区人民政府法制机构研究处理。"从我国目前的实践来看，极少因建议方式而启动立法审查活动。

◆ 例5-6

某企业认为，甲省政府所在地的市政府制定的规章同某一行政法规相抵触，可以向下列哪些机关书面提出审查建议？

A. 国务院　　　　　　　B. 国务院法制办
C. 甲省政府　　　　　　D. 全国人大常委会

分析：国务院、省政府对省会市的政府都是领导关系，具有审查权，因此AC两项是正确的。对于B项，虽然国务院在对规章进行审查的时候，具体工作肯定是由国务院法制办来承担的，但法制办只是代表国务院来履行这个职责，而不是说法制办自己有这个职责，因此该项是错误的。对于D项，全国人大常委会监督的对象是国务院和地方的人大或其常委会，而国务院和地方的人大或其常委会再去监督地方政府，但这并不意味着全国人大常委会会去监督地方政府，它们之间并不存在着直接的监督关系。换言之，监督对象的监督对象并不是自己的监督对象，因此D项也是错的。

四、立法的冲突与适用规则

立法文件的适用，解决的是不同的立法文件对同一问题的规定发生冲突时，以哪一个为准的问题。这可以区分为三类情况来处理：

（一）由同一机关制定的立法文件

如果发生冲突的立法文件是同一机关所制定的，它们在效力的位阶上自然是平行的，可以用以下规则确定其适用：

1. 特别法优于一般法。当立法文件中特别规定与一般规定不一致时，适用特别规定。

2. 新法优于旧法，法不溯及既往，有利溯及除外。当立法文件中新的规定与旧的规定不一致时，原则上适用新的规定。但同时应当遵循法不溯及既往的原则，即当旧事未结，新法已颁时，原则上不能将新法适用于旧事，否则将破坏公民对法律的信赖。当然，法不溯及既往的原则存在例外，即当溯及地适用新法将对公民、法人和其他组织更加有利时，仍适用新法。

3. 新的一般规定与旧的特殊规定相矛盾时，应当裁决。立法文件中新的一般规定与旧的特殊规定相矛盾时，应当由有权机关作出裁决。谁是这里的"有权机关"呢？一般实行"谁制定，谁裁决"的原则，但当制定机关是某级人大时，由于人大不是常设机关，此时应由该级人大的常委会裁决。尽管在实践中，这种情况的法律冲突十分常见，但几乎没有真正出现过制定机关对其效力作出裁决的情况。

（二）由不同机关制定，且效力等级不同的立法文件

这种情况最为简单，就是下位法服从上位法。

（三）由不同机关制定，但效力等级相同的立法文件

不同机关制定的立法文件，在个别情况下存在效力等级相同的情况并可能出现冲突，这个时候应当通过裁决的方式才确定适用。具体的裁决规则如下：

1. 授权制定的法规与法律之间的冲突。在我国，授权制定的法规有两种：一是国务院根据授权制定的行政法规，二是经济特区所在省、市的人大及其常委会根据授权制定的经济特区法规。这些法规在位阶上虽然低于法律，但由于它们的制定权来自于最高立法机关的授予，可以认为这些法规是因行使"准立法权"而制定的文件，具有"准法律"的地位，与一般的行政法规或地方性法规皆有不同。因此，当这些法规与法律之间发生了冲突，难以决定其适用时，应当由授权机关（全国人大常委会）裁决。

2. 地方性法规与部门规章之间的冲突。地方性法规与部门规章之间的效力是平行的，当这两者发生冲突时，应当区分两类情况：①首先由国务院处理，国务院认为应当适用地方性法规的，应当作出决定；②如果国务院认为应当适用部门规章的，无权自行作出决定，应当进一步提请全国人大常委会裁决。

有的观点根据《立法法》的上述规定，认为地方性法规的效力略高于部门规章，理由就是在两者发生冲突时，如果适用地方性法规只需要一次裁决，如果适用部门规章则需要两次裁决，因此前者效力更高。这个看法是没有道理的，因为地方性法规的适用范围是一定地域，而部门规章的适用范围是一

定领域，两者不存在可比性。至于《立法法》在两者冲突适用上的上述规定，只不过是为了同时兼顾效率和公正而已。

3. 行政规章之间的冲突。当效力平行的行政规章之间发生冲突时，无论是部门规章之间，还是部门规章与地方政府规章之间，都由国务院裁决。

4. 省级地方政府规章与市州地方性法规之间的冲突。对于这个问题，《立法法》上没有明确规定。但是根据法律原理，我们可以发现省级政府的规章和省内市州地方性法规之间在效力上是平行的关系，如果发生冲突，应当寻找对两个立法主体都有领导权或者监督权的上级机关来裁决，这个裁决机关只能是该省的人大常委会。因为，省的人大常委会既有权监督省政府，也有权监督省内市州的人大及其常委会。

◆ 例 5－7

下列有关法律规范的适用和备案的哪一种说法是正确的？

A. 地方性法规与部门规章对同一事项的规定不一致不能确定如何适用时，由国务院作出最终裁决

B. 不同行政法规的特别规定与一般规定不一致不能确定如何适用时，由国务院裁决

C. 地方政府规章内容不适当的，国务院应当予以改变或者撤销

D. 凡被授权机关制定的法规违背授权目的的，授权和所制定的法规应当一并被撤销

分析：地方性法规与部门规章之间的冲突，国务院只有初次判断权而无最终裁决权，最终裁决权掌握在全国人大常委会手中，因此 A 项错误。B 项的说法比较简单，特别法与一般法之间的冲突应当遵循特别法优先的原则，不需要进行裁决，因此该说法正确。国务院对地方政府是领导关系，有权撤销或者改变地方政府的规章，因此 C 项正确。对于 D 项，应当注意被授权法规存在问题时，对该法规当然应予撤销，必要时也可以撤销授权，这意味着同时撤销授权本身并不是必须的。

本章二维码

第五章示范案例　　第五章思考案例　　第五章练习题　　第五章课件与授课视频

第六章

行政行为

　　行政行为是行政法上最核心的概念，整个行政法学的知识体系大多就是围绕着这个概念构建起来的。离开了这个概念，行政法上的很多学说和制度都将失去其基础。在 2014 年新修订的《行政诉讼法》将该法有关具体行政行为的表述全部修改为行政行为之后，这一概念的重要性愈显重要。在本章，我们先介绍有关行政行为的基础理论，包括其概念和特征、重要的分类、成立和效力、合法要件等问题。行政行为的概念借鉴了民法上"民事行为"的概念，因此，借助民事行为的内涵可能有利于加深对行政行为的理解。不过，这两个概念的差异也是十分巨大的，可谓异中见同、同中有异，需要认真体会。

一、行政行为的概念和特征

　　行政行为，指的是行政主体在行政管理活动中行使行政职权，以公民、法人或其他组织的权利义务为内容的法律行为。要理解行政行为的概念，必须把握好行政行为的几个基本特征，这些基本特征就是行政行为与其他行为相区别的最重要标准。包括以下几点：

（一）行政性

　　行政行为之所以被称为"行政"的，就是因为其具备了某些区别于民事行为和其他行为的重要特征，我们可以把这种特征概括为"行政性"。行政性的含义包括两个方面：一是在主体上，行政行为应当是由行政主体作出的。这里的"作出"，有可能是行政主体单方面作出，也有可能是行政主体与相对方共同作出，后者主要指的是行政协议行为。主体方面的这个特征非常容易判别，它将行政行为与民事行为，与其他国家机关的行为如立法行为、司法行为区分开来。二是在内容上，行政行为应该是行政主体行使行政职权作出的行为。因为我们知道，行政主体除了行使行政职权之外，还可能实施一些和职权无关，或者是与其他职权相关的行为。例如，行政机关可能因为自身运行的需要而进行一些小额采购，这就和行政职权无关，而是一种民事行为。再如，我国的公安机关除了实施行政管理还承担一定的司法职能，就是在刑事诉讼中实施侦查，通常认为这不是一种行政行为，而是属于司法行为。又如，国务院、国防部、外交部等机关作出的国防、外交、戒严等行为，是一种代表国家实施的、以国家主权为依据的政治行为，这也不是一般的行政职权，也不被认为是行政行为。

（二）法律性

法律性也称为处分性，就是在法律上产生处分效力的意思。行政行为和民事行为一样，首先必然是一种法律行为。我们知道，一个行为只有在作出之后，能够根据行为主体的意思，引起法律关系的变动，才能够称之为法律行为。相对应地，在行政法上，只有能够根据行政主体的意志引起行政法律关系的变动（建立、变更或消灭某种行政法上的权利义务关系），它才可能属于行政法律行为。这包含两个方面的意思：①行政行为作出之后必将引起行政法律关系变动的效果。如果一个行为作出之后并不直接影响行政法上的权利义务关系，或者需要结合其他条件才会影响这些权利义务关系，就仍然不能被称为行政行为。②这种法律关系的变动必须基于行政主体的意志，就是说，这种法律关系变动的结果是符合行政主体的期望的，是行政主体意志外化的结果。如果这种结果是由其他原因导致的，或者是根据法律的规定直接产生的，也不能称之为行政行为。上面这两点意思，是缺一不可的。可以说，法律性（处分性）是行政行为的首要特征，它将行政行为区别于行政事实行为，以及行政主体实施的其他行为。我们也可以说，行政行为的完整表述就应该是"行政法律行为"。

在现实中，行政管理活动从方式到内容可谓包罗万象，行政主体可能实施各种各样的行为，但这些行为不一定引起行政法律关系的变动。例如，行政指导行为一般就不会引起行政法律关系的变动。所谓行政指导，指的是行政主体向相对人采取指导、劝告、建议、鼓励、警示、倡议等不具有国家强制力的方式，谋求相对人的同意与协助，从而实现其行政目的的行为。例如，派出所在火车站张贴告示或通过广播提醒旅客注意盗贼；再如，乡政府倡议农民种植某种蔬菜、果树等。在行政指导中，由于相对人对指导意见可以自愿选择接受或者拒绝，行政指导对相对人并无强制的约束力。即使相对人最终选择接受行政机关指导的意见，行政机关的目的也得以顺利实现，这个结果也是行政指导加上相对人自愿选择而共同产生的，行政指导的作出本身并不直接导致这样的结果。因此，仅仅是一个行政指导意见的作出，并不会引起行政法律关系的变动。所以，我们还不能说行政指导属于一种行政行为。当然，在行政管理实践中，有些行政机关以指导之名、行命令之实，在作出"行政指导"的同时，附加一定的强制性措施。当事人如果拒绝接受指导意见，就会导致严重的不利后果，实际上没有自行决定是否接受指导意见的余地。此时，行政指导已经"异化"为了一种行政命令，已经属于行政行为的范畴，我们也不能再称之为行政指导了。

再如，行政事实行为也不属于行政行为。所谓行政事实行为，指的是虽然由行政主体所实施，但并不产生法律效果的行为；或者虽然引起了某种法律效果，但这种法律效果的产生只是基于法律的直接规定，而并非出于行政主体意思表示的行为。比较典型的是辅助性行政行为和某些行政侵权行为。例如，交警部门在路口安装红绿灯就是一种辅助性的行为，因为安装红绿灯本身并不产生任何法律效果，而只有交警使用红绿灯来指挥交通的行为才有可能发生法律效果。因此，安装红绿灯的行为，就是使用红绿灯这个行为的辅助，属于一种事实行为而非法律行为。又如警察因违法使用警械导致公民伤亡，这属于行政侵权行为，这种行为一旦发生必然产生法律后果，即产生国家赔偿法律关系，但这种效果的产生源自《国家赔偿法》的直接规定，而不是公安机关的意志。公安机关的意志可能是为了缉捕逃犯，或是为了驱散人群等，并为此使用了警械，伤人只不过是在警械使用过程中发生的一种事实，即一种构成违法的后果而已。

◆ 例 6 - 1

某区城管局以甲摆摊卖"麻辣烫"影响环境为由，将其从事经营的小推车等物品扣押。在实施扣押过程中，城管执法人员李某将甲打伤。对此，下列哪一说法是正确的？

A. 扣押甲物品的行为，属于行政强制执行措施

B. 李某殴打甲的行为，属于事实行为

C. 因甲被打伤，扣押甲物品的行为违法

D. 甲被打伤的损失，应由李某个人赔偿

分析：在本案中，城管执法人员李某殴打甲的行为发生在其执行公务的过程中，根据《国家赔偿法》的规定，国家机关工作人员在执行公务中违法使用暴力导致他人死亡或伤害的，其所在机关将承担国家赔偿责任。也就是说，李某殴打甲的行为实施后所引起的法律后果是：李某所在的某区城管局对甲产生了国家赔偿义务，甲对某区城管局产生了要求获得国家赔偿的权利。总之，这一行为的实施确实影响了某区城管局和甲之间的某种权利义务关系。但我们必须注意到，这个行为的实施并非基于行政机关某区城管局的意思表示，城管局的意思表示只能包含将甲"从事经营的小推车等物品扣押"，以及为了达到扣押目的而必须实施的相关行为，而肯定不可能包括对甲进行殴打并予以赔偿。因此，某区城管局和甲之间权利义务关系的产生与城管局的意思表示是不相干的，而是基于《国家赔偿法》的规定而直接产生的，所以它不是一个行政行为，而是事实行为。由此可见，B 项的说法是正确的。至于 A 项，扣押甲物品的行为是一种限制强制措施，而不是行政强制执行，因为其目的是制止甲继续实施摆摊卖"麻辣烫"的违法行为。对于 C 项，我们必须清楚"扣押甲物品的行为"和"李某将甲打伤"是两个不同的行为，甲被打伤仅仅意味着这个行为本身是违法的，但不会影响另一个行为——"扣押甲物品的行为"的合法性。对于 D 项，因为李某是在执行公务的过程中实施的侵权行为，赔偿责任不可能由其个人承担，应当由其所在机关某区城管局承

担。只不过，某区城管局在对甲进行赔偿之后，在一定条件下可以对李某进行追偿。

（三）特定性

根据行为的适用对象是否特定，行政行为区别于行政规范性文件（以前常常称为抽象行政行为），两者的区别对于认识行政行为的概念非常重要。行政规范性文件最突出的特点在于，行政主体在制定这些文件时，对其适用对象尚不确定，这个对象到底是谁，甚至这个对象有多少、有没有都没有确定。只有通过这些文件的具体执行，其每一次执行的对象才是确定的。到头来，这个对象有可能是多数，也有可能是少数，甚至可能没有。例如，《政府信息公开条例》规定，依申请获取政府信息者应当缴纳检索、邮寄、复制等费用。但具体何人需要缴纳这些费用呢？在此《条例》制定时并不明确，最终要取决于有多少人、哪些人申请了政府信息公开。

行政行为则是行政主体针对特定对象的权利义务作出的一次性的决定。行政行为的作出，实际上就是行政主体执行包括行政规范在内的各种规范的过程。无论其对象多寡，在该行为作出时必然是明确的。例如，按照《政府信息公开条例》规定，李某向县政府申请公开一项政府信息，县政府向其收取复印费 2 元，这便构成了一个行政行为。

在行政规范和行政行为的区别中，有两个问题是值得讨论的，这两个问题在司法实践中也常常造成困惑。

第一个问题，行政行为的"特定性"到底应当如何理解。我们这里讲的"特定"是指行为对象的特定，但有部分观点认为行政行为的特定既可以是对象特定，也可以是事项特定，两个特定只要符合一个就是行政行为了。换言之，针对不特定对象就特定事项作出的行为也是行政行为。但这种观点实际上是经不起推敲的，因为，世界上所有的事项都是特定的，不存在所谓"不特定"的事项。一个行为只要被实施了，就是一个特定的事项。如果我们认为对象特定和事项特定两者只居其一就可以称之为行政行为，那么，由于所有的事项都是特定的，就意味着所有的行为都是行政行为了，也就无所谓行政规范了，行政规范与行政行为的分类也就完全丧失了意义。"两个特定"的主张者经常举的一个例子是：交警部门宣布下午 4 点到 5 点对某一条街道实行交通管制。这种观点认为，在这个例子里，交通管制的对象是不特定的，因为任何试图经过这条街道的人在下午 4 点到 5 点都有可能成为管制的对象，但是这个行为的事项是特定的，因为交通管制的时间（下午 4 点到 5 点）和地点（某条街道）都是明确的。这样的例子是很容易反驳的，试想：既然下午 4 点到 5 点对某一条街道实行交通管制是行政行为，那么，全天对这条街道实行交通管制是不是行政行为呢？下午 4 点到 5 点对辖区内全部街道实行交通管制是不是行政行为呢？全天对辖区内全部街道实行交通管制又是不是行政行为呢？按照"两个特定"的观点，显然都是。实际上，按照这个逻辑，任何形式的交通管制都是行政行为，因为这个事项是特定的。推而广之，任何行政管理活动都是行政行为，因为行政机关绝不可能对任何不特定的事项加以管理，这在逻辑上是难以想象的。这反过来表明，"两个特定"的标准泛化了行政行为的内涵，是不可取的，行政行为和行政规范的区别只能是"一个特定"，就是行为对象特定。

第二个问题，行政行为的对象特定到底是指哪个对象特定？行政行为作出的时候肯定有一个对象，也就是行政相对人，也一定会对这些相对人的权利义务发生影响。但是，行政行为常常具有多重效力，除了相对人之外，还有可能影响到其他对象的权利义务。那么，行政行为要求对象特定，到底是作为相对人的这个对象应该是特定的呢，还是也包括其他受影响的对象是特定的？举个例子，原铁道部给下属的各个地方铁路局发通知要求春运期间火车涨价，这个通知的相对人是几个地方铁路局，但同时影响了大量旅客的利益。在这两个对象中，前者是特定的，后者是不特定的。再如，行政机关向全社会主动公开了某条政府信息，但该信息泄露了张三的个人隐私。这个公开行为的对象是全部社会公众，但同时影响了张三的利益。在这两个对象中，前者是不特定的，后者反而是特定的。考虑到区别行政规范和行政行为的主要法律意义是在救济方式上，即行政行为可以直接申请行政复议或者提起行政诉讼，行政规范目前则仍不能直接进入上述两种救济程序，只能被申请附带审查，所以，应当认为只要有特定公民、法人或其他组织的权益受到一个行政行为的影响，就足以认定这个行为是行政行为，从而可以直接复议或者诉讼。因此，在这个问题上，应当认为无论是行政行为所直接针对的对象还是所直接影响的对象，只要其中一个对象是特定的，就可以将这个行为认定为行政行为。

（四）外部性

行政行为是行政主体针对外部对象、外部事务而作出的行为。外部性的特征使行政行为区别于内部行为。内部行为，指的就是行政主体对其内部组织或个人实施的行为，说到底，就是行政主体对其内部事务的管理。内部行为可以被区分为针对内部组织的行为和针对内部个人的行为：前者如决定行政主体自身下属机构的设立、增加、减少、合并，或如对行政组织内部权力的划定、调整等；后者则主要表现为对人事关系的处理，如对公务员的奖惩、任免、培训等。如本书前文所述，内部行为也属于行政管理活动的一部分，但是这种活动是否属于行政行为，是存在较大争议的。因为，这些行为同样是基于行政主体的意思表示作出的，同样产生了使某种行政法上的权利义务关系变化的后果，只不过这种变化只发生在行政机关内部，而没有直接对外发生影响而已。不过，2014年新修订的《行政诉讼法》将受案标准确定为"行政行为"，同时又明确地将内部行为排除在受案范围之外。换言之，《行政诉讼法》认为内部行为不属于行政行为，要求行政行为应当具备外部性。出于和现行法一致的考虑，本书也遵循这一标准。

二、行政行为的分类

分类的目的是加以区别对待，没有区别对待的必要就无需分类。行政行为之所以需要分类，就是因为不同类型的行政行为可能产生不同的法律效果、可能需要不同的构成要件、可能引起不同的法律争议等。总之，就是需要从法律的某一方面给予区别对待，我们才从相应的角度对行政行为进行分类。按照不同的标准，行政行为可以作出很多分类，我们这里只对重要的分类加以介绍。

（一）单方行政行为和双方行政行为

绝大多数行政行为都是单方行为，也就是说，行政行为一般是由行政主体的单方意志所决定的，即单凭行政主体一方的意思表示，就足以使这个行为产生效力，而不需要行政相对人的合意。原因很简单，行政管理是行政机关基于国家行政权实施的活动，在行政管理过程中行政机关和相对人之间是"命令—服从"的关系，有关权利义务关系的形成当然主要取决于管理者的意志了。

不过，在个别情况下，行政行为也可以是双方行为，这主要指的是行政协议。行政协议，指的是行政主体为实现一定的行政管理目标，在意思表示一致的前提下，与公民、法人或其他组织通过协议方式，使双方在行政法上的权利义务关系产生、变更或消灭的行为，典型的例子是特许经营协议、国有土地使用权转让协议、土地房屋征收补偿协议等。行政协议的出现是公法私法化的一个典型表现，就是政府在行政管理中越来越借助于私法的方式来实现自己的管理意图，从而更容易获得被管理者的合作和认同，并有助于降低行政成本。尽管如此，行政协议仍然属于一种行政行为，而不是民事行为。因为，行政协议双方当事人的地位并不是完全平等的，行政主体在协议中拥有某些优越于相对方的特权，例如，在缔结协议时有权通过一定的方式来挑选合同的相对人，在协议履行的过程中对于相对方的履约行为有权加以监督，有权基于公共利益的需要变更或者终止协议的履行——当然，由此给对方当事人造成的损失应当予以补偿。行政主体运用这些特权作出了某些行为，如基于公共利益的需要决定变更或者终止协议，这种行为就是行政行为而不是民事行为。

（二）依职权行政行为和依申请行政行为

两者区分的标准在于，行政行为的作出是否需要以当事人的申请作为条件。依职权的行为，指的是行政机关直接依职权便可主动作出，无需当事人申请的行为，如行政处罚、行政强制等；依申请的行为则需要经过当事人的申请行政机关才能作出，如行政许可。

区分依职权和依申请的行为，对于认定行政机关是否构成不作为有着重要意义。对于依职权的行为，行政机关必须主动实施，即使当事人没有提出申请也是如此，所以只要行政机关应当实施但没有实施该行为，这就构成行政不作为。对于依申请的行为，只有经当事人申请之后，行政机关应当作出该行为而没有作出的，才构成行政不作为，如果当事人没有申请，行政机关则无需甚至不应作出该行为，也就不可能构成行政不作为。

（三）羁束性行政行为和裁量性行政行为

两者区分的标准在于，行政行为受法律约束的程度与行政主体的裁量空间有所不同。羁束性行为是指法律对行为的范围、方法、手段等作出了严格规定，行政机关基本没有选择余地的行为；后者则是法律给予行政机关根据实际情况以一定裁量余地的行为。例如，法律如果规定醉酒驾车的行为应当吊销驾驶证，则行政机关完全没有裁量选择的余地，这就是一个羁束性的行为。如果法律规定酒后驾车的行为应当暂扣驾驶证 1 个月~3 个月，则行政机关可在此范围内选择扣证期限，最短 1 个月，最长 3 个月，这就是裁量性的行为。

区分羁束性行为和裁量性行为的目的主要在于司法审查，因为一个羁束性行为引起的争议主要是合法性争议，要么合法、要么违法，法院也只可能审查它的合法性问题。对于一个裁量性的行为，则既有可能引起合法性争议，也有可能引起合理性争议，法院除了审查它的合法性问题，有时还会涉及对合理性问题的审查。

（四）授益性行政行为和负担性行政行为

两者区分的标准在于行为对当事人之间利益的影响不同。前者是为当事人授予权利、利益或免除负担、义务的行为，如行政许可、行政给付；后者是为当事人设定义务或剥夺利益的行为，如行政处罚、行政强制、行政征收。

授益性行为和负担性行为的区别有很多重要的意义。例如，在法律保留上，负担性行为必须遵循严格的法律保留，在没有法律依据的情况下行政机关不得剥夺公民、法人或其他组织的利益；而授益性行为有的时候可以对法律保留有所突破，例如在法律没有明确规定但十分紧急的情况下，政府可以为特定的人群提供物质帮助。再如，在行政程序的设计上，负担性行为的程序一般来讲应当比授益性行为更加严格。

（五）要式行政行为和不要式行政行为

两者区分的标准在于行为是否需要具备法定形式，如是否需要为书面方式，前者有此要求，而后者无此要求。行政行为大多为要式行为，也有少数为不要式行为，如口头的行政指导、即时的行政强制措施等。

对于要式行政行为来说，形式要件会成为其生效的条件之一，不符合形式要件的行为将被视为无效。例如，行政机关作出罚款决定并当场收缴的，应当出具省级以上财政部门统一印制的缴纳凭证，否则该决定就会被视为无效，当事人可以拒绝缴纳。而对于不要式行为来说，符合特定的形式并不是一个生效要件。

三、行政行为的成立、效力与合法

行政行为的成立、效力与合法，解决的是不同层面的问题。成立指的是一个行政行为的基本构成要件，只有具备了这些条件，我们才可以说一个行政行为产生了、存在了。效力指的是一个行政行为产生后如何在法律上产生其所期望的效果，如何对相关当事人的权利义务产生影响。合法则是指一个生效的行政行为需要符合什么样的条件才能继续存续，才能继续有效下去。

（一）行政行为的成立

一个行政行为能够产生和存在，应当具备几个要件：

1. 主体要件。行政行为必须是行政主体作出的行为，即作出这个行为的主体应当是具备行政职权的，否则绝不能被称为行政行为。当然，行为成立的要件与行为合法的要件并不相同。一个行政行为要达到合法，在主体上的要求将更加严格，不但行为的实施者必须是行政主体，还要求该主体必须是合法、有权的。而一个行政行为要成立，只要其实施者是行政主体就可以了，至于该主体有无权力实施这一行为，不影响行为的成立。例如，某市工商部门将制售假药的商人予以拘留，由于工商部门具备行政主体资格，这个行政行为是成立的，但由于行政拘留不属于工商部门的职权，该行为并不合法。

行政行为在主体要件上还有另一个要求，就是实际作出行为的人必须是理智健全的。如果行政主体派出的人无法辨认和控制自己的行为，就算该行为以行政主体的名义实施，也不能成立。

2. 意思要件。指的是行政主体必须向特定或者非特定的相对人作出有效的意思表示，一个行政行为才能成立。因为行政主体作出行政行为的目的在于建立、变更或消灭某种行政法上的权利义务关系，引起行政法律关系的变动。那么，行政主体就必须通过明确、有效的方式将这个意思表达出来，否则行为不能成立。行政行为一般是书面表示，也可能是口头表示，甚至可能是动作表示，或是符号表示。例如，交警指挥交通的手势，交通红绿灯的信号，都构成行政行为意思表示的方式。

3. 送达要件。指的是行政主体必须使行政行为的内容被其所适用的对象知晓，如果一个行为作出之后，并没有使其相对人知晓，该行为也不能成立。

总之，行政行为的成立是对它最基本的要求。如果行为不能成立，该行为本身所希望产生的法律效果就无从谈起，法律上就不承认这个行为存在。反过来，如果行为成立，并不当然意味着这个行为就是有效的、合法的。可以说，行为的成立与否，解决的是这个行为有无的问题；行为的合法与否、有效与否，解决的是这个行为是非的问题，这是两个层次上的问题。

对于行政行为成立与否的问题，立法上存在某些争议。《行政处罚法》第41条规定，行政机关及其执法人员在作出行政处罚决定之前，不按规定向当事人告知给予行政处罚的事实、理由和依据，或者拒绝听取当事人的陈述、申辩，行政处罚决定不能成立。从理论上看，这种情况下的行政处罚还是成立的，但由于其存在严重的违法情节，构成行为无效。因此，这种情况属于行政行为的无效而非不成立，《行政处罚法》之所以如此规定，是立法上的一个失误。

◆ 例6-2

刘某因超载被公路管理机关执法人员李某拦截，李某口头作出罚款200元的处罚决定，并要求当场缴纳。刘某要求出具书面处罚决定和罚款收据，李某认为其要求属于强词夺理，拒绝听取其申辩。关于该处罚决定，下列哪些说法是错误的？

A. 该处罚决定不成立，刘某可以拒绝

B. 该处罚决定违法，刘某缴纳罚款后可以申请复议或者提起诉讼

C. 该处罚决定不成立，刘某缴纳罚款后可以申请复议或者提起诉讼

D. 该处罚决定无效，刘某可以拒绝

分析：本案中的执法人员李某拒绝听取当事人刘某的申辩，按照《行政处罚法》第41条的规定，该处罚行为不成立，当事人可以拒绝，当然也可以履行后再复议或诉讼。但是，既然该行为是不成立的，也就是认为该行为在法律上还没有产生、还没有存在，也就不可能再评价其为违法或无效的，因此BD两项的表述就是错误的。

（二）行政行为的效力内容

一个行政行为成立之后，在绝大多数情况下同时也就生效了，但以下两种情况除外：一是这个行为的生效是附有条件或者附有期限的，但是这个条件还没有成就，或者期限还没有届至；二是这个行为存在明显重大的违法情节，被视为自始无效。在其他情况下，这个行政行为成立之后都会生效。那么，行政行为生效之后，在法律上到底能够产生什么样的影响或效果呢？这就是行政行为的效力内容。行政行为的效力，被分解为拘束力、确定力与执行力三个方面。

1. 拘束力。拘束力是一种法律推定的效力。指的是行政行为一旦生效，无论是行政主体、行政相对人、还是其他的机关、组织和个人，均应遵守的效力。行政主体对该行为不得随意撤销或变更；行政相对人对该行为所确定的义务应当履行；其他国家机关和组织也不得对该事件作出其他处理。但是，拘束力只是来源于法律的推定，法律上推定行政行为一经生效就产生上述法律效力，但这种效力仍然是可以被推翻的。如行政相对人对该行政行为不服，仍可通过一定途径提出争议，如申请行政复议或提起行政诉讼，最后可能推翻该行为的效力。所以，拘束力只是一种基于法律推定的效力，尚未确定发生，这种效力最后既有可能转化为实质的效力，也有可能被推翻。

2. 确定力。确定力，顾名思义，就是一种最终确定的效力。它指的是行政行为在法律上最终地、实质地被确定下来，从而不再更改的效力。行政行

为在生效之后，首先产生的是基于法律推定的拘束力，而拘束力是有可能通过一定的争议途径来推翻的。但出于法律关系安定的考虑，这种争议的时间不可能是没有期限的，这就产生了所谓的争议期，如行政复议的申请期限，行政诉讼的起诉期限，行政赔偿的请求时效等。行政行为作出之后，一旦经过了这些争议期，没有人提出争议或虽有争议但有权机关最终维持了该行为，法律上对行为效力的推定就变成了现实，行为所确定的权利义务也就从此不再变更。确定力与拘束力在权利义务内容上并无多少差别，只不过在拘束力的阶段，这些内容不过是一种推定，而确定力是在经过了争议期之后，将这些内容最终确立下来了。因此，我们可以将确定力看作是拘束力在经历了争议期之后转化而来的效力。

3. 执行力。执行力，是一种将权利义务转化为事实的效力。指的是国家使用强制力将行政行为所确定的权利义务关系转化为现实的效力。行政行为生效后，当事人就必须履行该行为所确定的义务，当事人对这一义务的履行一般有期限上的限制，这个期限可能是法律上直接规定的，也可能是行政主体所确定的。一旦该履行期届至，当事人仍然没有履行相关义务的话，为了实现相应的行政目标，国家有权运用强制力，将行政行为所规定的权利义务强行落实，这一般通过行政机关的强制执行或法院的非诉执行来实现。

综合行政行为效力的几个方面，可以总结出它们之间的内在关系。可以说，拘束力、确定力与执行力三者无论在时间上，还是逻辑上，都存在着一种先后承接、递进的关系。在拘束力阶段，法律在形式上推定权利义务的存在；到了确定力阶段，这种权利义务才在法律上变成确定存在；在执行力阶段，这种权利义务最终变成了生活中的现实。

◆ 例6-3

下列哪些选项是关于行政行为拘束力的正确理解？

A. 行政行为具有不再争议性，相对人不得改变该行政行为

B. 行政主体非经法定程序不得任意改变或撤销行政行为

C. 相对人必须遵守和实际履行行政行为规定的义务

D. 行政行为在行政复议或行政诉讼期间不停止执行

分析：行政行为不再可以被争议，不再可以被改变，说的是其确定力而不是拘束力，所以A项的说法不对。行政主体非经法定程序不得任意改变或撤销行政行为，指的是对行政主体自身产生的拘束力，相对人必须遵守和实际履行行政行为规定的义务，指的是对相对人产生的拘束力，所以BC两项的说法都是正确的。至于D项，行政行为在行政复议或行政诉讼期间不停止执行，显然说的是执行力。

（三）行政行为效力的消灭

行政行为的无效、撤销与废止，就是对其效力的消灭。三者的共同之处

在于都能够消灭行为的效力；不同之处在于其构成条件有所差别，产生的具体效果也不尽相同。行政行为到底是无效的，还是可撤销的，还是应当废止的，在行政诉讼法、行政复议法上将体现为对不同判决类型和复议决定类型的选择。

1. 无效。明显重大违法，或者说存在严重合法性缺陷的行政行为，构成无效。明显重大违法指的是该行为的违法性，严重到了一个理智正常的普通人都足以识别、断定的程度。

常见的无效行为包括：①要求当事人从事犯罪的行政行为。②行为没有任何事实根据，即行为的作出没有任何事实基础，或其作为根据的事实纯粹出于主观臆想，该行为也构成无效。如果该行为的作出是有事实根据的，只不过事实根据存在错误，不构成无效，只是可撤销的。③行为没有任何法律依据，即该行为的作出在法律上找不到任何有效依据，该行为也构成无效。如果该行为有一定的法律依据，只不过是适用法律错误，也只是可撤销的。

行政行为无效的后果，是使其自始至终不存在任何法律效力，其效力的丧失并不是从有权机关宣布无效时开始，而是自其作出之日起就从来没有产生过任何效力。因此，当事人可以拒绝履行该行为所设定的义务，可以不受时间限制地主张其无效，或要求有权机关宣告其无效；有权机关也可以在任何时候宣告该行为无效。公民、法人或其他组织的合法权益因无效行政行为而遭受了损害的，可以要求国家赔偿。

2. 撤销。一般违法或明显不当的行政行为，是可撤销的行政行为。一般违法，指的就是除了构成无效的明显重大违法之外的其他违法情形；明显不当，指的是行政行为虽然合法，但存在明显的不合理因素；这两种情况下的行政行为都是可以被撤销的。可撤销的行为与无效行为有着明显不同，它对行政行为效力的否定受到较为严格的限制，必须经过法定程序，由有权机关作出撤销决定才能否定其效力。

行政行为被撤销的后果，是使得该行为溯及地从其作出之日起丧失效力。尽管行为的撤销与行为无效一样，最终都使得它完全丧失效力，但必须注意两者在行为效力丧失的时间上不同。无效的行政行为自其作出之日起便完全无效，可撤销的行为必须等到它被明确撤销之日起才完全丧失效力，在这一时间之前其效力仍然存在。当然，与无效的行政行为一样，如果公民、法人或其他组织的合法权益因可撤销行政行为而遭受了损害，可以要求国家赔偿。

3. 废止。某些合法且适当的行政行为，由于特定的原因必须被废止。行政行为废止的原因主要有：①法律变更，即行为在作出的当时所依据的法律规范后来被修改、废止或撤销了，该行为也就失去了其继续合法存在的基础，必须被废止。②情事变更，即行政行为作出时所依据的客观事实已经不复存在，或虽然存在但已经发生了重大变化，该行为也就丧失了其继续存在下去的事实根据，也必须被废止。③目的实现，即该行政行为所期望的目的已经达到了，因此没有必要继续存在下去。④公共利益，有的行政行为在作出之后，如果得以落实的话反而会损害公共利益，有权机关也可以将其废止，这在行政许可中较为常见。

行政行为被废止的效果，是使得该行为自废止之日起丧失效力，但其在废止之日前的效力仍然存在，它在废止之前所产生的法律关系或法律利益仍然得到承认。如果公民、法人或其他组织的合法权益因为行政行为废止而蒙受了损失，可以要求国家补偿而非国家赔偿。

（四）行政行为的合法要件

行政行为成立的要求最低，生效次之，合法的要求最高，行政行为合法的结果就是这样的行为可以继续有效下去。判断一个行政行为是否合法，要看其是否满足如下要件：①事实清楚、证据确凿；②法律适用正确；③符合法定程序；④不得超越职权；⑤不得滥用职权。这里的合法要件，大多属于形式合法要件。只有不得滥用职权是一个实质合法要件，指的是行政行为不能违反法律授权的实质性目的，否则即使这个行为在形式上符合要件，也仍是一个违法行为。

行政行为在表达上的明显疏忽，如书写错误、计算错误、内容遗漏，以及数字加工过程的错误，由于这并不是行政主体意思表示本身的错误，应当排除其违法性，允许行政机关更正。

◆ 例6-4

关于行政行为的成立和效力，下列哪些选项是错误的？

A. 与行政规范不同，行政行为一经成立即生效

B. 行政强制执行是实现行政行为执行力的制度保障

C. 未经送达领受程序的行政行为也具有法律约束力

D. 因废止行政行为给当事人造成损失的，国家应当给予赔偿

分析：行政行为成立之后可能因明显重大违法而无效，附有条件或期限的行为还有可能因为条件没有成就或者期限没有届至而没有生效，因此 A 项是错误的。而且，行政规范性文件的生效也存在两种情况，大多数情况下是附期限生效，但特殊情况下也可以在成立（公布）的同时生效。行政强制执行是保障行政行为执行力的重要手段，B 项当然是正确的。行政行为未经送达领受是不成立的，也就不存在法律约束力了，因此 C 项错误。因为废止行政行为给当事人造成损失的，给予国家补偿而不是赔偿，因此 D 项也错误。

◆ 例6-5

关于行政行为的效力，下列哪些说法是正确的？

A. 可撤销的行政行为在被撤销之前，当事人应受其约束

B. 行政行为废止前给予当事人的利益，在该行为废止后应收回

C. 为某人设定专属权益的行政行为，如此人死亡其效力应终止

D. 对无效行政行为，任何人都可以向法院起诉主张其无效

分析：可撤销的行为在撤销之前还是有效的，当事人应当受到其约束，因此 A 项是正确的。行政行为的废止是没有溯及力的，之前给予当事人的利益仍然是得到承认的，因此 B 项错误。C 项的说法属于因情事变更导致的行政行为废止，是正确的。行政行为即使无效也只有利害关系人可以起诉，不是任何人都会有原告资格，因此 D 项的说法错误。

◆ 例 6-6

关于行政行为的合法性与效力，下列哪些说法是正确的？

A. 遵守法定程序是行政行为合法的必要条件

B. 无效行政行为可能有多种表现形式，无法完全列举

C. 因行政行为废止致使当事人的合法权益受到损失的，应给予赔偿

D. 申请行政复议会导致行政行为丧失拘束力

分析：行政行为的合法要件包括不超越职权、不滥用职权、法律依据正确、事实证据确凿、遵守法定程序等，因此 A 项是对的。无效行政行为确实可能有多种具体表现，我们虽然可以归纳出一些常见的类型，如没有法律依据、没有事实基础等，但肯定不可能完全列举，所以 B 项是对的。废止行政行为造成当事人损失的应当予以补偿，不是赔偿，因此 C 项错误。对行政行为引起的行政争议，原则上当事人可以申请行政复议或者提起行政诉讼，但行政复议、行政诉讼进行期间不影响该行政行为的效力，该行为的效力如何还要视复议、诉讼结果而定，因此 D 项错误。

本章二维码

第六章示范案例　　第六章思考案例　　第六章练习题　　第六章课件与授课视频

第七章

行政许可

一、行政许可概述

（一）行政许可的性质

关于行政许可的性质，曾有多种学说，包括特权说、赋权说、解禁说、无害审查说等。本书认为，认识行政许可的性质应当一分为二：对于占绝大多数的一般许可，其性质是一种无害性审查；对于占极少数的特许，其性质是一种特权的赋予。

绝大多数行政许可都是一般许可。设定一般许可的必要性在于，社会个体虽然拥有宪法、法律、法规所赋予的许多权利，但其中某些权利的行使需要具备一定的能力、条件或资格，否则容易给国家利益、公共利益或他人合法权益造成损害。为此，国家就有必要对个人是否具备这样的能力、条件或资格加以审查，以确定其行使这种权利的行为是"无害"的，这就构成了行政许可。例如，公民有驾驶机动车的权利，但如未真正拥有合格的驾驶技能，必将危害交通安全。因此，国家通过设定驾驶执照的许可加以考试、审查，条件合格者方许可其驾驶机动车。所以说，一般许可在性质上是对个人权利行使的一种"无害性审查"。

特许则是例外，所谓特许，指的是政府将国有的自然资源让渡给私人开发、将公共资源让渡给私人使用、将公营的公共事业让渡给私人经营的行为。这些资源本为政府代表国民拥有、使用或经营，现在让渡于私人，实际上是赋予了被许可人一种他人所没有的特权。当然，出于公平起见，对于特许的实施应当进行平等竞争，最终获得特许的人也应当为此付出公平的对价。

为了进一步说清楚行政许可的属性，我们可以再借助民法上的"许可"进行类比。民法上的"许可"同样包括两种类型。一种是基于财产权的许可，比如土地所有者准许他人使用和经营其土地，著作权人准许他人使用其作品，专利权人准许他人使用其专利等。这类许可实际上就是权利所有者向他人所作的权利让渡，行政法上的特许就与此相似，只不过这里的权利所有者不是一般的民事主体，而换成了行政机关所代表的国家而已。民法上还有一种许可，是基于身份权的许可，即监护人对被监护人行为的许可，比如儿童在实施许多行为时事先都必须获得父母的准许，以免因儿童行为能力上的欠缺而造成某种危险或伤害，这是一种民法上的行为自由许可。行政法上的一般许可也与此类似，只不过许可人从父母换成了国家，而被许可人从儿童换成了社会中的公民、法人和其他组织而已。

明确了行政许可的"二元化"属性，对于理解其具体制度将大有帮助。

（二）行政许可的特征

按照行政行为的分类标准，行政许可是一种依申请行政行为、授益性行政行为、要式行政行为、兼有羁束性与裁量性的行政行为。

1. 依申请行政行为。行政许可决定的作出，必须以当事人的申请为前提。因为对于设定了行政许可的事项，一般人都负有不作为的义务，要解除这种义务从而获得从事特定活动的自由，就必须向行政机关申请。行政机关只有在当事人提出申请后，才能够对申请人的条件、资格、能力等进行审查并决定是否准予许可，而不能由行政机关主动实施。

2. 授益性行政行为。行政机关一旦作出准予许可的决定，就意味着准许当事人从事某种特定活动，就扩大了被许可人的行为自由。因此，行政许可又是一种授益性行政行为。

3. 要式行政行为。由于许可决定事关当事人的行为自由，因此无论行政机关作出的是准予许可的决定，还是不予许可的决定，都应当以书面形式作出。而当行政机关作出准予许可的决定时，往往还需要向被许可人发放加盖公章的证书，或者在特定物品上使用某种符号标记。可见，行政许可是一种要式的行政行为，行政机关不得口头作出许可决定。

4. 兼有羁束性与裁量性的行政行为。从羁束性与裁量性这个角度来看，行政许可主要是一种羁束性的行政行为，但对特许则有例外，因为行政机关对特许的实施具有一定的裁量权。之所以会产生这样的差别，根本原因就在于特许与一般许可之间存在着本质差别。

一般许可本质上是一种行为的"无害性审查"，以确定申请人是否具备从事被许可行为的能力、资格或条件。对于这样的申请，行政机关在审查时就没有自由裁量权，只要申请人具备了实施某种行为的条件与能力，行政机关就必须准予许可，否则就不予许可，行政机关对此没有自由选择的权力。因此，一般许可是一种羁束性行政行为。

而特许则有所不同，特许实际上是权利所有者将权利让渡于他人的过程，被许可人将因获得特许而获得其本来没有的权利。行政机关在代表国家实施特许时，就拥有一定的自由裁量空间，对于到底要将这些权利让渡给谁，拥有一定的选择余地。当然，这种选择应当按照法定的程序公平、公正地进行。

（三）行政许可的分类

按照不同的标准，行政许可可以从两种不同的角度来进行分类。

1. 五分法。《行政许可法》第 12 条使用了这种分类：

（1）一般许可。规定于第 12 条第 1 项，指的是直接涉及国家安全、公共安全、经济宏观调控、生态环境保护以及直接关系人身健康、生命财产安全等特定活动，需要按照法定条件予以批准的事项。一般许可在行政许可中占有较大比例，行政机关的职责是审查申请人在实施特定行为时是否可能危害公共利益或他人利益，以避免因行为人能力上的缺陷和瑕疵带来的危害，一般没有数量限制，只要申请人符合条件均能获得许可。驾驶执照、排污许可是典型的一般许可。

（2）特许。规定于第12条第2项，指的是有限自然资源开发利用、公共资源配置以及直接关系公共利益的特定行业的市场准入等，需要赋予特定权利的事项。特许是行政机关代表国家向被许可人让渡某种资源权利的许可方式，这些资源权利在享有和使用上必然是排它的，因此特许一定有数量上的限制。为了保证公平，特许一般采用招标、拍卖等竞争性方式来实施。采矿许可，国有土地使用许可，航线使用许可，无线电频率使用许可，市政公用事业如水、电、公交、移动通信等经营权的许可，都是典型的特许。

（3）认可。规定于第12条第3项，指的是提供公众服务并且直接关系公共利益的职业、行业，需要确定具备特殊信誉、特殊条件或者特殊技能等资格、资质的事项。行政机关对申请人认可的结果，是确认了申请人的从业权，一般来说不应当有数量限制，但不排除它在一定时期、一定条件下实行阶段性的数量控制。法律职业资格许可、医师执业许可、建筑企业等级资质等，都是典型的认可。

（4）核准。规定于第12条第4项，指的是直接关系公共安全、人身健康、生命财产安全的重要设备、设施、产品、物品，需要按照技术标准、技术规范，通过检验、检测、检疫等方式进行审定的事项。在核准事项中，行政机关所核实的是特定的设施、设备、产品、物品是否达到一定的技术标准，只要这些物品达到了有关标准，就应准予许可，不应有数量上的限制。各种药品批文、各种产品合格证，都是典型的核准。

（5）登记。规定于第12条第5项，指的是企业或其他组织的设立等需要确定主体资格的事项。由于企业和各种组织的设立，均由法律、法规设定了各种条件，而对于申请人是否具备这些条件的审查，就是通过各种登记来完成的。一般来讲，只要申请人具备了获得主体资格的条件，行政机关就必须给予登记，因此登记也没有数量限制。工商营业执照、社团设立登记，都是典型的登记许可。

2. 两分法。按照行政许可的实施有无时间上的限制，又可将其分为经常性许可和非经常性许可。这种分类与行政许可设定权的划分有关，一般来说，经常性许可的设定需要由级别更高的机关、通过位阶更高的立法文件来完成。

（1）经常性许可。指的是许可事项一经设定，其实施没有期限限制的许可事项，只要设定许可的立法文件本身不被废止、修改或者撤销，这些许可事项就将一直实施下去。大部分许可都属于经常性许可。

（2）非经常性许可。指的是许可事项在设定后，其实施有一定期限限制的许可事项。非经常性许可的终止方式有二：一是到期终止，这种许可又称临时性许可，如《行政许可法》规定的省级地方政府规章所设定的许可就是临时性许可，其实施期限最长不得超过 1 年；二是转化终止，有些非经常性许可的实施期限虽无明确限制，但必须在条件成熟时由有权机关通过制定法律、法规的形式，将其转化为经常性许可，此时非经常性许可的实施也就自然终结了。

二、行政许可的设定

在行政许可的设定中，国家权力与社会自治的界限表现为许可设定的范围；而国家权力的内部分配表现为许可设定的权限与形式。

（一）行政许可设定的范围

行政许可设定的范围解决的是行政许可的边界问题。属于这个范围的事项可以设定许可，此外就不能设定，属于社会自治的范畴。《行政许可法》第12、13 条从正反两方面规定了这一问题，打个比喻，这两条规范所勾画出来的，如同一个"回"字形的图案。其中，第 12 条划出了它的外圈，外圈的"圈内"属于可以设定许可的事项，而"圈外"是不能设定许可的；第 13 条如同它的内圈，它意味着并非所有符合第 12 条规定的事项最后都应设定许可，如果有的事项同时也符合第 13 条的规定，也可不设定许可。

1.《行政许可法》第 12 条的规定具有两个功能：一是对行政许可作出了分类，将其分为一般许可、特许、认可、核准、登记五类，其内容已如前述。二是指明这些事项就是可以设定行政许可的基本范围。

2.《行政许可法》第 13 条又规定，并非所有符合第 12 条规定的事项都必然要设定许可，因为尽管这些问题关涉公共利益或者他人重大利益，但也可能通过社会自治或事后监管来解决，未必要通过设定许可的方式来事前干预。可以不设定许可的事项包括：当事人能够自主决定的，市场机制能够有效调节的，行业组织或中介机构能够自律管理的，采用事后监督等措施够解决的。注意第 13 条在规定这些情形时，措辞是"可以不"而非"不可以"，即这几种情形只是在决定是否设定许可时应当考虑的因素，而不是说一旦符合这些条件就必然不能设定许可。

综合两条规定，至少可以肯定一点：既属于第 12 条规定的情形，又不属于第 13 条所规定情形的事项，是可以设定行政许可的。

（二）行政许可设定的权限

许可设定权的问题包括三个方面：一是创设许可的权限，二是规定许可的权限，三是禁止设定许可的事项。

1. 创设行政许可的权限。简称许可创设权，即创造一项本来并不存在的许可事项的权力。这又可以被分为经常性许可的创设权和非经常性许可的创设权。

（1）经常性许可的创设权。法律、行政法规、地方性法规均有权创设经常性许可。这些立法文件对许可的创设，实行上位法优先的原则，即只有在上位法对某一事项尚未创设许可的情况下，下位法才可以创设。注意任何行政规章都无权创设经常性许可。

（2）非经常性许可的创设权。非经常性许可由行政机关在特殊情况下创设，有权创设非经常性许可的机关包括国务院和各省级政府。非经常性许可在实施一段时间之后，要么终止实施，要么由有权机关将其转化为经常性许可继续实施。非经常性许可的创设有两种情况：

第一，国务院在必要时采用决定的方式设定，该许可实施后，若属于临时性许可，则在其实施期限届至之后自然终止；若不属于临时性许可，则必须及时提请全国人大及其常委会制定为法律，或由国务院自行制定为行政法规，即把它转化为经常性许可。

第二，省级政府在上位法尚未规定，但又确有必要的情况下，可以通过规章形式设定临时性许可，这种临时性许可的实施期限最长不得超过 1 年，满 1 年需要继续实施的应当提请本级人大及其常委会制定为地方性法规，即把它转化为经常性许可。

2. 规定行政许可的权限。简称许可规定权，即对一项已经创设的许可加以具体规范的权力。行政法规、地方性法规、各种行政规章均可对上位法已创设的许可作出进一步的详细规定。但许可规定权的行使必须遵循上位法优先的原则，既不能增设行政许可，也不能增设违反上位法的其他许可条件。

行政规章以下（不含行政规章）的其他规范性文件，既无许可创设权，也无许可规定权。

3. 禁止设定许可的事项。《行政许可法》禁止地方上设定以下三种许可：

（1）不得设定全国统一的认可事项。地方上不得设定应当由国家统一确定的资格、资质许可，一般来讲，如果资格、资质认可关系到公民从业权的实现，或关系到不同市场主体的公平竞争，就应当由国家统一确定。如通过司法考试来实施的法律职业资格许可，就不能由各地分别设定。

（2）不得设定企业或其他组织的设立登记及其前置性许可。地方上既不得设定登记事项，也不得设定这些登记事项的前置性许可。对前置性许可可以这样理解：如果甲许可的申请必须以乙许可的获得作为前提，乙许可就是甲许可的前置性许可。例如要注册公司，必须先进行名称预先核准登记，这个预先核准登记就是公司营业执照的前置性许可。

（3）不得设定限制外地的生产、经营、服务、商品进入本地的许可。地方上所设定的行政许可，不得限制其他地区的个人或者企业到本地区从事生产经营和提供服务，不得限制其他地区的商品进入本地区的市场。

◆ 例 7 -1

下列哪些地方性法规的规定违反了《行政许可法》？

A. 申请餐饮服务许可证，须到当地餐饮行业协会办理认证手续

B. 申请娱乐场所表演许可证，文化主管部门收取的费用由财政部门按一定比例返还

C. 外地人员到本地经营网吧，应当到本地电信管理部门注册并缴纳特别管理费

D. 申请建设工程规划许可证，需安装建设主管部门指定的节能设施

分析：地方立法不得设定设立登记及其前置性的许可，"申请餐饮服务许可证须到当地餐饮行业协会办理认证手续"就是一种前置性的许可；许可所收费用收归国库，不得返还行政机关；地方设定许可不得限制外地经营者，"外地人员到本地经营网吧，应当到本地电信管理部门注册并缴纳特别管理费"就是一种限制外地经营者的措施；行政机关实施许可，不得要求申请人购买指定商品，如"安装建设主管部门指定的节能设施"。因此，上述四种规定都违反了《行政许可法》。

（三）行政许可设定的程序

行政许可的设定，是通过制定法律、行政法规、地方性法规、行政规章等方式来实现的，因此，行政许可设定的程序就是制定这些立法文件的程序，大多规定于《立法法》及若干行政法规中，对此无需特别说明。但由于许可的设定事关国家对公民自由的干预与限制，需要格外慎重，因此《行政许可法》对许可的设定又特别规定了其他程序：

1. 形成性的程序。即关于如何形成有关设定行政许可的法律文件的程序。《行政许可法》特别规定，起草法律草案、法规草案和省级政府规章草案，拟设定行政许可的，起草单位负有两种程序性义务：一是听取意见的义务，起草单位应当采取听证会、论证会等形式听取意见；二是说明义务，起草单位应当向制定机关说明设定该许可的必要性、对经济和社会可能产生的影响以及听取和采纳意见的情况。需要注意，在一般立法文件的起草过程中，起草单位可以采取听证会、论证会的形式听取意见，这里则规定对于拟设定行政许可的立法文件，是应当采取听证会、论证会的形式。

2. 评价性程序。此即用于评价行政许可设定必要性的程序，包括以下几种：①设定机关的评价，要求设定机关定期对其设定的行政许可进行评价，如果认为已设定的许可能够通过该法第13条规定的自主决定、市场调节、行业自律、事后监管等方式解决的，应当对该许可及时予以修改或废止。②实施机关的评价，行政许可的实施机关可以对已设定的许可的实施情况及其存在的必要性适时进行评价，并将意见报告该许可的设定机关。③普通公众的评价，公民、法人或其他组织可以向行政许可的设定机关和实施机关就行政许可的设定和实施提出意见和建议。

3. 修正性程序。即在不废止、修改或撤销设定许可的立法文件本身的情况下，通过变通方式对其加以修正，使其适应社会生活的变化发展。我国幅员辽阔，区域经济社会发展极不平衡，因此《行政许可法》规定了在局部地

区可以停止实施某些许可事项。即省级政府对行政法规设定的、有关经济事务的行政许可，根据本行政区域经济和社会发展情况，认为能够通过第 13 条规定的自主决定、市场调节、行业自律、事后监管等方式解决的，经报国务院批准后，可以在本行政区域内停止实施该行政许可。

三、行政许可的实施

（一）实施主体

1. 行政机关实施。行政许可原则上由行政机关实施，绝大多数情况都是如此。

2. 授权实施。某些获得法律、法规授权的社会公共组织，也可以在授权范围内以自己的名义实施许可。被授权组织实施行政许可，适用行政机关实施许可的规定。如注册会计师协会组织注册会计师考试并颁发证书，就属于行政许可的授权实施。需要注意，《行政许可法》明确规定能够授权社会组织实施行政许可的依据必须是法律、法规，这意味着由规章作出的授权是无效的。

3. 委托实施。行政机关在其法定职权内，依照法律、法规、规章的规定，可以委托其他行政机关实施行政许可。委托实施的行政许可，委托者与被委托者都必须承担一定义务。委托者的义务在于应将受委托者与委托内容公告，并对受委托者实施许可的行为加以监督，同时对该行为引起的法律后果负责。被委托者的义务则在于必须以委托者的名义实施行政许可，且不得再将许可事务转委托于他人实施。注意两点：一是委托实施行政许可必须有法律、法规或规章上的依据，其他规范性文件不足以成为委托的依据。二是受委托者必须是行政机关，而不能是一般组织甚至个人，一般情况下，这里的委托表现为上级机关委托其下级机关。例如，市公安局可以委托其下属的各公安分局代为受理公民办理出入境通行证的申请材料。

4. 集中实施。经国务院批准，省级政府可以决定由一个行政机关行使多个行政机关的行政许可权，这就是行政许可的集中实施。其目的在于便利当事人，减轻其程序性负担，落实行政法上高效便民的基本原则。其实质是许可权在不同行政机关之间的重新配置，将本来分属多个机关的许可权集中地配属于其中的一个机关，或另外一个机关，原来的机关就此失去对该事项的许可实施权，这些机关如果再继续实施相关许可，其行为无效。

5. 办公方式改革。《行政许可法》规定：①行政许可由一个行政机关内设的多个机构办理的，该行政机关应当确定一个机构统一受理行政许可申请，统一送达行政许可决定；②行政许可由地方政府两个以上部门分别实施的，该级政府可以确定一个部门受理许可申请，并转告有关部门分别提出意见后统一办理，或者组织有关部门联合办理、集中办理。这些规定都是对行政许可办公方式的改革，改革的目的同样在于便利当事人，体现高效便民的基本原则。

在此,《行政许可法》使用了统一办理、联合办理、集中办理三个概念,需要稍作辨析。统一办理,就是虽然一个行政许可事项需要由多个机关、机构分别作出决定,但申请人并不需要和它们全部打交道,只需要和其中一个打交道即可,就是"一个窗口对外"。申请人只需要向这个"窗口"提交申请即可,这个"窗口"受理后自己去和其他机关、机构协商提出处理意见,再由这个"窗口"将许可决定送达当事人。联合办理、集中办理概念相近,一般可以相互替换使用,但与统一办理有所不同。在联合办理、集中办理的情况下,政府仍然是"多个窗口对外",只不过将这些本来分别开在不同地方的"窗口"集中地开到了一起。在联合办理、集中办理的情况下,申请人仍要和多个行政机关分别打交道,只不过由于办理许可的时间、地点集中了,节约了时间。

这些办公方式的改革与前文所述的集中实施许可是有本质差别的,因为集中实施是将多个主体的权力集中到一个主体手里,而办公方式的改革并没有实现这种权力转移。在这种方式下,行政许可权仍分散在多个机关、机构手里,只不过办公方式改良了,办事效率提高了。

（二）实施的一般程序

一般程序,就是实施行政许可的一般过程,即任何行政许可事项的实施都必经的过程。此外的其他特殊程序,要么是一般程序的延伸,要么是一般程序的变化。一个行政许可事项的实施,必须经历申请、受理、审查、决定四个环节。

1. 申请。

（1）行政机关的义务。

第一,提供文本义务,当事人申请行政许可需要采用格式文本的,行政机关应当向其免费提供,格式文本中不得包含与当事人所申请的行政许可事项没有直接关系的内容。

第二,公示信息义务,行政机关应当将法律、法规、规章规定的有关行政许可的事项、依据、条件、数量、程序、期限,当事人需要提交的全部材料的目录,以及申请书的范本等,在办公场所公示。

第三,解释说明义务,申请人要求行政机关对公示内容予以说明、解释的,行政机关应当说明、解释,提供准确、可靠的信息。

第四,推行电子政务的义务,行政机关应当推行电子政务,在其网站上公布行政许可事项,方便申请人采取数据电文等方式提出申请,并应与其他行政机关共享行政许可的有关信息,提高办事效率。

（2）申请人的权利和义务。申请人的权利主要表现为灵活申请的权利,可以:

第一,委托代理人申请,但该许可事项依法应当由当事人亲自到场申请的除外。

第二,通过信函、电报、电传、传真、电子数据交换、电子邮件等方式提出申请。

申请人的义务主要表现为对申请材料真实性负责的义务，申请人应当如实向行政机关提交有关材料、反映真实情况，并对其申请材料实质内容的真实性负责。

2. 受理。行政机关对申请人提出的申请，根据不同情况，处理方式有三：

（1）受理。当事人的申请符合下列条件的，应予受理：①申请事项确实需要获得行政许可；②申请事项属于本机关职权范围；③申请材料齐全并符合法定形式。

（2）补正后受理。当事人的申请出现下列情况的，行政机关应在其补充或更正有关材料后受理：①申请材料存在错误，但当场可以更正的，应当允许申请人当场更正之后受理其申请；②申请材料存在缺失或错误，当场无法补充或更正的，应当当场或在 5 日内一次告知申请人需要补正的全部内容，当事人依法补正有关材料的应予受理。对于第二种情况，如行政机关逾期不将补正的内容告知，视为自收到申请材料之日起已经受理。

（3）不受理。当事人的申请属于下列情况的，行政机关对其申请不予受理：①申请事项依法不需要取得行政许可的；②申请事项依法不属于本机关职权范围的（在决定不受理的同时应告知申请人向其他行政机关申请）；③申请人的申请材料存在缺失或错误，在行政机关告知其补充更正后，仍未依法补充或更正的。

无论行政机关最后是否受理申请，都应当出具加盖本机关专用印章和注明日期的书面凭证。

3. 审查。在审查程序中，法律规定的主要是行政机关的义务，包括：

（1）核实义务。如果行政机关需要对申请材料的实质内容进行核实的，应当指派 2 名以上工作人员进行核查。注意这一规定仅适用于对申请材料实质性内容进行核实的情况，如果只做形式审查，如核实其是否齐全、是否正确，则核查人员并无人数要求。

（2）报送义务。主要针对的是需要跨级审查的许可事项，应当由下级行政机关先予审查，并在法定的期限内将初步审查意见和全部申请材料直接报送上级行政机关。上级行政机关不得要求申请人重复提供申请材料。如此规定，一是为了减轻当事人重复提供材料的负担；二是为了督促行政机关尽快作出许可决定，避免因上下级机关之间重复审查造成拖延。

（3）告知义务。行政机关对行政许可申请进行审查时，发现行政许可事项直接关系他人重大利益的，应当将其告知该利害关系人。申请人和利害关系人有权进行陈述和申辩，行政机关应当听取其意见。这一规定的目的在于避免因利害关系人在许可程序中"缺席"而遭受损害。

4. 决定。行政许可的决定，包括准予许可和不准予许可两种情况。《行政许可法》主要从三个方面对行政许可的决定程序作出了规范：

（1）决定的时限。许可的决定期限自许可申请受理之日起计算；以数据电文方式受理的，自数据电文进入行政机关指定的系统之日起计算；数据电文需要确认收讫的，自申请人收到收讫确认之日起计算。期限的规定包括几种情况：

第一，当场决定。申请人提交的申请材料齐全、符合法定形式，行政机关能够当场作出决定的，应当场作出书面的许可决定。

第二，一个主体实施许可的决定。对于不能当场作出决定的许可事项，如果是由一个机关单独实施的，该机关应当自受理之日起20日内作出许可决定。20日内不能作出决定的，经本机关负责人批准可以延长10日，并将延长期限的理由告知申请人。法律、法规作出例外规定的，从其例外。

第三，平级多个主体实施许可的决定。行政许可采取统一办理、联合办理、集中办理，即由多个主体一同实施的，应当自受理办理之日起45日作出许可决定。45日内不能办结的，经本级政府负责人批准可以延长15日，并应当将延长期限的理由告知申请人。

◆ 例7-2

某公司准备在某市郊区建一座化工厂，向某市规划局、土地管理局、环境保护局和建设局等职能部门申请有关证照。下列哪些说法是正确的？

A. 某公司应当对其申请材料实质内容的真实性负责

B. 某市人民政府应当组织上述四个职能部门联合为某公司办理手续

C. 拟建化工厂附近居民对核发该项目许可证照享有听证权利

D. 如果某公司的申请符合条件，某市人民政府相关职能部门应在45个工作日内为其办结全部证照

分析：某公司申请限制许可，当然应当对自己申请材料实质内容的真实性负责，A项显然正确。B项之所以错误，在于本案虽然由同一政府的多个部门共同审批，但同级政府也并非应当（而是可以）组织这些部门联合办理许可。拟建化工厂可能存在污染，涉及附近居民的健康权，居民作为利害关系人肯定有权申请听证，C项正确。D项的错误则在于即使采用了联合办理等方式，决定许可的期限也可能在45天的基础上再延长15天，此外还要加上颁发证照的时间，何况这些部门还有可能不采取联合办理等方式，那时间就会更长了。

第四，跨级多个主体实施许可的决定。对于需要跨级审查的许可事项，其最终作出许可决定的总时限仍依上述规定处理，并无特殊之处。但要注意，法律对下级机关提出初步审查意见的时限作出了规定，要求下级机关自其受理申请之日起20日内审查完毕。当然，法律、法规作出例外规定的，从其例外。

在掌握决定时限时，要注意不能与颁证时限相混淆，颁证时限指的是自行政机关作出准予许可的决定时起，到向被许可人正式颁发许可凭证之间的

时段。颁证时限与决定时限是相互衔接的关系，行政机关应当自作出决定之日起10日内向申请人颁发、送达行政许可证件，或加贴标签、加盖检验、检测、检疫印章。

当然，上述的各种时限只是一般情况下行政机关作出许可决定所需的时间。如果在许可实施过程中，依法需要听证、招标、拍卖、检验、检测、检疫、鉴定和专家评审的，此类特殊事项所耗费的时间另行计算，不计算在上述期限之内，但行政机关应当将所需时间书面告知申请人。

（2）决定的形式。行政许可是要式行政行为，无论是准予许可还是不准予许可的决定，都必须以书面形式作出。对于准予许可的决定还应当公开，以便公众查阅。

（3）决定的效力。行政许可的效力，主要讲的是空间效力，包括两种：①全国有效，由法律和行政法规设定的行政许可，原则上在全国范围内有效。②在一定地域内有效，地方性法规与省级地方政府规章设定的行政许可，一般只在本区域内有效；由法律和行政法规设定的行政许可，也可以规定仅在一定区域内有效。如法律职业资格许可便规定对于报考资格放宽或分数线放宽地区的考生，通过考试后获得的资格证书只在本地区有效。

◆ 例 7－3

关于行政许可程序，下列哪一选项是正确的？

A. 对依法不属于某行政机关职权范围内的行政许可申请，行政机关作出不予受理决定，应向当事人出具加盖该机关专用印章和注明日期的书面凭证

B. 行政许可听证均为依当事人申请的听证，行政机关不能主动进行听证

C. 行政机关作出的准予行政许可决定，除涉及国家秘密的，均应一律公开

D. 所有的行政许可适用范围均没有地域限制，在全国范围内有效

分析：行政许可是要式行政行为，根据这一特点可直接判断A项正确。行政机关实施许可听证的方式，既可以依职权也可以依申请，可见B项错误。准予许可的决定应当一律公开，《行政许可法》并没有规定例外，因此C项错误。对于这一点需要特别注意，《行政许可法》第5条第2款规定："有关行政许可的规定应当公布；未经公布的，不得作为实施行政许可的依据。行政许可的实施和结果，除涉及国家秘密、商业秘密或者个人隐私的外，应当公开。"第40条规定："行政机关作出的准予行政许可决定，应当予以公开，公众有权查阅。"两者看起来似乎有矛盾，前者规定了公开的例外，后者没有规定例外。在这里我们需要注意，第5条是"总则"的规定，第40条是"行政许可的实施程序"中的规定。一部法律的"总则"和其他章节之间，是一般规定和特别规定的关系，特别规定在效力上优先于一般规定，因此，此处应当以第40条的规定为准，没有例外。至于D项，行政许可的效力有全国性与区域性之分，因此是错误的。

（三）实施的特殊程序

行政许可的特殊程序，实际上是对一般程序的延伸或变更，包括以下两种：

1. 变更与延续程序。行政机关对当事人变更或延续申请的处理，都经过类似于一般程序的申请、受理、审查与决定过程，并无特殊之处。《行政许可法》唯一强调的是期限问题，且针对的仅是延续程序。规定被许可人如需延续行政许可有效期的，应当在该其有效期届满 30 日前向原决定机关提出申请，如法律、法规、规章另有规定的，从其例外。行政机关应当在该行政许可有效期届满前作出是否准予延续的决定，逾期未作决定的，视为准予延续。

2. 听证程序。行政听证制度，是行政程序法上的一项重要制度，指的是行政机关在作出一项严重影响当事人权利义务的决定之前，通过听取当事人对有关事实与法律问题进行陈述、申辩、质证，从而保证其行政决定更加合法、合理、公正的制度。《行政许可法》对听证的规定，着眼于以下几点：

（1）听证的启动。行政许可听证程序的启动包括主动启动与被动启动。主动启动的主体是行政机关，对于法律、法规、规章规定应当听证的事项，或行政机关认为因涉及公共利益而需要听证的重大许可事项，都应当向社会公告并举行听证。被动启动的主体是许可事项申请人或利害关系人，行政许可直接涉及申请人与他人之间重大利益关系的，行政机关在作出行政许可决定前，应当告知申请人、利害关系人享有要求听证的权利。

（2）听证的期限。其一，申请期限，要求申请人、利害关系人，应当在被告知听证权利之日起 5 日内提出听证申请；其二，组织期限，要求行政机关应当在 20 日内组织听证；其三，告知期限，要求行政机关应当于举行听证的 7 日前将举行听证的时间、地点通知申请人、利害关系人，必要时还需公告。

（3）听证主持人的回避。行政机关在选择听证主持人时，应当按照程序正当原则的要求，实行公务回避。在听证程序中，能够引起公务回避的原因有二：一是实体原因，二是程序原因。实体原因，指的是听证主持人不能与许可事项存在直接利害关系，否则将造成其角色上的冲突，违反自然公正原则，行政许可的申请人或利害关系人如认为主持人与该行政许可事项有直接利害关系的，有权申请回避。程序原因，指的是在听证前已经参与审查该许可事项的行政机关工作人员不能担任听证主持人，而应当指定其他人员主持听证。这一规定绝非因为听证前的审查人员与许可事项本身存在实体法上的权利义务冲突，而仅仅是出于程序上的考虑。因为一个行政工作人员如果已经接触并参与了某一许可事项的审查，难免对此形成了某些固定看法，出于"先入为主"的正常心态，有可能影响他在主持听证的过程中作出正确判断。

（4）听证笔录的效力。行政机关应当对听证过程制作笔录，听证笔录在交听证参加人确认无误后由其签字盖章。特别注意行政机关应当根据听证笔录作出许可决定,这一规定体现了行政程序法上的案卷排他原则。案卷排他,即行政机关只能以案卷上已经载明的内容作为作出行政决定的全部依据,而不得对案卷中没有记载的因素加以考虑。其意义在于强调案卷的权威性,避免听证程序流于形式,"听了白听"。《行政许可法》是我国第一部明确规定了案卷排他制度的行政法律。

(5)其他问题。还有两点需要注意:①听证公开,行政许可听证应当公开举行;②听证免费,申请人、利害关系人不承担行政机关组织听证的费用,该费用由行政机关承担。

◆ 例7-4

刘某向卫生局申请在小区设立个体诊所,卫生局受理申请。小区居民陈某等人提出,诊所的医疗废物会造成环境污染,要求卫生局不予批准。对此,下列哪一选项符合《行政许可法》规定?

A. 刘某既可以书面也可以口头申请设立个体诊所

B. 卫生局受理刘某申请后,应当向其出具加盖本机关专用印章和注明日期的书面凭证

C. 如陈某等人提出听证要求,卫生局同意并听证的,组织听证的费用应由陈某承担

D. 如卫生局拒绝刘某申请,原则上应作出书面决定,必要时口头告知即可

分析:申请行政许可应当提交书面申请书,因此 A 项错误。行政许可听证是免费的,C 项错误。行政许可是严格的要式行政行为,无论是受理与否,以及最终决定准予许可与否,都应当以书面方式作出,不能使用口头方式,因此 D 项错误而 B 项正确。

◆ 例7-5

关于行政许可实施程序的听证规定,下列说法正确的是什么?

A. 行政机关应在举行听证 7 日前将时间、地点通知申请人、利害关系人

B. 行政机关可视情况决定是否公开举行听证

C. 申请人、利害关系人对听证主持人可以依照规定提出回避申请

D. 举办听证的行政机关应当制作笔录,听证笔录应当交听证参与人确认无误后签字或者盖章

分析:由上文关于行政许可听证的规定,可知 ACD 三项的说法都是正确的。B 项的错误在于,行政许可听证都应当公开,行政机关没有选择的余地。

(四)针对特定许可事项的特别程序

行政许可按照其性质上分为一般许可、特许、认可、核准、登记五类,除了一般许可无须作出特别规定,其他类型的许可事项都在一般程序的基础

上适用一些特殊程序。

1. 针对特许的程序。特许就是有限自然资源的开发利用、公共资源的配置、特定行业的市场准入等许可事项。由于特许在性质上是行政机关代表国家就一定的公共资源权利向被许可人作出的让渡，结果是使被许可人增加了其本来没有的权利，这类资源的排他性必将造成被许可人与其他人在权利上的不平等。既然实体的平等无法实现，法律就必须退而求其次来追求程序上的平等。因此，对特许事项原则上应当通过招标、拍卖等公平竞争的方式作出决定，按照招标、拍卖程序确定中标人、买受人后，行政机关应当作出准予行政许可的决定，依法向中标人、买受人颁发行政许可证件。行政机关违法不采用招标、拍卖方式，或违反招标、拍卖程序，损害申请人合法权益的，申请人可以通过行政复议或行政诉讼的方式寻求救济。

2. 针对认可的程序。认可就是赋予公民、法人或其他组织以从事特定行业、职业的资格、资质的许可。由于认可在性质上是对申请人从业条件、能力的审查，需要通过一定形式来保证其审查结果的公正性。对此，《行政许可法》规定：

（1）针对公民的认可，一般需要组织国家考试，并由行政机关根据考试成绩和其他法定条件作出许可决定。此类资格考试应由行政机关或行业组织实施，并公开举行。组织者应当事先公布考试的报名条件、报考办法、考试科目、考试大纲等，但不得组织强制性的考前培训，不得指定教材或者其他助考材料。

（2）针对法人和其他组织的认可，一般需要进行考核，考核的内容包括申请人的专业人员构成、技术条件、经营业绩和管理水平等，并由行政机关根据考核结果作出许可决定。

3. 针对核准的程序。核准指的是行政机关对特定产品、物品、设施、设备的检验、检测、检疫。《行政许可法》主要对核准的实施期限作出了特别限制，规定行政机关对一定物品实施核准的，应当自受理申请之日起 5 日内指派 2 名以上工作人员按照技术标准、技术规范进行核准，不需要对核准结果作进一步技术分析即可得出结论的，应当场根据检验、检测、检疫的结果作出许可决定。

4. 针对登记的程序。登记指的是企业或其他组织的设立等需要确定主体资格的事项。行政机关对于登记事项主要是做形式上的审查，只要申请人提交的申请材料齐全、符合法定形式，行政机关就必须当场予以登记。特殊情况下，行政机关需要对申请材料的实质内容进行核实的，应当依法指派 2 名以上工作人员进行核查。

5. 有数量限制的许可。除特许之外，其他类型的许可也可能存在数量限制。对此法律规定，有数量限制的行政许可，多个申请人均符合法定条件和标准的，行政机关应当根据受理行政许可申请的先后顺序作出准予行政许可的决定。但法律、行政法规另有规定的，从其例外。

四、行政许可的监督检查

对行政许可的监督检查包括：①对被许可人的监督检查，指的是在被许可人获得许可之后，对其实施被许可行为情况进行监督检查，目的是发现被许可人有无违反相关法律义务。②对许可行为本身的监督检查，目的在于发现许可决定的作出本身有无违法情节。③对被许可行为实施条件的监督检查，目的在于发现是否因为客观条件和法律条件的变化使被许可行为无法实施，从而使许可本身丧失了存续的必要。从监督检查的结果来看，可以分成对被许可人责令改正、撤销许可、注销许可、撤回许可四种情形。

（一）责令改正

责令改正，就是责令被许可人改正其实施被许可行为时的一些违法事实。被许可人的这些违法事实，主要表现在违反了行政许可的附加义务。情况有三：

1. 对资源利用特许的责令改正。获得资源利用特许的被许可人，如果没有依法履行开发利用自然资源的义务，或履行利用公共资源的义务，行政机关就应当责令其限期改正；而被许可人在规定期限内不改正的，行政机关应当对此依法处理。

2. 对市场准入特许的责令改正。市场准入特许，主要指的是市政公用事业的特许经营，因特许而获准经营特定行业的被许可人对其营业负有多项特殊义务。包括服务质量上的要求（应当为用户提供安全、方便、稳定的服务）、服务价格上的要求（只能收取合理的服务费用，价格不能过于高昂）、服务范围上的要求（必须普遍提供服务，即使向部分地区或部分对象提供服务无法获得较高利润，甚至无法获得利润，也需提供服务）、服务时间上的要求（必须提供持续的服务，不得擅自停业歇业）。如果被许可人不履行这些义务，行政机关应当责令其限期改正，或依法采取有效措施督促其履行。

3. 对重要核准事项的责令改正。经行政机关检验、检测、检疫而获准使用的设施、设备直接关系到公共安全、人身健康或生命财产安全等重要问题，行政机关应当督促设计、建造、安装和使用单位建立相应的自检制度。如以上设备、设施存在安全隐患，行政机关必须责令其停止建造、安装和使用，并责令有关单位立即改正。由于这些事项关系到公共安全、人身健康等重要因素，对其监督检查的结果表现为责令立即改正，这与上述两种的监督检查结果表现为责令限期改正不同。

（二）撤销许可

撤销许可，即撤销准予行政许可的决定，是行政行为撤销的一种表现，其法律后果是使原有的许可决定自其作出之日起完全丧失效力。撤销行政许可的原因，在于该许可作出的过程存在某些违法行为，而这些违法行为的实施者既有可能是被许可人，也有可能是行政机关的工作人员。

因行政机关工作人员的违法行为而撤销许可的情况包括：①滥用职权、

玩忽职守；②超越职权；③违反法定程序；④对不具备申请资格或者不符合法定条件的申请人准予许可；⑤法律规定的其他情形。因被许可人的违法行为而撤销许可的情况相对简单，指的是被许可人以欺骗、贿赂等不正当手段取得行政许可的情形。

对于行政许可的撤销，注意四点：

1. 许可撤销的主体。原则上，撤销行政许可的主体既可以是作出许可决定的行政机关自己，也可以是其上级机关。对于因行政机关超越自身职权作出的许可决定，被越权的机关（即本来有权实施这项许可的机关）也可以将其撤销。

◆ 例7-6

刘某参加考试并取得《医师资格证书》。后市卫生局查明刘某在报名时提供的系虚假材料，于是向刘某送达《行政许可证件撤销告知书》。刘某提出听证申请，被拒绝。市卫生局随后撤销了刘某的《医师资格证书》。下列哪些选项是正确的？

A. 市卫生局有权撤销《医师资格证书》

B. 撤销《医师资格证书》的行为应当履行听证程序

C. 市政府有权撤销《医师资格证书》

D. 市卫生局撤销《医师资格证书》后，应依照法定程序将其注销

分析：《医师资格证书》是市卫生局颁发的，市卫生局自己及其上级机关（市政府）当然有权撤销，因此A项和C项是正确的。许可证被撤销的，应当随后注销（详见后文"注销许可"），因此D项也正确。撤销许可证无需适用听证程序，因此B项错误。

◆ 例7-7

经张某申请并缴纳了相应费用后，某县土地局和某乡政府将一土地（实为已被征用的土地）批准同意由张某建房。某县土地局和某乡政府还向张某发放了建设用地规划许可证和建设工程许可证。后市规划局认定张某建房违法，责令立即停工。张某不听，继续施工。市规划局申请法院将张某所建房屋拆除，张某要求赔偿。下列哪些说法是正确的？

A. 某县土地局、某乡政府和市规划局为共同赔偿义务机关

B. 某县土地局和某乡政府向张某发放规划许可证和建设工程许可证的行为系超越职权的行为

C. 市规划局有权撤销张某的规划许可证

D. 对张某继续施工造成的损失，国家不承担赔偿责任

分析：在本案中，违法向张某发放许可证的是某县土地局和某乡政府，这和市规划局无关，因此市规划局不可能是赔偿义务机关之一，因此A项错误。发放规划许可证和建设工程许可证是规划部门的职权，某县土地局和某

乡政府向张某发放这些许可证当然是超越职权的，因此 B 项正确。本案最难判定的是 C 项，市规划局并非县土地局或乡政府的领导机关，根据《行政许可法》字面上的规定，似乎无权撤销后者越权发放的规划许可证。但根据学理，应当可以判断出越权机关所颁发的许可证，法定的许可机关（也就是市规划局）有撤销权，因此 C 项仍然是正确的。至于 D 项，张某继续施工扩大了自己的损失，是自己的过错导致的，当然不会因此国家赔偿责任，该项正确。

◆ **例 7 - 8**

甲厂经某市采砂许可证的法定发放机关地质矿产局批准取得了为期 5 年的采砂许可证，并经某区水电局等部门批准，在区江河管理站划定的区域内采砂。后因缴纳管理费问题与水电局发生纠纷。随后，该水电局越权向乙厂颁发了采砂许可证，准予乙厂在甲厂已被划定的区域内采砂。下列说法正确的是什么？

A. 根据甲厂的申请，某市地质矿产局可以撤销水电局发给乙厂的采砂许可证

B. 水电局应当撤销给乙厂发放的采砂许可证

C. 若乙厂的采砂许可证被撤销，发放许可证的水电局应承担乙厂相应的经济损失

D. 甲厂可以要求水电局赔偿因向乙厂颁发许可证给自己造成的经济损失

分析：本案与上例类似，关键要看地矿局能否撤销水电局越权颁发的许可证，与上例同理，应认为法定的许可机关地矿局有此权利，因此 A 项正确。水电局自己当然有权撤销自己违法发放的许可证，并应承担由此给甲厂、乙厂造成的经济损失，因此，BCD 三项也都正确。

2. 许可撤销后的处理。如果因行政机关工作人员的违法行为，而导致许可决定被撤销并造成被许可人合法权益损害的，行政机关应当依法给予赔偿。如果因被许可人自己的违法行为，即因欺骗、贿赂而获得许可，导致许可决定被撤销并造成其损失的，国家对于这一损失不予赔偿。

3. 许可不撤销的例外。行政许可决定的作出虽有违法事由，但撤销许可可能对公共利益造成重大损害的，不予撤销。

4. 申请人以欺骗、贿赂方式申请许可的法律责任。申请人隐瞒有关情况或提供虚假材料申请许可的，行政机关不予受理或不予许可，并给予警告；许可事项直接关系公共安全、人身健康、生命财产安全事项的，申请人在 1 年内不得再次申请该许可。申请人以欺骗、贿赂等不正当手段取得行政许可的，行政机关依法给予行政处罚；取得的行政许可直接关系公共安全、人身健康、生命财产安全事项的，申请人在 3 年内不得再次申请该行政许可；构成犯罪的追究刑事责任。

（三）注销许可

注销许可，就是把一项曾经存在的许可在形式上完全消灭的手续。注销许可的原因包括以下几点：①因时间原因而消灭，指的是行政许可的有效期届满之后，被许可人没有申请延续，或申请延续但未被准许的；②因被许可人原因而消灭，具体又有两种情形，一种是对公民的资格许可，被许可人死亡或丧失行为能力的，另一种是对法人和其他组织的许可，被许可人的主体资格依法终止的；③因违法等原因而消灭，指的是许可依法被行政机关撤销、撤回或者吊销的；④因不可抗力而消灭，指的是因不可抗力导致被许可事项客观上无法实施的，如某项采矿许可，被许可人获得许可之后该矿山因地震严重破坏而致无法开采，行政机关应将该许可注销。

◆ **例7-9**

对于下列哪些情形，行政机关应当办理行政许可的注销手续？

A. 张某取得律师执业证书后，发生交通事故成为植物人

B. 田某违法经营的网吧被吊销许可证

C. 李某依法向国土资源管理部门申请延续采矿许可，国土资源管理部门在规定期限未予答复

D. 刘某通过行贿取得行政许可证后，被行政机关发现并撤销其许可

分析：依上文所述应知 ABD 三项符合行政许可注销的条件。C 项中的国土资源管理部门在规定期限未予答复的，应当视为许可延续，不得注销，因此是错误的。

（四）撤回许可

掌握行政许可的撤销、注销，还需要与许可的撤回相互区别。行政许可的撤回，指的是行政许可所依据的法律、法规、规章修改或废止，或者准予行政许可所依据的客观情况发生重大变化时，为了公共利益的需要，行政机关废止已经生效的行政许可。撤回许可给当事人造成财产损失的，行政机关应当依法给予补偿。注意三点：

1. 补偿程序。当事人因行政机关撤回许可而主张补偿的，应当先向行政机关提出申请，行政机关在法定期限或合理期限内不予答复，或当事人对行政机关作出的补偿决定不服的，可以依法提起行政诉讼或申请行政复议。

2. 补偿标准。包括：①法定标准，法律、法规、规章或规范性文件对变更或撤回行政许可的补偿标准已有规定的，从其规定；②实际损失标准，上述文件对补偿标准未作规定的，一般在实际损失范围内确定补偿数额；③实际投入标准，被变更的许可事项属于特许的，一般按照当事人实际投入的损失确定补偿数额。

3. 对补偿的调解。法院审理行政许可补偿案件可以适用调解，参照行政赔偿案件调解的有关规定办理。

本章二维码

第七章示范案例　第七章思考案例　第七章练习题　第七章课件与授课视频

第八章

行政处罚

行政处罚，指的是行政主体对于实施了违法行为，但尚未构成犯罪的公民、法人或其他组织，通过剥夺或限制其一定利益的方法，加以惩戒的行为。在我国的行政处罚制度中，1996年实施的《行政处罚法》居于一般法的核心地位，与其他单行的法律、法规、规章，如《治安管理处罚法》等，以及散见于其他法律、法规、规章中的单行性规范，共同构成了完整的行政处罚制度体系。本章主要阐述行政处罚的一般制度。

一、行政处罚概述

（一）行政处罚的性质

所谓行政处罚，就是对公民、法人或其他组织的行政法律责任进行追究。公民、法人或其他组织因违法行为可能承担的法律责任包括民事责任、行政责任、刑事责任三种，其中，行政责任就表现为违法行为人接受的行政处罚。公民、法人或其他组织因其违法行为，可能只承担一种法律责任，也可能同时承担两种甚至三种法律责任。例如，某个体餐馆因严重食品安全事故导致顾客中毒，就既要向受害人承担民事赔偿责任，责任人也可能被追究刑事责任，该餐馆还可能受到吊销营业执照的处罚，后者就是行政法律责任。

在某些国家，对行政法律责任的追究并不完全由行政机关实施，而是由行政机关和司法机关共同实施。例如，对于轻微的交通违章行为——如违章停车，可以由交警部门直接作出处罚决定，而对于稍重一点的交通违章行为，交警部门则不能直接处罚，而是由其代表公众向法院提起公诉，由法院通过判决来追究行为人的责任。对于后面一种情况，从形式上看，行政机关提起的是一种民事公诉，法院判决行为人承担的也是一种民事责任；但在实质上，这是当事人违反了行政管理秩序而承担的法律责任，是一种行政法律责任。

（二）行政处罚的特征

按照本书前文所介绍的行政行为分类标准，行政处罚是依职权行政行为、负担性行政行为、要式行政行为，多数情况下又是裁量性行政行为。

1. 依职权行政行为。行政处罚必然是行政机关主动实施的，任何正常人都不可能申请接受行政处罚——行政机关也不可能受理这样的申请。在某些情况下，行政机关是基于他人举报对违法行为加以调查之后作出处罚的，但这也不能否认它是一种依职权的行政行为。

2. 负担性行政行为。行政处罚的内容表现为对当事人某种权益的限制和剥夺，当然是负担性的行政行为。

3. 要式行政行为。行政处罚必须以书面决定的方式作出，这种书面决定的格式和要素还有十分严格的限制，当然是要式行政行为。

4. 多为裁量性行政行为。大多数法律、法规、规章在设定行政处罚时，都会将具体的处罚标准规定为一定的幅度，如拘留几日到几日、罚款若干到若干（或几倍到几倍）、暂扣许可证几月到几月、责令停产停业几月到几月等。当然，某些种类的行政处罚是没有幅度可言的，如警告、没收等，这样的处罚在实施时就可能是羁束性行政行为。

二、行政处罚的设定

行政处罚的设定，即哪一个国家机关能够通过何种形式来设定何种行政处罚的问题。行政处罚的设定与行政许可的设定类似，也包括"创设"和"规定"两个层次。创设，指的是创造出一个本不存在的处罚事项；规定，指的是对一个业已存在的处罚事项进一步的、具体化的规范。介绍行政处罚的设定，首先不得不涉及行政处罚的种类问题，因为处罚设定权在各个国家机关之间的划分，实际上就是通过划分出不同类型的处罚，并按照其性质将其设定权配属于各个国家机关。

（一）行政处罚的种类

我们知道，行政处罚的目的是剥夺或限制当事人的一定权利，而行政处罚种类划分的标准，就是当事人被剥夺或限制的权利在类型上的不同。据此，行政处罚可以被划分为自由罚、行为罚、财产罚与声誉罚四大类。

1. 自由罚，又称人身罚，是以限制被处罚人的人身自由为内容的行政处罚，是行政处罚中最严厉的一种，主要指的是行政拘留。已经被废止的劳动教养实际上也是一种自由罚，虽然劳动教养宣称其主要功能是对有严重违法行为（但尚未构成犯罪）或者有轻微犯罪的人进行矫治，但其实质和主要的功能还是对这些人的违法行为或轻微犯罪行为进行惩罚，而这种惩罚又不是由法院作出而是由行政机关作出的，因此其性质主要还是一种自由罚。

2. 行为罚，又称为资格罚、能力罚，指的是以限制或剥夺被处罚人从事特定行为的能力和资格为内容的行政处罚。具体表现为责令停产停业，暂扣或吊销许可证和执照等形式，如责令企业停业整顿、吊销驾驶证、暂扣营业执照等。例如，责令停产停业就是限制被处罚者在一定时间内从事生产经营活动的资格。行为罚也是一种较严厉的处罚，对其设定与实施的要求也比较严格。

3. 财产罚，指的是以剥夺被处罚人一定数量的财产为内容的行政处罚，具体表现为罚款与没收。其中罚款是最常见的、应用最广泛的行政处罚形式；

没收则包括没收违法所得与没收非法财物。

在这里需要注意违法所得和非法财物的区别。违法所得指的是因被处罚人从事违法行为而获得的财产性利益；非法财物指的是被处罚人为了实施违法行为而使用的资金或设备等财物。如某地下工厂因为制造假烟而被查处，其制造假烟而获得的金钱就是违法所得，为制造假烟而购置的设备或准备的原料就是非法财物。还要注意，行政处罚中的没收与刑罚上的没收财产有着本质区别，行政处罚中被没收的财产都与被处罚人实施的违法行为有关，而刑罚上被没收的财产则未必与罪犯的犯罪行为有关，它可以是罪犯通过实施犯罪行为获得的，也可以是通过其他方式获得的。

4. 声誉罚，又称名誉罚，指的是以降低被处罚人的社会评价为内容的行政处罚。《行政处罚法》规定的声誉罚只有警告，一些单行法还规定了通报批评。声誉罚属于程度较轻的处罚，其运用相对广泛。

◆ 例 8-1

下列哪一行为属于行政处罚？

A. 公安交管局暂扣违章驾车张某的驾驶执照 6 个月

B. 工商局对一企业有效期届满未申请延续的营业执照予以注销

C. 卫生局对流行性传染病患者强制隔离

D. 食品药品监督局责令某食品生产者召回其已上市销售的不符合食品安全标准的食品

分析：A 项的"暂扣违章驾车张某的驾驶执照 6 个月"显然属于暂扣许可证的行政处罚。B 项是行政许可的注销，不是行政处罚。C 项的强制隔离措施是一种行政强制措施，也非行政处罚。D 项是责令纠正违法行为的命令，尽管行政机关在作出处罚的同时往往会同时责令当事人停止或者纠正其违法行为，但这并不意味着这也是一种处罚，因为责令停止或纠正违法行为并不同于限制或者剥夺当事人某方面的利益。

（二）行政处罚的创设

创设是行政处罚设定的第一个层次，主要解决行政处罚权在各个国家机关之间如何分配的问题。

1. 法律的创设。法律可以创设《行政处罚法》中所规定的各种类型的处罚，还可以创制《行政处罚法》中所没有规定的其他处罚类型。例如，通报批评就是一种《行政处罚法》所没有规定、但很多法律予以创设的一种处罚。

2. 行政法规的创设。行政法规也可以创设《行政处罚法》中所列明的各种处罚类型，以及该法所没有列明的其他类型的处罚，但限制人身自由的处罚除外。因为，根据《立法法》的规定，限制人身自由的处罚和强制措施属于法律绝对保留事项。

3. 地方性法规的创设。地方性法规可以创设《行政处罚法》中所规定的大部分行政处罚类型，但限制人身自由的处罚，以及吊销企业营业执照的处罚除外。这里，对"吊销企业营业执照"要作准确理解：一要注意这是吊销，如果是暂扣，地方性法规仍然可以创设；二要注意吊销的是企业的执照，如果吊销的是个体户的执照，地方性法规也仍可以创设；三要注意吊销的是企业的营业执照，如果吊销的是企业的其他执照或许可证，地方性法规同样可以创设。

4. 行政规章的创设。行政规章包括部门规章与地方政府规章，可以创设的处罚类型只有警告与罚款。需要注意两点：一要注意行政规章创设罚款的时候，罚款的限额是不能自主决定的，部门规章的罚款限额应当由国务院规定，而地方政府规章的罚款限额应由其所在的省级人大常委会决定；二要注意如果是部门规章创设行政处罚，国务院组成部门的规章可以自行创设，而国务院直属机构的规章如果创设处罚，还需经过国务院的授权。

（三）行政处罚的规定

行政处罚的规定，就是对已经创设出来的行政处罚作进一步的、具体的规范。行政法规、地方性法规、行政规章都可以对上位法已经创设的处罚事项作出具体规定。但这种规定必须遵循上位法优先的原则，不得违反上位法规定的给予行政处罚的行为、种类和幅度。对这一原则应如此理解：

1. 不得违反上位法规定的处罚行为，指的是不能改变行政处罚的适用范围，上位法规定了这种处罚是适用于什么行为的，下位法不能篡改将其适用到别的行为上去。例如，法律规定对酒后驾驶机动车的给予500元到1000元的处罚，作为下位法的行政法规在进一步规定时，就不能规定为对疲劳驾驶机动车的也给予这个处罚。

2. 不得违反上位法规定的处罚种类，指的是上位法一旦规定对某一行为给予什么种类的处罚，下位法就既不能增加也不能减少它，但在可能的情况下可以作出一定选择。例如，行政法规规定对集贸市场中的价格欺诈行为，可以罚款或暂扣半个月营业执照，如果工商总局的部门规章进一步规定：对于这种行为，可以只给予警告，或者只给予罚款，或者只暂扣营业执照——这都违反了上位法所规定的处罚种类。当然，部门规章可以规定在哪些具体情况下罚款，哪些具体情况下暂扣营业执照。

3. 不得违反上位法规定的处罚幅度。处罚幅度一般在罚款（如罚款50元到100元）、拘留（如拘留5日到10日）、暂扣许可证和执照（如暂扣1个月到3个月）这几类处罚中可能出现，由一个上限和一个下限构成。不违反幅度，就是既不能改变其上限，也不能改变其下限，只能在这个幅度内区分具体情况规定其适用。

除法律、行政法规、地方性法规、行政规章外，其他规范性文件既无权创设、也无权规定行政处罚。

三、行政处罚的实施

行政处罚的实施与行政许可的实施类似，都包括实施主体和实施程序的问题，对于行政处罚来说，一些实施中的基本原则也十分重要。

（一）行政处罚的实施主体

1. 主体的类型。

（1）行政机关。行政机关实施处罚包括两种情况：一是一般行政机关的实施，二是综合执法机关的实施。

一般行政机关，可以在其职权范围内实施行政处罚。

综合执法机关，即集中行使行政处罚权的行政机关。国务院或经国务院授权的省级政府，可以决定由一个行政机关行使多个行政机关的处罚权，但限制人身自由的行政处罚权，以及海关、国税、金融、外汇管理等中央垂直领导部门的行政处罚权除外。行政处罚权的集中行使，就是将原来分散于多个行政机关手里的处罚权收归一个行政机关行使，实现了权力的集中和转移；原来的机关就此失去原有的行政处罚权，这些机关如果再实施行政处罚，就是无效的。

◆ 例 8 - 2

某省政府根据国务院的授权，决定由城建规划局统一行使数个政府职能部门的行政处罚权。根据《行政处罚法》的规定，城建规划局不能行使下列哪一项职权？

A. 交通管理机关的罚款权　　B. 环境保护局的罚款权

C. 公安机关的行政拘留权　　D. 工商行政管理部门的吊销营业执照权

分析：C项的拘留权是限制人身自由的处罚权，不得被其他部门集中行使。除此以外，其他三项的处罚权既不涉及限制人身自由，也不是中央垂直领导部门的处罚权，都可以被城建规划局集中行使。

（2）被授权组织。法律、法规授权的具有管理公共事务职能的组织，可以在其授权范围内实施行政处罚。例如，中国足协根据《体育法》的授权，可以对有违规行为的俱乐部或者球员实施处罚。需要注意，只有法律、法规授权的组织才有行政处罚实施权，规章不得授权社会组织实施行政许可，如果"授权"了也应被推定为委托，其实施行政处罚的法律后果应归属于"授权者"。

（3）委托实施行政处罚。有权的行政主体，可以依照法律、法规、规章的规定，在其法定权限内委托具备一定条件的社会组织实施行政处罚。基于行政委托的原理，受委托组织并非法律上的实施主体，其实施行政处罚的法律后果只能归属于委托者，此时行政处罚的实施者仍然是行政机关或被授权组织。

需要注意：①受委托组织必须以委托者的名义实施行政处罚，且不得将处罚事项转委托于他人。②受委托组织必须具备若干条件，应当是依法成立的管理公共事务的事业组织，具有熟悉有关法律、法规、规章和业务的工作人员，如需对违法行为进行技术检查或者技术鉴定的，还应当有条件组织进行相应的技术检查或技术鉴定。③不能委托个人实施行政处罚。

2. 管辖规则。此即由哪一个级别、哪一个地方的行政机关主管某一行政处罚案件的问题。包括以下几种：

（1）级别管辖。行政处罚由县级以上地方政府具有行政处罚权的行政机关管辖，但法律、行政法规另有规定的除外。据此，国务院的下属部门、乡镇政府、各种内设机构与派出机构，一般就不具备行政处罚权，除非法律与行政法规对此作出了特别规定，如《治安管理处罚法》规定派出所可以行使部分处罚权。

（2）地域管辖。行政处罚由违法行为发生地的行政机关管辖。这里的"违法行为发生地"应作广义理解，不但包括主要违法行为实施地，还包括其相关行为的实施地，以及直接违法结果的发生地。

（3）指定管辖。指定管辖适用于多个行政机关对处罚案件发生争议的情况。管辖争议包括积极争议与消极争议，积极争议指的是多个机关争夺管辖权，消极争议指的是多个机关推诿管辖权，均应由争议机关报请其共同的上一级行政机关指定管辖。

◆ 例8－3

个体户华某在某市A区取得了经营许可证，在B区违法经营。对此，下列哪一说法是正确的？

A. B区行政机关应当在得到A区作出行政许可决定的行政机关委托后依法对华某的违法行为予以处理

B. B区行政机关应当依法将案件移送A区作出行政许可决定的行政机关处理

C. 此案应由A、B区有关行政机关共同处理

D. B区行政机关应当依法将华某的违法事实和处理结果抄告A区作出行政许可决定的机关

分析：由于违法行为发生地（B区）的行政机关具有处罚管辖权，A区的机关就不可能具有对本案的处罚权。但是，A区的行政机关向华某颁发了经营许可证，B区的机关对华某处罚之后应当告知A区作出许可决定的机关，这对于该机关将来对华某的许可证进行监督检查是有帮助的。因此，只有D项的说法是正确的。

（二）行政处罚的实施规则

行政处罚的实施规则，就是指引行政主体如何适用行政处罚的一系列原

则。《行政处罚法》中规定了一系列处罚实施规则，我们将其概括为三类：

1. 不处罚规则。不处罚规则指的是对于某些情况下的违法行为不予行政处罚的规则：

（1）无责任能力者不处罚。行政责任能力，指的是当事人能够承担行政法上有关法律责任的能力。公民不满14周岁的，或不能辨认、不能控制自己行为的精神病人是无行政责任能力人，这些人如有违法行为，不予处罚。间歇性精神病人在精神正常时仍然能够辨认和控制自己的行为，如果其在精神正常时实施违法行为，仍应给予处罚。

（2）情节轻微者不处罚。当事人虽有违法行为，但其违法情节轻微并能及时纠正，没有造成危害后果的，也不予处罚。

（3）过时未罚者不处罚。过时未罚，引起处罚时效消灭的后果，行政机关不得再对当事人的违法行为加以处罚。行政处罚时效有一般与特殊之分，一般时效就是《行政处罚法》上规定的2年，违法行为在2年内未被发现的不再给予行政处罚。特殊时效就是其他法律所规定的处罚时效，如《治安管理处罚法》规定的治安处罚时效就只有6个月。根据特别法优先的规则，如果其他法律对处罚时效另有规定时，应当适用其他法律的规定。

处罚时效，从违法行为发生之日起计算；违法行为处于连续或继续状态的，从该行为终了之日起计算。违法行为处于连续或继续状态，指的是两种较为接近但又不尽相同的情况，连续状态指的是当事人连续实施多个同样的违法行为；而继续状态指的是当事人持续不断地实施同一违法行为。

◆ 例8-4

1997年5月，万达公司凭借一份虚假验资报告在某省工商局办理了增资的变更登记，此后连续4年通过了工商局的年检。2001年7月，工商局以办理变更登记时提供虚假验资报告为由对万达公司作出罚款1万元，责令提交真实验资报告的行政处罚决定。2002年4月，工商局又作出撤销公司变更登记，恢复到变更前状态的决定。2004年6月，工商局又就同一问题作出吊销营业执照的行政处罚决定。关于工商局的行为，下列哪一种说法是正确的？

A. 2001年7月工商局的处罚决定违反了行政处罚法关于时效的规定

B. 2002年4月工商局的处罚决定违反了一事不再罚原则

C. 2004年6月工商局的处罚决定是对前两次处罚决定的补充和修改，属于合法的行政行为

D. 对于万达公司拒绝纠正自己违法行为的情形，工商局可以违法行为处于持续状态为由作出处罚

分析：我们可以发现，本案中2002年4月工商局"撤销公司变更登记，恢复到变更前状态"的决定根本不是一次行政处罚，而BC两项的叙述均建立在认为这一决定是处罚的基础上，B项认为这个处罚违反了一事不再罚原则，C项则认为2001年7月和2002年4月工商局作出的是"两次处罚决定"。因

此，这属于常识性错误，这两个说法必然是错误的。而 AD 两项的表述是直接对立的，就是 2001 年 7 月的处罚有没有超过 2 年处罚时效的问题。我们要注意，万达公司的违法行为在 1997 年实施之后就已经结束了，并不处于持续的状态，处于持续状态的只是该行为的违法后果，违法后果的持续当然不能等同于违法行为本身的持续。因此，2001 年工商局作出的处罚已经超过了 2 年的处罚时效。

2. 不重（zhòng）罚规则。不重罚规则指的是对于某些情况下的违法行为不予重罚，而是从轻或者减轻处罚。从轻处罚，是指在法定的处罚类型、处罚幅度之中选择较轻的类型和幅度加以处罚；减轻处罚，指的是在法定的处罚类型、处罚幅度之外，适用更轻的处罚。

不重罚规则的具体内容包括几种情形：①未成年人不重罚，已满 14 周岁但不满 18 周岁的未成年人有违法行为的，应当从轻或减轻处罚。②悔改者不重罚，对于主动消除或减轻违法行为危害后果的人，从轻或减轻处罚。③胁从者不重罚，对于受他人胁迫而实施违法行为的人，从轻或减轻处罚。④立功者不重罚，对于配合行政机关查处违法行为有立功表现的人，从轻或减轻处罚。

◆ 例 8－5

运输公司指派本单位司机运送白灰膏。由于泄漏，造成沿途路面大面积严重污染。司机发现后即向公司汇报。该公司立即组织人员清扫被污染路面。下列哪些说法是正确的？

A. 路面被污染的沿途三个区的执法机关对本案均享有管辖权，如发生管辖权争议，由三个区的共同上级机关指定管辖

B. 对该运输公司应当依法从轻或者减轻行政处罚

C. 本案的违法行为人是该运输公司

D. 本案的违法行为人是该运输公司和司机

分析：路面被污染的沿途三个区都是本案的违法行为发生地，其执法机关都有对本案的处罚管辖权，因此 A 项的说法正确。案中行为人主动减轻了违法行为危害后果，应当依法从轻或者减轻处罚，B 项也对。本案的违法行为人显然是雇用司机的运输公司，而不包括该司机，因此 C 项正确而 D 项错误。

3. 不再罚规则。不再罚规则是行政处罚的适用规则中最为重要的一组，包括两方面的含义：一是通常所说的一事不再罚，二是刑罚与行政处罚相折抵。

（1）一事不再罚。一事不再罚需要重点理解，其含义分为两个层次：①如果当事人实施的一个违法行为只触犯了一个法律规范，就只存在一个处

罚事由，对此行政机关不得给予多次处罚；②如果当事人实施的一个违法行为同时触犯了多个法律规范，此时存在多个处罚事由，对此行政机关不得给予多次同一种类的处罚。

对第一个层次的理解相对简单，因为大多数违法行为都只违反了一个法律规范，行政机关也只有一个处罚依据，自然不能对当事人进行多次处罚。注意只能进行一次处罚，并不意味着这次处罚必然只有一项内容。一次处罚具有多项内容是很常见的，如交警对交通违章者可以在一次处罚中，同时处以暂扣驾驶证若干天并处罚款若干元的处罚，并不违反一事不再罚。

对第二个层次的理解要复杂一些，这是一事不再罚的核心。现实中，有一部分违法行为同时触犯多个法律规范，此时同一个行政机关或不同的行政机关就有不同理由对当事人实施处罚。例如，某人在没有办理任何证照的情况下擅自开办餐馆，这是一个违法行为，却同时触犯了卫生管理、工商管理、税务管理等多个方面的法律规范，卫生部门、工商部门、税务部门都有权对其处罚。又如，某人酒后驾车驶入一公交车站造成秩序混乱，这也只是一个违法行为，但同时违反了《道路交通安全法》与《治安管理处罚法》，公安机关既可以以酒后驾车为由，也可以以扰乱公共场所秩序为由对其处罚。在这种情况下，行政机关根据不同事由对当事人分别进行处罚并无不妥。但要注意，这些不同处罚绝不能属于同一种类，只能属于不同种类。如行政机关以一个事由对当事人处以罚款，而以另一事由吊销其营业执照，再以另一事由对其处以警告，这都不违反一事不再罚，但决不能给予两次罚款或两次警告。

还要注意，虽然《行政处罚法》只规定对当事人的同一个违法行为不得给予两次以上罚款，但我们绝不能据此就认为只有罚款才是不能被重复适用的。根据不同处罚类型的属性，有的处罚天然就不可能被重复适用，如没收、吊销许可证和执照、责令停产停业。有的却很容易被重复适用，如罚款、拘留、警告，尤其是罚款的重复适用最为常见。对此，我们应把《行政处罚法》中的规定理解为是对罚款不能被重复适用的特别强调，而不是仅仅针对罚款。

（2）行政处罚与刑罚相折抵。不再罚规则的另一含义，表现为行政处罚与刑罚相折抵。如果存在着某些行政处罚与某些类型的刑罚，它们所剥夺或限制的是当事人同一性质的权利，就不应当被重复适用到同一个人身上，而应互相折抵。这一原则主要被适用于这样一种情况，即当事人已经被处以行政处罚，在行政处罚被执行之后，又发现其行为已经构成犯罪并移交司法机关处理，最后又判处了刑罚。对于这种情况，必须将当事人已经被执行的行政处罚与将要执行的刑罚相折抵。当然，这两种法律责任的折抵是受到限制的，主要适用于两种情况：一是行政拘留折抵拘役或有期徒刑，因为行政拘留的处罚，与拘役或有期徒刑的刑罚，都属于对人身自由有期限的限制；二是罚款折抵罚金，因为罚款的处罚与罚金的刑罚，都是对当事人财产权利的剥夺。

需要注意，行政处罚中的没收不能与刑罚上的没收相折抵，因为行政处罚中的没收针对的是与当事人违法行为有关的财产，而刑罚上的没收则针对当事人的各种财产。

（三）行政处罚的实施程序

行政处罚的实施程序，分为一般程序、简易程序与听证程序。一般程序是正常情况下适用的行政处罚程序，简易程序是一般程序的简便化，听证程序是一般程序的复杂化。我们先以一般程序为中心来介绍。

1. 一般程序。行政处罚的一般程序适用于正常情况下的处罚案件，如果一个行政处罚案件既不符合简易程序，也不符合听证程序的适用条件，就必定适用一般程序。一般程序包括三个主要环节：

（1）调查检查。调查检查是查明相对人违法事实的过程，对此法律规定了行政机关与相对人各自的权力（权利）和义务，需要注意：

第一，执法人数。行政机关在调查或者检查时，执法人员不得少于 2 人，并应当向当事人或有关人员出示证件。

第二，正当程序。行政处罚的调查检查必须符合正当程序的要求，一方面行政机关应当告知当事人其作出处罚决定的事实、理由及依据，并告知当事人依法享有的权利；另一方面行政机关必须充分听取当事人的陈述与申辩意见，对当事人提出的事实、理由和证据进行复核，且不得因当事人的申辩而加重其处罚。

《行政处罚法》特别规定行政机关及其执法人员在作出行政处罚决定之前，不依法向当事人告知处罚的事实、理由和依据，或者拒绝听取当事人陈述、申辩的，其行政处罚决定不能成立。注意对这一行为，如果按照行政行为效力的一般理论，只应被认定为无效，但法律在此将其特别规定为不成立。因此，我们只能将其作为行为不成立的情况来对待，即认定该行政行为在法律上并未实际发生或存在。《行政处罚法》还有一处类似的规定，要求行政机关及其执法人员当场收缴罚款的，必须向当事人出具省级财政部门统一制发的罚款收据，不出具该收据的当事人有权拒绝缴纳罚款，这一规定同样是程序正当原则的体现。

第三，保存证据。行政机关在收集证据时，如遇证据可能灭失或者以后难以取得的情况，经行政机关负责人批准，可以先行登记保存，并在 7 日内及时作出处理决定，这种登记保存证据的行为属于行政强制措施。在登记保存期间，当事人或有关人员不得销毁或转移证据。

（2）决定。决定环节，是行政机关根据已经查明的违法事实，适用法律作出处罚决定的过程。处罚决定应当由行政机关的负责人作出，对于复杂、重大的处罚案件，还需要由行政机关的负责人集体讨论作出决定。行政处罚决定包括三种可能：①决定予以处罚，适用于当事人违法事实成立，且构成一定危害后果的情况；②决定不予处罚，适用于当事人违法事实不能成立，或违法事实虽然成立但情节轻微并未实际造成危害后果的情况；③决定不予处罚并移送司法机关，适用于违法事实成立且已经构成犯罪的情况。

（3）送达。行政机关决定给予行政处罚的，应当制作加盖本机关印章的处罚决定书，并向当事人送达。行政处罚决定书应当在宣告后当场交付当事人；当事人不在场的，应当在 7 日内依照《民事诉讼法》的有关规定送达。

◆ 例 8 - 6

根据《行政处罚法》的规定，下列哪些说法是正确的？

A. 违法行为轻微，及时纠正没有造成危害后果的，应当依法减轻对当事人的行政处罚

B. 行政机关使用非法定部门制发的罚款单据实施处罚的，当事人有权拒绝处罚

C. 对情节复杂的违法行为给予较重的行政处罚，应由行政机关的负责人集体讨论决定

D. 除当场处罚外，行政处罚决定书应按照《民事诉讼法》的有关规定在 7 日内送达当事人

分析：A 项的错误在于，违法行为轻微且及时纠正没有造成危害后果的，属于不予处罚（而非减轻处罚）的行为。行政机关使用非法定部门制发的罚款单据实施处罚的，属于无效行为，当事人有权拒绝，因此 B 项正确。C 项的说法也直接来源于《行政处罚法》的规定，同样正确。D 项很具迷惑性，需要注意即使在一般程序中，也只有在当事人不在场的情况下，处罚决定书才在 7 日内送达；如果当事人在场，也应当场送达。注意 D 项中"除当场处罚外"的表述，它的意思不是说作出处罚决定时当事人不在场，而是说不在违法现场当即作出处罚决定。

2. 简易程序。简易程序是一般程序的简便化，只适用于某些事实确凿、依据明确、程度较轻的处罚事项，原则上只适用于对公民处以 50 元以下罚款或警告，对法人或其他组织处以 1000 元以下罚款或警告的处罚。当然，如果另有其他法律规定了特殊的适用条件，按照特别法优先的原理，应当适用其特殊规定。例如，《道路交通安全法》规定，对于 200 元以下的交通罚款便可适用简易程序；《治安管理处罚法》规定，对于 200 元以下的罚款或者警告可以适用简易程序。尽管简易程序省略了一般程序中的若干环节，但它并不是残缺的，仍然包含了一套完整的实施过程，也包括调查检查、决定、送达三个基本环节，只不过这些环节与一般程序比起来简略了许多。简易程序的特殊之处表现在：

（1）一人执法。行政机关适用简易程序作出处罚时，法律对于执法人员没有人数上的要求，既可以是多人执法，也可以是一人执法。出于提高行政效率的考虑，行政机关在绝大多数情况下都只会由一名工作人员适用简易程序。

（2）当场决定。适用简易程序的行政处罚，其调查检查阶段与决定阶段在时间上是连续的，在主体上也是统一的。执法人员在当场查明事实之后，无须报送行政机关的负责人，而是自己当场作出处罚决定。

（3）当场送达。适用简易程序的行政处罚，执法人员应当场填写好预定格式、编有号码、并由自己签名盖章的行政处罚决定书。处罚决定书应当场交付当事人，但事后执法人员须将该处罚决定报所属行政机关备案。

3. 听证程序。听证程序是一般程序的相对复杂化，在本质上还是属于一般程序的一种，它主要适用于对当事人损害程度较重的处罚。行政机关作出责令停产停业、吊销许可证或执照、较大数额罚款等行政处罚决定之前，应当告知当事人有要求举行听证的权利。需要注意的是，对于行政拘留并不适用听证，而是另行建立了暂缓执行制度，就是当事人不服拘留决定的，可以提起行政诉讼或者申请行政复议，同时提供符合条件的保证人或者按每日拘留缴纳200元的保证金。在这种情况下，公安机关对于没有社会危险性的当事人可以暂缓执行其拘留处罚，等待行政诉讼或行政复议的结果之后，再根据此结果决定是否再执行该拘留。我们在这里对于行政处罚的听证程序，主要把握如下几点：

（1）听证程序的启动。行政处罚听证的启动方式与行政许可听证的启动不同，只有依当事人的申请被动启动，不存在行政机关依职权主动决定听证的情形。

（2）听证中的期限。①申请期限，申请人、利害关系人，应当在被告知听证权利之日起3日内提出听证申请；②告知期限，行政机关应当于举行听证的7日前将举行听证的时间、地点通知申请人。

（3）听证主持人的回避。行政处罚听证主持人的公务回避与行政许可听证类似，能够引起行政机关工作人员回避的原因是相同的：一是实体原因，二是程序原因。基于实体原因的回避，指的是如果行政处罚的当事人认为主持人与该处罚案件有直接利害关系的，有权申请回避。基于程序原因的回避，指的是在听证前已经参与处罚案件调查的工作人员不能担任听证主持人，因为参与处罚案件调查的工作人员已经了解了该案的初步事实，并很可能已对此形成了某些固定看法，为了避免因其观念上的"先入为主"而造成行政处罚决定的不公，不能由其担任听证主持人。

（4）其他问题。还需注意几点：①听证公开，除涉及国家秘密、商业秘密或个人隐私外，听证应当公开举行；②听证免费，即当事人不承担行政机关组织听证的费用，该费用由行政机关承担；③委托参加听证，即当事人既可以亲自参加听证，也可以委托1~2人代理。

◆ 例8-7

某区公安分局以沈某收购赃物为由，拟对沈某处以1000元罚款。该分局向沈某送达了听证告知书，告知其可以在3日内提出听证申请，沈某遂提出听证要求。次日，该分局在未进行听证的情况下向沈某送达 1000 元罚款决定。沈某申请复议。下列哪些说法是正确的？

A. 该分局在作出决定前，应告知沈某处罚的事实、理由和依据

B. 沈某申请复议的期限为 60 日

C. 该分局不进行听证并不违法

D. 该罚款决定违法

分析：实施行政处罚应当告知当事人事实、理由和依据，A 项显然正确。行政复议的申请期限是 60 天（详见后文"行政复议程序"），B 项正确。尽管本案中 1000 元的罚款决定并不需要听证（《治安管理处罚法》规定适用听证的罚款数额是 2000 元以上），但行政机关已经告知了沈某可以申请听证，等于加重了行政机关自身的程序性义务，这也是可以的。但是，沈某随后申请听证，行政机关又不进行听证而直接作出了罚款决定，这就违反了程序正当的要求了，应当认为属于违法行为，因此 C 项错误而 D 项正确。

◆ 例 8 - 8

关于行政处罚和行政许可行为，下列哪些说法是不正确的？

A. 行政处罚和行政许可的设定机关均应定期对其设定的行政处罚和行政许可进行评价

B. 法律、法规授权的具有管理公共事务职能的组织，可依授权行使行政处罚权和行政许可权

C. 行政机关委托实施行政处罚和行政许可的组织应当是依法成立的管理公共事务的事业组织

D. 行政机关依法举行听证的，应当根据听证笔录作出行政处罚决定和行政许可决定

分析：解答本例需要对行政许可与行政处罚两项制度进行综合比较，才能得出准确的结论。只有行政许可要求设定机关定期对许可的设定加以评价（另外一个有此类规定的立法是行政强制法），但行政处罚无此要求，因此 A 项错误。B 项正确，因为授权实施是行政许可与行政处罚的共同规定，而且其授权的依据都可以是法律或者法规，授权的对象都是管理公共事务的组织。C 项是错误的，因为行政许可的委托对象只能是其他行政机关而不包括事业组织。行政处罚的委托对象按照法律的规定是事业组织，当然，举轻以明重，也可以委托给其他行政机关。对于 D 项，应当注意行政处罚的听证程序不同于行政许可的听证，并未规定听证笔录案卷排他的原则，因此是错误的。实际上，除了行政许可法之外，其他法律上的听证程序都还没有规定案卷排他制度。

四、行政处罚的执行

行政处罚的执行包括两部分内容：一是行政处罚的自觉履行，二是处罚的强制执行。综合起来讲，指的都是行政处罚决定所确定的权利义务最终如何实现的问题。

（一）行政处罚的自觉履行

各种类型的行政处罚具有不同的自然属性，其权利义务内容的实现方式明显不同。行政拘留涉及对公民人身自由的限制，只能由承担警察职能的行政机关实施与执行，因此《行政处罚法》对其执行未作规定，由《治安管理处罚法》规定；责令停产停业、暂扣或吊销许可证和执照的处罚，由行政机关直接执行即可，不存在当事人的履行问题；警告的处罚一经行政机关作出就达到效果，也不存在当事人履行问题。存在当事人履行问题的主要是财产罚，尤其是罚款。《行政处罚法》所规定的行政处罚的履行，就是围绕罚款的收缴展开的。罚款的收缴，包括两个方面：

1. 职权分离的原则。职权分离的原则指的是在罚款的收缴过程中，罚款的决定者、收缴者、所有者三者的分离，这是罚款收缴的基本原则。其中，所有者与其他二者的分离是绝对的，而决定者与收缴者的分离则是相对的，在特殊的情况下可能出现决定者自己收缴的例外。

（1）决定者。罚款的决定者是作出处罚决定的行政主体。

（2）收缴者。罚款的收缴者是银行，除了当场收缴的特殊情况外，作出行政处罚决定的行政机关及其执法人员不得自行收缴罚款，而应由当事人在收到行政处罚决定书之日起 15 日内到指定银行缴纳罚款。

（3）所有者。罚款的所有者是国家，银行应当将收受的罚款直接上缴国库。实际上不但是罚款，所有因行政处罚所收取的财物都归国家所有。罚款、没收的违法所得与非法财物或其拍卖后的价款，都必须上缴国库，任何行政机关或个人不得以任何形式截留、私分或变相私分。财政部门不得以任何形式向作出行政处罚决定的行政机关返还罚款，返还没收的违法所得与非法财物，或返还它们拍卖所得的价款。

需要注意，行政许可实施中所收取的费用在管理上也适用上述规定。

2. 当场收缴的例外。当场收缴是职权分离原则的例外，在当场收缴的情况下，行政处罚的决定者与收缴者是重合的。由于当场收缴制度是法律出于客观情况的需要而对职权分离原则的变通，因此受到了严格限制，仅适用于以下两种情况：

（1）适用简易程序的当场收缴。行政机关如果适用简易程序作出处罚决定的，对以下两种情况可以当场收缴罚款：① 20 元以下的罚款；②不当场收缴事后难以执行的，这种做法一般适用于当事人事后难以被找到的情况，典型的例子是自行车违章或行人违章，交警可以当场收缴罚款。

（2）在特殊地区罚款的当场收缴。行政机关在偏远、水上、交通不便地区作出罚款决定，且当事人向指定银行缴纳罚款确有困难的，经当事人提出，行政机关及其执法人员可以当场收缴罚款。这一规定主要是出于便利当事人的考虑，因为此时如果一定要坚持职权分离原则的话，将大大加重当事人的负担。注意两点：一是法律对这种情况下的行政处罚程序没有特别要求，不限于适用简易程序；二是必须以当事人的自愿要求为前提。

还要注意，对于执法人员当场收缴的罚款，应当自收缴罚款之日起 2 日内交至行政机关。在水上当场收缴的罚款，应当自抵岸之日起 2 日内交至行政机关，该行政机关应当在 2 日内将罚款缴付指定的银行。

（二）行政处罚的强制执行

就是在当事人逾期不履行行政处罚决定的情况下，国家通过强制手段实现处罚决定所确定的权利义务的行为。《行政处罚法》中所规定的强制措施，主要也是针对罚款而言的，包括：

（1）执行罚。执行罚是一种间接的强制执行措施，是通过对不履行义务的当事人按日加处一定强制金或者加处其他义务，以迫使其尽快履行义务的强制措施。《行政处罚法》上所规定的执行罚为每日加处罚款数额的 3%。

（2）直接强制。此即行政机关直接通过强制力实现处罚决定所设定的权利义务，主要表现为将查封、扣押的财物拍卖，或将冻结的存款划拨用于抵缴罚款。能够采用直接强制方式的，必须是依法具有直接强制执行权的行政机关，目前主要包括县级以上政府，以及公安、国安、税务、工商、海关等机关。具体的强制执行程序，我们将在下一章"行政强制"中详细介绍。

（3）申请非诉执行。此即申请法院强制执行处罚决定，由法院采用直接强制方法实现有关权利义务，这适用于依法不具备直接强制执行权的普通行政机关。具体的申请程序，我们也将在下一章"行政强制"中详细介绍。

本章二维码

第八章示范案例	第八章思考案例	第八章练习题	第八章课件与授课视频

第九章

行政强制

　　行政强制，与行政处罚、行政许可在立法上合称我国的行政行为"三部曲"，三者具有同等的重要性。2011 年颁布、2012 年实施的《行政强制法》是我国行政强制制度的核心，该法有两个突出的特点：①将行政强制措施和行政强制执行合并立法，实际上这两种行为在性质上有很大不同，也较少有国家将两者在一部法律中同时加以规定，因此，我国的这种立法体例是较为特殊的。②内容上以程序性规范为主，程序性内容多于实体性内容，着重对行政机关强制权的行使过程加以控制。

一、行政强制概述

　　行政强制，包括行政强制措施和行政强制执行。两者都是行政机关运用强制手段实施的行为，在外观上有一定的相似性；两者也都属于行政行为，当事人不服这两者都可以提起行政诉讼或申请行政复议；我国又将两者合并制定了《行政强制法》。尽管如此，两者还是存在着本质上的区别，本章将加以分别叙述。在此，我们首先对其中的相关概念加以辨析。

（一）行政强制措施

　　行政强制措施，是指行政机关为制止违法行为、防止证据损毁、避免危害发生、控制危险扩大等情形，依法对公民的人身自由实施暂时性限制，或对公民、法人、其他组织的财物实施暂时性控制的行为。从这个概念上分析，我们可以发现行政强制措施是一种预防性、暂时性、非惩罚性的行为。

　　1. 预防性。行政强制措施是为了制止违法行为、防止证据损毁、避免危害发生、控制危险扩大等情形而采取的。也就是说，此时的违法行为或危险后果尚未发生或者发生了但还没有扩大，强制措施的采用正是为了阻止其发生或扩大，是一种面向未来的预防性的行为。例如，交警部门对于醉酒驾车的人采取约束其人身的强制措施，目的是防止行为人醉酒后仍然开车危害公共安全。再如，地方政府对传染病人或者疑似病人进行隔离观察，目的是防止其生病后和他人接触进一步扩大传染范围，危害公共卫生安全。

　　2. 暂时性。行政强制措施是对人身或者财产的暂时性控制，一旦其预防的目的达到了就应当解除，而不是一直持续下去。例如，交警对于醉酒驾车的人采取约束其人身的强制措施，行为人一旦酒醒就应当解除这种约束措施。再如，地方政府对传染病人或者疑似病人进行隔离观察，一旦该人痊愈或者在医学上的潜伏期内并未发病，就应当解除这种措施。

3. 非惩罚性。行政强制措施尽管对当事人的人身或者财产进行了限制，但它既然是对尚未发生的违法行为或危险后果的控制与预防，就必然不同于对已经发生的违法行为的惩罚，因为后者是行政处罚的功能。对于当事人的违法行为或者危险因素，有的时候既要强制又要处罚，如酒后驾车，但强制和处罚是对当事人实施的两种不同行为；有的时候只需强制无需处罚，如对传染病人或者疑似病人进行隔离观察。

（二）行政强制执行

行政强制执行，是指行政机关或者行政机关申请法院对不履行行政决定的公民、法人或其他组织，依法强制其履行义务，或者达到与其履行义务相同状态的行为。其本质是国家运用强制手段实现另一行政行为（一般称为先在行为）所确定的权利义务，适用于当事人对先在行为所确定的义务不予履行的情况。例如，作为先在行为的行政处罚确定了当事人缴纳罚款的义务，当事人逾期仍未缴纳，行政机关就通过拍卖其财物用于折抵罚款。又如，作为先在行为的行政命令确定了当事人拆除违章建筑的义务，如果当事人逾期未予拆除，行政机关便强行将其拆除。

行政强制执行包括间接强制与直接强制。

1. 间接强制执行，又分为执行罚与代履行两种。执行罚指的是对不履行义务的当事人按日加处一定强制金，以迫使其尽快履行义务的措施。代履行指的是行政机关自己或委托他人代替义务人履行相应义务，并在履行后向义务人收取一定费用的强制方式。如行政机关要求某企业清理其排放到江河中的废水，该企业逾期不予履行，则行政机关委托他人代为清除，并在清除后向该企业收取所需费用。

2. 直接强制执行，指的是行政机关动用国家强制力直接实现行政行为所设定之权利义务的行为，如强制划拨、强制拍卖、强制拆除、强行销毁等。

◆ 例 9 - 1

下列哪些情形属于间接强制执行措施？

A. 张某患传染病，拒绝住院治疗，卫生机关将其强制送入传染病医院治疗

B. 某单位拒绝拆除违章建筑，城建行政主管部门委托某工程队拆除该违章建筑

C. 某交通管理局将没收的黑车委托某停车场管理

D. 某公司拖欠罚款，行政机关决定每日按罚款数额的3%加处罚款

分析：卫生机关将患传染病的张某强制送入传染病医院治疗，目的是防止其扩大传染范围，因此 A 项属于行政强制措施。B 项的"城建行政主管部

门委托某工程队拆除该违章建筑"属于代履行，是间接强制执行。C 项是一般性的行政委托，不存在行政强制执行的问题，因为黑车已经没收了，没有需要履行的义务了。D 项"按罚款数额的3%加处罚款"属于执行罚，是间接强制执行。

◆ 例9-2

某市交通局在检查中发现张某所驾驶的货车无道路运输证，遂扣留了张某的驾驶证和车载货物，要求张某缴纳罚款 1 万元。张某拒绝缴纳，交通局将车载货物拍卖抵缴罚款。下列说法正确的是什么？

A. 扣留驾驶证的行为为行政强制措施

B. 扣留车载货物的行为为行政强制措施

C. 拍卖车载货物的行为为行政强制措施

D. 拍卖车载货物的行为为行政强制执行

分析：交通局扣留驾驶证、车载货物都是为了保存证据、查明事实以便接下来对张某进行处罚，这属于行政强制措施，因此 AB 两项是正确的。而拍卖车载货物是为了执行罚款，实现张某缴纳罚款的义务，属于行政强制执行，因此 C 项错误而 D 项正确。

◆ 例9-3

李某长期吸毒，多次自费戒毒均未成功。某公安局在一次检查中发现李某吸毒后，将李某送至强制隔离戒毒所进行强制隔离戒毒。强制隔离戒毒属于下列哪一性质的行为？

A. 行政处罚　　　　　　　　B. 行政强制措施

C. 行政强制执行　　　　　　D. 行政许可

分析：强制隔离戒毒的目的是防止当事人继续实施违法行为（吸毒），属于行政强制措施，因此只有 B 项的说法是正确的。在这里需要注意，强制隔离戒毒是一种行政强制措施而非行政处罚，这并不意味着对于李某吸毒的行为就不予处罚了，只不过是通过另外一个行为去处罚罢了。

◆ 例9-4

市林业局接到关于孙某毁林采矿的举报，遂致函当地县政府，要求调查。县政府召开专题会议形成会议纪要：由县林业局、矿产资源管理局与安监局负责调查处理。经调查并与孙某沟通，三部门形成处理意见：要求孙某合法开采，如发现有毁林或安全事故，将依法查处。再次接到举报后，三部门共同发出责令孙某立即停止违法开采，对被破坏的生态进行整治的通知。责令孙某立即停止违法开采的性质是什么？

A. 行政处罚　　　　　　　　B. 行政强制措施

C. 行政征收　　　　　　　　D. 行政强制执行

分析：责令停止违法开采的目的也是防止当事人继续实施违法行为，因为孙某已经实施了违法开采行为，但很可能会继续开采，所以需要对此先行制止，因此这在性质上也是行政强制措施，而不是行政处罚，正确的是 B 项。

◆ 例 9-5

某县公安局开展整治非法改装机动车的专项行动，向社会发布通知：禁止改装机动车，发现非法改装机动车的，除依法暂扣行驶证、驾驶证 6 个月外，机动车所有人须到指定场所学习交通法规 5 日并出具自行恢复原貌的书面保证，不自行恢复的予以强制恢复。某县公安局依此通知查处 10 辆机动车，要求其所有人到指定场所学习交通法规 5 日并出具自行恢复原貌的书面保证。下列哪一说法是正确的？

A. 通知为行政行为

B. 要求 10 名机动车所有人学习交通法规 5 日的行为为行政指导

C. 通知所指的暂扣行驶证、驾驶证 6 个月为行政处罚

D. 通知所指的强制恢复为行政强制措施

分析：本例需要掌握多种行政行为的概念方能准确分析。我们知道，案件中公安局发布的"通知"对象是不特定的，是向全社会发布的，因此属于行政规范性文件，A 项错误。公安局要求 10 名机动车所有人学习交通法规 5 日的行为是具有强制约束力的，不是当事人可以自愿选择是否遵从的行政指导，因此 B 项错误。暂扣行驶证、驾驶证 6 个月就是剥夺当事人驾车的权利 6 个月，当然属于行政处罚，C 项正确。强制恢复机动车原貌就是恢复原状，属于行政强制执行，不是行政强制措施，因此 D 项错误。

（三）法院的非诉执行

所谓非诉执行，实际上还是行政强制执行的一部分，只不过执行主体不是行政机关自己，换成了法院而已，指的就是法院根据行政机关的申请，经审查后通过强制手段实现行政行为所确定之权利义务的行为。由法院实施的非诉执行，与由行政机关自己实施的强制执行，在目的、方式与内容上并没有什么差别，都是为了强制实现行政行为所确定的权利义务，但是需要由法院对行政机关的申请加以审查和裁定，程序上更加复杂一些。

二、行政强制措施

对于行政强制措施，需要掌握其种类、设定、实施等问题，其中以实施程序最为重要。

（一）行政强制措施的种类

按照强制对象的不同，行政强制措施可以分为以下几类：

1. 针对人身的强制，即短暂限制公民人身自由，如强制隔离、约束人身、留置盘问等。

2. 针对财产的强制，包括查封、扣押、冻结（存款、汇款）等。

3. 针对场所的强制，包括查封场所、强制进入场所（如住宅）等。

4. 其他行政强制措施。

（二）行政强制措施的设定

1. 行政强制措施的创设。我们按照创设主体的位阶从高到低分析如下：

（1）法律。法律可以创设各种行政强制措施。

（2）行政法规。在下列情况下，行政法规可以创设除限制人身自由、冻结和其他法律保留事项之外的行政强制措施：①该事项尚未制定法律且属于国务院职权；②该事项已经制定法律但未创设行政强制措施，而法律授权行政法规规定具体措施。也就是说，如法律已对某一事项作出了规定，既未自己创设也未授权行政法规创设行政强制措施，行政法规仍不得创设。例如，法律规定对无证运营的黑车予以取缔，但并未规定要对查获的黑车进行扣押，此时行政法规不得直接创设扣押黑车的措施；但如果法律同时授权国务院为此制定细则，则国务院可以在此细则性的行政法规中创设扣押黑车的措施。

（3）地方性法规。尚未制定法律、行政法规且属于地方性事务的，地方性法规可以创设查封和扣押。如果法律已对某一事项作出了规定，但未创设行政强制措施，地方性法规便不得创设。这一点和行政法规还不一样，行政法规在这种情况下还有可能根据法律的授权来制定细则并创设强制措施，地方性法规则不存在这一种情况。

2. 规定。行政法规、地方性法规可以对法律创设的行政强制措施作出具体规定，但不得扩大其对象、条件和种类。

法律、法规以外的其他规范性文件既不得创设、也不得规定行政强制措施。

◆ 例9-6

关于部门规章的权限，下列哪一说法是正确的？

A. 尚未制定法律、行政法规，对违反管理秩序的行为，可以设定暂扣许可证的行政处罚

B. 尚未制定法律、行政法规，且属于规章制定部门职权的，可以设定扣押财物的行政强制措施

C. 可以在上位法设定的行政许可事项范围内，对实施该许可作出具体规定

D. 可以设定除限制人身自由以外的行政处罚

分析：根据《行政处罚法》的规定，行政规章只能设定警告和罚款的处罚，因此AD两项都错误。根据《行政强制法》的规定，行政规章不得设定任何行政强制措施，因此B项错误。根据《行政许可法》的规定，规章有权对上位法设定的行政许可作出具体规定，因此C项对。

3. 设定程序。法律、法规无论是设定行政强制措施还是行政强制执行，其程序均与设定行政许可的程序相同，此处不赘述。

（三）行政强制措施的实施主体

1. 行政机关实施。行政强制措施由法律、法规规定的行政机关实施——因为，只有法律、法规可以设定行政强制措施，当然也只有它们规定的机关才能行使这些权力。集中行使行政处罚权的综合执法机关（如城管部门）可以实施与其处罚权有关的行政强制措施。

2. 授权实施。法律、行政法规授权的组织，可以以自己的名义实施行政强制措施，但不得实施限制人身自由、查封、扣押、冻结的强制措施。

3. 委托实施。这种方式被绝对禁止。

（四）行政强制措施实施的一般程序

1. 一般规定。行政强制措施一般按照以下步骤实施：

（1）报批。执法人员实施强制措施之前须向机关负责人报告并经批准。

（2）表明身份。由两名以上执法人员实施，并出示执法证件。

（3）通知当事人到场。

（4）告知。当场告知当事人采取行政强制措施的理由、依据，以及当事人享有的陈述权、申辩权、复议权、起诉权等。

（5）听取当事人陈述申辩。

（6）制作现场笔录。现场笔录由当事人（当事人不到场的邀请见证人）和执法人员签名或盖章，当事人拒绝的在笔录中予以注明。

2. 例外规定。

（1）紧急情况。情况紧急需要当场实施行政强制措施的，执法人员应当在实施后 24 小时内向机关负责人报告并补办批准手续。负责人认为不应当采取强制措施的应立即解除。

（2）强制人身。实施限制公民人身自由的行政强制措施，应当场（或实施后立即）向当事人家属通知实施的机关、地点和期限。

（3）紧急情况下强制人身。紧急情况下当场对人身实施行政强制措施的，执法人员在返回行政机关后应立即向负责人报告并补办批准手续。

（五）查封、扣押的程序

查封、扣押都是行政强制措施的重要方式，其实施首先应当遵循一般程序，同时遵循某些特殊规定。有关查封、扣押的特殊规定，包括以下几方面：

1. 对象。查封、扣押的对象限于涉案场所、设施或财物，以下对象不得查封、扣押：

（1）与违法行为无关的场所、设施或财物；

（2）当事人及其家庭的生活必需品；

（3）已经被其他国家机关查封的场所、设施或财物。

2. 程序。查封、扣押适用行政强制措施的一般程序，制作并当场交付查封、扣押决定书和清单一式二份，由当事人和行政机关分别保存。

3. 期限。查封、扣押的期限不得超过 30 日，情况复杂的经行政机关负责人批准可以再延长不超过 30 日的时间，但法律、行政法规另有规定的除外。对物品需要进行检测、检验、检疫或技术鉴定的，其所需时间另行计算，但应事先明确并书面告知当事人。

4. 费用。因查封、扣押所发生的检测、检验、检疫、技术鉴定、保管等费用，均由行政机关承担。

5. 后续处理。查封、扣押作为行政强制措施，具有暂时性的特征，不能长期持续。根据不同情况，行政机关应当在法定期限之内，对查封、扣押的对象作出如下两种处理：

（1）没收或销毁：对违法事实清楚，依法应当没收的非法财物予以没收，依法应当销毁的予以销毁。

（2）解除强制措施：下列情况行政机关应及时解除查封、扣押：①当事人没有违法行为；②查封、扣押的对象与违法行为无关；③对违法行为已经作出处理，无需继续采取强制措施；④查封、扣押期限已经届满的。解除查封、扣押后应当立即退还财物，已将鲜活物品或其他不易保管的财物拍卖或变卖的应退还所得款项，变卖价格明显低于市场价格的应给予补偿。

◆ 例 9-7

质监局发现王某生产的饼干涉嫌违法使用添加剂，遂将饼干先行登记保存，期限为 1 个月。有关质监局的先行登记保存行为，下列哪一说法是正确的？

A. 系对王某的权利义务不产生实质影响的行为

B. 可以由 2 名执法人员在现场直接作出

C. 采取该行为的前提是证据可能灭失或以后难以取得

D. 登记保存的期限合法

分析：本案中的先行登记保存行为本质上就是扣押，是一种对当事人权利义务（主要是财产权）产生影响的行政行为，因此 A 项错。该行为须经行政机关负责人批准方可作出，且不存在可以由执法人员在现场当场作出的紧急事由，因此 B 项也错。采取登记保存措施的目的是防止证据灭失或难以取得，因此 C 项对。实施扣押的期限一般为 30 日，但法律、行政法规另有规定的从其例外规定。这里是为了后续实施行政处罚而登记保存证据，应当适用《行政处罚法》上的特别规定——登记保存证据不得超过 7 日，因此 D 项错误。

◆ 例 9-8

某工商局以涉嫌非法销售汽车为由扣押某公司 5 辆汽车。对此下列哪些说法是错误的？

A. 工商局可以委托城管执法局实施扣押

B. 工商局扣押汽车的最长期限为 90 日

C. 对扣押车辆，工商局可以委托第三人保管

D. 对扣押车辆进行检测的费用，由某公司承担

分析：实施行政强制措施不得委托，即使是委托给其他行政机关来实施也不行，因此 A 项错。扣押财产的最长期限为 60 天，B 项错。财产扣押之后可以委托第三人保管，C 项对。采取行政强制措施所处产生的费用，应当由行政机关承担，不能向当事人收取费用，D 项错误。

◆ 例 9 – 9

某工商分局接举报称肖某超范围经营，经现场调查取证初步认定举报属实，遂扣押与其经营相关物品，制作扣押财物决定及财物清单。关于扣押程序，下列哪些说法是正确的？

A. 扣押时应当通知肖某到场

B. 扣押清单一式二份，由肖某和该工商分局分别保存

C. 对扣押物品发生的合理保管费用，由肖某承担

D. 该工商分局应当妥善保管扣押的物品

分析：采取行政强制措施应当通知当事人到场，A 项对。实施扣押应当制作清单一式二份，由行政机关和方式人分别保存，B 项对。采取行政强制措施的费用由行政机关承担，C 项错。行政机关对扣押、查封的财产当然负有妥善保管义务，D 项对。

◆ 例 9 – 10

某区公安分局以非经许可运输烟花爆竹为由，当场扣押孙某杂货店的烟花爆竹 100 件。关于此扣押行为，下列哪一说法是错误的？

A. 执法人员应当在返回该分局后立即向该分局负责人报告并补办批准手续

B. 扣押时应当制作现场笔录

C. 扣押时应当制作并当场交付扣押决定书和清单

D. 扣押应当由某区公安分局具备资格的行政执法人员实施

分析：本案属于情况紧急需要当场实施行政强制措施的，执法人员应当在扣押后 24 小时内向机关负责人报告并补办批准手续。因为扣押的对象是烟花爆竹，不是限制人身自由，所以不是立即报告和补办手续，因此 A 项错误。其他三项关于制作现场笔录、制作并当场交付扣押决定书和清单、行政执法人员资格的表述都符合《行政强制法》的程序规定，都是正确的说法。

（六）冻结的程序

冻结也是行政强制措施的一种特别程序，需要掌握：

1. 实施主体。冻结只能由法律设定，因此也只有法律规定的行政机关才

能实施冻结，而不能委托给其他行政机关或组织，其他任何行政机关或组织也不得自行实施冻结。

2. 对象。冻结的对象是与违法行为涉及的金额相当的存款、汇款，已被其他国家机关依法冻结的不得重复冻结。

3. 期限。

（1）予以冻结的期限：金融机构接到行政机关的冻结通知书后，应当立即予以冻结。

（2）送达冻结决定的期限：作出冻结决定的行政机关应当在3日内向当事人交付冻结决定。

（3）实施冻结的期限：冻结的时间不得超过30日，情况复杂的经行政机关负责人批准可以再延长不超过30日的时间，但法律另有规定的除外。

4. 后续处理。冻结也只是一种暂时性的行政强制措施，根据不同情况，行政机关应当在法定期限之内，对冻结的款项作出如下两种处理：

（1）划拨：对违法事实清楚，且被冻结款项依法应当收缴的，予以划拨。

（2）解除：下列情况，行政机关应当及时解除冻结：①当事人没有违法行为；②冻结的款项与违法行为无关；③对违法行为已经作出处理决定，不再需要冻结；④冻结期限已经届满。注意行政机关逾期未作出处理决定或解除冻结的，金融机构应当自冻结期满之日起直接解除冻结。

三、行政机关的强制执行

行政强制执行，包括行政机关自己强制执行和申请法院强制执行（非诉执行），这里先介绍前者。

（一）行政强制执行的方式

行政强制执行包括间接强制执行和直接强制执行。

1. 间接强制执行。包括执行罚（加处罚款或滞纳金）和代履行。

2. 直接强制执行。包括：①划拨（存款、汇款）；②拍卖或变卖（财产、场所、设施）；③排除妨碍、恢复原状（如清理、拆除等）；④其他直接强制执行方式。

间接强制执行和直接强制执行的区别在于：间接强制执行把当事人的履行义务转化为另外一种义务，由此迫使当事人履行或者达到和履行相同的效果，包括转化为缴纳滞纳金的义务，转化为缴纳代履行费用的义务。直接强制执行则没有这个转化的过程，而是直接由行政机关自己凭借国家暴力手段来实现行政行为的权利义务内容。

（二）行政强制执行的设定

行政强制执行只能由法律设定，且不存在例外。

（三）行政强制执行的实施主体

行政机关的强制执行权只能由法律规定。一般来说，绝大多数行政机关依法都具有间接强制执行的权力，而只有少数机关具有直接强制执行的权力，如公安、国安、税务、工商、海关和县级以上政府等机关。

具有直接强制执行权的机关，应当自行实施强制执行；没有直接强制执行权的机关，只能申请法院非诉执行。但是，依法拥有查封、扣押权的行政机关，对财产实施查封、扣押后，此后又需要拍卖该财产用于实现当事人金钱缴纳义务的，在当事人不复议也不诉讼的情况下，经催告后可以进行拍卖。如此一来，这些机关等于间接地拥有了一部分直接强制执行的权力，即拍卖权。

◆ 例 9 - 11

某市技术监督局根据举报，对力青公司进行突击检查，发现该公司正在生产伪劣产品，立即查封了厂房和设备，事后作出了没收全部伪劣产品并处罚款的决定。力青公司既不申请行政复议，也不提起行政诉讼，且逾期拒绝履行处罚决定。对于力青公司拒绝履行处罚决定的行为，技术监督局可以采取下列哪些措施？

A. 申请人民法院强制执行

B. 将查封的财物拍卖抵缴罚款

C. 通知银行将力青公司的存款划拨抵缴罚款

D. 每日按罚款数额的 3% 加处罚款

分析：技术监督局没有直接强制执行权，但可以采取加处 3% 执行罚的间接强制执行，之后也可以申请法院执行，由于其已经查封了力青公司的厂房和设备在前，也可以将查封的财物拍卖抵缴罚款，故 ABD 三项都是可以采用的措施。C 项的错误在于技术监督局没有属于直接强制执行的划拨权，这种直接强制执行权仍然只属于少数行政机关。

◆ 例 9 - 12

某市质监局发现一公司生产劣质产品，查封了公司的生产厂房和设备，之后决定没收全部劣质产品、罚款 10 万元。该公司逾期不缴纳罚款。下列哪一选项是错误的？

A. 实施查封时应制作现场笔录

B. 对公司的处罚不能适用简易程序

C. 对公司逾期缴纳罚款，质监局可以每日按罚款数额的 3% 加处罚款

D. 质监局可以通知该公司的开户银行划拨其存款

分析：实施查封当然应当制作现场笔录，A 项正确。对该公司的处罚是没收全部劣质产品、罚款 10 万元，显然超过了适用简易程序的条件（警告，对单位罚款 1000 元以下或对个人罚款 50 元以下），B 项正确。质监局有适用间接强制执行（加处 3% 执行罚）的权力，C 项正确。质监局没有直接强制执行权，也就不能划拨该公司的存款，因此 D 项错误。

（四）行政机关强制执行的一般程序

行政机关的强制执行，一般按照如下程序展开：

1. 启动。行政机关作出行政决定后，当事人期满不履行义务的，具有行政强制执行权的行政机关可以实施强制执行。

2. 催告。行政机关作出强制执行决定之前，应先书面催告当事人履行义务。

3. 陈述申辩。当事人收到催告书后有权进行陈述申辩，行政机关应当充分听取当事人意见并进行记录、复核。当事人提出的事实、理由、证据成立的，行政机关应当采纳。

4. 决定强制执行。经催告当事人逾期无正当理由仍不履行的，行政机关可以作出书面的强制执行决定。注意在催告期间，有证据证明当事人有转移或隐匿财物迹象的，行政机关可以立即决定强制执行。

5. 中止和终结执行。

（1）中止执行。有下列情形之一的，中止执行：①当事人履行确有困难或暂无履行能力的；②第三人对执行标的主张权利确有理由的；③执行可能造成难以弥补的损失，且中止执行不损害公共利益的；④行政机关认为需要中止执行的其他情形。

中止执行的情形消失后，行政机关应当恢复执行。对没有明显社会危害，当事人确无能力履行，中止执行满 3 年未恢复执行的，不再执行。

（2）终结执行。有下列情形之一的，终结执行：①公民死亡，无遗产可供执行又无义务承受人的；②法人或其他组织终止，无财产可供执行又无义务承受人的；③执行标的灭失的；④据以执行的行政决定被撤销的；⑤行政机关认为需要终结执行的其他情形。

6. 执行错误的处理。在执行中或执行完毕后，据以执行的行政决定被撤销、变更或执行错误的，应当恢复原状或返还财物，不能恢复或返还的给予赔偿。

7. 对强制执行的比例限制。行政法上的比例原则，强调行政行为的手段应与其性质相匹配，尽可能采取成本低、损害小的手段实现行政管理目的。行政强制作为一种对当事人权利义务影响极大的行为，对比例原则的遵循自然尤为强调。事实上，整部《行政强制法》都贯穿了这一原则，而在行政机关强制执行中这一原则又体现得更加明显。其中的重要规定包括：

（1）基于执行方式的比例限制。《行政强制法》创制了执行协议制度，行政机关可以在不损害公共利益和他人合法权益的情况下，与当事人协商达成执行协议。执行协议可以约定分阶段履行；当事人采取补救措施的可以减免加处的罚款或滞纳金。当然，执行协议应当履行，当事人不履行时行政机关应恢复强制执行。

（2）基于执行时间的比例限制。行政机关不得在夜间或法定节假日实施行政强制执行，但情况紧急的除外。

（3）基于执行手段的比例限制。行政机关不得对居民生活采取停止供水、供电、供热、供燃气等方式迫使当事人履行义务。

（4）基于执行标的的比例限制。如果强制执行的标的是建筑物、构筑物、设施的，由于此类标的价值较大，对当事人影响也更大，法律对其实施强制执行的条件作出了更加严格的规定。除了要求行政机关先予以公告限期当事人自行拆除之外（类似于催告），还要求当事人在法定期限内不复议、不诉讼又不拆除，行政机关才可以强制拆除。

◆ 例9-13

1997年11月，某省政府所在地的市政府决定征收含有某村集体土地在内的地块作为旅游区用地，并划定征用土地的四至界线范围。2007年，市国土局将其中一地块与甲公司签订《国有土地使用权出让合同》。2008年12月16日，甲公司获得市政府发放的第1号《国有土地使用权证》。2009年3月28日，甲公司将此地块转让给乙公司，市政府向乙公司发放第2号《国有土地使用权证》。此后，乙公司申请在此地块上动工建设。2010年9月15日，市政府张贴公告，要求在该土地范围内使用土地的单位和个人，限期自行清理农作物和附着物设施，否则强制清理。2010年11月，某村得知市政府给乙公司颁发第2号《国有土地使用权证》后，认为此证涉及的部分土地仍属该村集体所有，向省政府申请复议要求撤销该土地使用权证。省政府维持后，某村向法院起诉。法院通知甲公司与乙公司作为第三人参加诉讼。

在诉讼过程中，市政府组织有关部门强制拆除了征地范围内的附着物设施。某村为收集证据材料，向市国土局申请公开1997年征收时划定的四至界线范围等相关资料，市国土局以涉及商业秘密为由拒绝提供。请问，市政府强制拆除征地范围内的附着物设施应当遵循的主要法定程序和执行原则是什么？

分析：按照《行政强制法》的规定，市政府采取强制执行措施应当遵循事先催告当事人履行义务，当事人有权陈述申辩，行政机关应当充分听取当事人意见，书面决定强制执行并送达当事人，与当事人可达成执行协议；不得在夜间或法定节假日实施强制执行，不得对居民生活采取停水、停电、停热、停气等方式迫使当事人执行等程序和执行原则。

（五）金钱给付义务的执行程序

金钱给付义务如纳税、收费、缴纳罚款等，都按照先间接、后直接的方式强制执行，即先处以执行罚，仍不履行的对财产予以划拨或拍卖。

1. 执行罚。行政机关依法作出金钱给付义务的决定，当事人逾期不履行的，行政机关可以依法加处罚款或滞纳金。加处罚款或滞纳金的标准应当告知当事人，但其数额不得超出金钱给付义务的数额。

2. 划拨或拍卖。处罚款或滞纳金超过30日，经催告当事人仍不履行的，具有行政强制执行权的机关可以直接划拨款项或拍卖财产用于抵缴。划拨的款项和拍卖所得的款项，应当上缴国库或划入财政专户，行政机关或个人不得以任何形式截留、私分或变相私分。

（六）代履行的程序

代履行适用于排除妨碍、恢复原状义务的强制执行，如拆除违章建筑、清除障碍物等。代履行以委托没有利害关系的第三人为原则，以行政机关自己代履行为例外。原因在于，代履行本质上是将当事人排除妨碍、恢复原状的义务转化为缴纳代履行费用的义务。如果主要由行政机关自己代履行，或者委托有利害关系的第三人（如行政机关下属的事业单位），则存在着利益关联，容易刺激行政机关滥用代履行的权力以谋求经济利益。因此，原则上应当委托给没有利害关系的第三人，只有找不到或者当时条件下不可能找到符合条件的第三人时，才可以由行政机关自己实施代履行。

1. 适用条件。行政机关作出要求当事人排除妨碍、恢复原状的行政决定，当事人逾期不履行，经催告仍不履行，其后果已经或将危害交通安全、造成环境污染、破坏自然资源的，行政机关可以代履行，或委托没有利害关系的第三人代履行。

2. 适用程序。代履行一般遵守下列程序：

（1）送达：代履行前应先送达代履行决定书。

（2）催告：代履行 3 日前再催告当事人履行，当事人履行的即停止代履行。

（3）派员监督：代履行时行政机关应当派员到场监督。

（4）签章确认：代履行完毕，行政机关到场监督的工作人员、代履行人和当事人或见证人应当在执行文书上签名或盖章。

（5）收费：代履行的费用按照成本合理确定由当事人承担，但法律另有规定的除外。

3. 例外规定。需要立即清除道路、河道、航道或公共场所的遗洒物、障碍物或污染物，当事人不能清除的，行政机关可省略上述程序，立即实施代履行。当事人不在场的，行政机关应事后立即通知当事人。

◆ 例 9－14

代履行是行政机关强制执行的方式之一。有关代履行，下列哪些说法是错误的？

A. 行政机关只能委托没有利害关系的第三人代履行

B. 代履行的费用均应当由负有义务的当事人承担

C. 代履行不得采用暴力、胁迫以及其他非法方式

D. 代履行 3 日前应送达决定书

分析：代履行以委托没有利害关系的第三人为原则，但存在行政机关自己代履行的例外，因此 A 项错误。代履行的费用原则上由义务人承担，但法

律另有规定的除外，因此 B 项错。代履行当然不得采用暴力、胁迫以及其他非法方式，C 项对。行政机关在代履行之前送达决定书即可，没有提前 3 日的要求，提前 3 日是对催告的要求，因此 D 项错。

◆ 例 9 – 15

规划局认定一公司所建房屋违反规划，向该公司发出《拆除所建房屋通知》，要求公司在 15 日内拆除房屋。到期后，该公司未拆除所建房屋，该局发出《关于限期拆除所建房屋的通知》，要求公司在 10 日内自动拆除，否则将依法强制执行。下列哪些说法是正确的？

A. 《拆除所建房屋通知》与《关于限期拆除所建房屋的通知》性质不同

B. 《关于限期拆除所建房屋的通知》系行政处罚

C. 公司可以对《拆除所建房屋通知》提起行政诉讼

D. 在作出《拆除所建房屋通知》时，规划局可以适用简易程序

分析：《拆除所建房屋通知》是最初的行政决定，《关于限期拆除所建房屋的通知》是执行程序中的催告（不是行政处罚），性质当然不同，因此 A 项正确而 B 项错误。《拆除所建房屋通知》是行政行为，当然是可诉的，C 项正确。关于作出拆除决定，法律上没有规定简易程序，D 项错误。

四、法院的非诉执行

法院的非诉执行，在原来的《行政诉讼法》及其司法解释中有过比较完整的规定，《行政强制法》又设专章做了规定。根据后法优于前法的原则，现在的非诉执行制度应以《行政强制法》为准。2014 年《行政诉讼法》修订之后，没有再对非诉执行制度作出新的规定。非诉执行可以分为申请、受理、审查、裁定四个基本环节。

（一）申请

1. 申请条件。当事人在法定期限内不复议、不诉讼，又不履行行政决定的，没有强制执行权的行政机关应当先催告当事人履行义务。催告书送达 10 日后当事人仍未履行的，行政机关可以自期限届满之日起 3 个月内申请法院强制执行。

行政机关向法院申请强制执行，应当提供下列材料：①强制执行申请书；②行政决定书及作出决定的事实、理由和依据；③当事人的意见及行政机关催告情况；④申请强制执行标的情况；⑤法律、行政法规规定的其他材料。强制执行申请书应当由行政机关负责人签名，加盖行政机关的印章，并注明日期。

2. 执行管辖。非诉执行向行政机关所在地法院申请，执行对象是不动产的向不动产所在地法院申请。在级别管辖上，应当先向基层法院申请。

（二）受理

法院接到强制执行申请，应当在 5 日内受理。

行政机关对法院不予受理的裁定有异议的，可以在 15 日内向上一级法院申请复议，后者应当自在 15 日内作出裁定。

（三）审查和裁定

法院对申请非诉执行的行政行为应当审查合法性，但原则上只做形式审查，例外情况下才转化为实质审查。具体包括几种情况：

1. 形式审查。法院对强制执行的申请进行书面审查，对符合形式要件、具备执行效力、没有明显违法的情形，应当自受理后 7 日内裁定予以执行。

2. 实质审查。

（1）条件：法院发现强制执行的申请明显违法，包括明显缺乏事实根据的，明显缺乏法律法规依据的，或有其他明显违法并损害被执行人合法权益的情形，即转入实质审查。

（2）时限：法院在实质审查中，可以听取被执行人和行政机关的意见，并自受理之日起 30 日内裁定是否执行。裁定不予执行的应当说明理由，并在 5 日内将裁定送达行政机关。行政机关不服裁定的，可以在 15 日内向上一级法院申请复议，后者在 30 日内作出裁定。

3. 紧急情况。紧急情况下为保障公共安全，行政机关可以申请法院立即执行。经院长批准，法院应当自作出执行裁定之日起 5 日内执行。

非诉执行的其他制度，与行政机关自己强制执行的相关制度相同或类似。

◆ 例 9 - 16

某市建设委员会以某公司的房屋占压输油、输气管道线为由，作出限期拆除决定，要求某公司自收到决定之日起 10 日内自行拆除。但某公司逾期未拆除，亦未在法定期限内提起诉讼，某市建设委员会申请法院强制执行。下列哪些选项是错误的？

A. 若法律、法规赋予某市建设委员会有自行强制执行权，法院即应不受理其申请

B. 某市建设委员会应当向其所在地的法院申请强制执行

C. 接受申请的法院应当在受理申请之日起 30 日内作出是否准予强制执行的裁定

D. 若在某市建设委员会申请强制执行前，某公司已对限期拆除决定提起诉讼，法院无权在诉讼期间执行拆除决定

分析：行政强制执行权只能由法律赋予，法规赋予的无效，因此 A 项错误。如果将此说法修改为"若法律赋予某市建设委员会有自行强制执行权，法院即应不受理其申请"，就是正确的。因为本案执行的标的是不动产，所以管辖是不动产所在地，B 项错误。法院受理行政机关的执行申请后一般在 7 日内作出裁定，而不是 30 日，因此 C 项错。法院在诉讼期间原则上不受理执

行申请，但例外情况下，如果不执行该行为将给国家利益、公共利益或者他人合法权益造成不可弥补的损失，则可以先予执行，因此 D 项错误。

◆ **例 9 - 17**

甲公司从澳大利亚某公司购买了 2 万吨化肥运抵某市。海关认定甲公司在无进口许可证等报关单证的情况下进口货物，且未经海关许可擅自提取货物，遂以保证金的名义向甲公司收缴人民币 200 万元。随后作出罚款 1000 万元的行政处罚决定。甲公司认为处罚过重，但既未缴纳罚款，也未申请行政复议或者提起行政诉讼。下列说法错误的是什么？

A. 海关可以直接将甲公司缴纳的保证金抵缴部分罚款

B. 海关只能申请法院强制执行其处罚决定

C. 海关应当自甲公司起诉期限届满之日起 180 日内提出行政强制执行申请

D. 海关申请强制执行其处罚决定，应当由海关所在地的中级人民法院受理

分析：由于海关有直接强制执行权，可以自我执行但不能申请法院执行，因此 A 项对而 B 项错。申请非诉执行的期限是复议和诉讼期限届满后 3 个月内，不是起诉期限届满之日起 180 日内，因此 C 项错误。D 项因为执行管辖原则上是基层法院，也错误。

◆ **例 9 - 18**

某建筑公司雇工修建某镇农贸市场，但长期拖欠工资。县劳动局作出《处理决定书》，要求该公司支付工资，并加付应付工资 50% 的赔偿金。该公司在法定期限内既未履行处理决定，也未申请行政复议和提起诉讼。下列哪一选项是正确的？

A. 县劳动局申请法院强制执行，应当自该公司的法定起诉期限届满之日起 90 日内提出

B. 县劳动局申请法院强制执行，由该县法院受理

C. 县劳动局申请执行应当提交的全部材料包括申请执行书、据以执行的行政法律文书、证明该行政行为合法的材料

D. 法院受理申请执行案件后，应当在 30 日内由执行庭对行政处理决定的合法性进行审查

分析：行政机关申请非诉执行的期限是当事人履行期、复议期、起诉期届满后 3 个月，A 项错误。非诉执行案件由基层法院管辖，B 项正确。行政机关向法院申请强制执行应当提供的材料包括强制执行申请书，行政决定书及作出决定的事实、理由和依据，当事人的意见及行政机关催告情况，申请强制执行标的情况等，C 项表述不全面，错误。法院的审查期原则上是 7 日，不是 30 日，而且应当由行政庭（不是执行庭）来审查，D 项错误。

（四）裁执分离制度

按照《行政强制法》的现行规定，我国的行政强制执行体制是以司法机关执行为主，以行政机关自己强制执行为辅的，因为大多数行政机关并没有被赋予直接强制执行权。这导致了一个结果，就是执行效率很低，法院本来执行负担就很重（主要精力投入在执行生效裁判文书上面），加上对行政机关事务不熟悉，人财物力有限，大量的非诉执行案件最后都执行不下去。此外，由于多数行政机关不需要对最后的执行环节负责，导致在前端的行政管理中不作为，对很多当事人不履行义务的情况置之不理或者纠正不力，最后行政机关向法院提起执行申请就一推了之，这也大大加重了法院执行效率低、执行效果差的状况。但是，如果将直接强制执行权全部交给行政机关，就缺少了法院对其合法性的审查，可能导致行政机关违法和滥用职权情况的增加。为此，在制定《行政强制法》的过程中，原来的立法草案一度采取了"裁执分离"的制度设计，就是法院只负责审查行政机关申请执行的行政行为是否合法，在合法的情况下作出准予执行的裁定，但并不亲自执行，后续的具体执行工作仍然由行政机关自己负责。简而言之，就是法院管"裁"、行政机关管"执"，这样就可以兼顾公正和效率。但最后这一方案并没有被采纳，最后立法上还是采取了以司法机关执行为主并"裁执一体"的体制。

不过，在《行政强制法》实施之后，法院系统随即开始了"裁执分离"的试点，在个别领域尝试"裁执分离"，以积累经验。根据2012年最高人民法院《关于办理申请人民法院强制执行国有土地上房屋征收补偿决定案件若干问题的规定》的规定，对于国有土地上房屋征收补偿的非诉执行案件，法院经审查后裁定准予执行的，一般仍由作出征收补偿决定的市、县级政府组织实施，也可以由法院执行。也就是说，在这种案件中，审查裁定权和实际执行权可能是分离的，前者仍由法院掌握，后者则可能交回给行政机关自己。

本章二维码

第九章示范案例　第九章思考案例　第九章练习题　第九章课件与授课视频

第十章

行政程序

　　行政程序，包括制定行政规范性文件的程序和做出行政行为的程序。由于制定行政规范性文件（广义上的行政立法行为）的程序已经在本书前文"行政规范"一章中作了专门介绍，本章只介绍行政行为的程序，通常也称之为行政执法程序。行政行为的程序包括通用于各种行为的一般程序和适用于某种行为的特别程序。其中，最为重要的那些特别程序如行政许可程序、行政处罚程序、行政强制程序，我们在前文也已经做了比较详细的介绍，这里不再重复，本章只介绍一般行政程序。而在一般行政程序中，政府信息公开制度由于已经有了国家层面的行政法规《政府信息公开条例》，并且该条例在几年来的实践中积累了比较丰富的案例，我们在下一章专章加以介绍，本章介绍的是除政府信息公开之外的其他一般行政程序制度。

　　我国目前还没有统一的行政程序立法，所以本章主要以《行政程序法》的若干学者建议稿、部分省市的地方行政程序立法为依据，结合行政程序的一般原理加以介绍。

一、行政程序概述

（一）行政程序

　　行政程序，指的是行政主体实施行政管理活动的过程、步骤、顺序、方式、形式和时限。这里我们着重理解两个问题：一是行政程序的概念，二是行政程序的功能。

　　1. 行政程序的概念。行政程序指的是行政主体实施行政管理活动的程序，这里"实施行政管理活动"的范畴要大于我们通常所讲的"行政行为"的范畴。在行政法上，"行政行为"的概念是有特定含义的，尤其是对意思表示和法律效果有特别的强调。并不是说，行政主体根据其职权实施的所有活动都可以称为"行政行为"，而只有那些包含了使行政主体和行政相对人之间的权利义务关系发生变动的意思表示，而且一经实施确实会使这种权利义务关系发生变动的法律效果的活动，才属于行政法上所讲的"行政行为"。行政主体为了实施行政行为而适用的程序，当然属于行政程序。但是，在大多数语境下，行政程序的概念要大于"行政行为程序"的概念。因为，在行政管理活动当中，还有行政规划、行政指导、内部管理等一些活动并不直接对行政相对人产生确定的权利义务后果，不属于一般意义上的"行政行为"。但是，这些活动显然也是一种行政管理活动，这些活动的实施也存在过程、步骤、顺序、方式、形式和时限的问题，也属于通常所讲的"行政程序"，但显然不是"行政行为程序"。所以，我们这里讲的行政程序尽管包含了行政行为程序，其大多数内容指的也就是行政行为程序，但在范围上还是略大于后者。因此，我们把它定义为行政主体"实施行政管理活动"的程序。

从内容上看，行政程序作为一种法律"程序"，和"实体"的概念是相对应的，指的是一种过程、步骤、顺序、方式、形式和时限。也就是说，行政程序并不直接涉及权利（权力）义务的实质性分配，而指的是这些权利（权力）义务分配的过程。行政程序的内容大致上可以分成三类：第一类是过程、步骤和顺序，就是说一个行政活动的完成需要包含什么样的环节、步骤，这些环节、步骤哪个在先、哪个在后，如果缺少了某些步骤，或者这些步骤的顺序颠倒了，这个过程就是错误的，就会导致法律上的某种否定性评价。例如，一个依申请的行政行为按照时间顺序通常要包括如下的环节：申请、受理、审查、决定。第二类是方式和形式，就是说这个行政活动阶段的结果和最终的结果要以什么样的方式、形式表现出来，如是不是一定要通过书面的方式，能否允许口头的方式，是否需要制作格式化的法律文书，等等。如果不符合这些方式或者形式的要求，同样可能导致行政行为无效等消极的法律后果。第三类是时限和期间，就是整个行政活动及其各主要环节要在多长的时间之内完成，这些时间能否延长，以及具体期间如何计算等问题。违反了有关期限的规定，同样会产生相应的法律后果。

2. 行政程序的功能。我们知道，在民事法律制度中，实体法指的就是民法，程序法指的就是民事诉讼程序；在刑事法律制度中，实体法指的就是刑法，程序法指的就是刑事诉讼程序。而在行政法律制度中，实体法可以指狭义行政法中的实体部分，而程序法却不仅仅指的是行政诉讼程序，还包括行政活动的程序，也就是行政程序。为什么只有行政法上既包括行政诉讼的程序，还包括行政活动的程序呢？为什么民事、刑事法律制度上没有民事活动、刑事犯罪的程序？因为这些活动都是私人的活动，不涉及国家公权力的运用。刑事犯罪本来就是对法律秩序的破坏，自然谈不上什么"程序"。而民事活动在古罗马时期曾经有过程序，例如使用繁琐复杂的曼分帕蓄式物权转移方式，很多民事活动都"程序化""要式化"了。但这种程序化的民事活动方式实在过于繁琐笨拙，严重制约了人们的交易活动，逐渐就被淘汰了。所以现代意义上的民事行为正是在摒弃了这些笨重的程序之后才诞生的，它只保留了意思自治的内核，而摒弃了绝大多数的程序。只要一个契约是根据当事人自由的合意订立的，就会产生约束当事人的权利义务后果。但是，到了刑事诉讼和民事诉讼中，法律调整的主要已经不是私人的行为了，而是司法机关的审判活动——在刑事诉讼中还包括公安机关的侦查活动和检察机关的审查起诉活动——而这些都是国家公权力的运行。为了保证这些国家公权力的运行能够导向一个公正的结果，就需要法律在过程上加以控制，由此产生了刑事诉讼法和民事诉讼法。而在行政法律制度上，无论是行政机关实施行政活动的过程，还是司法机关审查这些行政活动的过程，都是国家公权力运行的过程，为了防止权力的恣意，都必须给予过程上的控制。因此，既需要行政活动的程序，也需要行政诉讼的程序。

法律上设立行政程序的目的，当然是希望通过贯彻程序正义导向实体正义，就是通过对行政活动过程的控制使得这些活动最终产生一个公平、公正、合理的结果。例如，通过公开政府信息，使得行政活动中的当事人、甚至普通公众可以了解行政活动的过程和结果，从而有条件对此加以监督，使行政机关实施违法或不当行为的可能性大大减少。再如，通过引入公众参与，使得当事人和公众的意见有可能被行政机关获悉和考虑，从而更好地平衡各方面的利益；也有利于当事人和公众更加深入地了解行政机关作出决定时的具体考量，从而增进其对行政决定的认可程度和履行意愿。

（二）行政程序法

行政程序法，就是调整行政活动实施的过程、步骤、顺序、方式、形式和时限的法律原则和法律规范的总和。行政程序法在行政法中占据了很大的比例，以不同的形态存在于行政法当中。

1. 一般的行政程序法和特殊的行政程序法。一般行政程序法，指的是适用于全部（或多数）行政活动的程序性制度；特殊行政程序法，则指的是适用于一种或者一类行政活动的程序性制度。一般行政程序法是行政程序法的主干部分，能够规范着行政活动实施的基本过程，对于那些缺乏特殊程序制度的行政活动方式，可以直接成为其法律依据，发挥对行政活动实行过程控制的"兜底"作用。一般行政程序法并不等同于《行政程序法》法典，一方面，《行政程序法》法典固然要规定大量的一般行政程序，也有可能同时规定一部分特殊的行政程序——也就是分别列举各种行政活动方式的程序；另一方面，有的一般行政程序并不规定在《行政程序法》法典当中，例如，很多国家对于政府信息公开制度都会单独立法。在我国目前，一般的行政程序法数量很少。就国家立法的层面而言，除了《政府信息公开条例》，主要就是《行政诉讼法》《行政复议法》上有关行政行为合法要件中对程序合法要件的一些零星规定。

目前，我国行政程序法的主体内容还是一些特殊行政程序，就是关于各种行为活动程序的分别规定，如行政处罚程序、行政许可程序、行政强制程序、行政立法程序、行政征收程序、行政复议程序、公务员管理的程序，以及一些特定领域特定行政行为方式的程序，等等。这一现状至少存在着三个方面的问题：一是有些特殊行政程序中的具体规范不符合行政程序法的基本原则和精神；二是适用于不同类型行政活动但相互关联的行政程序之间可能发生矛盾冲突；三是相当一部分行政活动方式没有专门的程序制度来规范，存在着"无法可依"的空白地带。

2. 单独的行政程序法和混合的行政程序法。单独的行政程序法，指的是一部法律当中只包含程序性规范，没有实体性规范或者实体性规范很少；混合的行政程序法则指一部法律当中同时包括程序性和实体性的规范。实际上，绝对单独的行政程序法几乎是不存在的，即使是一部以程序性规定为主的法律也必然或多或少地包含部分实体性的规定。例如，很多国家的《行政程序法》法典当中都包括行政主体的类型和职权、行政行为的效力等实体性规范；即使是《政府信息公开条例》这样的立法，其中的很多制度内容也是实体性的，如行政机关的信息公开义务和职责、政府信息公开的范围等。因此，我们只能说这些法律是以行政程序为主的法律，或者说，我们只能在这个意义上来定义单独的行政程序法。

目前在我国，行政程序制度主要还是通过与实体性规范混合立法的方式存在的，最典型的就是《行政处罚法》《行政许可法》《行政强制法》等立法，同时包含着大量的实体性规定和程序性规定。在这些立法中，实体性规范和程序性规范有时候是很难截然分开的，或者说有些程序性规范很难被单独地剥离出来。例如，《行政处罚法》第24条规定："对当事人的同一个违法行为，不得给予两次以上罚款的行政处罚。"这就是著名的"一事不再罚"原则。这个条款可以说是一个实体性的规范，也可以说是一个程序性的规范。之所以说该条款具有实体性规范的属性，是因为它明确了当事人不应该因为一个违法行为受到重复的否定性评价，也就是在实体上将这种不利后果加以限定了。之所以说它又是一个程序性的规范，是因为从这一条款可以解读出，当行政机关给予当事人一次罚款之后，这个处罚的程序就结束了，不应该再被继续下去。类似这种实体和程序互相纠缠、难以分割的例子在行政法上还很多。即使我国的行政程序法在将来不断完善，以程序为主的法律——包括《行政程序法》法典在内——不断出台之后，在单行法中实体性规定和程序性规定混合立法的现象还会继续地大量存在。

3. 综合的行政程序法和单行的行政程序法。综合的行政程序法，指的是在一部法律中统一规定了各种主要的行政程序制度，也就是一部比较完整的行政程序法典；单行的行政程序法则是指规定了某一项行政程序制度的专门立法，如关于政府信息公开的立法、关于行政听证的立法等。

美国、德国、日本、韩国等国家和我国台湾地区、澳门地区都已经制定了综合的行政程序法，也就是《行政程序法》法典。从21世纪初开始，我国也开始致力于制定一部系统、完整的行政程序法典，并形成了多个版本、基本成熟的学者建议稿，但国家层面的立法程序至今还没有实质性的启动。但是，从2008年湖南省政府颁布《湖南省行政程序规定》开始，已经有多个省市陆续以地方性法规或地方政府规章的形式出台了本区域的行政程序综合性立法，还有一些国务院的下属部门以规章的形式出台了本领域的行政程序立法。2014年，《中共中央关于全面推进依法治国若干重大问题的决定》提出

"完善行政组织和行政程序法律制度，推进机构、职能、权限、程序、责任法定化"。在《决定》的推定下，国家层面的行政程序立法有望正式启动。

至于单行的行政程序法，目前国家层面的只有一部行政法规，就是《政府信息公开条例》。在地方上，有些省市出台了有关行政听证、公众参与方面的一些地方性法规或地方政府规章。

在下文中，我们将着重介绍一般行政程序制度，并专门展开介绍行政听证制度。至于政府信息公开制度，由于其内容较为丰富，我们在下一章专章加以介绍。

二、一般行政程序

行政程序的一般规定，包括程序的启动、告知、调查和证据、案卷制度、时限与期间。

（一）程序的启动

行政程序的启动，按照行政行为类型的不同，可以分为依职权和依申请启动两种情况。

1. 依职权行为的启动。依职权的行为，就是行政机关无需当事人申请即可作出的行为，其启动比较简单，具体包括三种情况：①行政机关的工作人员认为有必要实施某一行为，向行政机关负责人申请，经过后者批准即可启动程序。这是最为常见的情况。②行政机关负责人决定（或者经过集体讨论之后决定）实施某一行为，指示具体的工作人员启动行政程序。③在紧急情况下，如果不立即实施特定的行政行为（例如采取行政强制措施）将给国家利益、公共利益或者他人合法权益造成不可弥补的损失，行政机关工作人员可以不经批准先行启动程序，事后在一定期限内补办批准手续。

2. 依申请行为。依申请行为的启动包括申请和受理两个环节。

申请环节包括两种情况：一是依法只能依申请启动的行为，例如行政许可，往往包含比较严格的申请和受理程序；二是依法既可以依职权也可以依申请启动的行为，例如公安机关为了保护公民的人身、财产安全，可以主动对违法嫌疑人启动调查，也可以根据人身、财产受到威胁的当事人的请求来启动调查。对于后者，当事人审理和行政机关受理的过程相对简略一些。我们这里先按照第一种情况进行介绍。

（1）申请的形式。行政相对人申请行政机关启动行政程序，通常应当以书面形式提出。但在相对人没有书写能力的情况下，应当允许其口头陈述，由行政机关工作人员记录并交申请人核对。

（2）申请书。行政相对人提出书面申请，其申请书通常应包括下述内容：①申请人的基本情况：如申请人为自然人，则包括其姓名、性别、年龄、身份、住址等，如申请人为法人或其他组织，则包括其名称、地址、法定代表人的姓名、职务等；②申请的事项；③申请的事实根据；④申请的法律、法规或行政规范根据；⑤提出申请的时间；⑥需要说明的其他问题；⑦申请人签名或盖章。行政相对人口头提出申请的，接受申请的行政机关应当详细记录申请人的基本情况、申请事项、申请根据、申请时间和其他需要说明的有关问题。

（3）申请材料。行政相对人申请行政机关办理一定事项，依法需要提交有关材料或证据的，应当在提出申请时应一并提交，或者在受理机关告知的时间内提交。

（4）收据。行政机关收到行政相对人的申请书和相关材料、证据之后，应当向申请人出具收据。收据上应当有行政机关工作人员的签名，并注明接收材料的日期。

（5）受理。行政机关接收相对人的申请材料，并不意味着受理了其申请，而是需要对材料加以形式上的审查之后再决定是否受理。受理才意味着行政程序的实质性启动。对当事人的申请，行政机关审查后可能作出如下几种处理：①不予受理。适用于申请事项依法无需申请、申请事项不属于本机关职权范围、申请材料不符合条件又不愿补正或补正后仍不符合条件、重复申请等情况。对于申请事项不属于本机关职权范围的情况，行政机关应当同时告知申请人向其他法定的机关申请。②受理。适用于申请事项属于本机关职权范围，申请材料符合条件的情况。③补正后受理。适用于申请材料不符合条件，但当事人能够当场补正或在规定期限内补正的情况。行政机关作出受理或不予受理的决定，都应出具书面凭证。

在紧急情况下，相对人申请行政机关保护其合法权益的，应当允许其口头申请，行政机关对其基本信息记录在案。如果申请人提供的基本情况属实，行政机关应当立即启动相关的行政程序。

◆ 例 10-1

2009 年 9 月 30 日，浙江省质量技术监督局向 A 公司颁发了证书编号为 2009111024Z 的《资质认定计量认证证书》，认定该公司"可以向社会出具具有证明作用的数据和结果"。2010 年 6 月 4 日，A 公司向浙江省气象局邮寄了《关于要求获得防雷检测资质许可的申请》，要求浙江省气象局许可其获得防雷检测资质。A 公司在申请材料中附有公司简介、营业执照、办公场所示意图、仪器设备一览表、人员一览表、质量手册目录和程序手册目录等材料。6 月 7 日，杭州市国立公证处对 A 公司的邮寄函件内容及过程进行了证据保全。浙江省气象局收到 A 公司的申请材料后，经审查认为 A 公司不具有事业法人资格，而且其申报材料隐瞒违法从业及造成重大人员损伤的有关情况，便于 6 月 9 日作出了不予受理的决定。A 公司不服，向杭州市中级人民法院提起行政诉讼。

分析：A 公司向行政机关申请行政许可，并提供了法律要求的材料，行政机关应当通过对申请材料予以审查决定是否受理。但在这一环节，行政机关的审查只是一种形式审查，即审查申请材料是否齐全、是否符合法定形式，而不是进行实质审查。在本案中，浙江省气象局认为 A 公司不具有事业法人资格，而且其申报材料隐瞒违法从业及造成重大人员损伤的有关情况，这已经属于实质审查的范畴了。而实质审查是在行政机关受理了当事人的申请之后、在决定是否予以许可时才进行的工作。因此，浙江省气象局混淆了行政许可的受理环节和决定环节，混淆了形式审查和实质审查，法院应当撤销其不予受理的决定，责令其受理 A 公司的许可申请。

(二) 调查与证据

行政程序启动后，行政机关应当对事实进行调查。行政机关的行为必须"先取证、后决定"。没有事实根据和证据支持，行政机关不得作出行政决定。依申请的行为，行政机关一般根据申请人提供的材料或主张的事实加以审查；依职权的行为，行政机关一般根据自己掌握或他人提供的线索进行调查。

行政机关实施调查时，执法人员一般不得少于 2 人，并应表明身份（通常是出示执法证件）。当调查涉及短暂限制人身自由或者进入特定场所时，还需要同时出示其他相应证件、文件。当事人和其他相关人员应当配合调查，提供有关材料和信息。行政执法人员应当对调查的情况制作笔录。

行政机关应当根据调查所获得的证据作出决定，有关行政证据的基本制度如下：

1. 证据种类。在当事人提起行政诉讼的情况下，行政证据将转化为行政诉讼证据。因此，行政证据的种类和行政诉讼证据的种类是相同的，包括书证、物证、视听资料、电子数据、证人证言、当事人的陈述、鉴定意见、勘验笔录、现场笔录九类。

2. 证据内容。行政机关应当围绕案件相关事实客观、全面地收集证据，不得只收集对当事人不利的证据。当事人有权对作为定案依据的证据发表意见，提出异议。

3. 证据的获得。行政机关应当在作出决定之前收集证据，作出行政决定之后补充收集的证据不得用于证明该决定的合法性。行政机关应当以合法手段取得证据，以暴力、胁迫、欺诈或其他侵犯当事人合法权益的手段取得的证据，不得采用作为行政决定的根据。行政机关收集证据必须全面、公正，不能只收集对当事人不利的证据。

行政机关获取证据的主要方式如下：

(1) 询问。行政机关进行调查取证时可以对当事人和证人进行询问，进行询问时，执法人员不得少于两人，并应当制作笔录交被询问人核对无误后签字。询问可以在行政机关的办公场所、被询问人的住所或营业场所以及其他合理地点进行。行政机关要求被询问人到其办公场所接受询问的，应当具有法律上的依据，并经过行政机关负责人的批准；但是，依申请的行政行为，行政机关工作人员在受理申请的办公场所对申请人进行询问的，可以直接进行。

（2）审查和检查。行政机关为了调查取证，可以依法调阅行政相对人的账册、营业记录等资料并进行审查，调取上述资料时应当向被调取的当事人出示相应的法律文书，并出具收据。

行政机关为了调查取证，还可以依法对行政相对人的工作场地、办公场所、住宅进行检查。实施检查时执法人员不得少于两人，并应向相对人出示执法证件和检查证件。在检查过程中，行政机关可以采取抽样取证的方法，在证据可能灭失或以后难以取得的情况下，经行政机关负责人批准，可先行登记保存，并应在法定的期限内作出处理决定。在紧急情况下，行政机关工作人员来不及获得检查证件，可以只出示执法证件实施检查，并在法律规定的时间内补办手续。

（3）当事人提供证据。行政相对人申请行政机关启动行政程序的，应当依法提供证据和相关材料，但行政机关不得要求相对人提供和申请事项无关的材料。行政机关依职权启动行政程序的，也可以要求行政相对人提供其掌握的证据和相关材料，行政相对人拒绝提供而行政机关又不能通过其他途径获得相应证据和材料的，行政相对人应当承担行政机关可能对其作出不利行政决定的消极后果。

4. 证据的认定。行政证据在行政诉讼中将转化为行政诉讼证据，因此，行政证据和行政诉讼证据认定和排除的规则原则上是相同的，但也存在一些区别。在大多数情况下，一个行政决定的作出必须做到"事实清楚、证据确凿"，特别是一些负担性的行政行为，如行政处罚、行政征收。但也有一些行为是不可能达到这个标准的。例如，行政机关怀疑相对人可能（继续）实施违法行为，或者扩大违法行为的损害后果，或者损毁、隐匿违法行为的证据，从而准备对相对人采取行政强制措施。这个时候，行政机关收集的证据只能是支持这种合理的怀疑，而不可能是完全证实当事人必然实施该种行为或必然发生该种后果——这些事实在当时几乎是不可能被完全证实的。例如，在某种传染病的疫情暴发期，行政机关怀疑张三是已经被感染的病人，决定对其采取隔离观察措施。那么，张三到底是不是已经被感染了呢？我们假设这个传染病的潜伏期是一周，在这一周届满之前，行政机关根本无法证明张三是否被感染。其证据最多只能证明张三有被感染的高度可能性，例如张三和其他已经确诊的患者发生过密切接触，或者张三出现了该种传染病的部分主要症状。如果在一周之后，张三经过确诊并没有患病，行政机关自然应该立即解除对他的隔离观察措施，但这并不意味着已经采取的隔离观察措施是违法的。因为，当时行政机关所掌握的证据足以支持其高度的怀疑，这种控制性的措施就是必要且合法的。

在某些更加不确定的情况下，行政机关掌握的证据可能连高度怀疑都无法达到，但同样必须作出行政决定。例如，有科学研究表明牛奶中某种添加物含量过高将有害健康，但也有其他一些科学家认为这种情况对健康没有明显的损害。也就是说，对于这一问题科学界还没有达成共识，但起码说明存在损害健康的某种可能性。那么，食品监管部门要不要决定限制牛奶中该种添加物的含量呢？无论其最后决定限制还是决定不限制，无疑都有一定的证据来支持其决定，但这个证据又是不充分的，可能要在长达十几年、甚至几十年之后，科学界才能得出明确的结论。但在这么长的时间内，行政机关不可能对这种潜在的风险视而不见，否则就有可能构成渎职。因此，在这样的极端情况下，对行政证据的证明标准就只能进一步降低。

◆ 例 10-2

2009 年 10 月 16 日，金某驾驶一辆轿车经过一个环岛时，因未按规定使用安全带，被执勤交警当场查获。执勤交警对其作出 50 元罚款的处罚，并向其当场送达简易程序处罚决定书。金某在该处罚决定书上签名，但同时签具"事实有异议"的意见。此后，金某不服处罚决定，以市公安局交通警察支队为被告提起了行政诉讼。在庭审过程中，金某认为，除了交警在法庭上的陈述之外，没有其他证据证明其违反交通规定的事实，因此被诉的处罚决定证据不足，应予撤销。

分析：按照《道路交通安全法》的规定，200 元以下的罚款和警告可以由交警适用简易程序作出，而法律认可在适用简易程序的交通违法案件中可以由交警现场作出行政处罚，就是基于交通违法行为具有结果不易固定的特殊性，而交警作为现场目击者，其据此作出的现场记录和陈述可以作为行政处罚的证据。在交警现场作出的行政处罚决定书中，载明了金某的违法行为是未按规定使用安全带，这些记载对该事实的认定实际上具有现场笔录的效力。在交警的记录和陈述与金某的异议形成"一对一"证据的情况下，交警的记录和陈述对事实的认定构成优势证据，在不能证明现场交警对金某存在偏见或具有其他违法情形时，金某仅持有异议，或者仅主观认为交警作证有利害关系，均不能削弱被告证据的证明力。因此，法院应当判决维持被告作出的行政处罚决定。

（三）告知与陈述申辩

行政机关在作出行政决定的不同环节都有义务向当事人告知一些必要事项，以保障当事人的知情权，同时听取当事人的陈述申辩意见。行政程序中的告知主要存在于如下几个阶段：

1. 事前告知。事前告知主要发生在依职权的行政行为当中，因为对于依职权的行政行为来说，当事人在申请之前就对行政机关可能作出的行政行为有了基本的了解——如果不了解的话，当事人不可能提出这个申请——因此，也就不存在所谓告知的问题了。但对于依职权的行政行为来说，在行政机关启动行政程序时，当事人对此很可能是一无所知的，因此，行政机关应当向其告知即将作出的行政行为的主要内容、理由和根据，并听取行政相对人的意见。如果当事人提供的证据表明，行政机关所掌握的主要信息有误，则应当及时终止该行政程序。

2. 事中告知。行政机关作出影响行政相对人权利义务的行政决定，应当告知相对人和其他利害关系人有参与行政程序的权利，以及参与的途径、方法和获取有关行政信息的途径、方法。

3. 事后告知。行政机关作出影响行政相对人权利义务的行政决定后，应当告知相对人对该决定不服而提起行政诉讼、申请行政复议或其他异议方式的途径和时限。

当事人或利害关系人在知悉行政机关告知的信息之后，有权提出陈述、申辩，行政机关对其陈述、申辩意见应当予以记录并归入案卷。对陈述、申辩的意见，行政机关应当进行审查并采纳其合理意见，不予采纳的应当说明理由。

◆ 例 10 – 3

焦某因错误举报查扣车辆的执勤交通民警酒后执法，被天津市和平区公安分局以妨碍公务为由给予罚款 200 元的治安处罚。但该处罚决定生效后，和平区公安分局又重新裁决时给予焦某治安拘留 10 日的行政处罚。焦某不服申请复议，天津市公安局以事实不清为由撤销了该处罚决定，要求和平区公安分局重新裁决。和平区公安分局以 870 号处罚决定书再次裁决，把对焦某的治安拘留 10 日改成了治安拘留 15 日。焦某不服提起行政诉讼，请求判决撤销 870 号处罚决定书。和平区公安分局辩称，该分局对原告作出罚款 200元的治安处罚后，因为天津市公安局公安交通管理局向天津市公安局纪检组反映该治安处罚过轻，市公安局纪检组根据公安部监督条例的相关规定要求其重新裁决，因此该分局只好撤销原来的行政处罚决定，作出 870 号处罚决定书。

分析：在行政程序中，当事人对行政机关认定的实施或者拟定的结论表示异议，表达自己的意见，或者在行政程序结束之后提起行政诉讼或者申请行政复议，这都是法律赋予当事人的正当权利。为了保障当事人这一权利的行使，避免因为其提出异议或者寻求救济而遭到行政机关的报复，法律就必须保障当事人不会因为其提出异议或者寻求救济的行为遭到更加不利的后果。因此《行政处罚法》才会规定行政机关不得因当事人申辩而加重处罚，《行政复议法实施条例》才会规定复议机关不得在当事人请求的范围内对其作出更加不利的变更决定。因此，本案中和平区公安分局将 200 元的治安处罚先变更为拘留 10 日、再变更为拘留 15 日都是明显的违法行为。虽然天津市公安局纪检组可以根据公安部监督条例对和平区公安分局的执法行为实施内部监督，但这种内部监督的结果不能作为对外作出行为的依据，不能成为和平区公安分局加重当事人处罚的理由，只能作为对行政机关内部违法违纪人员（例如，有工作人员因为徇私给予焦某较轻的处罚）追究责任的依据。

（四）决定

行政决定由行政机关主要负责人或分管负责人决定；重大事项的决定由行政机关负责人集体讨论决定。

行政决定应当以书面形式作出，载明以下事项：①当事人的基本情况；②事实与证据；③适用的法律规范；④决定的内容；⑤履行的方式和时间；⑥救济的途径和期限；⑦行政机关的印章与日期；⑧其他应当载明的事项。

行政决定作出后，应当通过法定的方式在法定的期限内向当事人送达。

（五）时限制度

时限，指的是在行政程序中行政机关和行政相对人及其他主体作出一定行为的时间限制。

对于行政机关来说，时限主要表现为其作出最终的行政决定和阶段性的决定的时间限制。由于我国目前没有统一的《行政程序法》，因此，各种行政行为的期限分散在众多单行的法律、法规当中。原则上，对于重大复杂的行政事项，经过行政机关负责人批准之后，期限可以被延长一次，但延长的期限不得超过本来的期限。行政机关在期限之内没有作出相应行为的，将产生两个方面的后果：一是构成行政不作为，即不履行行政职责，相对人和利害关系人可以对这个不作为本身进行申诉，或者提起行政诉讼、申请行政复议。二是推定行政机关对相关行政事项作出否定性的结论，如不予许可、不予受理等，相对人和利害关系人也可以对这个结论进行申诉，或者提起行政诉讼、申请行政复议。但是，法律可以单独规定当行政机关没有在法定期限内作出决定时，推定为其作出了肯定性的结论。例如，《行政许可法》规定，被许可人申请对即将期满的许可证延期的，行政机关应当在原许可证期满之前作出是否延续的决定，没有及时作出决定的，应当视为延续原许可。

对行政相对人来说，时限主要指的是其提出申请、提交材料、答复询问的时间性要求。在法定的期限之内，相对人没有作出相应行为的，可能产生两个方面的法律后果：在有些情况下，这将直接导致行政程序对相对人终止，并直接产生对其不利的结果，这主要体现在依申请的行政行为当中；在有些情况下，虽然不会导致行政程序对相对人终止，但可能导致行政决定的结果对当事人不利。

对行政程序中的其他利害关系人来说，时限主要指的是其申请参加行政程序和时间限制，以及其在行政程序中表达意见、提交材料、答复咨询等行为的时间性要求。在法定的期限之内，利害关系人没有作出相应行为的，可能产生的法律后果和行政相对人是类似的。稍有不同的是，利害关系人通常有一个参加到行政程序当中的时间限制，如果在这个期限之内没有申请参加，就将失去参加到行政程序中的机会。

对行政相对人和其他利害关系人的期限，法律、法规、规章有明确规定的，从其规定；没有规定的，行政机关应当对其指定一个合理的期限。对行政相对人和其他利害关系人的期限，因为不受当事人控制的原因而延误的，应当将被延误的时间扣除。因为其他合理原因延误的，行政机关应当给予当事人合理的宽限时间。

（六）送达与费用

1. 行政文书的送达。行政文书的送达可以采取下述方式：

（1）直接送交受送达人。受送达人是自然人的，如果其本人不在，可以交给他的同住成年家属签收；受送达人是法人或其他组织的，应当由法人的法定代表人、其他组织的主要负责人或者该法人、组织负责收件的人签收；受送达人有代理人或指定了代收人的，可以送交其代理人或者代收人签收。

（2）受送达人或其同住成年家属拒绝接收行政文书的，送达人应当邀请有关基层群众组织或者所在单位的代表到场，向其说明情况，在送达回证上记明拒收的事由和日期，由送达人、见证人签名或盖章，把行政文书留在受送达人的住所，可以视为送达。

（3）直接送达有困难的，可以委托其他行政机关代为送达，或者邮寄送达。

（4）受送达人是军人的，通过其所在部队团以上单位的政治机关转交。受送达人被监禁的，通过其所被羁押场所的管理单位转交。代为转交的机关、单位收到行政文书后，必须立即交受送达人签收。

（5）受送达人下落不明，或者用上述方式均无法送达的，可以公告送达。实行公告送达的，行政机关应该在行政案卷中记明原因和经过。

直接送达行政文书应当有送达回证，由受送达人在送达回证上记明收到日期，签名或盖章。受送达人在送达回证上的签收日期为送达日期。行政文书是由受送达人的同住成年家属、法人或其他组织、代理人或代收人签收的，其在送达回证上的签收日期为送达日期。邮寄送达，以回执上注明的收件日期为送达日期。公告送达，自发出公告之日起，经过合理期限，视为送达。

2. 费用。除法律有特别规定之外，行政活动应当实行无偿的原则，行政机关不得要求参与到行政程序中的公民、法人或其他组织支付行政程序的相关费用。但是，行政机关实施行政许可、行政确认等行为，向申请人颁发证件、证书、文件的，可以收取相应的工本费；依申请向申请人提供政府信息的，可以收取复印费、邮寄费等成本费用。

对于经济上有困难的自然人，可以申请行政机关减免相关的费用。但是，对于当事人是法人或其他组织的，原则上不减免费用。

（七）案卷制度

行政案卷，就是记录行政活动的事由、内容和结果的书面文件，主要包括三类：①调查笔录，即在行政活动的调查环节所形成的对案件事实、执法过程、相关人员意见等内容的记录；②听证笔录，即在行政听证中形成的对各方意见、辩论过程、认定结果等内容的记录；③综合案卷，即包括一个行政事项的调查笔录、听证笔录、主要证据、决定文书及其他相关内容在内的总的案卷。

从程序正当的角度来看，行政案卷应当具有排他效力，即行政机关作出行政决定或者司法机关、复议机关审查行政决定，都只能以案卷中所记载的内容为准，不得考虑案卷之外的其他事实。这样可以保证行政程序的权威性，增强当事人对行政程序进展的可预期性，并使得行政机关的活动具有可追溯性、可追责性。但在我国，目前只有《行政许可法》一部法律和最高法院关于审理反倾销、反补贴案件的个别司法解释规定了案卷排他制度。

对行政案卷，当事人和利害关系人有权申请查阅。

（八）行政程序的简化与变通

1. 行政程序的简化。简化的行政程序即简易程序，简易程序适用于事实简单、标的较小、对当事人利益影响较轻的行政事项。简易程序的基本特点就是行政程序的"当场化"完成，即当场启动、当场调查、当场决定、当场送达：①当场启动。依法可以按照简易程序实施的行政事项，法律将其视为事前已经获得了行政机关负责人的概括性授权，行政执法人员可当场决定启动简易程序，无需机关负责人再行批准。②当场调查。由于案件事实比较简单，行政执法人员应当当场查明事实，无法当场查明事实的事项不得适用简易程序，应当及时转化为一般程序。③当场决定。适用简易程序的事项由行政执法人员当场作出决定，事后报请所在机关备案即可。④当场送达。行政执法人员应该当场填写格式化的行政决定书，交付当事人。

行政程序的简化，既是为了节约行政机关和当事人双方的时间和经济成本，同时又保持对行政活动最低限度的过程控制。行政程序的简化应当有法律上的明确依据，行政机关不得在没有法律依据的情况下简化行政程序——即使当事人明确表示同意，这样的行为也是违法的。

2. 行政程序的变通。在发生公共突发事件的紧急情况下，行政程序可以有所变通，以最大限度地提高行政效率，为克服公共危机争取时间，就需要把实施行政行为的某些步骤、方式、顺序和时限变通执行或部分省略。例如，在发生重大自然灾害的情况下实施的行政征用，就可能由行政机关工作人员当场口头作出征用决定，待紧急情况结束后再给予适当补偿。而在平常状态下，实施行政征用必须经历的程序至少包括行政机关负责人决定、通知当事人、评估财产价值、签订书面的补偿协议、给予补偿、取得财产。

但是，某些最基本的行政程序即使在紧急情况下也不得省略，这些程序包括：表明身份、告知事由、说明理由等。

因应对公共突发事件而进入应急法律状态，从而可以变通执行行政程序，必须经过有权机关的明确宣告。如果是进入紧急状态，应当经过全国人大常委会决定由国家主席宣告；或者经国务院决定由总理宣告。如果没有进入紧急状态，则应当以对突发事件承担应对职责的政府启动应急预案作为法律秩序切换的标志。在突发事件的威胁和危害得到控制或者消除之后，有权机关应当结束应急法律状态，行政机关必须恢复使用正常的程序作出行政行为。

三、行政听证

行政听证，指的是在行政机关作出重大决策或作出影响公民、法人、其他组织较大利益的行为之前，通过陈述、辩论、质证等方式听取相关利益主体意见的一种程序。建立听证制度的意义在于吸收当事人和社会公众充分参与行政程序，增强行政过程的正当性；引导各方利益主体以制度化的方式表达利益诉求，促进行政决定的公正性；通过听证过程的公开增强政府透明度；使当事人和公众更加深入地了解行政决策或行政决定作出过程，增加其认可程度和支持行政决策、履行行政决定的自觉性。听证制度的建立，源于当事人在行政程序中享有的陈述、申辩权，本质上就是陈述、申辩制度的正式化、复杂化。行政听证的关键做法，就是仿效、模拟司法程序，把司法程序中的对抗辩论、公开审理、中立者裁决等制度安排引入到行政程序当中。

行政听证可以分为行政决策听证和行政决定听证，前者适用于影响较大的社会群体、涉及重大公共利益的行政立法或公共政策的制定，如立法听证、价格听证；后者适用于对当事人权利义务直接影响较大的行政决定的作出，如行政处罚听证。行政决策听证的参加人是公众代表，行政决定听证的参加人是行政程序的当事人和其他利害关系人。

（一）行政决策的听证

1. 适用范围。行政机关制定行政规范和公共政策，内容涉及广泛的公众利益的，应当依法召开听证会。行政决策听证，一般由行政机关依职权启动；但行政机关应当启动听证程序而不启动的，与行政决策事项有利害关系的公民、法人或其他组织也可以申请行政机关实行听证。

2. 主持人。听证会由行政首长或行政首长指定的行政机关工作人员主持。待听证的行政规范或公共政策影响其利益的公务人员不得主持听证会；听证参加人认为听证主持人存在上述应当回避的情形的，可以申请其回避。

3. 参加人。听证会应当吸收行政规范或公共政策影响其利益的社会公众的代表参加。公众代表由公众推举产生；公众推举有困难的，由行政机关指定。行政机关工作人员或者与行政机关存在利害关系的人，不得作为公众代表。

听证会可以邀请有关学者、专家参加，也可以邀请有关行政机关的工作人员参加。

4. 听证过程。主持人对听证过程拥有指挥权，听证参加人应当按照主持人决定的顺序依次发言。主持人和参加听证的专家、学者可以对其他听证参加人发问；其他听证参加人经主持人同意，可以对参加听证的有关行政机关工作人员发问；其他参加人之间原则上不相互发问和答问。

5. 听证记录及其效力。听证会应当由工作人员作详细记录，并在会后据此整理出听证纪要。

听证记录和听证纪要应由听证主持人签字后报送行政机关。行政机关制定行政规范和公共政策应当考虑听证会参与人员的相应建议、意见。对不予采纳的建议、意见，应当通过一定方式予以解释说明。

（二）行政决定的听证

行政决定的听证，指的是行政机关为了作出针对特定对象权利义务作出的行政决定或阶段性的决定而举行的听证，其听证事项的涉及范围和影响小于行政决策的听证，但因为直接关系到当事人的切身利益，听证程序的对抗性更强一些。

1. 适用范围。行政决定的听证适用于行政机关即将作出对当事人权利义务有重大影响的行政事项，行政决定的听证一般依当事人或利害关系人的申请而启动，部分事项的听证也可以由行政机关主动决定召开听证会。在我国目前，已经建立的行政决定听证制度主要是行政许可听证、行政处罚听证和行政复议听证。

在法律上，对行政决定听证适用范围的规定有三种情况：第一种情况是具体列举了适用范围，如《治安管理处罚法》第98条规定："公安机关作出吊销许可证以及处2000元以上罚款的治安管理处罚决定前，应当告知违反治安管理行为人有权要求举行听证；违反治安管理行为人要求听证的，公安机关应当及时依法举行听证。"但是，即使法律进行了明确的列举，也并不意味着行政机关就绝对没有裁量的余地。在行政机关拟作出的行政处罚没有达到法定标准的情况下，行政机关也可以告知当事人有权申请听证，如果当事人申请的，行政机关也应当决定听证。因为，这个处罚虽然没有达到法定标准，但行政机关如果举行听证的话，实际上是加重了对自己的程序性约束和负担，给予了当事人更多的程序保障，对当事人是有利的，法律应当允许。第二种情况是具体列举了一部分适用范围，同时留下了部分行政裁量的空间，如《行政处罚法》第42条第1款规定，"行政机关作出责令停产停业、吊销许可证或者执照、较大数额罚款等行政处罚决定之前，应当告知当事人有要求举行听证的权利；当事人要求听证的，行政机关应当组织听证"。这里的"责令停产停业、吊销许可证或者执照"就是明确的列举，"较大数额罚款等"就是行政机关可以裁量的。第三种情况是只规定了一个基本标准，由行政机关自行裁量，如《行政许可法》第47条第1款规定，"行政许可直接涉及申请人与他人之间重大利益关系的，行政机关在作出行政许可决定前，应当告知申请人、利害关系人享有要求听证的权利"。再如《行政复议法实施条例》第33条规定："行政复议机构认为必要时，可以实地调查核实证据；对重大、复杂的案件，申请人提出要求或者行政复议机构认为必要时，可以采取听证的方式审理。"

2. 主持人。听证主持人由行政机关指定的工作人员担任，但出于程序中立的考虑，其选择应当适用回避规则，包括以下情形：①与听证事项本身或听证参加人有利害关系的工作人员，不得担任主持人；②参加了行政程序前一环节的工作人员，如参与案件事实调查的人、参与材料初步审查的人，不得担任主持人。行政机关应当主动选择上述人员之外的其他人担任听证主持人，听证的参加人认为听证主持人存在应当回避的情形的，也可以申请其回避，由行政机关负责人决定。

重大事项的听证由行政首长亲自主持。

听证主持人的职权包括：①指挥听证会的进行；②维持听证会的秩序；③指定记录员；④提出行政决定的建议方案。

3. 参加人。行政听证的参加人包括当事人、利害关系人、公众代表、调查人员、证人、专家、记录人等。

对于适用听证的事项，行政机关应当向当事人和利害关系人告知听证权，由后者选择是否申请听证。一方申请听证的，行政机关应通知其他各方参加听证。当事人、利害关系人人数较多的，应当确定代表人。当事人和利害关系人可以自己参加听证，也可以聘请代理人参加听证，还可在代理人和其他辅佐人员的陪同下参加听证，但代理人和其他辅佐人员一般不能超过 3 人。

行政机关的调查人员应当出席听证会，就其调查内容加以说明并就其真实性作证。在必要情况下，当事人和利害关系人可以要求证人出席听证会，或要求专家就特定领域的专业问题加以说明。

听证主持人应指定专人负责记录，其本人不得兼任记录人。

4. 听证过程。行政听证的基本过程，可分为如下步骤：

（1）通知。行政机关举行听证会，应提前合理时间书面通知当事人和利害关系人，以便后者进行准备。听证应公开举行，涉及国家秘密和依法受保护的商业秘密、个人隐私者除外。

（2）开始。由主持人宣布听证会开始，记录员查明当事人、利害关系人和其他参加人是否到会，并宣布听证会的内容和纪律。

（3）发言。调查人员、当事人、利害关系人依次发言。

（4）质证和辩论。各方参加人出示证据进行质证，并对争议问题进行辩论。

（5）最后陈述。调查人员、当事人、利害关系人依次最后陈述意见。

（6）宣布结束。

5. 听证笔录。调查人员、当事人、利害关系人在听证会结束后，应当场阅读听证笔录，经确认无误后签名或盖章，认为记录有误的，有权提出修改意见。

在听证过程中，当事人和利害关系人可以提出相应行政决定的建议，附于笔录之后。听证主持人根据听证笔录拟定行政决定的方案，报行政机关负责人决定。行政机关作出最终的行政决定，应当考虑当事人和利害关系人在听证中提出的意见和建议，对不予采纳的意见和建议应当简要说明理由。

听证笔录应当具有排他效力，行政机关只能根据听证笔录作出决定，未经听证会质证的证据不能作为行政决定的依据。

（三）书面听证

书面听证是行政决策听证的一种变通形式。行政机关制定行政规范或公共政策，内容涉及广泛的公众利益，但法律没有要求召开听证会的，可以进行书面听证。

行政机关举行书面听证，应当将拟听证的行政规范或公共政策草案在政府公报或政府网站上发布，或同时在有关报刊、电视、广播上发布，供公众阅读、观看、收听并进行讨论、评价，同时通知公众在一定时间内将讨论和评价的意见、建议通过信件或电子邮件发回行政机关。

行政机关对公众在书面听证中提出的意见、建议应当进行分类、梳理和研究，采纳其中合理的意见。对不予采纳的意见、建议，应当给予简要说明。对公众意见是否采纳、如何采纳的总体情况，行政机关应当加以说明并予以公开。

本章二维码

第十章示范案例　　第十章思考案例　　第十章练习题　　第十章课件与授课视频

第十一章

政府信息公开

所谓政府信息，指的是行政机关在履行职责过程中制作或者获取的，以一定形式记录、保存的信息。政府信息公开的目的，在于保障公民、法人和其他组织依法获取政府信息，提高政府工作的透明度，促进依法行政，充分发挥政府信息对人民群众生产、生活和经济社会活动的服务作用。政府信息公开制度建立的基础是公民的知情权，我国《宪法》虽然没有明确规定知情权，但可以从公民的监督权中解释出这一隐含的基本权利。2007 年颁布、2008 年施行的《政府信息公开条例》（以下简称《公开条例》）是本章应当掌握的重点，有关政府信息公开诉讼的内容则以最高法院作出的司法解释为主。

一、公开体制

政府信息公开的体制，指的是各类相关主体在政府信息公开中的角色、职责和相互关系，包括政府信息公开的领导机关和主管部门，公开信息的义务主体，负责具体公开事宜的工作机构等。体制上的不同设计，将决定政府信息公开能否得到顺利推动。

（一）领导机关

国务院是全国政府信息公开的领导机关，地方各级政府是本行政区域内政府信息公开工作的领导机关，它们从总体上领导全国或本行政区域的政府信息公开工作。

（二）主管部门

政府信息公开工作虽然名义上由各级政府总揽全局，但政府本身负责所有国家或地方行政事务的管理，不可能事无巨细均亲力亲为，其所为"领导"必然只是宏观意义上的。因此，各级政府对信息公开工作的领导还需要借助特定的部门来实施，以推进、指导、协调、监督全国或本行政区域内的政府信息公开工作。负责这些工作的部门就被称为主管部门。

在中央政府，政府信息公开的主管部门是国务院办公厅。

在县级以上地方政府，政府信息公开的主管部门原则上是政府的办公厅（室），也可能是其确定的其他部门。多数地方政府以办公厅（室）为主管部门，少数地方以法制办、信息办、监察局等为主管部门。实践表明，以政府办公厅（室）作为主管部门的地方，其信息公开工作的推进效果相对较好；反之则效果相对较差。部分原来确定由其他部门作为主管部门的地方政府，后来陆续改由办公厅（室）主管。

（三）公开主体

公开主体，即对政府信息承担有公开义务的主体。

1. 公开主体的类型。

（1）行政机关。各级各类行政机关当然都有公开政府信息的义务。

（2）被授权组织，法律、法规授权的具有管理公共事务职能的组织公开政府信息的活动，同样受到《公开条例》的规范。

（3）公共企事业单位，教育、医疗卫生、计划生育、供水、供电、供气、供热、环保、公共交通等公共企事业单位在提供社会公共服务过程中制作、获取的信息的公开，参照《公开条例》。这些单位虽然并不是行政机关也可能没有获得行政授权管理某一公共事务，却为社会提供重要的公共服务，在提供公共服务的过程中会产生一系列的公共信息（比如资金的来源和去向等），公众对此也具有知情权。因此，这些信息也应当参照《公开条例》予以公开。所谓"参照"，就是在具体制度上可以和条例有所不同，但不得违背《公开条例》的基本原则与精神，更不是意味着可以不公开信息。

2. 公开主体的确定。对于一项特定的政府信息，应按照如下规则确定其公开的主体。

（1）一般情况下，遵循"谁制作谁公开，谁保存谁公开"的原则。政府信息可以分为两类：一类是政府自己制作的信息，如行政机关发布的各种决定、命令，这类信息"谁制作、谁公开"；另一类是政府获取的他人信息，如行政机关保存的个人纳税信息、社保信息、医疗信息，这类信息"谁保存、谁公开"。

（2）特殊情况。有些政府信息关系到国计民生等重大问题，或者一旦公开影响重大，法律、法规对这些政府信息的公开主体采取了特殊规定。例如，《农产品质量安全法》第7条规定："国务院农业行政主管部门和省、自治区、直辖市人民政府农业行政主管部门应当按照职责权限，发布有关农产品质量安全状况信息。"

3. 公开主体的义务。对特定信息附有公开义务的主体，其具体的义务包括如下几项：

（1）发布真实信息的义务。公开主体应当及时、准确地公开政府信息。

（2）澄清错误信息的义务。公开主体发现影响或可能影响社会稳定、扰乱社会管理秩序的虚假或不完整信息的，应当在其职责范围内发布准确的政府信息予以澄清。

（3）协调信息发布的义务。公开主体应当建立健全政府信息发布协调机制，发布政府信息涉及其他行政机关的，应当与有关行政机关进行沟通、确认，保证行政机关发布的政府信息准确一致。

（四）工作机构

各类公开主体都应当建立健全本单位的政府信息公开工作制度，并指定机构负责本单位政府信息公开的具体日常工作。这样的机构就是政府信息公开工作机构，其职责包括以下几点：①具体承办本行政机关的政府信息公开事宜；②维护和更新本行政机关公开的政府信息；③组织编制本行政机关的政府信息公开指南、政府信息公开目录和政府信息公开工作年度报告；④对拟公开的政府信息进行保密审查；⑤本行政机关规定的与政府信息公开有关的其他职责。

政府信息公开的上述四类主体切勿混淆，我们以北京市为例再做辨析：北京市的政府信息公开领导机关是北京市政府；其主管部门，指定了市政府办公厅，负责监督、指导、协调、推进全市的政府信息公开工作；公开主体则囊括了全市所有的行政机关、被授权组织和有关公共企事业单位；而每一个公开主体内部，都有一个负责政府信息公开具体事宜的工作机构，例如，北京市政府的工作机构是市政府办公厅信息公开办公室，北京市教委的工作机构可能是教委的信息处（或其他处室）。

◆ 例 11 −1

下列哪一事项不属于政府信息公开工作机构的职责？

A. 更新本行政机关公开的政府信息

B. 监督本行政机关的政府信息公开工作

C. 对拟公开的政府信息进行保密审查

D. 组织编制本行政机关的政府信息公开目录

分析：不难发现，ACD 三项的内容都属于本单位政府信息公开的某些具体工作，因此属于工作机构的职责，而 B 项是当地政府信息公开主管部门的职责。

二、公开范围

政府信息公开的范围，解决的就是哪些信息要公开，哪些信息不公开的问题。尽管《公开条例》当中并没有明确规定"以公开为原则，以不公开为例外"这一重要原则，但从其具体条款的规定来看，基本上还是体现了这一原则的。对于公开的范围，我们可以从以下几个层次来分析：

（一）绝对不公开的信息

经过保密审查程序，被认定为涉及国家秘密的信息，绝对不公开。这一规定的目的当然在于保障国家安全，但我国政府长期存在着定密过宽、定密随意等问题，使得国家秘密成为限制行政机关公开信息的一个重要瓶颈。加上《保密法》在位阶上高于作为行政法规的《公开条例》，这明显制约了条例应有的制度功能。因此，进一步明确确定国家秘密的标准和程序，减少确定国家秘密的裁量空间，是进一步推动我国政府信息公开工作的关键。

（二）相对不公开的信息

政府信息公开除了不能泄露国家秘密，还不能侵犯企业的财产权和个人的隐私权。因此，涉及商业秘密和个人隐私的信息也可能不公开，但这并不是绝对的，要经过以下三个步骤的衡量：

第一步，行政机关初判。行政机关经过初步判断，认为特定信息涉及商业秘密或个人隐私的，可以直接决定不予公开；如决定公开，需要继续第二步。

第二步，征求权利人意见。涉及商业秘密或个人隐私的政府信息需要公开的，应当征得权利人同意。权利人同意公开的，行政机关可以公开；权利人不同意公开的，需要继续第三步。

第三步，行政机关权衡。涉及商业秘密或个人隐私的政府信息与公共利益相关，或可能对公共利益造成重大影响，即使权利人不同意，行政机关也可以决定公开。如行政机关认为此类信息无关公共利益，则应当以权利人的意见为依据，不予公开。

（三）依申请公开的信息

不涉及国家秘密、商业秘密和个人隐私的信息，也未必和多数人相关，可能只有少数人在生产、生活、科研等方面对此有所需要。这些信息行政机关不必主动公开，而是等待相关人申请，符合条件的依申请公开即可。

当然，依申请公开和主动公开之间的界限并不是绝对的。一个信息可能原来属于依申请公开的范围，但如果申请的人比较多，就意味着公众对这条信息存在着比较普遍的需求。如果还是采取依申请公开的方式，就会加大申请人和行政机关两方面的成本，此时就有必要将其纳入主动公开的范围了。

（四）主动公开的信息

政府信息以公开为原则，以保密为例外。除了以上各类政府信息，其他信息都属于主动公开的内容。这些信息不待公众提出申请，政府机关都必须主动公开供其周知、查阅。对于主动公开的范围，《公开条例》采取了"一般规定＋重点列举"的方式：

1. 一般规定。应当主动公开的政府信息包括以下几种：①涉及公民、法人或其他组织切身利益的；②需要社会公众广泛知晓或者参与的；③反映本行政机关机构设置、职能、办事程序等情况的；④其他依照法律、法规和国家有关规定应当主动公开的。

2. 重点列举。在上述主动公开的内容中，各级政府按其职责重点不同，分别应重点公开下列内容：

（1）乡镇政府主动公开的重点。包括以下几点：贯彻落实国家关于农村工作政策的情况；财政收支、各类专项资金的管理和使用情况；乡（镇）土地利用总体规划、宅基地使用的审核情况；征收或者征用土地、房屋拆迁及其补偿、补助费用的发放、使用情况；乡（镇）的债权债务、筹资筹劳情况；

抢险救灾、优抚、救济、社会捐助等款物的发放情况；乡镇集体企业及其他乡镇经济实体承包、租赁、拍卖等情况；执行计划生育政策的情况。

（2）县级以上政府（县、市、省、中央政府）及其部门主动公开的重点。包括以下几点：行政法规、规章和规范性文件；国民经济和社会发展规划、专项规划、区域规划及相关政策；国民经济和社会发展统计信息；财政预算、决算报告；行政事业性收费的项目、依据、标准；政府集中采购项目的目录、标准及实施情况；行政许可的事项、依据、条件、数量、程序、期限以及申请行政许可需要提交的全部材料目录及办理情况；重大建设项目的批准和实施情况；扶贫、教育、医疗、社会保障、促进就业等方面的政策、措施及其实施情况；突发公共事件的应急预案、预警信息及应对情况；环境保护、公共卫生、安全生产、食品药品、产品质量的监督检查情况。

（3）县、市两级政府及其部门还要重点公开的内容。在上述第（2）项内容的基础上，它们还要重点公开：城乡建设和管理的重大事项；社会公益事业建设情况；征收或者征用土地、房屋拆迁及其补偿、补助费用的发放、使用情况；抢险救灾、优抚、救济、社会捐助等款物的管理、使用和分配情况。

◆ 例 11-2

下列哪一项信息是县级和乡（镇）人民政府均应重点主动公开的政府信息？

A. 征收或征用土地、房屋拆迁及其补偿、补助费用的发放、使用情况

B. 社会公益事项建设情况

C. 政府集中采购项目的目录、标准及实施情况

D. 执行计划生育政策的情况

分析：由上文所述可知，乡镇政府重点公开的内容不包括 BC 两项的内容，而县政府重点公开的内容不包括 D 项。那么，同时属于县级和乡（镇）政府均应重点主动公开的就只有 A 项了。

三、公开的方式和场所

政府信息公开的方式和场所，主要是针对主动公开而言的。依申请公开的方式和场所，《公开条例》没有直接规定。

（一）公开的方式

主动公开的方式，指的是向社会公众主动传播政府信息的途径和载体。包括以下方式：

1. 必须建立的方式。行政机关必须将主动公开的政府信息，通过政府公报、政府网站、新闻发布会，以及报刊、广播、电视等便于公众知晓的方式公开。

2. 可以建立的方式。除上述方式外，行政机关还可以通过信息公告栏、手机媒体等其他方式主动公开政府信息。

从信息传播的效率来看，以上方式各有优劣：

（1）政府公报。政府公报是由各级政府办公厅（室）和某些国务院各部门主办，专门用于刊载法律、法规和规范性文件等信息的政府出版物，其优势在于：①信息集中。政府公报专门刊载与政府工作有关的法律、法规、规章和规范性文件等信息，通过阅读政府公报，可以全面、集中地了解政府的施政方向和公共政策，这种方式比从电视节目、报纸、杂志中遴选政府信息要便捷得多。②基本及时。政府公报一般定期发行，间隔时间不长，基本可以保证阅读者及时获得最新信息。但与政府网站相比，公报毕竟无法做到随时更新。③保存方便。政府公报作为纸质文本，比电视信息、广播信息更便于保存；又因其集中刊载政府信息，无须在报刊中剪辑摘录，保存也较为方便。④信息权威。政府公报是刊载行政法规、规章和规范性文件的标准文本，其他刊物所刊载的文本与公报文本有出入的，应当以公报文本为准。但从另一方面来看，政府公报在公开政府信息方面也有如下几点不足：①容量有限。政府公报每年发行的期次和每期次所能刊载的内容毕竟十分有限，无法全面反映政府信息，只能做到择要发布。②发行方式受到限制。尽管目前一般单位和法人均可自愿订阅政府公报，但其发行方式仍然只能订阅而不能零售。但实际上，许多订阅者并不需要长期、全面了解各种政府信息，他们所关心的可能仅仅是某一期或某几期的内容而已。当然，目前已有部分省市政府开始尝试将政府公报放置于书报亭等公共场所供人免费取阅，但为此需要付出的财政成本也十分高昂。③内容尚有欠缺。目前，各种政府公报仍以刊登法律、法规、规章、规范性文件和人事任免信息为主，对于公众关心的各种社会经济宏观运行的信息、政府指导性意见、各种导向性的会议精神等极少刊登。总的来讲，政府公报作为一种重要的政府信息公开方式，比较适合于大型企事业单位、专业机构、专业人士等使用，对于一般民众而言，仍然缺乏足够的吸引力。

（2）政府网站。随着电子政务建设的不断推进，政府网站逐步成为重要的政府信息公开方式，2006年1月1日，中央政府门户网站正式开通，标志着我国政府网站体系的基本形成。政府网站作为新兴的政府信息公开方式，其优点在于信息容量丰富、信息载体多样、信息更新及时，对于掌握上网技术的人群来说，还存在使用方便、成本低廉、适合保存等优点。但由于我国目前还有相当比例的贫困人口、低文化水平人口、老年人等无法掌握上网技术或根本没有上网设备，政府网站并没有成为他们获取政府信息的有效方式。但是，随着电子信息技术的迅速发展和经济社会的整体进步，政府网站必将成为最主要的政府信息公开方式，它代表了政府信息公开的主要方向。

（3）新闻发布会。新闻发布会指的是通过政府向媒体发布新闻信息，再通过电视、报刊、网络等媒体向公众传播的信息公开方式。我国的政府新闻发布制度分为三个层次：①以新闻发言人的名义定人、定时、定点举办新闻发布会；②邀请政府部门负责人或发言人介绍有关情况；③遇有突发事件时临时组织新闻中心进行新闻发布。在新闻发布会上所公开的政府信息最终还需通过电视、报刊、网络等媒体向公众传播，但较之新闻媒体对政府信息的其他报道方式，新闻发布会的互动性更强。通过新闻发布会，行政机关可以有针对性地回答公众关心的焦点问题，也可以对各种事件和政府采取的措施作出详细解释并驳斥谣言，引导社会舆论。在实践中，某些地方政府或政府部门已能做到就新闻发布会的主题事先通过媒体公布，在广泛征集民意的基础上再由媒体在发布会现场提问。这种做法大大增进了新闻发布会的针对性和实效性。

（4）报刊、广播、电视等大众传媒。在现代社会，报刊、广播、电视等媒体是绝大多数人群获取各种信息的最主要途径，其信息传播效率之高为其他方式所无法比拟，其中电视的普及率和传播效率最具明显优势。作为政府信息公开的一种方式，新闻媒体的优势在于：①覆盖面广。目前报刊、广播、电视等媒体几乎可以覆盖全国的各个角落，触及每一位个人。②与个人生活密切相关。读报纸、听广播、看电视三者，尤其是看电视，已经成为绝大多数人生活中不可或缺的一个部分，通过这些媒介传播政府信息，既便于为受众获得，也容易为受众接受。③有利于对信息进行深度分析。新闻媒体可以在报道信息的基础上进行"深加工"，对政府信息的内涵做进一步的挖掘，从而加深人们的认识。但是，新闻媒体在公开政府信息方面也存在某些缺点：①集中程度不够。绝大多数报刊、广播和电视都不可能只传播政府信息，各种容易引起人们好奇的经济信息、社会信息、文体信息、娱乐信息是这些媒体报道的主流。从这些媒体获取政府信息，需要使用者以一定方式加以筛选，但多数媒体受众对于筛选政府信息并没有很大兴趣。②不易保存。新闻媒体对政府信息的报道多具有一次性特征，即使重播和重载，其次数也十分有限。广播和电视上的政府信息一般很难为人们所保存——尽管人们拥有录音和录像设备；报刊上的政府信息尽管可以保存，但需要抽取和剪贴，实际上也很不方便。

综上所述，可以发现政府网站在各种政府信息主动公开的方式中优势明显，它基本上可以集成其他方式的主要优点，本身又具有其他方式所不具有的独特优点，如容量巨大、即时更新等。随着社会经济文化的快速发展，以及电子信息技术和互联网的加快发展，不同地区、不同人群之间的"数字鸿沟"终将填平，政府网站逐渐成为政府信息公开的"第一平台"。

（二）公开的场所

主动公开的场所，指的是向社会公众集中提供信息公开服务的地点。包括以下几种：

1. 必须设置的场所。包括各级国家档案馆和公共图书馆（以下简称"两馆"），各级政府应当在"两馆"设置政府信息查阅场所，并配备相应的设施、设备，行政机关应当及时向"两馆"提供主动公开的政府信息。

2. 可以设置的场所。在"两馆"之外，行政机关还可以根据需要设立公共查阅室、资料索取点、信息公告栏、电子信息屏等场所、设施，公开政府信息。

公共图书馆，指的是由国家出资设立，向社会公众提供图书借阅和知识咨询等服务，某些情况下还用于举办各种文体娱乐活动的事业单位。国家档案馆，包括综合档案馆和专业档案馆，是集中保存和管理档案的文化事业单位，负责收集和接受保存范围内对国家和社会有保存价值的档案，对所保存的档案严格按照规定整理和保管，采取各种形式开放档案资源，为社会利用档案提供服务。《公开条例》之所以将"两馆"规定为政府公开信息的法定场所，主要出于下面几点考虑：

（1）"两馆"保存了大量的政府信息。各级国家档案馆是政府信息的集中保管地，按照《档案法》及《档案法实施办法》的规定，各行政机关应当按照档案移交的规定定期向有关国家档案馆移交档案。从理论上讲，国家档案馆应当能够保存行政机关在各个时期形成的、相对全面的政府信息，并对这些档案文件进行分类管理，便于公众快速检索。另外，国家档案馆还保存了相当数量在早期形成但与政府活动有关的信息，这些信息的公开对解决许多历史遗留问题能够发挥不可替代的作用。公共图书馆则保存了包括政府信息在内的大量文献，某些地方的图书馆还对这些文献做了一定程度的加工、处理，可以满足一般公众获取政府信息的需要。

（2）"两馆"具有保管和公开政府信息的能力。在我国，国家档案馆和公共图书馆已经遍布全国，县级以上行政区域均建有"两馆"。许多地方除建有综合档案馆之外，还建有一批专业档案馆，如城建档案馆、工商档案馆等。由于"两馆"长期从事各种图书、档案、信息管理工作，拥有信息管理的专业人员、设施和设备，具有较强的信息管理、信息加工、信息发布能力，能够对收集的政府信息，进行科学分类、排序、整理，从而满足公众的信息需求。

（3）"两馆"的公益属性保证其能够为公众提供普遍的信息服务。在我国，公共图书馆和国家档案馆都是依靠公共财政资金运作的事业单位。由于不同群体的社会公众之间存在获取信息能力的差异，如网络设备尚未普及等。因此，为了保障全体公众平等享有获取和使用政府信息这一公共产品的权利，政府有义务设置能够提供普遍信息服务的场所，而"两馆"的公益属性决定了其对这一角色的胜任。

各级政府在"两馆"设置的政府信息查询设施可以是公共查阅室、资料索取点、信息公告栏等，也可以是电子信息屏和电脑查询终端等现代设施，同时还应提供下载、复印、翻拍、翻录、拷贝等用于保存信息的服务。

除"两馆"之外，行政机关还可以根据需要在其他场所设立公共查阅室、资料索取点、信息公告栏、电子信息屏等场所、设施。结合目前各地的实践，行政机关用于公开政府信息的其他场所主要有：

（1）行政服务中心。行政服务中心是地方各级政府用于集中办理行政事项、提供公共服务的场所，其最主要的业务是办理各种行政许可事项。目前，行政服务中心已经成为人民群众与政府打交道的重要场所，成为公众接触政府的最主要窗口。而且，在提供行政许可集中服务的过程中，根据《行政许可法》的规定，行政服务中心本来就负有公开行政许可依据和办事流程的职责，对于公开政府信息，已经具备一定经验。基于上述特点，许多地方政府将行政服务中心也作为政府信息公开的重要场所，在中心设立文件查询点（或阅览室），以满足办事人群查询各种政府信息的需要。

（2）行政机关办公场所和基层群众组织活动场所。在行政机关（尤其是基层行政机关）办公场所和农村村委会、城市居委会地址的室内和外墙设置各种公告栏和公共墙，是我国政府信息公开在早期的普遍做法，这些做法普遍被保存下来。

（3）书报亭等公共场所。某些地方政府在书报亭、火车站、机场、商场等公共活动场所放置政府公报，供市民免费取阅，也取得了一定效果。

四、公开程序

公开程序是政府信息公开制度的重要内容，系统、明确的程序可以规范政府信息公开工作，保障政府信息及时、准确公开。按照公开方式的不同，程序上有两种设计：

（一）主动公开的程序

对于主动公开的信息，公开主体主要负有两个方面的义务：

1. 对于每一条政府信息的义务。对于本单位的每一条政府信息，公开主体应当在信息形成或变更之日起20个工作日内决定是否公开，法律、法规对公开期限另有规定的从其例外。

在20个工作日内，公开主体应当根据《保守国家秘密法》以及其他法律、法规和国家的有关规定，对拟公开的政府信息进行保密审查。公开主体对政府信息不能确定是否可以公开时，应当依照法律、法规和国家有关规定报有关主管部门或同级保密工作部门（保密局）确定。

2. 对于全部的主动公开信息的义务。对于本单位应当主动公开的全部政府信息，公开主体应当编制并公布政府信息公开指南和政府信息公开目录，以便公众迅速、准确地查阅到相关政府信息。

政府信息公开指南包括两部分：①政府信息的分类、编排体系、获取方式等，通过编制、列举和公开这些内容使公众了解如何获取政府信息；②与政府信息公开工作机构的各项信息，包括政府信息公开工作机构的名称、办公地址、办公时间、联系电话、传真号码、电子邮箱等，以方便公众联系这些机构以申请、获取有关政府信息。

政府信息公开目录是公众查阅、检索政府信息的工具，其内容应包括政府信息的索引、名称、内容概述、生成日期等内容，以分门别类，便于查找。

◆ 例11-3

某镇政府主动公开一胎生育证发放情况的信息。下列哪些说法是正确的？

A. 该信息属于镇政府重点公开的信息

B. 镇政府可以通过设立的信息公告栏公开该信息

C. 在无法律、法规或规章特别规定的情况下，镇政府应当在该信息形成之日起3个月内予以公开

D. 镇政府应当及时向公共图书馆提供该信息

分析：计划生育信息属于乡镇政府重点公开内容，A项正确。尽管《公开条例》没有强制要求，但信息公告栏是主动公开中可以选择的方式，B项正确。主动公开的期限是20个工作日，不是3个月，C项错误。公共图书馆是法定的公开场所，行政机关应及时向其提供信息，D项正确。

（二）依申请公开的程序

1. 申请。申请政府信息公开应当以书面形式（包括数据电文形式）为原则，如果以书面形式申请确有困难的可以口头申请由行政机关代填。填写内容包括申请人的姓名或名称、联系方式，申请公开的政府信息的内容描述、形式要求等。

如果申请人需要获取的信息是与其个人相关的税费缴纳、社会保障、医疗卫生等政府信息，还应出示有效的身份证件或证明文件。

2. 答复。行政机关收到政府信息公开申请，能够当场答复的当场答复；不能当场答复的自收到申请之日起15个工作日内答复；需要延长期限的经政府信息公开工作机构负责人同意并告知申请人，可以延长不超过15个工作日。申请公开的政府信息涉及第三方权益的，行政机关征求第三方意见所需时间不计算在期限内。

行政机关视情况不同，可能作出如下答复：

（1）属于公开范围的，应当告知申请人获取该政府信息的方式和途径。

（2）属于不公开范围的，应当告知申请人并说明理由。

（3）不属于本行政机关公开或申请信息不存在的，应当告知申请人，对能够确定该政府信息的公开机关的，还应当告知申请人该行政机关的名称、联系方式。

（4）申请内容不明确的处理，要求申请人作出更改、补充。

◆ 例11-4

刘某系某工厂职工，该厂经区政府批准后改制。刘某向区政府申请公开该厂进行改制的全部档案、拖欠原职工工资如何处理等信息。区政府作出拒绝公开的答复，刘某向法院起诉。下列哪一说法是正确的？

A. 区政府在作出拒绝答复时，应告知刘某并说明理由

B. 刘某向法院起诉的期限为 2 个月

C. 此案应由区政府所在地的区法院管辖

D. 因刘某与所申请的信息无利害关系，区政府拒绝公开答复是合法的

分析：行政机关不予公开信息的，应当告知申请人并说明理由，A 项显然正确。B 项错误，因为行政诉讼的起诉期限是 3 个月（详见后文"行政诉讼程序"）。C 项错误，因为管辖法院是中院（详见后文"行政诉讼管辖"）。D 项错误，因为申请信息公开无须与该信息存在利害关系。需要注意，《公开条例》规定依申请公开的条件是申请人对该信息有生产、生活、科研方面的需要，但这个条件并不是其申请的条件，而是行政机关受理其申请之后决定是否公开该信息的一个条件。

3. 公开。行政机关向申请人公开政府信息时，应注意以下几点：

（1）分割提供信息。申请公开的政府信息中含有不应当公开的内容，但是能够作区分处理的，行政机关应当向申请人提供可以公开的那部分信息内容。

（2）变通提供信息。行政机关依申请公开政府信息，应当按照申请人要求的形式予以提供；无法按照申请人要求的形式提供的，可以通过安排申请人查阅相关资料、提供复制件或其他适当形式提供。

（3）错误信息的更正。申请人有证据证明行政机关提供的与其自身相关的政府信息记录不准确的，有权要求该行政机关予以更正。该行政机关无权更正的，应当转送有权更正的行政机关处理，并告知申请人。

4. 费用。行政机关依申请提供政府信息，可以收取检索、复制、邮寄等成本费用，但不得收取其他费用，也不得通过其他组织、个人以有偿服务方式提供政府信息。

申请公开政府信息的公民确有经济困难的，可以申请减免相关费用。

◆ **例 11 - 5**

2002 年，甲乙两村发生用地争议，某县政府召开协调会并形成会议纪要。2008 年 12 月，甲村一村民向某县政府申请查阅该会议纪要。下列哪些说法是正确的？

A. 该村民可以口头提出申请

B. 因会议纪要形成于《政府信息公开条例》实施前，故不受该条例规范

C. 因会议纪要不属于政府信息，某县政府可以不予公开

D. 如某县政府提供有关信息，可以向该村民收取检索、复制、邮寄等费用

分析：申请政府信息公开如果没有书写能力的，可以口述后由行政机关代填申请书，A 项正确。《政府信息公开条例》适用于新中国成立以来的全部

政府信息，包括该条例实施之前和实施之后的信息，因此 B 项错误明显。会议纪要由政府在履行职责的过程中制作而成，当然属于政府信息，C 项也错。依申请公开政府信息可以收取相关成本费，D 项正确。

◆ 例 11-6

因一高压线路经过某居民小区，该小区居民李某向某市规划局申请公开高压线路图。下列哪些说法是正确的？

A. 李某提交书面申请时应出示本人有效身份证明

B. 李某应说明申请信息的用途

C. 李某可以对公开信息方式提出自己要求

D. 某市规划局公开信息时，可以向李某依法收取相关成本费

分析：李某查阅的不是个人信息，无需出示本人有效身份证明，公民申请政府信息也无需说明用途，因此 AB 两项皆错。公民申请公开信息可以就公开方式提出要求（但不一定被满足），获得信息之后要交纳相关成本费，因此 CD 两项正确。

◆ 例 11-7

某乡属企业多年未归还方某借给的资金，双方发生纠纷。方某得知乡政府曾发过 5 号文件和 210 号文件处分了该企业的资产，遂向乡政府递交申请，要求公开两份文件。乡政府不予公开，理由是 5 号文件涉及第三方，且已口头征询其意见，其答复是该文件涉及商业秘密，不同意公开，而 210 号文件不存在。方某向法院起诉。下列哪一说法是正确的？

A. 方某申请时应当出示有效身份证明或者证明文件

B. 对所申请的政府信息，方某不具有申请人资格

C. 乡政府不公开 5 号文件合法

D. 方某能够提供 210 号文件由乡政府制作的相关线索的，可以申请法院调取证据

分析：5 号文件和 210 号文件不是方某的个人相关信息，方某申请时无需出示有效身份证明或者证明文件，A 项错误。对所申请的政府信息，方某有生产、生活上的需要，具有申请人资格，B 项也错误。涉及商业秘密的信息，即使权利人不同意公开，行政机关仍应将其与公共利益进行比较权衡，直接决定不公开是不合法的，因此 C 项也错。在政府信息公开诉讼中，原告对于被告声称不存在的信息能够提供被告制作该信息的线索的，可以申请法院调取证据，因此 D 项正确。

五、政府信息公开行政诉讼

各级行政机关应当在每年 3 月 31 日前公布本机关上年度的政府信息公开

工作报告。报告的内容包括以下几点：①主动公开政府信息的情况；②依申请公开政府信息和不予公开政府信息的情况；③政府信息公开的收费及减免情况；④因政府信息公开申请行政复议、提起行政诉讼的情况；⑤政府信息公开工作存在的主要问题及改进情况；⑥其他需要报告的事项。

行政机关在政府信息公开工作中的行政行为，如果侵犯公民、法人和其他组织合法权益的，受害者可以申请行政复议或提起行政诉讼。这里重点阐述行政诉讼，行政复议方面没有专门的规定，可以参照行政诉讼的有关规定来理解。

因政府信息公开中的行政行为所提起的行政诉讼，称为政府信息公开诉讼。由于政府信息公开行为的种种特殊性，原有的行政诉讼制度难以完全保障此类诉讼的顺利展开。因此，最高人民法院在2010年专门为此制定了《关于审理政府信息公开行政案件若干问题的规定》，规定了政府信息公开诉讼的若干特殊规则。需要掌握的内容包括以下方面：

（一）受案范围

1. 应予受理的案件范围。

（1）信息不公开，即向行政机关申请获取信息，行政机关拒绝提供或逾期不予答复。

（2）公开内容或形式错误，即认为行政机关提供的信息不符合其要求的内容或法律、法规规定的适当形式。

（3）公开行为侵犯个人利益，即认为行政机关主动公开或依他人申请公开的信息侵犯其商业秘密、个人隐私。

（4）错误信息不更正，即认为行政机关提供的与其自身相关的信息记录不准确，要求该行政机关予以更正，该行政机关拒绝更正、逾期不予答复或不予转送有权机关处理。

（5）其他。就上述案件起诉的同时，如有合法权益受损，可以一并或单独提起行政赔偿诉讼。

2. 不予受理的案件范围。

（1）补正行为，即因申请内容不明确，行政机关要求申请人作出更改、补充且对申请人权利义务不产生实际影响的告知行为。

（2）申请主动公开的信息，即要求行政机关提供政府公报、报纸、杂志、书籍等公开出版物，行政机关予以拒绝的。如当事人认为行政机关不履行主动公开义务的，应先向行政机关申请公开，行政机关不予公开或不予答复的才能向法院起诉。

（3）申请须经加工的信息，即要求行政机关为其制作、搜集政府信息，或对若干政府信息进行汇总、分析、加工，行政机关予以拒绝的。

（4）申请过程性信息，即行政程序中的当事人、利害关系人以政府信息公开名义申请查阅案卷材料，行政机关告知其应按相关法律、法规规定办理的。

◆ 例 11 – 8

法院应当受理下列哪些对政府信息公开行为提起的诉讼?

A. 黄某要求市政府提供公开发行的 2010 年市政府公报,遭拒绝后向法院起诉

B. 某公司认为工商局向李某公开的政府信息侵犯其商业秘密向法院起诉

C. 村民申请乡政府公开财政收支信息,因乡政府拒绝公开向法院起诉

D. 甲市居民高某向乙市政府申请公开该市副市长的兼职情况,乙市政府以其不具有申请人资格为由拒绝公开,高某向法院起诉

分析:A 项的情况属于申请已经主动公开的信息,法院不应受理。而 B 属于公开行为侵犯个人利益,CD 两项属于信息不公开的情况,都是应当受理的案件。

(二)被告

1. "谁答复,谁被告。"行政机关对公开申请作出答复的,以答复的机关为被告。

2. "谁受理,谁被告。"行政机关对公开申请不予答复的,以受理申请的机关为被告。

3. "谁公开,谁被告。"因不服主动公开行为而起诉的,以公开该信息的机关为被告。

4. "谁署名,谁被告。"下列情况以在对外文书上署名的机关为被告:信息公开与否经过有权机关批准的,经国家或省级保密部门确定的,与其他行政机关进行沟通确认的。

(三)举证责任

与一般行政诉讼案件类似,政府信息公开诉讼的举证责任主要应由被告承担,但以下情况例外:

1. 被告能够证明信息涉及国家秘密,请求在诉讼中不予提交的,法院应当准许。

2. 被告主张信息不存在,原告如能提供该信息系由被告制作或保存的相关线索,可以申请法院调取证据。

3. 被告以信息与申请人自身生产、生活、科研等特殊需要无关为由不予提供的,法院可以要求原告对特殊需要事由作出说明。

4. 原告起诉被告拒绝更正信息的,应当提供其向被告提出过更正申请以及政府信息与其自身相关且记录不准确的证据。

(四)审理方式

法院审理政府信息公开案件,应当视情况采取适当的审理方式,以避免泄露涉及国家秘密、商业秘密、个人隐私或者法律规定的其他应当保密的政府信息。

（五）判决方式

在适用行政诉讼一般判决规则的基础上，需要注意如下几点：

1. 责令履行判决。

（1）被告对依法应当公开的信息拒绝或部分拒绝公开的，应当撤销或部分撤销其不予公开决定，并判决其在一定期限内公开。

（2）尚需被告调查、裁量的，判决其在一定期限内重新答复。

（3）被告提供的信息不符合申请人要求的内容或法律、法规规定的适当形式，应当判决被告按照申请人要求的内容或法律、法规规定的适当形式提供。

（4）被告不予公开的政府信息内容可以作区分处理的，应当判决被告限期公开可以公开的内容。

（5）被告依法应当更正而不更正与原告相关的政府信息记录的，应当判决被告在一定期限内更正。

（6）尚需被告调查、裁量的，判决其在一定期限内重新答复。

（7）被告无权更正的，判决其转送有权机关处理。

2. 确认违法判决。

（1）被告公开信息涉及原告商业秘密、个人隐私且不存在公共利益等法定事由的，应当判决确认公开政府信息的行为违法，并可以责令被告采取相应的补救措施；造成损害的，根据原告请求判决赔偿。

（2）信息尚未公开的，应当判决行政机关不得公开。

3. 驳回判决。在下列情况中，如被告已经履行法定告知或说明理由义务的，应当判决驳回原告诉讼请求：

（1）诉不公开不成立。包括申请内容不属于政府信息，政府信息不存在，信息属于不公开范围，信息不属于被告公开职责，信息已经主动公开，信息已经依申请公开，起诉被告逾期不予答复理由不成立，不能合理说明与所申请信息有生产、生活、科研等特殊需要而被拒绝公开，被告虽无法按原告要求的形式提供信息但已通过其他适当形式提供。

（2）诉公开错误不成立。包括以信息侵犯其商业秘密、个人隐私为由反对公开而理由不成立，要求被告更正与其自身相关的信息记录而理由不成立。

◆ 例 11−9

田某认为区人社局记载有关他的社会保障信息有误，要求更正，该局拒绝。田某向法院起诉。下列说法正确的是？

A. 田某应先申请行政复议再向法院起诉

B. 区人社局应对拒绝更正的理由进行举证和说明

C. 田某应提供区人社局记载有关他的社会保障信息有误的事实根据

D. 法院应判决区人社局在一定期限内更正

分析：信息公开诉讼无需复议前置，因此 A 项错误。政府信息公开案件的举证责任主要在被告，但原告应当证明其申请过更正，以及信息确实有误的事实，故 BC 两项正确。法院原则上应判决被告在一定期限内更正，但如尚需被告调查、裁量的，应判决其在一定期限内重新答复，被告无权更正的应判决其转送有权机关处理，因此 D 项错误。

本章二维码

第十一章示范案例　　第十一章思考案例　　第十一章练习题　　第十一章课件与授课视频

第十二章

行政诉讼的受案范围

行政诉讼，指的是法院在多方主体的参与下，对行政主体作出的行政行为进行合法性审查并作出裁判的一系列法律制度。行政诉讼与刑事诉讼、民事诉讼（有的国家还包括宪法诉讼）并称为现代国家的三（四）大诉讼制度。现代国家建立行政诉讼制度的目的在于解决行政争议，保障和救济公民、法人或其他组织的合法权益，同时对国家行政活动加以监督。在行政法的知识体系内，行政诉讼是行政监督与救济法中最重要的内容，其主要内容包括受案范围、管辖、当事人、程序、证据规则、法律适用、裁判方式、执行等。

《行政诉讼法》可以被看作是《民事诉讼法》的特别法。法院审理行政案件，关于期间、送达、财产保全、开庭审理、调解、中止诉讼、终结诉讼、简易程序、执行等，以及检察院对行政案件受理、审理、裁判、执行的监督，《行政诉讼法》没有规定的，适用《民事诉讼法》的相关规定。2014 年，我国《行政诉讼法》进行了第一次修改，且修改幅度较大。

行政诉讼的受案范围，解决的是何种行政争议可以纳入司法审查的问题，这是行政诉讼法的第一重点。判断行政诉讼受案范围，关键中的关键，在于判断一项行政活动是否属于行政行为，特别是是否属于行政行为。我国《行政诉讼法》对受案范围的规定，采取的是"概括性规定 – 肯定性规定 – 否定性规定"的模式。

一、行政诉讼概述

（一）概念

行政诉讼是解决行政争议的最重要法律制度，对此首先要明确两个核心概念。

行政争议，指的是行政主体在其行使职权和履行职责的过程中与公民、法人或其他组织发生的，以行政法上的权利义务为内容的争议。

行政诉讼，是指公民、法人或其他组织认为行使国家行政权的机关和组织及其工作人员所实施的行政行为侵犯了其合法权利，依法向法院起诉，法院在当事人及其他诉讼参与人的参加下，依法对被诉行政行为进行审查并作出裁判，从而解决行政争议的制度。

（二）特征

我国的行政诉讼制度具有如下基本特征：

1. 行政诉讼的主持者与裁判者是普通法院。据此，行政诉讼区别于行政复议等其他行政争议解决方式，也区别于某些国家的行政法院制度。行政诉讼的直接功能在于解决行政争议，但行政争议的解决方式并不限于行政诉讼，还包括由上一级行政机关处理的行政复议、由各级国家权力机关或上级行政机关处理的行政规范性文件审查制度、申诉与信访制度等。在所有这些行政争议解决机制当中，只有行政诉讼由法院居中裁判从而属于司法制度。某些国家和地区将行政案件交由专门的行政法院审判，我国的行政案件则由普通法院审判，一方面没有设立行政法院，另一方面既有的专门法院（包括军事法院、海事法院和原来的铁路运输法院等）也不审理行政诉讼。

2. 行政诉讼审理的对象是一定范围内的行政争议。据此，行政诉讼区别于刑事诉讼、民事诉讼。行政诉讼审理的对象，是因具有国家行政权的机关和组织及其工作人员实施行政活动而引起的争议。在我国，行政诉讼的审理对象还受到进一步的限制：首先，它原则上只能直接审查因行政行为引发的行政争议，附带审查一部分行政规范性文件；其次，它只能审理那些没有被受案范围排除的行政争议。

3. 行政诉讼主要当事人的关系是恒定的。行政诉讼的原告只能是公民、法人或其他组织，被告只能是行使国家行政权的机关或组织，不能颠倒。换言之，行政诉讼只能是"民告官"，不能是"官告民"。原被告双方的这种恒定关系，实际上是它们在行政程序中关系的延伸。一般情况下，行政程序中的行政主体就是行政诉讼中的被告，而行政程序中的相对人就是行政诉讼中的原告。这一点与民事诉讼明显不同，在民事诉讼中双方当事人的诉讼权利是对等的，一方起诉，另一方可以反诉。而在行政诉讼中，行政主体没有起诉权和反诉权。

（三）功能

行政诉讼的功能，可从三个方面来理解：

1. 定纷止争，这是其最直接的功能。既然行政诉讼审理的对象是行政争议，它最直接的功能就是对这种争议作出裁断，确定当事人之间的权利义务。基于司法最终裁判的原理，行政诉讼是处理行政争议的终局机制，行政争议一旦经过法院生效裁判，原则上就不再争议。因此，行政诉讼制度的存在，可以使当事人之间所争执的权利义务关系最终确定下来，避免长期纠纷不息造成讼累，造成各方当事人人、财、物力上的投入与浪费。

2. 权利救济，这是行政诉讼最核心的功能。行政活动纷繁复杂，极易违法而对当事人合法权益造成侵害。我国法治传统十分薄弱，法律体系尚未健全，法治意识相对淡薄，公务人员素质不高，因违法行政行为侵害当事人合法权益的事件大量存在。这就需要设计相关的法律机制加以救济，而在这些救济机制中，行政复议属行政系统的内部审查，在公正性上有所欠缺，实际效果并不理想，行政诉讼就成为事后救济的最重要法律机制。

3. 法制监督，这是行政诉讼的另一重要功能。行政诉讼在对公民、法人和其他组织的合法权益加以救济的同时，也起着监督行政机关依法行政的作用。如果行政机关实施了违法的行政行为，法院可以通过裁判将其撤销、变更、确认违法或责令被告履行法定职责，起到纠正行政机关违法行为，促使其依法行政的作用。即使行政机关并未违法，但鉴于行政诉讼制度的存在，也将使其在实施行政活动时有所顾忌。

（四）行政诉讼法

行政诉讼法，指的是有关调整法院和当事人及其他诉讼参与人的行政诉讼活动，以及在这些诉讼活动中所形成的各种法律关系的规范和原则的总称。

行政诉讼法的含义有狭义、广义之分。狭义的行政诉讼法特指《行政诉讼法》法典，广义的行政诉讼法指的是一个独立的法律部门，其渊源既包括《行政诉讼法》，也包括《宪法》《民事诉讼法》《人民法院组织法》中与行政诉讼有关的原则与规范，还包括最高法院针对《行政诉讼法》所作出的各种司法解释，以及有关的国际条约和协定等。在一般情况下，人们都是从广义上来使用这一概念的。

二、概括性受案标准

我们在本章先介绍行政诉讼的受案范围，包括概括性的受案标准、肯定列举受理的案件、否定列举不受理的案件。判断一个行政争议是否能够进入行政诉讼的受案范围，其主要标准有三。

（一）主体标准

主体标准，指的是引起行政争议的行为，必须是由具有行政职权的机关、组织及其工作人员，或者是由这些机关、组织所委托的组织和个人所实施的。也就是说，只有基于行政职权的行使而引发的争议才可能构成行政争议从而进入行政诉讼，行政机关以民事主体身份从事的行为不可能引发行政诉讼。

（二）行为标准

行政诉讼受案的行为标准包括两个方面：一是行为的类型，二是行为的性质。

1. 行为的类型。法院只受理对行政行为提起的诉讼。如前所述，行政行为指的是行政主体在行政管理活动中根据行政职权，针对公民、法人或其他组织的权利义务作出的法律行为。主要根据行政性、法律性和外部性三个特征来进行判断。从修订后的《行政诉讼法》所具体列举的直接受理的案件来看，这里的行政行为主要指的还是那些传统的、单方性的行政行为，但范围已经有所拓宽，将双方性的行政协议行为涵盖了进来。

同时，修订后的《行政诉讼法》借鉴了《行政复议法》上的制度，规定原告在对行政行为提起诉讼时，对作为该行为依据的、低于规章的一般行政规范性文件，可以一并请求法院进行附带审查。总的来说，就是行政行为可以直接审查，规章以下的行政规范性文件可以附带审查。

2. 行为的性质。行政诉讼主要审查违法的行政行为，也审查明显不当的行政行为。这里所谓的违法，具体包括主要证据不足，适用法律、法规错误，违反法定程序，超越职权，滥用职权等情形。所谓的明显不当，就是在形式上具备合法性，但在实质上很不适当、很不合理，例如，违反平等对待原则、违反法律的目的、违反比例原则等。对于违法行为和明显不当的行为，行政法上通常都是同等看待、同等处理的。

（三）结果标准

只有在当事人认为行政行为侵害其合法权益的情况下，法院方能受理，这就是结果标准。

总之，根据修订后的《行政诉讼法》，行政诉讼的受案标准和行政复议已经基本一致。略有不同的是，行政复议不仅审查明显不当的行政行为，而且可以审查所有不当的行政行为。

三、肯定列举的案件

在规定了概括性的受案标准之后，《行政诉讼法》又对可以进入行政诉讼的案件进行了明确列举。肯定列举的案件主要包括三类：一是《行政诉讼法》规定的案件；二是学理上对《行政诉讼法》兜底条款的扩充解释；三是《行政诉讼法》允许单行法补充的案件。

（一）法律明确规定的案件

1. 行政处罚。行政处罚是行政行为的重要类型之一，可以提起行政诉讼。具体包括行政拘留、暂扣或者吊销许可证和执照、责令停产停业、没收违法所得、没收非法财物、罚款、警告等。

2. 行政强制。行政强制措施是行政行为的一种，当然属于行政诉讼的受案范围。

行政强制执行的可诉性要复杂一些。传统观点认为行政强制执行本身不是一种独立的行政行为，只是行政机关为了实现另一行政行为的内容而实施的。一般情况下，行政强制执行确实并不带来当事人权利义务上的变化，只是对原有权利义务的实现，因此不具有处分性。因此，行政强制执行在一般情况下是不可诉的，如果当事人要起诉，只能起诉作为执行对象的那个行政行为。但某些情况下，行政强制执行会具有可诉性，那就是行政机关在采取执行措施时，并没有合法地执行先在行为的内容，而是在执行过程中实施了违法行为。如行政机关为了执行1万元的罚款，扣押了当事人价值10万元的货物，造成了当事人的额外损失，当事人就可以起诉这个强制执行行为。因为这种情况下的执行行为已经超越了先在行为的内容，它引起了当事人权利义务上新的变动，具备了处分性，转化为一个新的行政行为了。

因此，修订后的《行政诉讼法》规定行政强制措施和行政强制执行都属于受案范围。

3. 行政许可。行政许可实施过程中发生的各种行政行为，包括是否给予许可、许可的变更、延续、撤销、撤回等，都具有可诉性。

4. 行政确权。行政确权，即行政机关作出的关于确认土地、矿藏、水流、森林、山岭、草原、荒地、滩涂、海域等自然资源的所有权或者使用权的行为。

5. 征收征用及其补偿行为。行政征收与行政征用都是行政主体从相对人处获得一定金钱、财物或其他利益的行为，在形式上比较接近，其差别在于国家从相对人那里取得的财产权属性不同。征收行为取得的是相对人财产的所有权，可能是无偿的，如征收税费，也可能是有偿的，如征收农村集体土地；征用行为取得的是相对人财产的使用权，是要给予一定补偿的，如政府在应对突发自然灾害的过程中征用私家车用于运送救援人员。

无论行政征收与行政征用二者存在什么差别，这两种行为及其后续的补偿决定在性质上都属于行政行为，当事人如果认为这些行为违法，就可以提起行政诉讼。

6. 行政不作为。行政不作为，即当事人申请行政机关履行职责保护其人身权或财产权，而行政机关拒绝履行或不予答复的案件。起诉行政不作为，一般必须具备两个基本条件：

（1）当事人要求行政机关实施的行为，属于该机关的法定职责。如果当事人对行政机关提出超出其职权范围的要求（比如向工商局申请保护其人身安全），对此类要求行政机关根本无法给予满足，当事人据此起诉的，法院不予受理。

（2）必须以当事人向行政机关提出保护其权益的申请为前提。如果当事人并未向行政机关提出申请，行政机关无从知晓当事人面临着某种危险而有加以特别保护的必要，当事人据此起诉，法院不能受理。但这存在例外，有的情况下行政机关履行某些职责是无须以当事人的申请为条件，而是需要依职权主动实施的。如巡警见到街头发生斗殴就必须主动制止，此时虽无当事人申请，但如果行政机关没有履行职责的话，当事人仍然可以起诉。还有一种例外，就是虽无当事人的申请，但行政机关已经通过别的途径得知相关情况了，也应履行职责。一旦没有履行，当事人也可以起诉。如受到违法行为侵害的当事人虽然没有报案，但已有他人向行政机关告发了这种违法行为，此时行政机关就应当履行职责，而不应等待当事人自己来申请保护。

7. 侵犯经营权的行为。侵犯经营权的行为，即行政机关侵犯经营自主权或者农村土地承包经营权、农村土地经营权的行为。这种案件是从行为结果的角度来界定的，从行为的方式上来看则可以多种多样，包括行政处罚、行政强制、行政许可及其他行政行为。

8. 行政垄断行为。行政垄断行为，即行政机关滥用行政权力排除或者限制竞争的行为。例如，地方政府规定给予本地企业某种税费优惠，而在本地经营同一行业的外地企业则不予优惠；或者要求进入本地经营的外地企业应当额外办理许可证，都属于这样的情形。

9. 违法要求履行义务的行为。违法要求履行义务的行为包括两种情况：一是当事人依法并不负有某种义务，而行政机关仍然要求其履行义务；二是当事人虽然负有某种义务，但行政机关违反法定程序要求其履行。这一规定主要是针对所谓的"三乱"行为，即乱罚款、乱收费、乱摊派而制定的。

10. 行政给付。行政给付，指的是行政机关给予某些特殊群体或个人以某种物质帮助的行为。行政给付的形式包括发放抚恤金、社会保险金、最低生活保障费等。行政给付是一种羁束性的行政行为，如果当事人已经符合获得给付的条件，而行政机关没有给付或没有足额、及时给付，当事人便可提起行政诉讼。

11. 行政协议。行政协议，指的是行政机关为实现公共利益或者行政管理目标，在法定职责范围内，与公民、法人或者其他组织协商订立的具有行政法上权利义务内容的协议。传统上，行政法对行政行为的界定强调单方性，因而认为具有双方性的行政协议不是行政行为，不属于行政诉讼的受案范围。但修订后的《行政诉讼法》改变了这一标准，承认政府特许经营协议、土地房屋征收补偿协议和其他行政协议属于行政行为，将其纳入受案范围。具体包括不履行行政协议的案件、未按照约定履行行政协议的案件、违法变更或解除行政协议的案件。

（二）学理解释所补充的案件

《行政诉讼法》第 12 条第 1 款的前 11 项规定了 11 类案件属于行政诉讼的受案范围，又在其第 12 项规定了一个兜底条款，即当事人"认为行政机关侵犯其他人身权、财产权等合法权益的"，也可以起诉。那么，侵犯其他人身权、财产权的案件到底还包括哪些行政行为呢？学理上的通说认为主要包括如下几类案件：

1. 行政裁决。行政裁决，指的是行政机关在其职权范围内，对平等主体之间发生的民事争议作出的、具有强制力的处理，是行政行为的一种。如甲、乙两村就某一田地的所有权归属发生争议，最后县政府裁决该田地归甲村所有，就是一个行政裁决。行政裁决与行政调解都是具有一定司法色彩的行政活动，都是行政机关对民事纠纷的处理。不同的是，行政裁决的处理具有强制力，是一种行政行为，可以对其提起行政诉讼或申请行政复议。而行政调解没有强制力，不属于行政行为，当事人对调解方案不服的，只能就原来的民事争议提起民事诉讼来解决。

◆ 例 12 - 1

安某放的羊吃了朱某家的玉米秸，二人发生争执。安某殴打朱某，致其左眼部青紫、鼻骨骨折，朱某被鉴定为轻微伤。在公安分局的主持下，安某与朱某达成协议，由安某向朱某赔偿 500 元。下列说法正确的是什么？

A. 安某与朱某达成协议后，仍可以对安某进行治安处罚

B. 如果安某拒不履行协议，朱某可以直接向法院提起行政诉讼

C. 如果安某拒不履行协议，朱某应当先向区公安分局的上一级机关申请行政复议，对复议决定不服再提起行政诉讼

D. 如果安某拒不履行协议，朱某可以向法院提起民事诉讼

分析：根据《治安管理处罚法》的规定，民间打架斗殴经公安机关调解达成赔偿协议并履行的，不再给予治安处罚，因此 A 项错误。由于行政调解不属于行政行为，因此，当事人不履行行政调解协议的，另一方当事人应就原来的民事问题提起民事诉讼，而不是提起行政诉讼或者申请行政复议，因此 BC 两项都错误，而 D 项正确。

2. 行政奖励。行政奖励，指的是行政主体对于符合行政目标的行为，为了表示对这种行为的肯定、鼓励、支持与倡导，赋予行为人以某种物质或精神上的利益的行为，政府颁发的科技进步奖、科技创新奖就是典型的行政奖励。行政奖励同样属于行政行为的一种，具有可诉性。

3. 行政检查。行政检查是行政主体基于一定目的对人、对物、对场所实施的检验、查验行为，也是行政行为的一种。包括两种情况：一种是行政主体为了实施另一个行为而进行的检查，如为了实施行政处罚而对违法行为实施检查；另一种检查则不是基于其他目的，而是为了确定当事人遵守法律的情况而进行的检查，如行政许可实施机关对被许可人从事被许可行为的情况进行检查。无论是哪一种检查，行政主体的行为都有可能造成当事人合法权益的损害，当事人可以提起行政诉讼。

4. 行政确认。行政确认指的是行政主体在其职权范围内，对当事人之间已经发生的事实或已经建立的权利义务关系给予确定、认可或证明的行为。除了《行政诉讼法》明确规定的自然资源确权行为是可诉的，还有其他行政确认也可能属于行政行为，属于行政诉讼直接受理的范围。理解行政确认，要特别注意其与行政许可的差别，因为这两者在形式上有高度相似性，都表现为行政主体给予相对人某种证书、证明、凭证等。但两者在性质上根本不同：

（1）实施的法律效果不同。行政机关准予许可的结果是使被许可人获得了实施某种行为的自由，或获得了某种排他性的公共资源权利，必定引起权利义务关系的变动，因此行政许可是一种行政行为。而行政确认的结果是肯定当事人之间已经发生的事实或已经建立的权利义务关系，有可能引起法律关系的变动，也有可能并不引起这种变动，视具体情况而定。一般来讲，如果行政机关只确认某种事实，就不会引起法律关系的变动，如行政机关为个人出具的身份证明就是对事实的确认。如果行政机关确认的是某种法律关系，就得看这种确认是否构成该法律关系的生效要件，如果是的话，那这种确认一旦作出必然引起法律关系的变化，否则就不会产生这种变化。如当事人购买商品房，其购房合同必须到房管部门备案登记，这是一种行政确认，但这

种确认并不是购房合同生效的条件。再如当事人之间签订不动产抵押协议，不动产抵押需要到国土部门进行抵押登记，这种登记也属行政确认，而抵押登记却是抵押关系生效的要件。总的来讲，就是行政许可一定会引起法律关系的变化；而行政确认中，只有对于法律关系的确认，并且只有在这种确认构成该法律关系生效要件的情况下，才引起法律关系的变化。

（2）对当事人行为合法性的影响不同。如果当事人实施的某种行为是应当获得行政许可的，假设当事人在没有获得许可的情况下就实施了这种行为，必定构成违法，可能要遭到有关部门的处罚。行政确认就不是这样，如果当事人之间发生的某些事实或已经形成的某些权利义务关系需要得到行政确认，而当事人却没有经过确认，其行为也并不构成违法。最典型的就是结婚登记，男女双方结婚需要登记，但如果没有登记就过起了事实上的婚姻生活也并不违法，不会有行政机关来实施处罚。

基于对行政确认的上述认识，其可诉性也迎刃而解。可以这样认为：如果行政机关的确认行为足以引起当事人权利义务关系的变动，就属于行政行为，可以提起行政诉讼；反之，即使该行为违法，也不能通过行政诉讼的方式来解决。例如，交警部门所作出的交通事故责任认定书是否可诉就是一个问题。比如甲和乙两人驾车追尾，交警做了一个交通责任认定书要求甲负全责，如果甲不服交警的认定能否提起行政诉讼呢？不能。因为这个认定书只认定了一个事实，就是甲撞了乙，但没有直接确定甲乙两人之间的任何权利义务关系，如确定甲应当向乙如何赔偿，它只不过是为可能产生的赔偿法律关系提供了证据而已。甲乙双方根据责任认定书，可能经过协商，或调解，或民事诉讼之后再产生赔偿法律关系。此时，对交通责任认定书提起行政诉讼是完全没有必要的，甲如对此认定不服，可以就赔偿问题提起民事诉讼，这个认定书在民事诉讼中就转化为证据，甲完全可以通过提出其他相反的证据来推翻它的效力，无需对其提起行政诉讼。

◆ 例12－2

刘某与高达公司签订内销商品房预售契约，后某区房地产管理局对该预售契约作出预售预购备案登记。后刘某了解到高达公司向其销售的房屋系超出规划面积和预售面积的超层部分，刘某遂以区房地产管理局违法办理备案登记，造成自己购买的房屋为违法建筑为由提起行政诉讼。下列哪些说法不正确？

A. 区房地产管理局的备案登记行为不是对预售合同效力的确认行为

B. 备案登记行为没有对刘某的权利义务产生实际影响，不属于人民法院行政诉讼的受案范围

C. 高达公司与本案的审理结果有利害关系，可以作为第三人参加诉讼

D. 区房地产管理局在备案登记时没有尽到审查职责，应当对刘某的损失承担部分赔偿责任

分析：在本案中，行政机关的备案登记不对买卖双方的合同效力产生任何影响，因为不管登记与否、登记对错，当事人之间订立的买卖合同都是成立和生效的。所以，案中的确认行为（备案登记）并不变动当事人之间的权利义务关系，不属于行政诉讼的受案范围，可见 AB 两项是正确的。由于此行为不属于行政诉讼受案范围，房管局也就不可能对刘某的损失承担赔偿责任，因此 D 项错误。至于 C 项，高达公司确实与本案的审理结果有利害关系，但由于本案不属于受案范围，也就不存在作为第三人参加诉讼的问题了。

◆ 例 12 - 3

2002 年 4 月 2 日，某银行与某公司签订贷款合同，约定银行贷款给公司，公司以土地使用权为抵押。2002 年 6 月 1 日，公司办理土地使用权抵押登记手续，并取得土地管理局签发的抵押证书。后因公司未依约还款，某银行提起诉讼。2003 年 2 月 4 日，法院作出民事判决，认定土地管理局在办理抵押证书时某公司并未取得土地使用权，该项抵押无效，判定银行无权主张土地使用权。关于本案，下列哪些说法是正确的？

A. 办理抵押登记的土地管理局应对银行损失承担赔偿责任

B. 法院的民事判决可以作为确认抵押登记行为无效的依据

C. 银行须在 2005 年 2 月 4 日之前行使赔偿请求权

D. 银行在向土地管理局请求赔偿之前，应当先确认抵押登记行为违法

分析：在本案中，由于土地使用权抵押登记是抵押关系的生效要件，正是因为国土部门进行了登记，银行和某公司之间的抵押关系才生效，国土部门登记错误，使得本来不应当生效的法律关系生效了，这样的行为就可以提起行政诉讼，国土部门就应承担相应的行政赔偿责任，因此 A 项是对的。B 项很有迷惑性，民事判决书可以成为行政诉讼中的证据，但并不能直接作为确认行政行为违法的依据。要确认行政行为违法，还得通过行政诉讼等方式进行，因此 B 项错误。国家赔偿的请求时效从某银行知道行政行为侵权之日（2003 年 2 月 4 日）起计算两年（至 2005 年 2 月 3 日），但无需先行确认侵权行为违法，因此 C 项对而 D 项错。

◆ 例 12 - 4

下列哪些选项不属于行政诉讼的受案范围？

A. 因某企业排污影响李某的鱼塘，李某要求某环保局履行监督职责，遭拒绝后向法院起诉

B. 某市政府发出通知，要求非本地生产乳制品须经本市技术监督部门检验合格方可在本地销售，违者予以处罚。某外地乳制品企业对通知提起诉讼

C. 刘某与某公司签订房屋预售合同后到银行贷款，以所购房产作为抵押，在某区房管局办理了以银行为权利人的抵押预告登记。后银行了解到某公司向刘某销售的房屋系超出规划面积和预售面积房屋，遂以某区房管局违

法办理抵押预告登记为由提起诉讼

D. 《公司登记管理条例》规定，设立公司应当先向工商登记管理机关申请名称预先核准。张某对名称预先核准决定不服提起诉讼

分析：A项是环保局的行政不作为，属于行政诉讼的受案范围。B项属于行政规范性文件，因为外地乳制品企业虽然是特定的，但要到本地销售乳制品的外地乳制品企业却是不特定的。所以，市政府的通知针对的是不特定对象的行政规范性文件，不属于受案范围。C项中的房屋抵押预告登记和上文讲到的房屋买卖合同备案登记性质是不同的，预告登记直接影响到刘某将来可以取得的房屋所有权和银行的抵押权，属于可诉的行政确认行为。对于D项，要注意张某起诉的不是《公司登记管理条例》（这是一个行政规范性文件），而是起诉工商局的名称预先核准决定（这是一个行政行为），因此是属于受案范围的。

一句话，判断行政确认行为是否可诉，最终是看该确认行为是否起到了使当事人之间法律关系发生变动的效果。

（三）单行法补充的案件

《行政诉讼法》第12条第2款规定，在其第1款明确列举的案件之外，法院还受理法律、法规规定可以提起诉讼的其他行政案件。这是一个开放式的规定，为其他单行法继续拓宽行政诉讼的受案范围开了一个灵活的口子，留下了很大余地。例如，按照《政府信息公开条例》的规定，行政机关在政府信息公开工作中的行政行为，如果侵犯公民、法人和其他组织合法权益的，受害者就可以提起行政诉讼。

四、否定列举的案件

《行政诉讼法》对受案范围的规定，在作了概括式规定、肯定式列举之后，又进一步作了否定式列举，明确了一批绝对不能进入其受案范围的案件。这些案件之所以不能进入受案范围，总是由于其缺少了受案标准中所要求的某一个或几个要件。当然，除了《行政诉讼法》所明确排除的这些案件，还有一些案件由于不属于行政行为，当然也不具有可诉性。

（一）法律明确排除的案件

1. 国家行为。国家行为指的是包括行政机关在内的特定国家机关，根据宪法和法律的授权以国家的名义实施的行为。这些行为具有高度政治性，不在行政法的调整范围之内。包括国防行为、外交行为、宣告紧急状态的行为、实施戒严的行为、宣布总动员的行为等。

2. 行政规范性文件。行政规范性文件是行政行为的对立概念，是针对不特定对象作出的具有普遍适用性的行为，不具备特定性的要件，只有经过行政行为的实施，才可能对特定对象产生权利义务上的实际影响，因此不能对行政规范性文件直接提起诉讼。

但是，当事人如果起诉了一个行政行为，同时认为这个行为的依据是属于规章以下的一般行政规范性文件，可以请求法院对该规范性文件一并审查。

3. 内部行为。内部行为也不属于行政诉讼的受案范围。所谓内部行为，包括针对内部组织的行为和针对内部个人的行为，前者如行政主体对其下属机构设立、增加、减少、合并的行为，或对下属机构的权力加以配置、划定、调整的行为，以及行政机关内部公文函件往来的行为；后者则主要表现为对人事关系的处理，如对公务员的奖惩、任免。需要进一步强调的是，对内部行为不应做过于宽泛的理解，不能把一切行政主体对其"内部"作出的行为均视为内部行为。尤其是对个人实施的内部行为，主要应从人事关系的层面上来理解，对于非人事关系的其他处理不应视为内部行为。

4. 行政终局裁决行为。在个别案件中，虽然行政机关的行为完全符合作为一个行政行为的全部要件，但基于法律的特别规定，仍被排除在行政诉讼的受案范围之外，这就是法定行政终局裁决行为。所谓"法定行政终局裁决行为"，指的是法律（狭义法律）规定由行政机关作出最终裁决，当事人不得对该裁决提起行政诉讼的行为。"法定行政终局裁决行为"主要有如下几种：

（1）国务院的裁决：当事人不服省部级行政机关作出的行政行为时，如向原机关申请行政复议后对该复议决定仍不服的，可以起诉，也可以申请国务院作出裁决，国务院作出的裁决是终局的。

（2）省级政府针对自然资源权属作出的复议决定：省级政府根据国务院或者省级政府自己作出的勘定、调整行政区划的决定或者征用土地的决定，针对自然资源所有权或使用权作出的行政复议决定，具有终局效力。

（3）对外国人、境外人的出入境强制措施：外国人、境外人对公安出入境管理机构实施的继续盘问、拘留审查、限制活动范围、遣送出境措施不服的，可以申请行政复议，该行政复议决定为最终决定。

（二）其他应当排除的案件

这些案件虽然《行政诉讼法》没有明确将其排除出去，但由于它们根本不属于行政行为，不符合行政诉讼的受案标准，也不可能被法院所受理。包括以下几种：

1. 刑事侦查行为。刑事侦查行为指的是公安、国安等特定行政机关根据《刑事诉讼法》的授权实施的侦查犯罪活动的行为。这些行为虽然由行政机关实施，但性质上却是刑事诉讼活动的一个组成部分，也不属于行政活动，同样不被列入行政诉讼的受案范围。注意并非所有由行政机关实施的、与侦查刑事犯罪有关的行为都不能纳入行政诉讼。对此应把握"根据《刑事诉讼法》授权"这一基准，只有根据《刑事诉讼法》授权实施的行为才是不可诉的，如果是根据其他法律如《人民警察法》授权而实施的行为，仍然属于可诉的行政行为。还应注意，现实中承担刑事侦查职能的行政机关（尤其是公安机关）常常假借刑事侦查之名，行干预经济纠纷之实，这种行为已经违背了《刑事诉讼法》授权的目的，不应将其视为刑事侦查行为，当事人不服仍可提起行政诉讼。

◆ 例 12 - 5

甲公司与乙公司签订建设工程施工合同，甲公司向乙公司支付工程保证金30万元。后由于情况发生变化，原合同约定的工程项目被取消，乙公司也无资金退还甲公司，甲公司向县公安局报案称被乙公司法定代表人王某诈骗30万元。公安机关立案后，将王某传唤到公安局，要求王某与甲公司签订了还款协议书，并将扣押的乙公司和王的财产移交给甲公司后将王某释放。下列哪些说法是正确的？

A. 县公安局的行为有刑事诉讼法明确授权，依法不属于行政诉讼的受案范围

B. 县公安局的行为属于以办理刑事案件为名插手经济纠纷，依法属于行政诉讼的受案范围

C. 乙公司有权提起行政诉讼，请求确认县公安局行为违法并请求国家赔偿，法院应当受理

D. 甲公司获得乙公司还款是基于两公司之间的债权债务关系，乙公司的还款行为有效

分析：本案中县公安局的行为是典型的"假刑事"案件，其真正目的在于干预两公司之间的债务纠纷，仍应属于行政诉讼的受案范围，因此A项错而B项对。县公安局在本案中的行为违法，乙公司有权起诉并请求国家赔偿，C项正确。甲公司获得乙公司还款是违法干预的结果，还款行为无效，D项是错误的。

2. 行政调解。行政调解是行政机关在其职权范围内，就平等主体之间发生的民事纠纷劝导其自愿达成协议的一种行为，没有强制力，当事人可以不受调解结果的约束，因此不是行政行为。当事人如对调解结果不服，不能对其提起行政诉讼，应当就原有的民事纠纷提起民事诉讼。

与行政调解相类似的还有一类行为，就是行政仲裁行为，它指的是行政机关内设的仲裁机构依照法定程序，以中立身份对平等主体之间的民事纠纷作出的处理。随着《仲裁法》的颁布，原属行政仲裁范围的经济合同仲裁、产品质量仲裁等纠纷改变为民间仲裁，行政仲裁作为一项制度已经被架空了。

3. 行政指导。行政指导指的是行政主体向相对人采取指导、劝告、建议、鼓励、警示、倡议等不具有国家强制力的方式，谋求相对人的同意与协助，从而实现其行政目的的行为。这是一种没有强制力的行为，其目的的实现取决于当事人对指导意见的自愿听取，行政机关无权强行要求当事人听取其意见。因此，行政指导的作出并不会引起当事人权利义务的变动，也不是行政行为，对其也不能提起行政诉讼。例如，某市国有毛纺厂效益下降，市经贸委组织专家对该厂提出了改革建议。该厂按建议进行了技术改造和产品换代

并投入了大量资金，但新产品投放市场后却没能收到预想效果，反而造成大面积亏损。该厂向法院起诉了市经贸委。这里市经贸委组织专家为毛纺厂提出的改革建议就是一种行政指导，法院不应受理。

4. 重复处理行为。重复处理行为指的是行政机关对其已经作出的行政行为加以解释、强调、坚持、重复的行为。如行政机关对于某件事情已经作出了决定，过了一段时间又作出一个新的决定，对前一个决定的内容加以明确、强调或解释，就是重复处理行为。又如行政机关作出一个决定之后，当事人通过来信、来访等方式申诉，行政机关经审查后驳回了当事人的申诉，重新肯定了原决定，这也属于重复处理行为。对于重复处理行为，当事人不能提起行政诉讼，因为这些行为的作出并没有引起权利义务关系的丝毫变化，只不过重复了原来的权利义务内容而已，同样属于不具有处分效力的行为，当事人自然不能对其提起行政诉讼。当事人如果提起行政诉讼，应当以行政机关第一次确定权利义务的行为为对象。法律上规定重复处理行为不可诉，可以避免当事人通过不断申诉，再就驳回申诉的处理决定去起诉，从而规避行政诉讼起诉期限的做法。

5. 阶段性行政行为。阶段性行政行为指的是行政机关在一个行政行为尚未最终完成时作出的阶段性处理或意见。此时行政行为尚未最终完成，不可能对当事人产生任何效力，当事人也就不能对其提起行政诉讼了，只有在该行政行为最终完成之后，才能对最后的决定提起行政诉讼。

阶段性行政行为在实践中十分常见，如在适用听证程序的行政处罚中，行政机关经过初步调查会形成一个初步的处罚意见，将此意见告知当事人并告知其有申请听证的权利，这种文书通常被称作行政处罚告知书。但行政处罚告知书并不等于最后的处罚决定，最后的处罚决定只有等到听证结束之后才作出，而这个决定完全有可能改变告知书中的初步处罚意见。因此，当事人不能因为行政机关告知有对其实施处罚的可能性，就提起行政诉讼。

再如，在劳动监察工作中，劳动部门如果发现某些用人单位有拖欠工资报酬、经济补偿或经济赔偿的违法行为，可能会就此向其发出劳动监察指令书，责令用人单位支付上述款项。此时用人单位尚可就此向劳动部门进行陈述、申辩，待其作出最后的劳动监察决定书，但不能就劳动监察指令书提起行政诉讼，因为这并不是劳动部门的最后处理决定。

又如，行政机关在作出某项重大的行政决定之前，可能向其上级行政机关请示，而上级机关对该请示作出的答复、批复、意见等也属于阶段性行政行为，同样不能提起行政诉讼。只有在下级机关根据这些答复、批复、意见作出最终的处理决定之后，当事人才能起诉该决定。

但在某些情况下，阶段性行政行为有可能对当事人的权利义务产生事实上的影响，实际上已经等同于一个行政行为。例如，在行政许可程序中，申请人递交的申请材料错误或缺漏的，行政机关应当在 5 日内一次全部告知，这种告知行为本属阶段性行为。但如果由于行政机关没有及时告知或错误告知，事实上就会导致许可程序终止，申请人的合法权利受到损害。此时，应当认定告知行为已经构成行政行为，可以提起行政诉讼。又如，对于和许可事项有利害关系的人，行政机关应当告知其有申请或参加听证的权利，告知听证本来也是一个阶段性行为。但如果因为行政机关没有及时告知听证，导致有些利害关系人无法申请或参加听证，已经对其权利产生实质性影响的，也可以提起行政诉讼。

◆ 例 12-6

下列当事人提起的诉讼，哪些属于行政诉讼受案范围？

A. 某造纸厂向市水利局申请发放取水许可证，市水利局作出不予许可决定，该厂不服而起诉

B. 食品药品监管局向申请餐饮服务许可证的李某告知补正申请材料的通知，李某认为通知内容违法而起诉

C. 化肥厂附近居民要求环保局提供对该厂排污许可证监督检查记录，遭到拒绝后起诉

D. 某国土资源局以建城市绿化带为由撤回向一公司发放的国有土地使用权证，该公司不服而起诉

分析：行政许可实施过程中的各种行政行为均可诉，因此 AD 两项属于受案范围。政府信息公开行为也是可诉的，C 项也正确。B 项错误的原因在于，此案并没有因为补正通知行为的违法而导致许可程序对李某实质上终止，因此仍属于阶段性行为，不可诉。

6. 部分行政确认行为。对于行政确认行为的可诉性，上文已有详述，在此重新强调。并非所有的行政确认行为都会产生使当事人的权利义务关系产生变动的效果，因此，仅仅确定某个事实的行为，或确认某个法律关系但确认行为本身并非该法律关系生效要件的，都不属于行政诉讼的受案范围。

◆ 例 12-7

下列案件属于行政诉讼受案范围的是什么？

A. 某区房屋租赁管理办公室向甲公司颁发了房屋租赁许可证，乙公司以此证办理程序不合法为由要求该办公室撤销许可证被拒绝。后乙公司又致函该办公室要求撤销许可证，办公室作出"许可证有效，不予撤销"的书面答复。乙公司向法院起诉要求撤销书面答复。

B. 某区审计局对丙公司的法定代表人进行离任审计过程中，对丙、丁公司协议合作开发的某花园工程的财务收支情况进行了审计，后向丙、丁公司发出了丁公司应返还丙公司利润 30 万元的通知。丁公司对通知不服向法院提起诉讼。

C. 某市经济发展局根据 A 公司的申请，作出鉴于 B 公司自愿放弃其在某

合营公司的股权，退出合营公司，恢复 A 公司在合营公司的股东地位的批复。B 公司不服向法院提起诉讼。

D. 某菜市场为挂靠某行政机关的临时市场，没有产权证。某市某区工商局向在该市场内经营的 50 户工商户发出通知，称自通知之日起某菜市场由 C 公司经营，各工商户凭与该公司签订的租赁合同及个人资料申办经营许可证。50 户工商户对通知不服向法院提起诉讼。

分析：A 项考察的是行政行为的法律性，案中办公室的书面答复属于重复处理行为，没有产生新的法律效果，应当排除在受案范围之外。B 项考察的是行政行为的外部性与法律性，案中的审计局已经对外（丙丁两公司）作出了审计决定，且决定内容直接影响了其财产关系，属于行政行为，是可诉的。C 项仍考察法律性，由于经济发展局的批复决定了 AB 两公司在合营公司中的股东地位，影响了其权利义务关系，属于行政行为，也可诉。而 D 项主要考察行政行为的特定性，尽管案中工商局的行为名为"通知"，但该通知适用的对象是特定的，就是 50 家工商户，符合行政行为的"特定性"，也属于受案范围。

◆ 例 12 - 8

1997 年 11 月，某省政府所在地的市政府决定征收含有某村集体土地在内的地块作为旅游区用地，并划定征用土地的四至界线范围。2007 年，市国土局将其中一地块与甲公司签订《国有土地使用权出让合同》。2008 年 12 月 16 日，甲公司获得市政府发放的第 1 号《国有土地使用权证》。2009 年 3 月 28 日，甲公司将此地块转让给乙公司，市政府向乙公司发放第 2 号《国有土地使用权证》。此后，乙公司申请在此地块上动工建设。2010 年 9 月 15 日，市政府张贴公告，要求在该土地范围内使用土地的单位和个人，限期自行清理农作物和附着物设施，否则强制清理。2010 年 11 月，某村得知市政府给乙公司颁发第 2 号《国有土地使用权证》后，认为此证涉及的部分土地仍属该村集体所有，向省政府申请复议要求撤销该土地使用权证。省政府维持后，某村向法院起诉。法院通知甲公司与乙公司作为第三人参加诉讼。

在诉讼过程中，市政府组织有关部门强制拆除了征地范围内的附着物设施。某村为收集证据材料，向市国土局申请公开 1997 年征收时划定的四至界线范围等相关资料，市国土局以涉及商业秘密为由拒绝提供。请问市政府在本案中一共实施了多少个行政行为？哪些属于行政诉讼的受案范围？

分析：市政府在本案中一共实施了 6 个行政行为，分别是：征收含有某村集体土地在内的地块的行为，与甲公司签订《国有土地使用权出让合同》，向甲、乙两公司发放《国有土地使用权证》的行为，发布公告要求使用土地的单位和个人自行清理农作物和附着物设施的行为，组织有关部门强制拆除征地范围内附着物设施的行为。上述行为均属于行政诉讼受案范围。

本章二维码

第十二章示范案例　　第十二章思考案例　　第十二章练习题　　第十二章课件与授课视频

第十三章

行政诉讼的管辖

行政诉讼管辖的功能在于确定每个一审案件的法院。如果把每一个法院比喻为一个庞大坐标系中的一个点，那么，管辖制度的作用就是在每一个一审案件与每一个法院之间建立起对应关系。级别管辖如同这个坐标系的纵坐标轴，地域管辖如同其横坐标轴，这两个"坐标"的结合，辅之以管辖裁定等制度的适当修正，就可以为每个一审案件确定受案法院。

管辖制度看起来只是一个法院系统内部分工的技术性问题，但实际上和司法公正有着极大的关系，在行政诉讼中尤其如此。行政诉讼的一大难题就是摆脱作为被告的行政机关对法院的干预，保持司法系统相对于行政系统的独立性，在我国现行的政治框架和体制安排之下，主要就是借助于管辖制度——包括级别管辖和地域管辖来实现的。

行政诉讼管辖，指的是法院内部各个法院之间（包括上下级法院之间与同级法院之间）受理第一审行政诉讼案件的权限分工。其含义可以从下面三个角度理解：

1. 对于法院而言，管辖制度解决的是哪一个法院拥有对特定行政诉讼案件的审判权的问题。原则上，一旦一个法院拥有了对特定案件的管辖权，就意味着它对该案自受理开始到判决结束期间，可以依照法律的规定行使排他性的权力。

2. 对于当事人而言，管辖制度解决的是他应当向哪一个法院起诉或应诉的问题。一般情况下，原告向其起诉的法院与依法拥有管辖权的法院（或多个拥有管辖权的法院中的一个）应当是相同的，除非因指定管辖或移转管辖等因素而发生了变动。

3. 管辖制度解决的只是第一审案件的受案法院，并不包括对第二审和再审法院的确定。当然，第二审与再审法院的确定必然与一审法院的确定相关，但这并不是管辖制度本身所要解决的问题，它们之间充其量只是一种间接关系。

明确行政诉讼管辖的含义，还要注意将其与行政诉讼的主管和主审加以区别。行政诉讼的主管，解决的是法院与其他国家机关之间在处理行政纠纷上的权限分工，即是行政诉讼受案范围所要解决的问题。属于行政诉讼受案范围的案件即为法院所主管，否则便不为法院所主管，如某些复议终局案件的主管机关是作出原行政行为主体的上一级行政机关，而某些行政规范性文件引起的纠纷则应为有关的国家权力机关所主管。行政诉讼的主审，指的则是一个法院内部不同机构在审理行政诉讼案件时的权限分工，也就是由哪一个审判庭来审理的问题。根据我国的现行规定，各级的普通法院均设立行政审判庭，这是行政诉讼案件的主审机构；而专门法院不设行政庭，不审理行政诉讼案件；基层法院的派出法庭也不审理行政诉讼案件。

可见，行政诉讼的主管、管辖与主审实际上解决的是不同层次的问题。主管是管辖的前提，只有在确定一个案件属于行政诉讼受案范围的情况下，才产生由哪一个法院来管辖它的问题；而管辖又是主审的前提，只有在确定某一案件由特定法院管辖之后，才产生由这一法院的哪一个机构来审理它的问题。由于主管问题在受案范围中已有探讨，因此，本章的内容主要谈论管辖问题，同时对主审问题也将有所涉及。

一、级别管辖

级别管辖解决的是不同级别的法院之间在审理第一审行政诉讼案件时的权限分工。我国行政诉讼的级别管辖，以基层法院管辖第一审案件为原则，以其他较高级别的法院管辖为例外。

（一）基层法院管辖的案件

第一审行政案件原则上由基层法院管辖，基层法院承担了绝大多数行政诉讼一审案件的审判工作。之所以将基层法院管辖作为原则，主要是考虑到：①基层法院在各级法院中数量最多、分布最广、人员众多，能够承担大量行政诉讼案件的审判工作；②基层法院一般距离当事人较近，方便当事人参加诉讼。

但是，将基层法院确定为主要的管辖法院也存在一些明显的弊端：一是我国的司法机关行政化比较严重，法院套用行政级别进行管理，基层法院的行政级别低于同级政府，在审理以同级政府或者同级政府强势部门作为被告的案件时力不从心，司法的公正性难以获得保证。二是行政诉讼的审判专业性比较强，疑难案件比较多，一部分基层法院的法官有时候难以胜任审判工作。三是行政案件的地域分布很不均衡，大部分地区的行政案件数量都很少，但由于基层法院仍然承担着行政案件的审判功能，就必须维持一个完整的审判组织（行政庭）。这要么导致行政庭的审判人员在大多数时间无事可做，造成司法资源的浪费；要么就是导致这些审判人员经常在法院内部被"借用"于其他工作，"不务正业"或者"本末倒置"。因此，目前的行政审判体制改革，一个重要方向就是提高一审管辖法院的级别，逐步减少基层法院管辖一审行政案件的数量。

（二）中院管辖的案件

级别管辖的例外，也就是由中级法院、高级法院与最高法院管辖第一审案件的情况。修订后的《行政诉讼法》从减少行政干预的角度出发，着重于提高案件的管辖层级，这使得中级以上法院管辖的一审案件数量明显增加。由于高院、最高院管辖第一审案件的情况较少发生，其标准也较易确定，因此，这里重点介绍中级法院管辖的案件。

1. 被告是特殊主体的案件。某些案件的被告具有一定的特殊性，需要由较高级别的法院管辖才能顺利审判。比如，被告的行政级别较高，为了审判的公正需要提高管辖级别，使管辖法官的行政级别高于、相当于或者接近于作为被告的行政机关；或者被告主管的领域专业程度较高，只有高级别的法院才有相应的审理能力。下列案件由中级法院管辖一审：

（1）被告是国务院下属部门的案件。

（2）被告是县级及以上政府的案件，但不包括县级以上地方政府部门作为被告的案件。

上述两条规定的主要目的就在于提高管辖法院的级别，减少来自于被告的行政干预。

（3）被告是海关的案件。主要包括海关税收案件与海关行政处罚案件，被告可能是各级海关。这一规定主要是考虑到海关案件具有较高的专业性，基层法院审理能力不足。

2. 本辖区内重大、复杂的案件。如重大的共同诉讼、集团诉讼案件，重大的涉外案件、涉港澳台的案件，或者其他一些专业性较强的案件如知识产权案件等，基层法院对于这些案件很可能也缺乏审理能力，需要中院管辖。

3. 其他法律规定由中级法院管辖的案件。这是一个开放性的规定，留待将来单行法补充。修订后的《行政诉讼法》之所以开这样一个口子，目的还是在于为进一步提高行政案件的管辖层级提供空间。

（三）高院、最高院管辖的案件

高级法院管辖本辖区内重大、复杂的第一审行政案件。最高法院管辖全国范围内重大、复杂的第一审行政案件。

（四）具体的审判组织

行政诉讼案件在我国由普通法院管辖，法院内设行政审判庭具体负责审理工作。军事法院、海事法院、森林法院等专门法院不管辖行政诉讼案件，也没有设立专门的行政法院。原来的铁路运输法院已经被撤销，转为地方法院。在铁路法院归地方的过程中，曾有学者提出将原来的铁路法院系统改造为专门的行政法院，但这一主张最终没有被采纳。但是，在部分地区，转型后的铁路法院变成了主要审理跨区域案件——包括跨区域行政案件的普通法院，这也算是一点小的进步。

二、地域管辖

地域管辖解决的是同一级别的不同法院之间在审理第一审行政诉讼案件时的权限分工。我国行政诉讼的地域管辖，以被告所在地法院管辖为原则，以其他管辖为例外。

（一）地域管辖的原则

原则上由被告所在地法院管辖，即"原告就被告"。实行这一原则的目的是通过适当加大原告的诉讼成本以防止滥诉，但这一原则在保障司法独立、司法公正方面则有明显的缺陷。因为，被告所在地的法院较易受到被告干预，在被告的行政级别高于法院级别时尤其如此。即使没有被告的干预，法院也可能产生本地方形象和利益的考虑，从而作出对原告不够公正的判决。

（二）地域管辖的例外

指的是在某些特殊情况下，根据不同于被告所在地的其他标准来确定管辖法院，如根据原告所在地、不动产所在地等。但即使在这种情况下，也并不意味着最后确定的管辖法院就一定不是被告所在地，因为不论是原告所在地还是不动产所在地等，都不排除其与被告所在地重合的可能。因此，地域管辖的例外指的是管辖法院确定标准不同，并不当然意味着管辖法院的最终确定结果必然不同。经过行政复议的案件、限制人身自由的案件、涉及不动产的案件，适用特殊的地域管辖。

1. 经过行政复议的案件。经过行政复议的案件，有权管辖的法院包括最初作出被诉行政行为的机关所在地法院，也包括复议机关所在地法院，原告可以选择任一法院起诉。

这一规定的立法目的主要是为了方便原告参加诉讼。经过行政复议的案件，如果复议机关维持原行为的，此时以原机关和复议机关作为共同被告。由于两级机关都是被告，原告自然可以选择任何一个机关所在地的法院来起诉。如果经过复议之后，复议机关改变了原来的行政行为，此时以复议机关作为被告，诉讼的标的就是复议决定。按照一般的管辖原则，此时应当由复议机关（即被告）所在地管辖。但是，考虑到复议机关是原机关的上一级机关，有可能距离原告较远；而原机关对原告直接实施管理，一般来说是原告当地的行政机关，可能距离原告较近。此时，如果一定要求原告向复议机关所在地法院起诉，有可能是舍近求远，使原告很不方便。因此，为了便利原告，就允许其选择在原机关所在地（多数情况下同时也就是原告的所在地）法院起诉。

对于经过复议的案件，还要特别注意其级别管辖问题。在复议改变的情况下，以复议机关作为被告，自然要根据复议机关的性质来确定管辖法院的级别。也就是说，拥有管辖权的"复议机关所在地法院"并不一定是较高级别的法院，管辖法院的级别仍应按照级别管辖的规则来确定。例如，对于某市甲区工商局一个罚款3000元的处罚决定，经市工商局（地址位于乙区）行政复议减轻为罚款1000元之后，如果当事人仍不服提起行政诉讼，被告是区工商局和市工商局，此案仍然应由甲区或乙区基层法院管辖，而非市中院管辖。如果在这个案件中，当事人是向甲区政府申请行政复议，此后再起诉的话，被告是区工商局和区政府。由于被告中包括了区政府（县级政府），级别管辖就变成中院管辖了。而在复议维持的情况下，虽然以原机关和复议机关作为共同被告，但根据2015年《最高人民法院关于适用〈中华人民共和国行政诉讼法〉若干问题的解释》（以下简称新《若干解释》）的规定，应当以原机关的性质来确定级别管辖。因为，如果此时允许按照复议机关的性质来确定级别管辖的话，基层法院就会面临着无案可审的局面。我们知道，能够具备行政主体资格、充当行政诉讼被告的行政机关最低也是一个乡镇政府，或者是县级政府的下属部门，那么，其复议机关通常就会包括一个县级政府；如果原机关的级别更高，其复议机关通常就会包括一个比县级更高的政府。而由于一旦县级和以上政府充当了被告，级别管辖至少就是中院。所以，只要当事人不服原行为先行申请行政复议，无论复议结果如何均选择继续起诉，至少就会被中院管辖，基层法院就没有案件可以管辖了。因此，对于这种复议维持的案件，只能按照原机关的性质来确定级别管辖。

◆ **例 13-1**

县计生委认定孙某违法生育第二胎，决定对孙某征收社会抚养费 40 000 元。孙某向县政府申请复议，要求撤销该决定。县政府维持该决定，并在征收总额中补充列入遗漏的 3000 元未婚生育社会抚养费。孙某不服，向法院起诉。下列哪些选项是正确的？

A. 此案的被告应为县计生委与县政府

B. 此案应由中级法院管辖

C. 此案的复议决定违法

D. 被告应当在收到起诉状副本之日起十日内提交答辩状

分析：分析本案需要注意，案情交代县政府"维持该决定"，看起来似乎是一个复议维持案件，但同时又说"在征收总额中补充列入遗漏的 3000 元未婚生育社会抚养费"，这显然又是复议改变。因为是复议改变，被告就是复议机关县政府，因此 A 项错。以县政府为被告的案件应当由中院管辖，B 项正确。根据《行政复议法实施条例》的规定，复议机关不得在当事人请求的范围内作出对其更加不利的变更，也就是复议不得加重（详见后文"行政复议"），因此本案的复议决定是违法的，C 项正确。D 项关于被告举证期限的表述不正确，应为 15 日（详见后文"证据规则"）。

◆ **例 13-2**

某药厂以本厂过期药品作为主原料，更改生产日期和批号生产出售。甲市乙县药监局以该厂违反《药品管理法》第 49 条第 1 款关于违法生产药品规定为由，决定没收药品并处罚款 20 万元。药厂不服向县政府申请复议，县政府依《药品管理法》第 49 条第 3 款关于生产劣药行为的规定，决定维持处罚决定。药厂起诉。关于本案的被告和管辖，下列说法正确的有什么？

A. 被告为乙县药监局和乙县政府，由乙县法院管辖

B. 被告为乙县药监局和乙县政府，甲市中级法院对此案有管辖权

C. 被告为乙县政府，乙县法院对此案有管辖权

D. 被告为乙县政府，由甲市中级法院管辖

分析：在本案中，复议机关虽然改变了原行为的法律依据并影响了其定性（违法生产药品变成了生产劣药），但并没有改变原行为的处理结果，而是维持了原来的处罚决定，因此属于复议维持，应当以原机关乙县药监局和复议机关乙县政府作为共同被告，但管辖法院要按照原机关来确定级别管辖，也就仍然是基层法院（乙县法院）管辖，因此只有 A 项是正确的。

◆ 例 13 - 3

某区环保局因某新建水电站未报批环境影响评价文件，且已投入生产使用，给予其罚款 10 万元的处罚。水电站不服，申请复议，复议机关作出维持处罚的复议决定书。下列哪一说法是正确的？

A. 复议机构应当为某区政府

B. 如复议期间案件涉及法律适用问题，需要有权机关作出解释，行政复议终止

C. 复议决定书一经送达，即发生法律效力

D. 水电站对复议决定不服向法院起诉，应由复议机关所在地的法院管辖

分析：区政府是本案的复议机关，不是复议机构，所谓"复议机构"指的是区政府内部具体负责复议工作的机构，如区政府的法制办（详见后文"行政复议"），因此 A 项错误。行政复议期间案件涉及法律适用问题，需要有权机关作出解释，行政复议中止，不是终止，B 项错误。复议决定书一经送达即生效，这和行政诉讼的一审判决上诉期届满之后生效是不一样的，因此 C 项对。本案经过行政复议，管辖法院应当是原机关所在地法院或者复议机关所在地法院，而不仅仅是后者，因此 D 项错。

◆ 例 13 - 4

李某从田某处购得一辆轿车，但未办理过户手续。在一次查验过程中，某市公安局认定该车系走私车，予以没收。李某不服，向省公安厅申请复议，后者维持了没收决定。李某提起行政诉讼。下列哪些选项是正确的？

A. 省公安厅为本案的被告

B. 田某不能成为本案的第三人

C. 市公安局所在地的法院对本案有管辖权

D. 省公安厅所在地的法院对本案有管辖权

分析：本案属于复议维持案件，应当以原机关市公安局和复议机关省公安厅作为共同被告，市公安局和省公安厅所在地的法院对本案均有管辖权，故 A 项错而 CD 两项对。又因车辆尚未过户，田某还是法定的车主，和被诉行为有密切的利害关系，具有第三人资格，因此 B 项错误。

2. 限制人身自由的案件。对限制人身自由的行政强制措施不服提起的诉讼，由被告所在地或者原告所在地法院管辖，原告可以进行选择。需要注意：

（1）这里的"原告所在地"具体可以包括其户籍所在地、经常居住地和被限制人身自由地。在我国，公民的户籍所在地就是其住所地，这是公民生活和活动的中心场所。经常居住地是指公民离开住所地，最后连续居住满一年以上的地方，但公民住院就医的除外。所谓被限制人身自由所在地是指被告行政机关将原告收容审查、拘禁等限制人身自由的地点。

（2）这一规定的目的在于保护原告的诉权。首先，在原告人身权已经受到限制的情况下，原告的起诉和参加诉讼活动均已经受到一定程度的限制，其本身已经处于极其不利的位置之上，如果仍然坚持由最初作出行政行为的行政机关所在地管辖的原则，客观上是把原告推向更为不利的地位，不利于公民利用法律武器捍卫其合法权益。这样的规定有助于诉讼双方当事人诉讼地位平等，使公民的人身自由权在受到行政机关违法行政行为侵犯的情况下，能够及时地得到救济。其次，法院在审理行政案件时，如果由原告所在地管辖，有时候确实会给法院勘验现场、收集和查对核实证据、迅速查明案情造成一定的困难。但是，原告是行政诉讼当中最重要的当事人，原告需要到庭参加一切诉讼活动。二者相比，原告因为参加诉讼活动受到限制遇到的困难，远比法院勘验现场、收集和查对核实证据、迅速查明案情的困难要大。最后，在起诉限制人身自由行政强制措施的情况下，原告起诉时有可能仍然处于人身自由受限的羁押状态。此时，如果只能由被告所在地法院管辖，原告的诉权就很可能无法行使或无法及时行使。因此，规定原告所在地作为管辖法院之一，且原告所在地可以包括其被限制人身自由地，有利于切实保护原告的诉权。

（3）此处"限制人身自由的行政强制措施"应做广义理解。我们知道，限制人身自由的行政行为并不全部都是"强制措施"，行政拘留等处罚行为也可能限制人身自由。那么，此处的"行政强制措施"是做与其他限制人身的行为严格区别的狭义理解，还是做将所有限制人身自由的行政行为都包含在内的广义理解呢？我们认为应作广义理解，即所有限制人身自由的行政行为均符合本条规定。原因在于，只要一个行政行为对公民的人身自由进行了限制，无论其性质如何，它给当事人权益带来的损害都是相同的，在公民寻求诉讼救济的时候，法律上不应对其管辖法院区别对待。限制人身自由的行政强制措施给原告起诉带来的困难，和限制人身自由的行政处罚给原告起诉带来的困难是一样的，所以应当同等对待、同等处理。

在涉及限制人身自由的案件中，有一类情况更为特殊，就是行政主体同时对人身与财产进行处罚或者采取强制措施的情况。根据原《若干解释》的规定，"行政机关基于同一事实既对人身又对财产实施行政处罚或者采取行政强制措施的，被限制人身自由的公民、被扣押或者没收财产的公民、法人或者其他组织对上述行为均不服的，既可以向被告所在地人民法院提起诉讼，也可以向原告所在地人民法院提起诉讼，受诉人民法院可一并管辖。"对这一规定的理解向来存在许多歧义，且由于该条款与新《行政诉讼法》及新《若干解释》并不抵触，仍然有效，对此仍应充分注意。笔者认为，应当特别注意该条款中的以下几点：

第一，这一解释的目的在于解决既有管辖规则所带来的矛盾。根据既有的管辖规则，行政机关对财产进行处罚或者实施强制的行为，应由被告所在地法院管辖，而它对人身进行处罚或者实施强制的行为则可能由被告所在地或原告所在地法院管辖。此时，如果行政机关基于同一事实对人身和财产同时进行处罚或实施强制，而原告一旦选择将人身内容向原告所在地起诉，必将出现同一行政行为中的人身内容与财产内容由不同法院分别管辖的情况。如果不同法院就这一行为的合法性作出了相互矛盾的评价，如甲法院判决该行为合法而乙法院判决其违法，就出现了现有体制下难以处理的矛盾，影响司法统一。正是为了尽量避免这种情况的出现，原《若干解释》在此处规定了"一并管辖"的规则，允许原告所在地法院或被告所在地法院中的任何一者就案件中的人身内容与财产内容全部管辖、一并判决。此时，案中的人身内容与财产内容形成了一种"牵连关系"，其中的一者因为与另外一者的"牵连"而有可能改变其管辖地。

第二，此时对人身内容不服与对财产内容不服的应当是同一原告。也就是说，这一规定指的是行政机关对同一相对人的人身与财产同时给予处罚或者进行强制的情况，而不能被理解为是行政机关对不同相对人的人身与财产同时给予处罚或者进行强制。应当注意到原《若干解释》规定的是相对人对人身和财产的处罚或强制"均不服"的情况，如果行政机关是对一个相对人限制人身自由，而侵犯另一相对人的财产，就不可能出现相对人对此"均不服"的可能，而应当是不同相对人对该行为的不同内容"分别不服"了。因此，将这一规定理解为行政机关针对不同相对人实施行为的说法是不准确的。

◆ 例 13 - 5

王某户籍所在地是甲市 A 区，工作单位所在地是甲市 B 区。2002 年 1 月王某在乙市出差时因涉嫌嫖娼被乙市 A 区公安分局传唤，后被该公安分局以嫖娼为由处以罚款 500 元。在被处罚以前，王某被留置于乙市 B 区两天。经复议王某对罚款和留置措施提起行政诉讼。下列哪一法院对本案没有管辖权？

A. 甲市 A 区人民法院　　　　B. 甲市 B 区人民法院

C. 乙市 A 区人民法院　　　　D. 乙市 B 区人民法院

分析：本案就是一个典型的限制人身自由案件，根据上文分析，可知甲市 A 区（原告的户籍地）、乙市 A 区（被告所在地）、乙市 B 区（原告的被限制人身自由地）法院均有管辖权。而甲市 B 区为王某工作单位的所在地，不能被视为原告所在地，因此该地法院没有管辖权。

◆ 例 13 - 6

A 市李某驾车送人前往 B 市，在 B 市甲区与乙区居民范某的车相撞并将后者打伤。B 市甲区公安分局决定扣留李某的汽车，对其拘留 5 日并处罚款 300 元。下列哪些说法是正确的？

A. 李某可向 B 市公安局申请行政复议

B. 对扣留汽车行为，李某可向甲区人民法院起诉

C. 李某应先申请复议，方能提起行政诉讼

D. 范某可向乙区人民法院起诉

分析：李某不服 B 市甲区公安分局的行政行为，当然可以向其上级机关 B 市公安局申请行政复议，A 项正确。李某不服此行为，也可以向被告所在地（甲区）法院提其行政诉讼，B 项也正确。而此类行政处罚不存在复议前置的问题，C 项显然不对。比较有迷惑性的是 D 项，我们知道，限制人身自由案件可以由原告所在地管辖，但这里的原告是指被限制人身自由的原告（在本案指的就是李某），而不是作为受害人的原告（在本案中的范某）。因此，范某作为本案中的受害人虽然是有诉权的，但其自己的所在地（乙区）法院却不能管辖此案，范某应当向其他有管辖权的法院起诉。

◆ 例 13 - 7

黄某与张某之妻发生口角，被张某打成轻微伤。某区公安分局决定对张某拘留 5 日。黄某认为处罚过轻遂向法院起诉，法院予以受理。下列哪些选项是正确的？

A. 某区公安分局在给予张某拘留处罚后，应及时通知其家属

B. 张某之妻为本案的第三人

C. 本案既可以由某区公安分局所在地的法院管辖，也可以由黄某所在地的法院管辖

D. 张某不符合申请暂缓执行拘留的条件

分析：公安分局在给予公民限制人身自由的处罚或者采取限制人身自由的强制措施之后，都应当及时通知当事人家属，A 项显然对。本案中的加害人是张某，受害人是黄某，张某之妻虽然因口角引发张、黄二人的冲突，但并未参与斗殴。本案公安机关处罚的是斗殴致伤的行为，与口角的行为无关，所以张某之妻不可能是本案的第三人，最多是作为证人参加诉讼，因此 B 项错误。这里较难判断的是 C 项，这里的黄某也是以受害人的身份充当原告的，他不是被限制人身自由的原告，故其所在地法院没有管辖权。有管辖权的是某区公安分局所在地的法院，或者张某所在地的法院。对于 D 项，根据《治安管理处罚法》的规定，只有张某自己不服拘留决定提起行政诉讼或者申请行政复议，同时提供合格的担保人或者按照每日拘留缴纳 200 元保证金，才有可能被暂缓执行拘留。在本案中，张某自己并没有起诉，起诉的是受害人

黄某，因此张某不符合申请暂缓执行拘留的条件，D 项的说法是正确的。

◆ **例 13-8**

公安局认定朱某嫖娼，对其拘留 15 日并处罚款 5000 元。关于此案，下列哪些说法是正确的？

A. 对朱某的处罚决定书应载明处罚的执行方式和期限

B. 如朱某要求听证，公安局应当及时依法举行听证

C. 朱某有权陈述和申辩，公安局必须充分听取朱某的意见

D. 如朱某对拘留和罚款处罚不服起诉，该案应由公安局所在地的法院管辖

分析：AC 两项根据常识容易知其正确，因为行政处罚决定必须说明理由，当事人也享有陈述申辩权。对于 B 项，在治安处罚中，准确罚款 2000 元以上或者吊销许可证或执照的，当事人可以申请听证。本案中有罚款 5000 的内容，符合听证条件，B 项正确。D 项错误，原因在于本案中朱某起诉的行政行为含有限制人身自由的内容，因此原、被告所在地法院均可管辖。

◆ **例 13-9**

甲县宋某到乙县访亲，因醉酒被乙县公安局扣留 24 小时。宋某认为乙县公安局的行为违法，提起行政诉讼。下列哪些说法是正确的？

A. 扣留宋某的行为为行政处罚

B. 甲县法院对此案有管辖权

C. 乙县法院对此案有管辖权

D. 宋某的亲戚为本案的第三人

分析：乙县公安局对宋某扣留 24 小时是为了防止其酒后闹事，属于行政强制措施，不是行政处罚，A 项错误。宋某被限制了人身自由，原告所在地（甲县）、被告所在地（乙县）都可以管辖，BC 两项正确。宋某的亲戚与本案无关，不可能充当第三人，D 项错误。

3. 涉及不动产纠纷案件。因不动产提起的行政诉讼，由不动产所在地法院管辖。不动产所在地管辖是一种排他性的专属管辖，只要是基于不动产引起的行政诉讼就只能由不动产所在地法院管辖，排除其他所有法院的管辖权。这一规定的目的在于方便法院行使审判权，因为一般情况下，法院对辖区内的不动产进行调查、鉴定、勘验、测量较之其他法院更为方便，由其审理本辖区内的不动产行政案件最合适。

这里有一点是需要明确的，就是所谓不动产案件，指的是围绕不动产的物权发生争议的案件，而不是泛泛地说一切和不动产有关的行政案件都要使用不动产所在地的专属管辖。例如，行政机关决定查封一个企业的仓库，这个仓库当然是一个不动产，但行政机关在这里只是针对这个仓库采取了行政

强制措施，而不是说要改变这个仓库的物权归属，这就不能被视为一个不动产案件。再如，行政机关要吊销一个商品房小区的建设施工许可证，这个商品房小区及其土地当然也是不动产，但行政机关的行为也不涉及这些不动产的物权归属，只是不允许这个小区开始施工建设，因此也不是一个不动产案件。再如，行政机关针对一个企业作出的行为——如责令停产停业、吊销营业执照等，这个企业的财产中可能包括了不动产，但这里的行政行为并不是专门针对这个不动产的，而是针对包含不动产在内的整体财产，这也不能被视为不动产案件。

◆ 例 13－10

崔某不服甲市乙县政府向谭某发放集体土地建设用地使用证，向甲市政府申请行政复议。甲市政府驳回崔某的复议请求，但改变了集体土地建设用地使用证所认定的主要事实。崔某不服，提起行政诉讼。下列哪些说法是正确的？

A. 崔某可向乙县法院提起诉讼

B. 崔某可向甲市中级法院提起诉讼

C. 被告为乙县政府

D. 谭某为第三人

分析：本案属于复议维持案件（复议决定虽然改变了原行政行为的主要事实，但在结果上驳回了申请人的复议请求，属于复议维持），因此被告是原机关乙县政府和复议机关甲市政府，C 项错误。对于复议维持案件，根据原机关乙县政府来确定级别管辖，就是中院管辖，A 项也错。又因为本案是不动产案件，地域管辖是不动产所在地（甲市），因此 B 项正确。谭某是与原告崔某就集体土地建设用地使用证发生争议的当事人，其行政诉讼中的第三人资格是毫无疑义的，D 项正确。

◆ 例 13－11

甲、乙两村分别位于某市两县境内，因土地权属纠纷向市政府申请解决，市政府裁决争议土地属于甲村所有。乙村不服，向省政府申请复议，复议机关确认争议的土地属于乙村所有。甲村不服行政复议决定，提起行政诉讼。下列哪个法院对本案有管辖权？

A. 争议土地所在地的基层人民法院

B. 争议土地所在地的中级人民法院

C. 市政府所在地的基层人民法院

D. 省政府所在地的中级人民法院

分析：本案同样是一个不动产案件，应当由争议土地所在地法院管辖；又因本题属复议改变，应以复议机关省政府为被告，属中院管辖；综合可知应当由争议土地所在地的中级法院管辖，答案为 B 项。这里需要特别注意，本案中有一个复议改变的因素，这个因素影响了被告、影响了级别管辖，为什么没有影响地域管辖呢？因为本案同时有一个不动产的因素，而不动产管辖的规则是具有排他性的，和其他管辖规则是不兼容的。所以不动产所在地法院管辖，就排除了原机关所在地法院和复议机关所在地法院管辖的问题了。

（三）跨区域管辖

修改后的《行政诉讼法》规定，经最高法院批准，高级法院可以确定若干法院跨行政区域管辖行政案件。长期以来，我国的司法管辖区域和行政管辖区域都是重合的。而在实际中，地方政府的地位和影响力都要远远高于同级法院，甚至同级政府的一些强势部门都能够对法院形成强大的制约。这导致在行政审判实践中，法院常常受到来自于行政机关的强烈干预，严重影响了审判的公正性。正是为了促进这一问题的解决，新修订的《行政诉讼法》规定了跨区域管辖制度。例如，可以确定由一个基层法院管辖周边若干个区县的行政案件，或者确定一个中级法院管辖周边若干个地市的行政案件。这项工作，从2014年开始已经陆续推行。

（四）共同管辖及其选择

共同管辖是地域管辖中经常出现的情况，它并不是指在现实中多个法院对同一案件共同行使管辖权，而是指根据已有的管辖规则，对同一个第一审案件，同时出现多个有管辖权的法院的情况，因此也可以称之为管辖权的竞合。

在理解共同管辖的含义时，不能混淆它与复合管辖规则之间的关系。在复合管辖规则的指引下，只是在理论上对同一案件存在着多个管辖法院的可能；而共同管辖指的是根据已有管辖规则，在现实中已经出现了对同一案件均有管辖权的多个法院。共同管辖与复合管辖规则并没有必然的对应关系。在复合管辖规则的指引下，并不当然出现共同管辖，如对于限制人身自由的案件，原告所在地或者被告所在地法院均有管辖权，这就是一条复合管辖规则，但如果此时原告所在地与被告所在地是重合的，管辖法院仍然只有一个，并未出现共同管辖。反过来，在单一管辖规则的指引下，却也有出现共同管辖的可能，如一般行政案件应由被告所在地法院管辖，但如果此时是多个行政机关作出的共同行为，而这多个行政机关的所在地又各不相同的话，被告所在地法院便有多个，仍然会出现共同管辖；又如不动产案件应由不动产所在地法院管辖，而此时如果该不动产跨越多个法院辖区，则又有出现共同管辖的可能。因此，共同管辖与复合管辖规则虽有联系，却是明显不同的。

由于同一案件不可能由多个法院共同审理，因此，当共同管辖出现的时候，就必须根据一定的规则加以选择。根据我国行政诉讼制度的现有规定，对于共同管辖的选择规则有三：一是原告选择，两个以上法院都有管辖权的案件，原告可以选择向其中一个法院提起诉讼。二是法律推定，原告向两个以上有管辖权的法院起诉的，由最先收到起诉状的法院管辖。三是上级指定，两个以上有管辖权的法院同时收到起诉状的，应当由这些法院协商解决，协商不成的应由其共同的上一级法院指定其中一个作为管辖法院。

三、裁定管辖

在管辖制度中，虽有一系列管辖规则对每一个案件的受案法院进行指引，但由于诉讼活动本身的复杂性，难免经常出现各种管辖上的疑问、争执甚至错误，这就需要法院通过裁定的方式加以明确和纠正；而有时候由于其他因素的影响，按照既有管辖规则确定下来的受案法院并不适合承担特定案件的审判任务，这也需要法院以裁定的方式作出更改。因此，在确定管辖法院的过程中，法院必须通过运用一系列裁定来保证既有管辖规则的贯彻或者在必要的时候对一般管辖规则确定的结果进行变更，这些裁定都可能对管辖法院的最终确定产生影响，主要包括移送管辖裁定、指定管辖裁定与移转管辖裁定三种。

（一）移送管辖

移送管辖的裁定，是受诉法院发现自己对案件并无管辖权时，将其移送到自己认为有管辖权的法院的裁定。这一裁定的目的在于维护现有的管辖规则，对此有以下几点值得注意：

1. 移送管辖的案件应当已经被法院所受理，法院在受理前发现自己对当事人起诉的案件没有管辖权的，应当裁定不予受理，而不是先受理下来之后再裁定移送管辖。

2. 移送管辖的前提是受诉法院发现自己对案件没有管辖权。这种"发现"既可以是因为当事人提出管辖权异议而发现，也可以是法院主动发现。

3. 接受移送的是移送法院认为其有管辖权的法院。之所以强调只是移送法院"认为"其有管辖权，是因为移送法院也有可能作出错误判断，误向没有管辖权的法院移送，如果发生这种情况，则接受移送的法院不得再行移送，而应报请其与移送法院的共同上一级法院指定管辖。

4. 移送管辖发生于同级法院之间，上下级法院之间不存在这一问题。

（二）指定管辖

指定管辖的裁定，是上级法院确定将特定案件由某一下级法院管辖的裁定。对此应当注意理解以下几点：

1. 指定管辖的产生是基于明确管辖权限或者法院有效行使审判权的需要。在某些情况下，多个法院可能对特定案件的管辖权产生争夺或者推诿，尤其在当前管辖地对审判结果往往产生重大影响的情况下，争夺管辖权的情况尤其多见，如果有关法院就此不能协商解决，就需要其上级法院以裁定方式给予明确。有时候，本应管辖某一案件的法院因为特殊原因可能无法正常进行审判活动，如当地发生严重自然灾害，或者因回避而造成审判人员不足，这时候也需要其上级法院指定其他法院管辖这些案件。

2. 最后接受指定的法院既可能是本来依法有权管辖的法院，也可能是原来依法无权管辖的法院。如果是多个法院就管辖权发生争议的情况，上级法院一般裁定依法有权管辖的法院（或这些法院之一）进行管辖；如果是有权法院无法正常审判的情况，则最后指定的就有可能是本来没有管辖权的法院。

3. 指定管辖只能发生于有监督关系的上下级法院之间。

（三）移转管辖

移转管辖也称管辖权的转移，指的是上级法院决定将特定案件的管辖权在上下级法院之间转移的裁定，实践中法院也可能使用决定而非裁定的文书。其含义主要包括如下几个方面：

1. 移转管辖转移的是管辖权而不是案件。这一点与移送管辖明显不同，移送管辖是将一个案件从没有管辖权的法院转移到有管辖权的法院，而移转管辖是将一个案件的管辖权从一个法院转移到另一个法院，可以说，前者是从"无权"法院移送到"有权"法院，而后者从"有权"法院移转到"无权"法院。

2. 移转管辖只能是自下而上移转，既不可能自上而下移转，也不可能在同级法院间移转。

3. 决定移转管辖的权力在上级法院。上级法院有权直接决定审理下级法院管辖的一审案件；下级法院对其管辖的一审案件认为需要由上级法院审理或者指定管辖的，也可以报请上级法院决定。

四、管辖异议制度

管辖异议制度，指的是当事人对于已经受理的行政诉讼案件，认为受案法院没有管辖权或虽有管辖权而不宜管辖而提出异议，由法院加以处理的制度。管辖异议的意义在于保证管辖规则的正确实施，并保证法院对案件的公正审判。管辖异议制度主要包括以下几个方面的主要内容：

1. 管辖异议的原因在于当事人认为受案法院没有管辖权或者其管辖将会影响对案件的公正审判。在我国当前的行政诉讼体制下，由于行政干预和地方保护倾向在现实中较大程度地存在着，这使得管辖法院的确定对案件的审理结果往往能够产生重大影响，管辖上的程序公正与审理结果的实体公正之间有着极其密切的联系，因此赋予当事人对管辖提出异议的权利就显得十分重要。

2. 可以提出管辖异议的主体是所有当事人。行政诉讼的主要当事人包括原告、被告与第三人。被告理所当然能够提出管辖异议，对此无需赘言；而行政诉讼上的第三人与民事诉讼不同，并不区分其有无独立请求权，其诉讼权利与原被告类似，也有权利提出管辖异议。需要注意的是，原告对管辖也可提出异议，这一点较难理解，因为法院受理案件一般正是原告选择向其起诉的结果，则原告对其管辖提出异议似乎存在矛盾。事实上，原告提出管辖异议的情况也是存在的，诸如原告向某一法院起诉之后，又因移送管辖、指定管辖、移转管辖等原因将案件确定由另一法院管辖，则此时原告当然可以对重新确定的结果提出异议。

3. 当事人应在收到应诉通知或者立案通知之日起的 10 日内以书面形式提出管辖异议，这是对当事人提出管辖异议的形式与时限要求。

4. 法院应当对当事人提出的管辖异议进行审查。异议成立的，应当裁定将案件移送有管辖权的法院；异议不成立的，裁定驳回。对于驳回管辖异议的裁定，当事人可以在 10 日内向上一级法院上诉，上一级法院对上诉的裁定是终审裁定，当事人应当按照其确定的管辖法院参加诉讼，否则将视为撤诉或者视为不应诉。

5. 当事人对生效管辖异议裁定的申诉不影响受案法院的审理。如果法院已经作出了生效判决，当事人对驳回管辖异议的裁定和判决一并申诉的，法院经查发现管辖错误但生效判决正确的则不再改变管辖；如果发现管辖裁定与生效判决均错误的，则应当按照审判监督程序提起再审。

本章二维码

| 第十三章示范案例 | 第十三章思考案例 | 第十三章练习题 | 第十三章课件与授课视频 |

第十四章

行政诉讼的参加人

行政诉讼的主要参加人，包括原告、被告、第三人、代理人和代表人等，司法实践中的难点是认定原告和被告。行政诉讼原告和被告的确定都有一定的原理可循，在这些原理的基础上又存在或多或少的特殊规定，掌握原理是关键。能够充当行政诉讼原告的，是与被诉行政行为存在着法律上直接利害关系的人；而行政诉讼被告，一般来说指的是具备行政主体资格、以自己的名义作出被诉行政行为、原告针对其提起诉讼的机关、机构或组织。修订后的《行政诉讼法》对于第三人制度有所变动，也需要认真体会。

一、行政诉讼的原告

行政诉讼原告，指的是认为行政行为侵犯其合法权益，依法向法院提起诉讼、使诉讼成立的公民、法人或者其他组织。理解这个定义首先必须注意，原告必须是行政管理关系中处于被管理者地位的公民、法人或其他组织，而绝不可能是其他。

第一，行政机关自己不能成为原告。行政机关既不能起诉作为其管理对象的公民、法人或其他组织，也不能起诉其他行政机关。因为行政机关享有行政权，以国家政权的强制力作保证，它对行政相对人有权作出行政行为，直接命令、指挥行政相对人，单方面地为其设定或免除义务、赋予或剥夺权利。作为行政相对人的公民、法人或者其他组织负有服从的义务，当相对人拒绝或不履行行政行为时，行政机关可以行使行政处罚权，追究其法律责任，乃至直接或者申请法院强制相对人履行。我国没有机关诉讼制度（通过行政诉讼程序解决行政权限争议的制度），当不同行政机关就行政管理权限分工产生争议时，应当通过共同上级行政机关协调解决，不能走司法途径。

第二，其他国家机关，如人大、法院、检察院等，也不能做原告。虽然这些机关在不同意义上也有对行政机关的监督权，但宪法以及相关的组织法已经规定了它们对行政机关的监督方式，无需再走行政诉讼途径。例如，人大对行政机关的监督方式是调查、质询、罢免等，检察院对行政机关的监督方式是对公职犯罪进行侦查和起诉，法院对行政机关的监督是在行政诉讼中行使审判权。附带说一下，如果公益行政诉讼制度在我国得以建立，将来检察院有可能成为行政诉讼的原告。因为 2014 年《中共中央关于全面推进依法治国若干重大问题的决定》提出："检察机关在履行职责中发现行政机关违法行使职权或者不行使职权的行为，应该督促其纠正。探索建立检察机关提起公益诉讼制度。"这很可能只是个时间问题。

（一）一般确认规则

行政诉讼原告的确定分为两种情况：一是本来的原告资格，二是经转移的原告资格。

1. 本来的原告资格。行政诉讼的原告，并不要求必须是行政行为的相对人，只要是与被诉行政行为有法律上直接利害关系的公民、法人或其他组织，对该行政行为不服的，均可作为原告提起行政诉讼。因此，学理上把行政诉讼的原告分为两种人：第一种是被诉行政行为直接针对其作出的人，称行政相对人；第二种是其他与被诉行政行为有利害关系的人，称行政相关人。

2. 经转移的原告资格。有权提起行政诉讼的公民死亡，或法人与其他组织终止的，其原告资格可以发生转移。原告资格转移的规则如下：①有权提起行政诉讼的公民死亡的，其近亲属可以作为原告提起诉讼。这里的"近亲属"包括配偶、父母、子女、兄弟姐妹、祖父母、外祖父母、孙子女、外孙子女和其他具有扶养、赡养关系的亲属。②有权提起行政诉讼的法人或其他组织终止的，承受其权利的法人或其他组织可以作为原告提起诉讼。

行政诉讼原告资格的认定，在行政诉讼法上始终是一个颇为棘手的问题。修订前的《行政诉讼法》对此并未作出明确规定，在实际操作中，曾一度被"窄化"为只有被诉行政行为的直接相对人才有资格起诉。2000 年最高人民法院对《行政诉讼法》的原《若干解释》第 12 条作出了规定，指出与行政行为有法律上利害关系的公民、法人或者其他组织对该行为不服的，可以依法提起行政诉讼。接下来，又通过其第 13～18 条拓展了若干具体情形下的行政诉讼原告资格，其范围均明显宽于"行政相对人"，可谓恢复了《行政诉讼法》的立法原意。2014 年修订的《行政诉讼法》第 25 条第 1 款规定："行政行为的相对人以及其他与行政行为有利害关系的公民、法人或者其他组织，有权提起诉讼。"这肯定和延续了原《若干解释》的原告标准。但在实践中，到底如何理解所谓"与行政行为有利害关系"这一表述，即确定行政诉讼原告资格的标准到底是什么，仍然存在着许多争论。我们认为，对行政诉讼原告的认定标准"与行政行为有利害关系"应当从这样几个方面来理解：

（1）这种利害关系应当是现实存在或者按照常态必将发生的，而不仅仅是一种或然的可能性。如果在被诉的行政行为作出之后便付诸执行，当事人的利益已经受到现实的影响，那当然存在利害关系，这一点无须赘述。但在很多情况下，在被诉行政行为作出之后并没有马上执行，当事人的利益还没有受到影响，影响在未来的某个时间点才会发生。这时候，就要根据逻辑来判断利害关系存在的可能性。由于行政行为具有执行力，如果没有被撤销、废止或宣告无效，就必然会付诸执行。如果该行为执行后，当事人的利益除非发生意外事件，否则在正常情况下将会受到影响，这时候也应当认为该行为与当事人之间存在利害关系。如果被诉行政行为执行之后，当事人的利益可能受到影响，也可能不受到影响，还需要结合其他不确定的条件才能加以判断，那就不应该认定该行为与当事人存在这里的利害关系。

（2）这种利害关系所涉及的应当是法律上的利益而不是事实上的利益。所谓法律上的利益，并不是说必须是法律所明确规定的一种权利，而是说对这种利益的保护在法律上是有依据的，这种依据可能是法律上直接的明文规定，也可能能够从法律的原则和精神中得到这样的解释。换言之，就是综合法律上的规定、原则和精神，这样的利益是需要保护、是需要给予考虑的。如果这种利益只是一种事实上的利益，就没有给予保护的理由。所谓事实上的利益，指的是当事人对于这些利益的享有并不存在法律上的理由，只是基于某些事实条件的存在而恰好产生了这样的利益。如果由于行政机关的行政行为而使得当事人的这种利益受到了影响，当事人是没有资格作为原告起诉的。下面这个案件就是一个典型的例子：

◆ 例 14－1

蒋大爷今年 65 岁，退休后便在自家门前的几棵大树下摆起麻将摊，约来几位要好的朋友打麻将、谈天说地，安享晚年。1998 年 8 月 3 日，蒋大爷及其所在的街道的居民突然接到通知，为了响应市政府美化城市的号召，执行某市政府 7 月 1 日作出的红头文件，要对各个街道进行拓宽，其中包括蒋大爷所在的街道。7 月 2 日，街道拓宽工程便开始了，很快蒋大爷经常乘凉打麻将的大树就被刨掉。蒋大爷眼看着自己得以欢乐的地方转眼就消失了，心里很不是滋味，便找到有关施工的领导评理。施工的领导告诉蒋大爷，他们只是执行市政府的文件，你要告就告市政府吧。于是，蒋大爷又找到市政府有关领导人，由于后者没有能给蒋大爷一个满意的答复，蒋大爷一气之下便以市政府为被告，向法院提起行政诉讼，要求撤销政府关于拓宽街道、美化城市的红头文件。请问法院对此案是否应当受理？

分析：在这个例子中，市政府拓宽街道、美化城市的红头文件对于蒋大爷的利益显然已经发生了现实的影响，这种影响表现在剥夺了其利用门前大树消遣娱乐的便利。但是，这种利益只是一种事实上的利益，蒋大爷等居民对于这种利益的享有没有法律上的任何依据。因为法律既不可能规定居民必然享有在自家门前可以就近消遣娱乐的权利，也不可能赋予行政机关一定要在居民自家门前提供消遣娱乐场所的职责。蒋大爷等人原来之所以享有这样的好处，只不过是因为事实上当地恰好存在着这样的便利条件而已。现在这种便利条件消失了，利益的享有者也自然没有权利要求恢复它。因此，对本案法院应当直接裁定不予受理。

◆ 例 14 −2

有一个小区已经建有 A 幼儿园，为满足需要，某区人民政府拟在该小区内再建一所幼儿园。张某和李某先后向某区人民政府提出申请，张某获批准。下列哪一种说法是正确的？

A. 某区人民政府必须在受理李某和张某的申请之日起 20 日内作出批准与否的决定

B. 某区人民政府按照受理张某和李某申请的先后顺序作出批准决定是不合法的

C. 李某有权对某区人民政府批准张某申请的行为提起行政诉讼

D. A 幼儿园有权对某区人民政府批准再建幼儿园的决定提起行政诉讼

分析：本案 AB 两项是比较容易判断的。行政机关作出行政许可决定的期限原则上是 20 日，但经过批准是可以延长 10 日的，因此 A 项错误。行政机关对不属于特许但存在数量限制的许可，应当根据受理当事人申请的先后顺序作出许可决定，某区政府在本案中的做法是合法的，因此 B 项错误。分析本案的难点在原告资格，也就是 CD 两项。

在这个例子里，李某和 A 幼儿园都起诉了区政府批准张某新建一所幼儿园的行为，那么，谁具有原告资格呢？首先，李某是有原告资格的。因为李某有依法申请开办幼儿园这一行政许可事项的权利，在其符合条件的情况下也有获得许可的权利。相应的，行政机关有依法受理其申请，经审查后依法、公正作出许可决定的职责。李某依法申请并获得许可的权利当然是一种法律应当予以保护的利益，作为许可的申请人之一，李某与区政府的许可决定之间当然具有法律上的利害关系。其次，A 幼儿园没有原告资格。虽然，由于区政府在小区里批准新建了第二所幼儿园，很可能导致 A 幼儿园面临竞争压力，生源减少从而收益减少。但是，这样的利益只是一种事实上的利益，是由于该小区一度尚无开办第二家幼儿园的必要从而暂时没有竞争这一事实所带来的一种先占利益。A 幼儿园对这种先占利益的享有并不存在任何法律上的依据，区政府也绝无必须保护这种先占利益、垄断利益的义务。因此，A 幼儿园无权对此提起行政诉讼。

在这个例子里，我们还可以作进一步的假设。如果当时在新建这个小区时，区政府为了引入配套的幼儿教育机构，鼓励民间资本办园，曾承诺 A 幼儿园如果到这里办园，将在若干年内不在该小区兴建第二所幼儿园。而在承诺期限未满时，区政府却批准了张某新建了一所幼儿园。在这种情况下，A 幼儿园的利益就不再只是一种事实利益了，而是基于对区政府的承诺而产生的一种信赖利益了，在法律上是需要予以保护的。此时，A 幼儿园对此就可以提起行政诉讼了。

当然，事实利益与法律利益的分界也不是绝对的，随着事实的变迁和观念的转变，越来越多事实上的利益被立法所吸收，被认为有必要在法律上予以承认和保护，从而转化为法律上的利益。我们来看这样的一个例子：

◆ 例 14 - 3

某地发生了一场大规模的破坏性地震，地震过后有些村庄由于受损严重由国家出资进行异地恢复重建。在异地重建的过程中，需要在新的居住地点分配各个家庭的住房，当地政府按照家庭人口等因素分配相应户型、面积的住房。但有些村民发现，自己家在旧址的住房位置较好，如处于临街位置，可以作为店面经商使用，而在新址分配到的住房则位置较差、相对偏僻，交通也不是很方便；相反，有些家庭在旧址的住房位置不如自家，而重新安置后则明显好于自己。如果某些村民对此不服，能否以分配住房的乡镇政府作为被告提起行政诉讼呢？

分析：如果按照传统的观点来看待此案，对于异地恢复重建的各村民，其在住房分配中的利益，恐怕只有户型、面积才称得上是法律利益。各个家庭有权根据其人口规模分得相应户型、面积的住房，这一点当然是有法律依据的，也是政府必须要考虑的一个重要利益影响因素。如果有的村民以住房面积、户型等理由提起行政诉讼，法院当然必须予以受理。但是，房屋的区位、交通条件等产生的差别只能说是一种事实利益了。一所特定的房屋在区位、交通等方面的优劣，是由当地的道路规划、村庄功能布局、公共设施的分布等事实因素决定的，甚至可能因个人的好恶而得出完全不同的评判。法律不可能赋予村民以这样的一种权利，保障在异地安置时得到与旧址区位条件相同的住所。当村民对此不满时，一般来说，也不应当赋予其提起行政诉讼的权利。但是，如果乡镇政府在分配这些房屋时所造成的上述差别并不是轻微的，也不能给予合理的解释，而是出现了明显的分配不公。此时，法律就有介入的必要了。因为，村民在异地安置的资源重新分配中得到基本、大致、起码的公平，这是法律必须予以保障的、必须考虑的一种利益。这样的利益，无疑就是一种法律上的利益。如果这样的利益受到损害的话，当事人就应该有权提起行政诉讼。

最后，当事人与被诉行政行为之间的这种利害关系应当是直接的而不是间接的。所谓直接的利害关系，就是说被诉行政行为的权利义务内容或者是直接作用于当事人，或者是直接影响到了当事人的利益。如果被诉的行政行为是作用于其他人或者直接影响了其他人，而当事人由于与其他人之间存在着另外一个法律关系，通过这个法律关系才将行政行为的影响传导到当事人的身上，这就是间接的利害关系。例如，民政部门的婚姻登记行为作用的对象是婚姻登记的双方，影响到其人身和财产关系。而由于登记的双方还有其他家庭成员，他们与这些家庭成员之间存在着财产上的共有或继承关系。如此，婚姻登记行为就有可能影响到这些家庭成员的财产利益。但是，这种影响显然就是间接的，这些家庭成员对婚姻登记行为就不可能拥有行政诉讼的原告资格。从另外一个角度来看，要求原告与被诉行政行为之间具有直接利害关系，与行政机关作出被诉行为时所应承担的职责也是相对应的。只有直接的利害关系才是被告在作出被诉行政行为时有可能预见和考虑到的，间接的利害关系需要借助其他法律关系作为媒介来传导，而对于这种作为媒介的利害关系到底是否存在、如何存在等问题，被告一般是无从知晓的，对于这样的间接利害关系也是不可能考虑到的。如果法律上允许间接利害关系人提起行政诉讼，那就等于要求被告在作出行政行为时需要考虑到这些间接的利害关系，否则就面临着充当被告的风险。这样的要求对于被告来说，显然过于苛刻了，很可能导致被告无法正常履行职责。这也是法律上否认间接利害关系人原告资格的一个重要原因。

综上所述，只有当公民、法人或其他组织与被诉行政行为存在着现实的或常态下必将发生的、法律上的、直接的利害关系，才具备行政诉讼的原告资格。

◆ 例 14 – 4

张某与林某同为甲市田山有限公司的股东，林某以个人名义在甲市免税进口一辆轿车，由张某代办各类手续，平时归张某使用。后张某将轿车卖给甲市国浩公司，并将所得款 35 万元人民币划入田山有限公司的账户内。甲市某区工商局认为张某的行为构成倒卖国家禁止或者限制自由买卖的物资、物品行为，决定没收张某销售款；此后又冻结田山有限公司的账款。张某不服，向甲市工商局申请复议。甲市工商局以张某的行为构成偷税为由，维持了原处罚决定。张某遂向法院提起行政诉讼。下列说法不正确的是什么？

A. 林某也有权对处罚决定提起行政诉讼

B. 张某可以田山有限公司的名义提起诉讼

C. 本案的被告为甲市某区工商局

D. 冻结账款行为不属于本案的审理对象

分析：分析本案是有一定难度的，我们需要牢牢把握一点，那就是卖车行为也好，偷税行为也好，都是张某的个人行为，而非田山公司的行为。工商部门作出的处罚决定，也是针对张某个人的，冻结田山公司账款无非是为了执行没收张某销售款的处罚决定（因为销售款被张某划入了公司账内），冻结行为并非案件的审理对象。因此对于处罚决定只有张某一人有权起诉。那么，AB 两项就都是错误的，D 项是正确的。而对于 C 项，因为市工商局虽然改变了区工商局的处罚理由和依据，但维持了原来的处罚结果，属于复议维持，应当以甲市某区工商局和复议机关市工商局作为共同被告，C 项错误。

(二) 几种特殊情况

实践中存在一些特殊情况，原告资格的确定复杂一些，主要是对于行政相对人之外的其他利害相关人需要准确判定。这些情况包括以下几种：

1. 相邻权案件的原告。相邻权案件的原告即行政机关的行政行为损害当事人相邻权（包括采光权、通风权、排水权、通行权等）的案件。相邻权案件在行政规划许可中出现最多，相邻权受到损害的一般都不是行政相对人，而是其他有利害关系的相关人，但有权起诉。较为典型的例子是，行政机关批准某企业建筑一幢大楼或搭建其他设施，该建筑或设施影响了邻近居民的采光、通风、排水、通行等权利，受到影响的人就可以提起行政诉讼。

◆ 例 14 - 5

某公司向规划局交纳了一定费用后获得了该局发放的建设用地规划许可证。刘某的房屋紧邻该许可规划用地，刘某认为建筑工程完成后将遮挡其房屋采光，向法院起诉请求撤销该许可决定。下列哪些说法是不正确的？

A. 规划局发放许可证不得向某公司收取任何费用

B. 因刘某不是该许可的利害关系人，规划局审查和决定发放许可证无需听取其意见

C. 因刘某不是该许可的相对人，不具有原告资格

D. 因建筑工程尚未建设，刘某权益受侵犯不具有现实性，不具有原告资格

分析：行政许可的实施原则上不得收费，但在法律、行政法规有规定的情况下可以收费，故 A 项错误。行政许可实施应当允许利害关系人陈述申辩意见，刘某是相邻权人，具有利害关系，规划局应当听取其意见，B 项错误。行政诉讼原告不必然要求是行政相对人，相邻权人作为利害关系人也有原告资格，C 项错误。刘某权益当时虽未受现实侵犯，但由于规划许可这个行政行为是有拘束力、确定力和执行力的，建筑工程早晚是要建设的，刘某的权益将来必然要受到侵犯，因此具有原告资格，故 D 项也错。

2. 公平竞争权案件的原告。公平竞争权案件的原告，指的是行政行为损害当事人公平竞争权的案件，诉讼的标的就是所谓的行政垄断行为。公平竞争权，指的是当事人为从事一定行为、获得一定权益而参加平等竞争的资格与条件，在此类案件中，公平竞争权受到损害的人，也很可能不是行政行为的相对人。例如，某地方政府为了扶持当地的国有企业而给予税收上的某种优惠，就很可能影响到与这些国企有着竞争关系的民营企业的公平竞争权，后者便可提起行政诉讼。再如，我们在"行政诉讼的受案范围"那一章举过一个"吉德仁等诉盐城市政府会议纪要案"（二维码中）的例子。在这个例子里，盐城市政府通过《会议纪要》规定免收公交公司的交通规费，这就影响了与公交公司存在竞争关系的吉德仁等人的公平竞争权。尽管这个《会议纪要》的直接相对人是公交公司，但吉德仁等人作为利害关系人也是有原告资格的。

3. 经行政复议后的原告资格。一个行政争议经过复议之后，如果争议仍然存在，则行政复议的申请人可以提起行政诉讼，这一点是毫无疑义的。而

复议的被申请人自然不能提起行政诉讼，因为行政诉讼是"民告官"而不是"官告民"，这一点也很清楚。需要解决的问题是，复议中的第三人，甚至是没有参加到复议程序当中但与复议决定有着利害关系的人，能否提起行政诉讼？答案是肯定的。因为行政复议决定本身也是一个行政行为，按照确定诉讼原告的一般规则，只要和行政行为有法律上利害关系的人，都可以作为原告起诉。因此，无论是复议中的第三人，或者没有参加复议程序但权益受到复议决定影响的人，都具备原告资格。

4. 受害人的原告资格。在某些案件中存在一个"受害人"的角色，主要是行政处罚案件。此时，事件中存在着一个加害人和一个受害人，加害人因其加害行为受到行政机关的处罚，对处罚不服当然可以提起行政诉讼。那受害人能不能也提起行政诉讼呢？答案是肯定的。如果受害人认为行政机关对加害人的处罚存在违法之处，一般表现为受害人认为处罚过轻，也可以提起行政诉讼要求加重对加害人的处罚。需要注意，此时加害人与受害人所提起的诉讼，诉的内容是不同的，加害人之诉体现为主张减轻或免除自己的处罚，而受害人之诉体现为主张加重对加害人的处罚，这两个诉所针对的都是同一个行政行为，但其主张相互对立。因此，如果加害人与受害人同时提起诉讼，法院应将其作为两个不同的诉讼对待，但可以合并审理。此时，加害人与受害人在诉讼中的地位都是原告，但不是共同原告。例如，张三因为殴打李四而受到治安处罚，张三是加害人，李四是受害人，均可作为原告起诉，但其诉讼主张是相反的，也不可能构成共同诉讼。

5. 信赖利益人的原告资格。信赖利益人，指的是在行政机关撤销或变更其已经生效的行政行为时，因为信赖该行为而利益上受到损害的人。信赖利益人一般包括两种人：一种就是行政行为的直接相对人，另一种并非其直接相对人，是因信赖该行政行为而采取了相应行动并因此产生一定利益的人。当行政机关将一个已经生效的行政行为撤销时，第一种信赖利益人如果对此不服，其原告资格毫无疑问。而此时第二种信赖利益人能否也对此提起诉讼呢？答案是可以的，因为其法律利益同样因该行政行为的撤销或变更而受到了影响。

例如，某开发商申请一个楼盘的预售许可证，有关行政机关审查后向其颁发了该许可证，此后，开发商在一段时间之内售出多套楼房。不久，行政机关发现该楼盘实际上并未达到预售标准，遂撤销了预售许可证。这一做法，必然影响开发商与已经购房的"准业主"们的利益。对此，开发商作为行政行为的相对人当然可以提起行政诉讼，"准业主"们同样可以起诉。因为，这些购房者之所以购买该楼盘的房屋，除了考虑其他因素之外，还有一个重要的原因就是该楼盘已经获得了预售许可证，否则无法进行销售，他们购买楼房的一部分原因建立在对预售许可证的信赖上，而且这种信赖是合法的，是善意的。行政机关撤销预售许可证的行为破坏了这种信赖，损害了购房者的利益，购房者们可以就此提起行政诉讼。

6. 合伙的原告资格。合伙组织提起行政诉讼时，其原告资格的确定分为两种情况：①是合伙企业的，以核准登记的字号为原告；②是其他合伙组织的，以合伙人为共同原告。

7. 农村土地承包人的原告资格。行政机关作出的行政行为，如果侵犯了农村土地的承包经营权，承包人自然可以该行为相对人的身份作为原告起诉。如果该行政行为涉及的是其他农村土地权益，作为土地所有权人的集体经济组织当然可以作为原告起诉；而承包人作为土地的使用权人，也可以对此提起行政诉讼。

8. 联营、合资、合作企业案件中的原告问题。联营企业、中外合资或合作企业的联营、合资、合作各方（简称企业投资人），认为联营、合资、合作企业的权益或自己一方的权益受到行政行为侵害，需要寻求司法救济时，具体有几种情况：

（1）行政行为是直接针对企业投资人作出的，作为该行政行为的直接相对人，投资人当然可以提起行政诉讼。

（2）行政行为不是针对投资人，而是针对企业作出的，此时利益受到损害的投资人如果拥有企业代表权的话（如该投资人或其代表是企业的法定代表人），当然能够以企业名义起诉。

（3）行政行为针对企业作出，而利益受损的投资人并不拥有该企业代表权的话，投资人能否以企业名义起诉，这是实践中较为棘手的问题。因为企业的其他投资人，尤其是掌握着代表权的投资人可能出于各种目的不愿起诉，此时利益受损的投资人就不可能以企业的名义起诉来谋求救济。应当认为，这种情况下的投资人也能够以自己的名义起诉，以解决真正的利害关系人起诉难的问题。

◆ 例 14 - 6

某市工商局发现，某中外合资游戏软件开发公司生产的一种软件带有暴力和色情内容，决定没收该软件，并对该公司处以 3 万元罚款。中方投资者接受处罚，但外方投资者认为处罚决定既损害了公司的利益也侵害了自己的权益，于是向法院提起行政诉讼。下列哪一选项是正确的？

A. 外方投资者只能以合资公司的名义起诉

B. 外方投资者可以自己的名义起诉

C. 法院受理外方投资者起诉后，应追加未起诉的中方投资者为共同原告

D. 外方投资者只能以保护自己的权益为由提起诉讼

分析：外方投资者能否以合资公司的名义起诉，这一点是不确定的。因为外方投资者有可能掌握着公司的控制权，也可能没有，所以 A 项错误。合资公司双方都可以自己的名义独立起诉，起诉的目的既可以是保护自己的利益，也可以是保护合资公司的利益，因此 B 项对而 D 项错。至于 C 项，中方投资者没有起诉的意愿，法院不应该将其追加为共同原告，但中方投资者与

本案也有直接的利害关系，法院应当通知其作为第三人参加诉讼。

9. 非国有企业案件中的原告问题。非国有企业包括集体企业、私营企业等，如果行政机关通过其行政行为，将非国有企业注销、撤销、合并、强令兼并、出售、分立或改变企业隶属关系，该企业或其法定代表人可以提起行政诉讼。此时就出现了企业主体资格与原告资格分离的特殊情况。行政机关将非国有企业注销、撤销、合并、强令兼并、出售、分立或改变企业隶属关系的，就是要消灭该企业的主体资格。一般情况下，法人或其他组织的主体资格一旦消灭，诉权也随之消灭，只可能发生原告资格转移的问题。但在这种特殊情况下，应当继续承认这些在形式上已经被消灭了主体资格的非国有企业的诉权，允许其借助行政诉讼来审查行政机关消灭其主体资格的行为本身是否合法。注意此时具备原告资格的主体有两个：一是企业，二是企业的法定代表人。这里之所以需要对企业的法定代表人也赋予诉权，主要是考虑到企业一旦被注销、撤销、合并、强令兼并、出售、分立或改变企业隶属关系，其法定代表人有可能无法证明其代表企业的资格了，比如企业的印鉴已经被行政机关或企业占有了，此时，仅仅规定企业本身有诉权就是不够的，还要规定其法定代表人个人也有诉权。当然，企业作为原告起诉，其诉权实际上还是通过法定代表人的行为来实现的。因此，在这种案件中，实际上都是企业的法定代表人在起诉，只不过其起诉的名义有两种：一是企业的名义，二是自己的名义。

◆ 例 14 - 7

甲厂是某市建筑装潢公司下属独立核算的集体企业，2007 年 1 月某市建筑装潢公司经批准与甲厂脱离隶属关系。2007 年 4 月，行政机关下达文件批准某市建筑装潢公司的申请，将甲厂并入另一家集体企业乙厂。对此行为，下列何者有权向法院起诉？

A. 甲厂   B. 乙厂

C. 甲厂法定代表人   D. 乙厂法定代表人

分析：甲厂被强制并入乙厂，意味着甲厂在法律上的主体资格（权利能力）已经被消灭，但其诉讼资格没有消灭，甲厂及其法定代表人都可以作为原告起诉。至于乙厂，合并甲厂也可能违背了其自己的意愿，因此乙厂对兼并决定也可能不服，也可以提起行政诉讼。而由于乙厂的主体资格并没有被消灭，所以没有必要赋予乙厂的法定代表人以原告资格。因此，本案 ABC 三项正确。

10. 股份制企业案件中的原告问题。如果行政机关作出的行政行为损害了股份制企业的经营自主权，企业的法定代表人当然可以以该企业的名义提起行政诉讼。但在有些特殊情况下，法定代表人出于各种原因不愿提起行政诉讼，此时企业的内部机构，包括股东大会、股东代表大会、董事会等，也可以以企业名义提起行政诉讼。

◆ **例14-8**

一公司为股份制企业，认为行政机关作出的决定侵犯了它的企业经营自主权，下列哪些主体有权以该公司的名义提起行政诉讼？

A. 股东　　　　　　　　 B. 股东大会

C. 股东代表大会　　　　　 D. 董事会

分析：由上文可直接知道BCD三项是可以以公司名义起诉的。至于A项，股东如果认为自己的合法权益受到了损害，可以以自己的名义起诉，但无权以公司的名义起诉，因此该项错误。

二、行政诉讼的被告

行政诉讼被告是指被原告指控其行政行为违法，经法院通知应诉的行政机关或法律、法规、规章授权的组织。

（一）一般确认规则

行政诉讼被告的确定主要根据两个条件来判断：①它是实施被诉行政行为的行政主体；②原告起诉了它。两者缺一不可。

这两个条件中，我们很容易对第二个作出准确判断，因此，主要问题是第一个，即如何认定被诉者具备行政主体资格。对此仍要坚持使用"权""名""责"三个标准来判断，对此，本书"行政主体"一章已有详细介绍，在此不赘。对行政诉讼被告的确定，有几点基本结论：

1. 行政机关实施的行政行为被诉时，该行政机关是被告。因为行政机关是一个有独立职权的、完整的行政组织，一定具有行政主体资格。无论它是一级政府，还是政府的工作部门与下属单位，或是政府的派出机关，当它自己实施的行政行为被诉时，就应当作为被告。

2. 被授权组织实施的行政行为被诉时，该组织是被告。无论被授权的是一个行政机构，还是一个社会组织，根据行政授权的原理，只要这种授权是合法、有效的，也就是有法律、法规、规章作为依据的，就可以取得行政主体资格，从而充当行政诉讼被告。

3. 受委托者实施的行政行为被诉时，委托者是被告。根据行政委托的原理，接受行政委托的组织和个人不具备行政主体资格，不能作为行政诉讼被告，应以委托它的行政主体作为被告。在特殊情况下，如果是一个行政机关对另外一个行政机关进行委托，受委托者虽然也具备行政主体资格，但在它实施受委托事项时也并非该事项的主体，不能充当被告。

4. 原告因行政机关不履行法定职责而起诉时，对相应事项负有职责的行政主体是被告。有时候，原告起诉的并不是行政主体作出的某个行为，而是因为行政主体本应实施某个行为却没有实施。此时被告仍按主体标准来确定，即谁对相应事务本来负有作为义务，谁就是被告。例如，当事人认为因行政机关没有履行保护其人身安全的职责而导致自己被人殴打，应以公安局为被告。

（二）几种特殊情况

在理解一般规则的基础上，有关被告的认定还有几种相对特殊的情况，也需要我们掌握：

1. 新组建机构的被告资格。行政机关可能为了行政管理的需要而组建新的行政机构，这些新组建机构的职权状况是不尽相同的，有三种可能：①不具有独立职权，有的时候行政机关新组建一个机构只是为了辅助自己处理某方面的事务，不需要赋予其独立职权，这就是一个纯粹的内部办事机构或议事协调机构，不具有行政主体资格，不能作为被告。②合法赋予其独立职权，即行政机关在组建新的机构之后，根据法律、法规、规章，赋予该机构独立的行政管理职权，这实际上是一个行政授权的过程，此时授权的依据是合法的、充分的，新组建机构就具备了行政主体资格，可以作为被告。③违法"赋予"其独立职权，这种情况下，行政机关也对新组建机构"赋予"了一定的独立职权，但其授权依据却并不合法、充分，如依据一般行政规范性文件进行授权。在这种情况下，被"授权"的新组建机构不能获得行政主体资格，不具有独立承担法律责任的能力，应当以组建该机构的行政机关作为被告。

2. 内设机构与派出机构的被告资格。行政机关的内设机构与派出机构，在职权状况上有两种可能：一种是没有独立职权，不能以自己的名义对外作出行政行为，因而不具备行政主体资格；另一种是具有独立职权，在一定范围内可以以自己名义对外作出行政行为，具备行政主体资格，如内设机构中的专利复审委员会、商标评审委员会，派出机构中的派出所、工商所、税务所等。

在第一种情况下，内设机构与派出机构自然不可能成为行政诉讼的被告，它们对外实施行政行为，应当视为所在行政机关对它们的委托，由其所在的行政机关作为被告。

在第二种情况下，内设机构与派出机构就有充当诉讼被告的可能，需要进一步分析，可分为三种具体情况：①这些机构在自己的授权范围内实施行政活动，当事人提起行政诉讼的，应当以该机构自己作为被告。②这些机构在实施职权时，超越了法定授权的幅度，如派出所作出了1000元的罚款决定，税务所作出了5000元的罚款决定，这属于超越职权幅度的行为，因为派出所与税务所虽然有罚款的权力，但上述决定却超越了其罚款额度，这种情况简称"幅度越权"。"幅度越权"时，仍以作出行政行为的机构为被告。③这些机构在实施职权时，"行使"了某类法律、法规、规章根本没有赋予它的职权，如派出所作出了行政拘留甚至劳动教养的决定，我们称这种情况为

"种类越权"。此时，这些机构就没有资格充当行政诉讼被告，而应当以其所在机关作为被告。总之，对于这些获得一定授权的内设机构与派出机构，在确定其被告资格时，应当以其作出行政行为时的职权状况作为判断标准，只有在"种类越权"时才由其所在机关为被告，其他情况下仍以该机构自己为被告。

◆ 例 14 - 9

某区公安局派出所突击检查孔某经营的娱乐城，孔某向正在赌博的人员通风报信，派出所突击检查一无所获。派出所工作人员将孔某带回调查，孔某因受到逼供而说出实情。派出所据此决定对孔某拘留 10 日，孔某不服提起诉讼。下列哪一说法是正确的？

A. 在作出拘留决定前，孔某有权要求举行听证

B. 对孔某的拘留决定违法

C. 某区公安分局派出所是本案被告

D. 因孔某起诉，公安机关应暂缓执行拘留决定

分析：拘留不适用听证程序，治安处罚中适用听证的是吊销许可证和执照，或者罚款 2000 元以上，因此 A 项错。派出所自身的处罚权是警告或者罚款 500 元以下，作出拘留决定显然是超越职权的，B 项正确。派出所作出拘留决定的性质属于种类越权，被告应为某区公安分局，C 项错误。孔某虽然对拘留决定提起了行政诉讼，但没有提供合格的保证人或按规定缴纳保证金，不符合暂缓执行拘留的条件，D 项也错误。

3. 共同行政行为的被告。共同行政行为，指的是多个行政主体以共同名义一起作出的行政行为。按照一般原则，当事人对共同行政行为提起诉讼时，应当以实施这些行为的多个行政主体作为共同被告。需要注意：

（1）遗漏部分被告时的处理。有时原告只将其中一部分行政主体列为被告，剩余的行政主体在行政诉讼中的地位需要分析。对于行政诉讼来说，如果一个行政主体作出的行政行为被诉了，并不必然意味着成为被告，还需另外一个条件，就是原告将其列为被告。对于共同行政行为，如果原告只起诉了其中一部分行政主体，这一部分行政主体当然成为被告，但法院并不能直接就将剩余的行政主体补充为被告。正确的做法是：要求原告追加其他行政主体作为共同被告，如果原告坚持不追加的，只能将其列为第三人。

◆ 例 14 - 10

某县环保局与水利局在联合执法过程中，发现某化工厂排污口建在行洪通道上，并对下游河水造成污染，遂联合作出责令该厂限期拆除其排污口的决定。某县水利局工作人员田某向该厂送达决定书时，遭到该厂职工围攻而受伤。该厂不服决定，以某县水利局为被告向法院提起行政诉讼。下列哪一

说法是正确的？

    A. 法院应当通知某化工厂变更被告

    B. 某县水利局可以对田某被打一事提起反诉

    C. 田某可以成为本案的第三人

    D. 若法院追加且某化工厂同意，某县环保局为本案的被告

    分析：在本案中，化工厂起诉时遗漏了一个被告（环保局），法院应当在原告同意的基础上，追加（而不是变更）环保局为被告，故 A 项错而 D 项对。行政诉讼是"民告官"，不存在反诉，B 项显然错误。田某是代表水利局实施行政行为的工作人员，不是本案法律关系当事人，不可能充当第三人，C 项也错。

    （2）与虚假共同行为的辨别。实践中存在一些案件，被诉行政行为除行政主体之外，还有一些非行政主体参与署名共同作出这一行为。当事人如果对该行为起诉，只能以其中的行政主体作为被告，那些非行政主体应当被列为第三人。如某市工商局与该市消费者权益保护协会共同查处一商场销售假烟的行为并共同署名作出处罚，则此案的被告只能是具有行政主体资格的工商局，而没有行政主体资格的消费者保护协会就只能被列为第三人。

    （3）与联合行为的辨析。行政机关为了提高工作效率，可能采取联合办公的方式，如联合进行执法检查，或联合办理、统一办理行政许可。但在作出某一个行政行为时，这些机关并没有共同署名作出，这样的行为仍不能被认定为共同行政行为，这些机关在行政诉讼中也不充当共同被告。此时，应当由对该行为的作出具有实质影响的机关作为被告。如工商局、质监局、卫生局联合对某市场进行执法，吊销了一家个体户的工商营业执照，这一行为的被告只能是工商局。又如某人申请开办一家 KTV，需要办理卫生许可证、消防许可证、税务登记、工商登记等，按照当地规定，此类事项由工商局受理后告知消防局、卫生局、税务局等其他部门并分别提出意见后再统一办理。由于消防局认为其消防设施不符合条件，最终不予许可。此时，被告只能是对该许可结果产生实质影响的消防局，而不是牵头受理的工商局，更不是多个部门充当共同被告。

    4. 经批准行为的被告。有时候，行政行为是经过上级行政机关批准后，由下级行政机关具体实施的。此时，当事人不服起诉的，应当按照名义标准，以在对外发生法律效力的文书上署名的机关为被告。

    注意在行政许可案件中，对于下级机关根据上级机关批准作出的（不予）许可决定，当事人可以单独起诉该决定，也可以一并起诉上级机关的（不予）批准行为。如果单独起诉（不予）许可决定的，以作出该决定的下级机关为被告；如果一并起诉（不予）许可决定和（不予）批准行为的，应当以两级机关作为共同被告。

◆ 例 14 –11

甲市政府批复同意本市乙区政府征用乙区某村丙小组非耕地63亩，并将其中48亩使用权出让给某公司用于建设商城。该村丙小组袁某等村民认为，征地中有袁某等32户村民的责任田32亩，区政府虽以耕地标准进行补偿但以非耕地报批的做法违法，遂向法院提起行政诉讼。下列哪一说法是正确的？

A. 袁某等32户村民可以以某村丙小组的名义起诉

B. 袁某等32户村民可以以自己的名义起诉

C. 应当以乙区人民政府为被告

D. 法院经审理如果发现征地批复违法，应当判决撤销

分析：集体土地使用权人可以用自己的名义提起行政诉讼，但不能以村民小组这个集体的名义来起诉，因此A项错误B项正确。C项最有迷惑性，需要注意案中的征地行为是区政府经市政府批准作出的，但最后以哪级政府名义作出并未交代，因此被告处于不确定的状态，C项的说法是错误的。D项的错误在于，撤销征地决定可能使公共利益遭受重大损失，因此法院不应撤销该行为，而应转为确认违法判决（详见后文"结案方式"）。

5. 行政主体被撤销或变更职权后的被告资格。作出行政行为的行政主体机关被撤销或者变更了职权，而该行为又被提起行政诉讼时，应当以继续行使职权的新行政主体替代其成为被告。如果没有继续行使其职权的其他行政主体，就应当由撤销它的行政主体代替。

6. 经行政复议后被告资格的确定。当事人经复议后，对复议决定仍然不服提起行政诉讼时，其诉讼被告的确定包括三种情况：

（1）复议维持。复议机关维持了原来的行政行为，意味着复议机关认同、肯定了原来的行为，原行为的作出就可以看作是复议机关和原机关共同的意思表示，如果当事人起诉，法院审查的也是这个行为。但是，由于原来的行为经过了行政复议，虽然复议的结果和原来的行为是一致的，但行政复议本身有一个程序的问题，也就是复议程序也可能存在违法，因此法院对于行政复议的程序也需要加以审查。所以，对于复议维持的案件，法院在实体上审查的是一个行为（既是原来的行为，也是复议决定），在程序上是两个行为都需要审查，因此，原来的行政机关和复议机关都应当充当被告，而且是共同被告。

所谓复议维持，包括两种情况：一是复议机关对原来的行为作出了维持决定，这主要适用于原来的行为是作为的案件；二是复议机关决定驳回复议申请或者复议请求的情形，这主要适用于原来的行为是不作为的案件。但是，复议机关以当事人的复议申请不符合受理条件为由决定驳回的除外。因为，在这种情况下，复议机关还没有对原来的行为加以审理和评判，谈不上维持或不维持的问题。这种情况应当作为复议不作为来处理，下文将加以详述。

在复议维持的情况下，原机关和复议机关是共同被告。原告只起诉其中

一个机关的，法院应当告知其追加被告。原告不同意追加的，法院应当直接将另一机关列为共同被告。需要注意，这和其他共同被告案件中原告不追加遗漏的被告时，法院将遗漏的被告转为第三人的做法是不同的。因为复议维持案件除了对原机关和复议机关共同作出的行为进行审查外，还要单独审查复议行为的程序问题，涉及对两个行为的审查，因此两个机关必须作为共同被告出现。

（2）复议改变。复议机关改变了原行政行为时，当事人对此仍然不服提起诉讼的话，其诉讼的对象不再是原来的行政行为，而变成了复议决定，此时应当以复议机关作为被告。

复议机关可能对原来的行为作出三个方面的改变：①改变原行政行为所认定的主要事实和证据。例如，某当事人不服交警对自己罚款200元的交通违章处罚而申请复议，上一级公安机关在复议程序中找到新的目击证人，并根据该证人的证言维持了原来的处罚结果；②改变原行政行为所适用的规范依据。例如，对当事人一治安违法行为，区公安局根据《治安管理处罚法》的规定认定为属于故意伤害他人身体的行为，予以拘留10日，经复议后市公安局根据《治安管理处罚法》的另一规定认定为扰乱公共秩序，仍然维持了10日的拘留决定；③改变原行政行为的全部或部分处理结果。例如，将10日的拘留决定变更为5日。需要特别注意，最高人民法院对修订后的《行政诉讼法》作出的新《若干解释》对这个问题作出了比较重要的修改，在上述三种情况中，现在只有最后一种——改变原行为的结果——才构成复议机关改变原行为，前两种情况尽管事实证据和法律依据可能有所更改，但结果不变，仍属于复议维持的情况。

◆ 例14-12

1997年沈某取得一房屋的房产证。2001年5月其儿媳李某以委托代理人身份到某市房管局办理换证事宜，在申请书一栏中填写"房屋为沈某、沈某某（沈某的儿子）共有"，但沈某后领取的房产证中在共有人一栏是空白的。2005年沈某将此房屋卖给赵某，并到某市房管局办理了房屋转移登记手续，赵某领取了房产证。沈某某以他是该房屋的共有人为由向某市人民政府申请复议，某市人民政府以房屋转移登记事实不清撤销了房屋登记。赵某和沈某不服，向法院提起行政诉讼。下列哪些说法是正确的？

A. 沈某某和李某为本案的第三人

B. 某市房管局办理此房屋转移登记行为是否合法不属本案的审查对象

C. 某市房管局为沈某办理换证行为是否合法不属本案的审查对象

D. 李某是否有委托代理权是法院审理本案的核心

分析：本案是典型的复议改变案件，表现为复议机关撤销了原行为，因此被告是复议机关，即市政府，法院审理的对象也只能是被告所作出的复议决定，即撤销行为，而不可能是原机关市房管局办理房屋转移登记的行为，因此 BC 两项正确。李某和房屋的归属没有法律上的利害关系，不可能作为第三人，其是否有委托代理权也不可能是法院审理本案的核心，AD 两项均错误。

◆ 例14－13

村民甲、乙因自留地使用权发生争议，乡政府作出处理决定，认定使用权归属甲。乙不服向县政府申请复议，县政府以甲乙二人争议属于农村土地承包经营纠纷，乡政府无权作出处理决定为由，撤销乡政府的决定。甲不服向法院起诉。下列说法正确的是什么？

　　A. 县政府撤销乡政府决定的同时应当确定系争土地权属
　　B. 甲的代理人的授权委托书应当载明委托事项和具体权限
　　C. 本案被告为县政府
　　D. 乙与乡政府为本案的第三人

分析：县政府复议的标的是乡政府的处理决定，并不审查土地权属，A项错误。B项正确。县政府撤销乡政府的决定，属于复议改变，应当以复议机关县政府为被告，C项正确。乙是土地争议的一方，当然是本案第三人，但原机关乡政府不再参加诉讼，也不可能充当第三人，D项错误。

（3）复议不作为。复议不作为，指的是复议机关在法定期限之内没有受理复议申请或没有作出复议决定的情况，此时如果当事人继续提起行政诉讼，被告应如何确定呢？在这种情况下，如果当事人继续起诉原来的行政行为，应当以最初作出该行为的主体为被告。但是，由于复议机关的行为本身已经构成了行政不作为，这又产生了另外一个诉因，当事人又可以起诉这种行政不作为，构成一个新的行政诉讼，这个诉讼的被告当然就是复议机关。因此，在复议不作为的情况下，首先应当明确当事人诉讼的对象，再据此确定被告。

◆ 例14－14

金某因举报单位负责人贪污问题遭到殴打，于案发当日向某区公安分局某派出所报案，但派出所久拖不理。金某向区公安分局申请复议，区公安分局以未成立复议机构为由拒绝受理，并告知金某向上级机关申请复议。下列哪些说法是正确的？

　　A. 金某可以向某区人民政府申请复议
　　B. 金某可以以某派出所为被告向法院提起行政诉讼
　　C. 金某可以以某区公安分局为被告向法院提起行政诉讼
　　D. 应当对某区公安分局相关责任人给予行政处分

分析：由于公安局属双重领导部门，如果金某以区公安分局为被申请人，复议机关是市公安局或区政府；如以派出所为被申请人，复议机关是区公安分局或区政府。也就是无论如何，向区政府申请复议都是正确的，故 A 项正确。本案又是典型的复议不作为，原机关（派出所）与复议机关（公安分局）都有可能作为被告，因此 BC 两项也对。至于 D 项，复议机关工作人员不依法履行行政复议职责的，应当给予责任人行政处分，也正确。

◆ 例 14 - 15

郑某因某厂欠缴其社会养老保险费，于是向区社保局投诉。2004 年 9 月 22 日，该局向该厂送达《决定书》，要求为郑某缴纳养老保险费 1 万元。同月 30 日，该局向郑某送达《告知书》，称其举报一事属实，并要求他缴纳养老保险费（个人缴纳部分）2000 元。郑某不服区社保局的《决定书》于是向法院起诉，法院的生效判决未支持郑某的请求。2005 年 4 月 19 日，郑某不服《告知书》向市社保局申请复议，后者作出不予受理决定，郑某不服提起诉讼。下列选项正确的是什么？

A. 郑某向市社保局提出的复议申请已超过申请期限

B. 区社保局所在地的法院和市社保局所在地的法院对本案均有管辖权

C. 郑某的起诉属重复起诉

D. 如郑某对告知书不服直接向法院起诉，法院可以以被诉行为系重复处理行为为由不受理郑某起诉

分析：本案中郑某的复议申请确已远远超过 60 日的申请期限，A 项正确。又因本案郑某起诉的是复议机关的不作为（不予受理复议申请），故被告是市社保局，管辖法院只能是市社保局所在地法院，故 B 项错。郑某起诉的是复议机关的不作为，与原来起诉的《决定书》不同，不是重复起诉，故 C 项也错。如果郑某直接起诉《告知书》，其内容与《决定书》也是不同的，不构成重复处理行为，D 项也错。

三、行政诉讼的其他参加人

行政诉讼还包括其他参加人和参与人，如第三人、代理人、代表人、证人、勘验人、鉴定人、记录人等。在这里，我们重点介绍第三人、代表人、代理人。

（一）第三人

行政诉讼对第三人的分类，主要有两个标准：一是根据其在行政争议中的不同角色，划分为原告型第三人与被告型第三人。二是根据其诉讼权利的不同，划分为有上诉权的第三人和无上诉权的第三人。

1. 原告型第三人和被告型第三人。如果一个人本来与被诉的行政行为有法律上的利害关系，也就是具备原告资格，不过没有起诉；或者和案件处理结果存在利害关系，这就是原告型第三人。如果一个主体本来可以作为被告，只不过因为原告没有起诉他或因为某些特殊规则的限制而未能成为被告，但也参与到诉讼当中去，它就是被告型第三人。

《行政诉讼法》第 29 条第 1 款规定："公民、法人或者其他组织同被诉行政行为有利害关系但没有提起诉讼，或者同案件处理结果有利害关系的，可以作为第三人申请参加诉讼，或者由人民法院通知参加诉讼。"这里讲的第三人就都是原告型第三人，包括与被诉行政行为有利害关系的第三人，以及与案件处理结果有利害关系的第三人。

与被诉行政行为有利害关系的第三人是比较常见的，其判断标准实际上就和原告的判断标准一样。例如：①行政处罚诉讼案件中的第三人。如果行政处罚案件中有多个共同被处罚人的，都可以作为原告起诉，如果只有部分被处罚人起诉，其他的被处罚人就可以作为原告型第三人参加诉讼；或处罚案件中有受害人的，加害人与受害人本来都有资格作为原告起诉，如果其中只有一人起诉，另外一人就可以作为第三人参加诉讼。②行政确权、裁决或许可案件中的第三人。行政确权案件，是多个平等主体就某一权利产生争议，最后由行政机关确定下来的案件；行政裁决案件，是多个平等主体就民事问题产生争议，最后由行政机关作出裁断的案件；行政许可案件，是多个申请人共同竞争一个许可证，最后行政机关将许可证颁给其中一人的案件。这些案件都有一个共同点，就是多人争夺某项权利或发生一个纠纷，最后行政机关只可能将这项权利确定给某一个人，或者它对纠纷的裁断只可能对少数人有利。此时，其他没有获得权利的人或受到不利裁断的人，就有权提起行政诉讼，如果只有一些人提起诉讼，另一部分人就可以作为第三人参加诉讼。总之，只要被诉的行政行为与当事人有着法律上的利害关系，该当事人又没有起诉的，都可以作为第三人参加诉讼。

与案件处理结果有利害关系的第三人则相对少见。一般来说，这些第三人和被诉行政行为的利害关系比较间接，不能作为原告起诉，但和案件处理的结果关系却变得比较直接，也可以成为第三人。例如，在一个行政不作为案件当中，原告向环保局举报一化工厂超标排污污染其农田，环保局不予答复，原告起诉。此时，被举报的化工厂跟环保局的不作为并没有直接的利害关系，也不可能具备原告资格。但是，一旦法院最后判决责令环保局履行职责，对该化工厂进行查处，这个处理结果就必然和化工厂产生直接的利害关系。此时，化工厂就有资格作为第三人参加诉讼。再如，公安机关对某甲作出治安处罚决定，某甲不服提起诉讼，主张公安机关处罚对象错误，违法者是某乙。在这一案件中，由于某乙此前和公安机关的处罚决定完全无关，不可能具有原告资格。但是，一旦法院认同某甲的主张而撤销其处罚，则某乙可能随之被处罚，而某乙也可以作为第三人参加诉讼。

被告型第三人通常包括这样几种情况：①作出矛盾行为的其他行政机关。如果当事人对一个行政行为提起了诉讼，而此时还存在另外一个行政机关，其作出的行政行为正好与被诉行为矛盾，则该机关就应当作为被告型第三人参加诉讼。因为该机关作出的行为与被诉行为存在矛盾，而行政诉讼的结果又将直接判断被诉行为的合法性，这一判决也将必然涉及矛盾行为的合法性，作出矛盾行为的机关自然要参加到诉讼中来。例如，乡政府批准某人在堤坝附近建房，县水利局却认为该建筑影响防洪而责令其拆除，如果房主不服起诉县水利局，乡政府就应当作为第三人参加诉讼。②在行政决定中署名的非行政主体。如上文所述，对于行政主体与非行政主体共同署名作出的行为，只能以其中的行政主体作为被告，而那些非行政主体就应被列为第三人。③原告起诉时遗漏的行政主体。对此前文也已有介绍，如果原告在起诉共同行政行为时，没有将全部参与该行为的行政主体均列为被告，法院应当通知原告追加被告，原告拒绝追加的，这一部分被遗漏的"被告"就转化为第三人。

◆ 例 14 –16

村民甲带领乙、丙等人与造纸厂协商污染赔偿问题。因对提出的赔偿方案不满，甲、乙、丙等人阻止生产，并将工人李某打伤。公安局接该厂厂长举报，经调查后决定对甲拘留 15 日、乙拘留 5 日，对其他人未作处罚。甲向法院提起行政诉讼，法院受理。下列哪些人员不能成为本案的第三人？

A. 丙　　　　　　　　　B. 乙

C. 李某　　　　　　　　D. 造纸厂厂长

分析：被诉行为是对甲的拘留决定，乙作为共同被处罚人，李某、造纸厂（不是厂长）作为受害人，都有利害关系，既可以作为原告也可以作为第三人。而没有被处罚的丙、代表造纸厂的厂长，和被诉行为没有利害关系，和案件审理结果也没有利害关系，不能充当第三人。

2. 有上诉权的第三人和无上诉权的第三人。法院判决第三人承担义务或者减损第三人权益，即对第三人造成不利影响的，第三人有权提起上诉。如果法院的判决肯定、增加了第三人的利益或者减轻了第三人的义务，或者对第三人的权利义务没有影响的，第三人就无权上诉。

◆ 例 14 –17

孔某向某县政府提出书面申请，请求为其核发土地使用证，但某县政府以孔某申请办证与张某发生土地权属纠纷为由立案，在组织孔某与张某多次协商未果的情况下对双方的土地权属争议作出决定，认定土地属于孔某。张某认为该土地使用权应确定由其享有，向法院提起诉讼，要求撤销县政府的处理决定。下列哪一说法是正确的？

A. 本案应由某县法院管辖

B. 本案的审理对象是县政府为孔某核发土地使用证的行为

C. 县政府的处理决定合法，应判决驳回张某的诉讼请求

D. 若孔某作为本案的第三人，对法院的一审判决不服，有权提起上诉

分析：县政府是本案被告，应当由中院而不是基层法院管辖，A 项错误。

本案的审理对象是县政府认定争议土地归属孔某的行为，而不是核发土地使用证的行为，B 项错误。在被诉行政行为正确的情况下，应当判决驳回原告的诉讼请求（详见后文"结案制度"），C 项正确。孔某作为第三人，只有一审对其作出结果不利的判决时才可以上诉，D 项错误。

（二）代表人

从性质上看，行政诉讼代表人本身就是原告中的一员，只不过有时候原告一方是一个非法人的集体，或者原告的人数众多，为了诉讼活动的顺利进行，必须由一个主体代表原告（们）的意志，因此产生了诉讼代表人制度。行政诉讼中的代表人包括这样几种：

1. 合伙企业的代表人。合伙企业起诉的，应当以核准登记的字号为原告，由执行合伙企业事务的合伙人作为诉讼代表人。

2. 其他组织的代表人。不具备法人资格的其他组织向法院提起诉讼的，由该组织的主要负责人作为诉讼代表人，没有主要负责人的，可以由推选的负责人作为诉讼代表人。

3. 共同诉讼的代表人。当事人一方人数众多的共同诉讼，可以由当事人推选代表人进行诉讼。在合理期限内没有推选的，法院可以指定。代表人的诉讼行为对其所代表的当事人发生效力，但代表人变更、放弃诉讼请求或者承认对方当事人的诉讼请求，应当经被代表的当事人同意。

（三）代理人

行政诉讼的代理人分为法定代理人、指定代理人、委托代理人三种，行政诉讼代理人的确定与民事诉讼代理人的确定适用同一规则。具体制度如下：

1. 法定代理人。没有诉讼行为能力的公民，由其法定代理人代为诉讼。

2. 指定代理人。法定代理人之间互相推诿代理责任的，由法院指定其中一人代为诉讼。

3. 委托代理人。当事人、法定代理人可以委托 1 ~ 2 人作为诉讼代理人。

下列人员可以被委托为诉讼代理人：①律师、基层法律服务工作者；②当事人的近亲属或者工作人员；③当事人所在社区、单位以及有关社会团体推荐的公民。

代理诉讼的律师有权按照规定查阅、复制本案有关材料，有权向有关组织和公民调查、收集与本案有关的证据。对涉及国家秘密、商业秘密和个人隐私的材料，应当依照法律规定保密。当事人和其他诉讼代理人有权按照规定查阅、复制本案庭审材料，但涉及国家秘密、商业秘密和个人隐私的内容除外。

本章二维码

第十四章示范案例　　第十四章思考案例　　第十四章练习题　　第十四章课件与授课视频

第十五章

行政诉讼的程序

　　行政诉讼的程序问题很多，其重要方面包括起诉、立案、应诉、审理、撤诉等环节。从总体上看，行政诉讼的程序规则和民事诉讼是相似的，行政诉讼法甚至可以被视为民事诉讼法的特别法。在这里，我们主要应掌握行政诉讼程序中的特有规则，即行政诉讼与民事诉讼程序的不同之处。其中，最重要也比较复杂的是行政诉讼起诉时限的计算。掌握这一问题，关键是区分不同类型案件的诉讼标的，诉讼标的不同直接决定了起诉时限计算原理、计算方法的不同。另外，对于行政争议和民事争议交织案件的程序选择也是一个难点，修订后的《行政诉讼法》对原来的制度设计变动也比较大，同样需要认真体会。

一、行政诉讼的起诉

　　行政诉讼的起诉环节，主要是掌握起诉条件、起诉期限的计算和起诉方式，其中起诉期限的计算是重点也是难点。

　　（一）起诉条件

　　起诉应当符合如下形式条件：

　　1. 原告适格。所谓原告适格，是指起诉人必须具有原告资格，这一点我们在前文已经做过详细讲解，在此不赘。

　　2. 被告明确。原告在起诉时，必须明确指出谁是被告人。如果没有具体明确的被告，就无法形成一个诉讼，就无人应诉，法院也就无法进行审判活动。原告在起诉时，应列出实施行政行为的行政机关或者法律、法规、规章授权组织的名称。如果原告指明的被告不适格，法院应当告知其予以变更，原告拒绝变更的，法院应当裁定驳回起诉。

　　3. 起诉状有具体的诉讼请求和事实根据。所谓诉状适格，是指起诉书中必须有具体的诉讼请求和事实根据。诉讼请求是原告通过法院针对被告提出的，希望获得法院司法保护的实体权利要求。它将决定法院审理和裁判的内容，因此必须明确、具体。行政诉讼中的具体诉讼请求包括以下几种：①请求判决撤销或者变更行政行为；②请求判决行政机关履行法定职责或者给付义务；③请求判决确认行政行为违法；④请求判决确认行政行为无效；⑤请求判决行政机关予以赔偿或者补偿；⑥请求解决行政协议的争议；⑦请求一并审查规章以下的规范性文件；⑧请求一并解决相关民事争议；⑨其他诉讼请求。当事人未能正确表达诉讼请求的，法院应当予以释明。

事实根据是指原告向法院起诉所依据的事实和根据，包括案件情况和证据。值得注意的是，原告在起诉受理阶段只要能够证明在原告与被告之间存在行政争议即可，原告提供的证据不需要达到足以证明行政行为违法的程度，这是因为对被诉行政行为合法性的举证责任是由被告承担的。

4. 属于法院受案范围和受诉法院管辖。所谓受案范围，是指法院系统受理行政案件的范围，或者说是法院系统与其他国家权力系统（如行政机关、立法机关）的权力界限，它也决定了当事人的诉权范围。起诉如果超出了法院受案范围，则起诉不能成立，法院也无权受理。所谓管辖，是指法院系统内部对行政案件受理的分工，当事人应依法向对案件有管辖权的法院起诉。但是，当原告向无管辖权的法院起诉时，并不会因此丧失诉权，只是会耽误案件进程。在这种情况下，无管辖权的法院应告知其向有管辖权的法院起诉；无管辖权的法院已经立案受理的，应将案件移送给有管辖权的法院。

（二）起诉期限

行政诉讼的起诉期限，就是原告提起行政诉讼所受到的时间限制，原告只有在该期限之内提起诉讼方能被法院所受理，否则法院应裁定不予受理，已经受理的也应裁定驳回起诉。注意行政诉讼的起诉期限与民事诉讼中的诉讼时效并不相同，民事诉讼的时效存在着中断、中止的问题，而在行政诉讼的起诉期限中，并无此类问题存在，只有期限扣除和延长的问题。

行政诉讼起诉期限的计算，因当事人起诉的对象与程序不同而有所不同，分为下列四种情况：

1. 起诉行政行为作为的案件。原告直接向法院提起诉讼的，应当自知道或者应当知道作出行政行为之日起6个月内提出。法律另有规定的除外。因不动产提起诉讼的案件自行政行为作出之日起超过20年，其他案件自行政行为作出之日起超过5年提起诉讼的，法院不予受理。

这里可以分为两种情况：第一种情况，被告作出行政行为时，原告就知道了这个行为，比如被告向原告进行了直接送达。此时，行政行为作出之日和原告知道其作出之日，实际上是重合的。也就是从这个时间起，原告应当在6个月内起诉。第二种情况，被告作出行政行为时，原告不知道这个行为，后来才知道这个行为，或者后来有证据证明他应该知道这个行为，就要以其知道或应当知道行为作出之日为准，从此时起算6个月的起诉期限。但是，最长不得超过行政行为作出之日起5年，不动产案件则是不超过20年。

例如，某村在距离该村较远的地方有一块土地，由于距离较远长期没有使用。1995年8月1日，县政府修建一条通往县城的公路占用了这块土地，但没有告知该村。直到2015年这条公路要拓宽的时候，该村才有人提起当年修路时好像占了村里一块地。2015年6月1日，村长到县政府去询问，县政府经查明告知当年确实占用了该村土地，但因时间距今过长不予补偿。村长不服，县政府说不服你就去告吧。本案的诉讼期限如何计算呢？首先，应当从村长知道行政行为作出之日，即 2015 年 6 月 1 日起算 6 个月，算至 2015 年 12 月 1 日；再从行政行为作出之日，即 1995 年 8 月 1 日起算 20 年（不动产案件），算至 2015 年 8 月 1 日；最后取两个时间段的交集，则实际可以行使诉权的时间，就是 2015 年 6 月 1 日至 2015 年 8 月 1 日，只有 2 个月。

◆ 例 15 - 1

因甲公司不能偿还到期债务，贷款银行向法院提起民事诉讼。2004 年 6 月 7 日，银行在诉讼中得知市发展和改革委员会已于 2004 年 4 月 6 日根据申请，将某小区住宅项目的建设业主由甲公司变更为乙公司。后银行认为行政机关的变更行为侵犯了其合法债权，于 2006 年 1 月 9 日向法院提起行政诉讼，请求确认市发展和改革委员会的变更行为违法。下列关于本案起诉期限的哪种说法符合法律规定？

A. 原告应当在知道被诉行政行为作出之日起 5 年内提起行政诉讼

B. 原告应当在知道被诉行政行为作出之日起 20 年内提起行政诉讼

C. 原告应当在知道被诉行政行为作出之日起 2 年内提起行政诉讼

D. 原告应当在知道被诉行政行为作出之日起 6 个月内提起行政诉讼

分析：本案较为简单，其基本判断在于明确市发改委作出变更行为时，银行并不知道该行为作出了，直至民事诉讼期间方才得知，则诉讼时限的起算点应为知道该行政行为作出之日，时间长度不超过 6 个月，因此只有 D 项是正确的。

◆ 例 15 - 2

1995 年田某向原国家专利局申请 A 发明专利，次年 4 月与胡某签订"关于创办 B 厂协议书"。在田某不知情的情况下，1998 年 4 月 20 日某区工商局根据胡某的申请向胡某颁发了 B 厂企业法人营业执照，胡某为法定代表人。1999 年 5 月 11 日，某区工商局根据 B 厂的申请注销了该厂的登记。2000 年 10 月 20 日田某向某区工商局了解 B 厂情况，同年 11 月 2 日该局告知该厂登记、注销情况。2003 年 7 月 31 日国家专利行政部门授予田某 A 专利权并予以公告。2004 年 8 月 10 日，田某以某区工商局向胡某颁发企业法人营业执照行为侵犯其专利权为由向法院提起诉讼。下列哪一种说法是正确的？

A. 田某的专利权保护期自 2004 年 7 月 31 日起算

B. 田某起诉期限自 2000 年 10 月 20 日起算

C. 如果《专利法》对起诉期限有特别规定时，田某提起诉讼的起诉期限应从其规定

D. 对田某的起诉，法院不予受理

分析：在本案中，田某的专利权保护期应当回溯到申请日，A 项错误。

由于田某直至 2000 年 11 月 2 日才被告知工商局对 B 厂的营业登记行为，此时田某才知道被诉行为的内容，起诉时限应当从此时起计算 6 个月。田某在 2004 年 8 月 10 日起诉，已经超过了这一期限，法院不应受理。可知 B 项错而 D 项对。但对本案分析的难点在 C 项，很多人认为根据特别法优先于一般法的原理，以及《行政诉讼法》上的明文规定，C 项的表述是正确的。这种认识是对法律规定的误解，原因在于案中工商局向胡某颁发企业法人营业执照的行为根本没有侵犯田某的专利权，田某无权根据《专利法》起诉，本案根本就不适用《专利法》，又何来适用该法在起诉时限上的特别规定呢！所以，我们不能认为只要特别法作出了例外规定，特别法就一定优先于一般法，首先还要判断这个特别法是不是适用于所分析的案件。如果不适用，"特别法优于一般法"就完全无从谈起。

◆ **例 15 −3**

甲与乙婚后购买一套房屋，产权证载明所有权人为乙。后双方协议离婚，约定房屋赠与女儿，甲可以居住房屋至女儿满 18 岁，但未办理房屋所有权转移登记。不久，乙与丙签订抵押借款协议，将房屋抵押给丙，2005 年 10 月 8 日丙取得房产局发放的房屋他项权利证书。2006 年 11 月 7 日，丙在联系不到乙的情况下，找到甲并出示抵押相关材料和证书，甲才知该房屋已被抵押，遂要求房产局解决。未获得满意答复后于 2007 年 1 月 16 日向法院起诉请求注销该证书，并同时以丙为被告向法院提起民事诉讼，请求确认抵押借款协议无效。下列说法正确的是什么？

A. 甲提起行政诉讼的起诉期限应自 2005 年 10 月 8 日起计算

B. 甲的起诉已过起诉期限

C. 法院应当中止行政诉讼，待民事诉讼审结后再恢复诉讼

D. 法院应当中止民事诉讼，待行政诉讼审结后再恢复诉讼

分析：在本案中，被诉行政行为（发放房屋他项权利证书）作出时，原告甲并不知情，故应从事后知情之日（2006 年 11 月 7 日）起 6 个月内起诉，2007 年 1 月 16 日起诉并未超过此期限，故 AB 两项均错误。又因抵押借款协议是否有效，是房产局发放房屋他项权利证书的行为是否合法的前提，因此，本案中的行政诉讼应当以民事诉讼的审理结果为依据，先民事后行政，故 C 项对而 D 项错。

2. 起诉行政不作为的案件。行政不作为案件，即行政主体不履行其法定职责，造成当事人合法权益的损害，因而提起的行政诉讼。诉行政不作为案件，其起诉期限的计算与诉行政行为作为的案件有所不同，包括三种具体情况：

（1）如果法律、法规规定了行政机关履行职责的期限，则从该期限届满之日起，当事人可以起诉。

（2）如果法律、法规没有规定行政机关履行职责的期限，则行政机关在接到申请之日起 2 个月内仍不履行职责的，当事人可以起诉。

（3）当事人在紧急情况下请求行政机关履行职责，行政机关不履行的，可以立即起诉。如对于路旁发生的一起聚众斗殴事件，路过此处的巡警视而不见。虽有当事人向其呼救，巡警仍置若罔闻，则在斗殴中受到伤害的当事人可以立即起诉公安机关。

上述规则明确的是不作为案件起诉期限起点的计算，其终点应当是起点之后的 6 个月，也就是与起诉作为的案件相同。

3. 经复议后再起诉的案件。对于行政争议，当事人经行政复议之后仍然不服复议决定的，其提起行政诉讼的期限，分为以下两种情况：

（1）复议机关作出复议决定的，当事人可以在收到复议决定书之日起 15 日内起诉。

（2）复议机关逾期不作出决定的，当事人可以在复议期满之日起 15 日内起诉。

在上述两种情况中，如果另有其他法律对 15 日的起诉期限作出不同规定的，从其例外。

4. 起诉行政协议的案件。当事人对行政机关不依法履行、未按照约定履行行政协议提起诉讼的，参照民事诉讼上关于诉讼时效的规定。对行政机关单方变更、解除行政协议等行为提起诉讼的，适用行政诉讼上关于起诉期限的规定。

行政诉讼的起诉期限除按照上诉规则计算之外，还包括扣除和延长的问题。

（1）扣除。原告因不可抗力或者其他不属于自身的原因（例如，被限制人身自由）耽误起诉期限的，被耽误的时间不计算在起诉期限内。

（2）延长。因上述规定以外的其他特殊情况耽误起诉期限的，在障碍消除后 10 日内，可以申请延长期限，是否准许由法院决定。

（三）起诉方式

1. 书面起诉。原则上，原告起诉应当向法院递交起诉状，并按照被告人数提出副本。

2. 口头起诉。原告书写起诉状确有困难的可以口头起诉，由法院记入笔录，出具注明日期的书面凭证，并告知对方当事人。

二、行政诉讼的立案

立案，是指法院对公民、法人或者其他组织的起诉进行审查，对符合法定条件的起诉决定立案审理，从而引起诉讼程序开始的职权行为。换句话说，公民、法人或者其他组织起诉后，法院还要审查是否符合起诉条件，决定是否立案受理，只有在法院决定立案受理后，行政诉讼程序才真正开始。法院立案产生两方面的法律效果：一方面，受诉法院既取得了对此案的审判权，也要担当起相应的责任；另一方面，起诉人和被诉人分别取得了原告和被告的诉讼地位。

"立案难"是我国行政审判实践中的一大长期难题，大量的行政争议被挡在法院大门之外。从制度上究其原因，法院在立案阶段拥有实质审查权乃是症结所在。这种实质审查权实际上意味着法院可以未审先判。有鉴于此，2014年《中共中央关于全面推进依法治国若干重大问题的决定》提出，改革法院案件受理制度，变立案审查制为立案登记制，对法院依法应该受理的案件，做到有案必立、有诉必理，保障当事人诉权。在这一思想指导下，2014年修订的《行政诉讼法》规定行政诉讼实行登记立案制，即法院在这一环节只对起诉是否符合起诉条件进行形式审查，不作实质审查，以降低行政诉讼受理的门槛，解决"立案难"的问题。换言之，只要原告起诉在形式上符合条件，法院就应当接收起诉状。

（一）立案的方式

对当事人依法提起的诉讼，法院应当一律接收起诉状，并根据不同情况作出下列处理：

1. 登记立案。法院在接到起诉状时，经形式审查能够判断符合起诉条件的，应当当场登记立案。

2. 审查后决定立案。对当场不能判定是否符合起诉条件的，法院应当接收起诉状，出具注明收到日期的书面凭证，并在7日内决定是否立案。经审查认为符合起诉条件的，应当立案；7日内仍不能作出判断的，也应当先予立案；经审查认为不符合起诉条件的，应当作出不予立案的裁定，裁定书应当载明不予立案的理由，原告对裁定不服的可以上诉。

3. 补正后决定立案。当事人的起诉状内容或者材料欠缺或者有其他错误的，法院应当给予指导和释明，并一次性全面告知当事人需要补正的内容、补充的材料及期限。不得未经指导和释明即以起诉不符合条件为由不接收起诉状。当事人在指定期限内补正并符合起诉条件的，应当登记立案；当事人拒绝补正或者经补正仍不符合起诉条件的，裁定不予立案，并载明不予立案的理由。

（二）不予立案的救济

1. 法院不接收起诉状、接收起诉状后不出具书面凭证，以及不一次性告知当事人需要补正的起诉状内容的情况。这种情况下，当事人可以向上级法院投诉，上级法院应当责令改正，并对直接负责的主管人员和其他直接责任人员依法给予处分。

2. 法院既不立案又不作出不予立案裁定的情况。这种情况下，当事人可以向上一级法院起诉。上一级法院认为符合起诉条件的，应当立案、审理，也可以指定其他下级法院立案、审理。

3. 法院作出不予立案裁定的情况。这种情况下，当事人可以在裁定书送达之日起10日内向上一级法院提起上诉。

◆ 例 15 - 4

某省甲市南区人民政府为改造旧城建设，成立一公司负责旧房拆除。郭某因与该公司达不成协议而拒不搬迁。南区人民政府决定对其住房强制拆迁。郭某对强制拆迁行为不服向南区人民法院提出行政诉讼，1 个月未得到南区人民法院答复。下列哪一说法是正确的？

A. 郭某可以向甲市中级人民法院起诉

B. 郭某可以向甲市中级人民法院申诉

C. 郭某可以向某省高级人民法院起诉

D. 因此案不属行政诉讼受案范围，南区人民法院不予答复是正确的

分析：本案属于法院既不立案又不作出不予立案裁定的情况，当事人可以向上一级法院也就是甲市中院起诉，因此只有 A 项说法正确。

（三）驳回起诉

驳回起诉指的是法院在受理案件之后，经过审查发现当事人的起诉其实不符合起诉条件时作出的一种裁定。根据发现时间的不同，法院有可能在受理后、开始实质审理之前裁定驳回起诉，也有可能在对案件进行实质审理的过程中，或者在实质审理结束之后裁定驳回起诉。

有下列情形之一，已经立案的，法院应当裁定驳回起诉：①不符合《行政诉讼法》第 49 条规定的起诉条件的（包括原告适格、被告明确、诉状适格、属于受案范围、管辖正确）；②超过法定起诉期限且无正当理由的；③错列被告且拒绝变更的；④未按照法律规定由法定代理人、指定代理人、代表人为诉讼行为的；⑤未按照法律、法规规定先向行政机关申请复议的；⑥重复起诉的；⑦撤回起诉后无正当理由再行起诉的；⑧行政行为对其合法权益明显不产生实际影响的；⑨诉讼标的已为生效裁判所羁束的；⑩不符合其他法定起诉条件的。

三、行政诉讼的应诉

所谓应诉，就是被告在法院立案之后，针对原告的起诉进行回应的活动。这种回应体现在两个阶段：一是在收到起诉书副本之后进行书面答辩；二是在案件开庭审理时出庭回应。

（一）书面答辩

法院应当在立案之日起 5 日内将起诉状副本发送被告。被告应当在收到起诉状副本之日起 15 日内向法院提交作出行政行为的证据和所依据的规范性文件，并提出答辩状。法院应当在收到答辩状之日起 5 日内将答辩状副本发送原告。

被告不提出答辩状的，不影响法院审理。

（二）出庭应诉

被诉行政机关负责人原则上应当出庭应诉；不能出庭的，应当委托行政机关相应的工作人员出庭。2014 年修订的《行政诉讼法》确立行政首长出庭应诉制度，目的是解决长期以来"告官不见官"的问题。行政首长亲自出庭有助于树立其依法行政的意识，也有助于推动案件的真正解决和法院裁判的有效执行。所谓行政首长包括行政机关的正职和副职负责人，行政首长出庭应诉的，还可以另行委托 1～2 名诉讼代理人。

四、行政诉讼的审理

行政诉讼的审理程序有两个重要原则：一是原则上不适用调解，二是原则上不适用简易程序。

1. 行政诉讼原则上不适用调解。诉讼程序中的调解，就是双方当事人在法院的疏导、劝说下，相互协商、相互谅解、自愿达成协议，从而解决纠纷的活动。行政诉讼原则上不适用调解，原因之一在于法院主要审查的是被诉行政行为的合法性，一个行政行为要么合法，要么违法，不存在第三种可能。而调解的目的正是寻找合法与违法的中间状态，这在逻辑上就是不可能的。原因之二在于调解在诉讼中得以成立的前提是当事人可以自由处分自己的权利，而行政诉讼的被告是代表国家行使管理权，其对自身的行政职权没有处分权，不得放弃和作出让步。原因之三在于调解以自愿为原则，行政相对方在与公权力的对抗中极有可能失去自愿的前提，从而屈从于行政机关。基于以上原因，修订前的《行政诉讼法》只规定了一种情况可以调解，就是在被诉行政行为的合法性已经判明的前提下，对于当事人附带提出的行政赔偿请求或行政补偿请求，法院可以调解，调解的内容也仅限于双方可以自由处分的范围，如赔偿或补偿的范围、方式和数额。修订后的《行政诉讼法》考虑到行政诉讼也处理一些明显不当的行政行为，可能涉及行政自由裁量的合理性问题，所以新增规定对于行政机关行使自由裁量权引起的合理性争议的案件也可以适用调解。因为，行政机关在其自由裁量权的范围内与当事人平等协商达成一致结果，并不会涉及违法放弃或滥用行政权力的问题。但无论如何，行政诉讼不宜适用调解的根本原因依然是存在的：法院对行政争议合理性的审查毕竟仅限于明显不当的程度；大量行政权的行使毕竟是不能自由裁量的，是受到法律严格羁束的；原告在公权力的压力下也仍然存在着被迫妥协的可能。因此，调解在行政诉讼中无法像民事诉讼那样被普遍适用，行政诉讼仍然以不调解为原则，以调解为例外。

2. 行政诉讼原则上不适用简易程序。行政诉讼原则上实行合议制，合议庭由 3 人以上单数的审判员或由审判员与陪审员共同组成。对于发回重审的案件，原审法院还应当另组合议庭进行审理。对于个别案件，可以适用简易程序进行独任审理，后文将加以详述。总之，就是行政诉讼以合议制为原则，以独任制为例外。

有关行政诉讼审理的具体制度，介绍如下：

（一）一审普通程序

行政诉讼的一审程序基本与民事诉讼相同，需要分析的问题不多，主要注意如下几点：

1. 审理的方式。行政诉讼的一审应当公开开庭审理，除非涉及国家秘密、个人隐私或法律另有规定。

2. 审理的期限。一审的审限原则上是 6 个月，有特殊情况需要延长的报高级法院批准，高级法院审理一审案件需要延长的报最高法院批准。

（二）一审简易程序

1. 简易程序的适用范围。法院适用简易程序的基本条件是认为该案件事实清楚、权利义务关系明确、争议不大。具体的适用范围包括以下几种：

（1）被诉行政行为是依法当场作出的。如适用简易程序当场作出的行政处罚，当场作出的行政许可（如工商登记），当场采取的即时性行政强制措施等。这些案件的案情一般都很简单，争议的标的额也很小，没有必要耗费精力通过一般程序来解决纠纷。例如，当事人因违章停车被交警当场以简易程序作出 150 元的罚款决定，如果当事人不服起诉，法院依照普通程序进行审理，依法组成 3 人以上的合议庭，围绕着 150 元耗时 6 个月，不论得出一个什么样的结论，对于双方当事人和法院来讲，都浪费了大量的时间和精力。很多时候，繁琐的诉讼程序也是当事人有纠纷却不愿诉诸法院的原因，对于原告来说，在 6 个月内花费的时间、金钱远不是区区 150 元可以衡量的。

（2）案件涉及款额 2000 元以下的。在行政征收、行政处罚、行政给付、行政强制、行政许可、行政协议等案件中都有可能涉及款额的争议，尤其是行政征收、行政给付等案件，大部分的争议都集中在金钱给付上，这就使得很大一部分的行政争议可以诉诸更简便的渠道加以解决，当事人也不会因为考虑到涉及款项较小而放弃自己的诉讼权利。

（3）政府信息公开案件。在因政府信息公开引发的诉讼中，当事人一般对信息的要求是比较急迫的，而且信息本身也在不断更新。所以，修订后的《行政诉讼法》认为法院在审理此类案件时，不宜采用较长的审理期限，而应当视情况采取简易的审理方式。

（4）当事人各方同意适用简易程序的其他案件。与民事诉讼中当事人可以约定适用简易程序的规定相同，行政诉讼中也允许双方合意选择适用简易程序，这条规定是出于对当事人程序选择权的尊重。如果法院认为可以适用简易程序的行政案件，在告知当事人之后双方不提出异议的，法院也可以适用简易程序，这也视为当事人合意选择了简易程序。但是，由于行政诉讼中的被告是行政机关，在行政活动中的强势地位是很难在审判程序中完全消除的，所以法院要重点审查原告的意思表示是否真实，以防止被告利用行政权迫使原告作出违背真实意愿的选择。

对于简易程序的适用，还需要注意如下三点：①无论是哪种适用情形，适用简易程序都应当以案件事实清楚、权利义务关系明确、争议不大为前提。②即使一个案件满足了简易程序的适用条件，法院也只是可以适用简易程序，而不是应当适用，法院可以基于专业判断自主决定对某些案件依然采用普通程序来审理。③只有普通的一审案件才有可能适用简易程序，一审发回重审的案件、二审案件、再审案件都不适用简易程序。

2. 简易程序的特殊规定。适用简易程序审理的行政案件，由审判员一人独任审理，并应当在立案之日起45日内审结。其他方面的制度，与一审普通程序相同。

3. 简易程序向普通程序的转变。法院在审理过程中发现案件不宜适用简易程序的，如发现案件不属于可以适用简易程序的类型，或者不符合事实清楚、权利义务关系明确、争议不大等适用简易程序的前提条件等，应当裁定转为普通程序。

（三）二审程序

一审当事人，包括原告、被告、被判决承担义务或减损权益的第三人对法院的一审判决不服的，有权在判决书送达之日起15日内上诉；不服法院不予立案、驳回起诉、管辖异议三种一审裁定的，有权在裁定书送达之日起10日内上诉；逾期不上诉的，第一审判决或裁定发生法律效力。当事人的上诉引起二审，注意：

1. 审理内容。二审法院对于行政诉讼的上诉案件，既审查一审判决和裁定，也审查被诉行政行为，均为全面审查，不受上诉理由的限制。

2. 审理方式。二审采用书面审理与开庭审理相结合的形式，原则上应当开庭审理，但经过阅卷、调查和询问当事人，对没有提出新的事实、证据或者理由，合议庭认为不需要开庭审理的，也可以不开庭审理，即采用书面审理。

3. 审理期限。二审审限原则上是3个月，有特殊情况需要延长的报高级人民法院批准，高级人民法院审理上诉案件需要延长的报最高人民法院批准。

（四）再审程序

再审程序又称审判监督程序，是指法院对已经发生法律效力的判决、裁定确有错误的，或者调解违反自愿原则或者调解书内容违法，依法再次审理的程序。我国的行政诉讼实行两审终审制，所以再审程序并不是每一个行政诉讼案件的必经程序，只是一种特殊程序。

1. 再审的发动方式。再审程序由以下三种方式发动：

（1）当事人申请。当事人认为已经发生法律效力的判决、裁定确有错误的，可以向上一级法院申请再审。是否再审由法院决定，但在决定前不停止原生效裁判文书的执行。当事人向上一级法院申请再审的，应当在法律文书生效后6个月内提出。但是，有下列情形之一的，自知道或者应当知道之日起6个月内提出：①有新的证据，足以推翻原判决、裁定的；②原判决、裁定认定事实的主要证据是伪造的；③据以作出原判决、裁定的法律文书被撤销或者变更的；④审判人员审理该案件时有贪污受贿、徇私舞弊、枉法裁判行为的。

（2）法院的决定，包括本院的发现与上级法院的发现。各级法院院长对本院已经生效的判决、裁定，发现其需要再审的，应当提交本院的审判委员会讨论决定是否再审；上级法院对下级法院已经生效的判决、裁定，发现其应当再审的，有权提审或指令下级法院再审。

（3）检察院的抗诉，检察院发现法院已经生效的判决、裁定违法需要再审的，有权按照审判监督程序提出抗诉。对于检察院抗诉的案件，法院应当再审。法院开庭审理抗诉案件时，应当通知检察院派员出庭。

有下列情形之一的，当事人可以向检察院申请抗诉或者检察建议：①法院驳回再审申请的；②法院逾期未对再审申请作出裁定的；③再审判决、裁定有明显错误的。法院基于抗诉或者检察建议作出再审判决、裁定后，当事人继续申请再审的，法院不予立案。

2. 再审的适用范围。下列案件应当再审：①不予立案或者驳回起诉确有错误的；②有新的证据，足以推翻原判决、裁定的；③原判决、裁定认定事实的主要证据不足、未经质证或者系伪造的；④原判决、裁定适用法律、法规确有错误的；⑤违反法律规定的诉讼程序，可能影响公正审判的；⑥原判决、裁定遗漏诉讼请求的；⑦据以作出原判决、裁定的法律文书被撤销或者变更的；⑧审判人员在审理该案件时有贪污受贿、徇私舞弊、枉法裁判行为的。

法院决定再审的，除了上述 8 种案件之外，还包括调解违反自愿原则或者调解书内容违法的情形。检察院抗诉引起再审的，除了上述 8 种案件之外，还包括调解书损害国家利益、社会公共利益的情形。

3. 再审的基本制度。对再审程序注意几个问题：

（1）审理内容，再审法院应当全面审查原审判决与被诉的行政行为。

（2）审理程序，再审案件一般适用其原审程序，一审再审的原则上适用一审程序，如果再审是由上级法院提审的则适用二审程序；二审的再审适用二审程序。

（3）审理方式，再审均按原审方式进行，原审开庭审理的再审也开庭审理，原审书面审理的再审也书面审理。

（4）审理期限，再审均适用原审期限。

（5）审理组织，法院审理再审案件，应当另行组成合议庭。

（6）裁判效力，对于一审案件的再审，当事人对于其裁定、判决均可上诉，但如果再审是由上级法院提审的，则再审裁判是生效裁判；对于二审案件的再审，再审裁判为生效裁判。

4. 检察建议制度。2014 年修订的《行政诉讼法》增加了检察建议制度。地方检察院对同级法院符合抗诉条件的案件，既可以提请上级检察院向其同级法院提出抗诉，也可以只向同级法院提出检察建议，并报上级检察院备案。

此外，各级检察院对行政诉讼其他环节中审判人员的违法行为，也有权向同级法院提出检察建议。

（五）共同诉讼与合并审理

共同诉讼与合并审理是相互联系紧密的一对概念。对于必要共同诉讼案件，法院必须合并审理；对于普通共同诉讼案件，法院可以合并审理，也可以分别审理。

1. 必要共同诉讼。当事人一方或者双方为2人以上，因同一行政行为发生的行政案件，为必要共同诉讼。例如，行政机关的处罚决定同时处罚了若干人，这些共同被处罚人分别向同一法院提起了行政诉讼，这就是必要共同诉讼，因为这个诉讼所指向的都是同一个处罚决定。对于必要共同诉讼，只要当事人诉至同一个法院，受诉法院就应当合并审理，因为一旦分别审理，将有可能出现对于同一行政行为，在不同案件中给予不同评价的矛盾。

2. 普通共同诉讼。因同类行政行为发生的行政案件，法院认为可以合并审理并经当事人同意的，为普通共同诉讼。对于普通共同诉讼，法院既可合并审理，也可分别审理。我国行政诉讼中的普通共同诉讼主要包括这样几种：

（1）多个行政主体依据不同的法律规范，针对相同的相对人，就同一事实分别作出行政行为，相对人对此均表不服向同一法院起诉的。例如，因吴某没有申请任何证照（工商登记、税务登记等）便开业出售药材，根据这一事实，工商局与税务局均对其作出了处罚，吴某就这两个处罚向法院起诉。

（2）行政主体就同一事实对若干相对人分别作出行政行为，多个相对人表示不服分别向同一法院起诉的。例如，对于甲、乙、丙3人在火车上共同实施的盗窃行为，某铁路公安分局给予甲拘留10天的处罚，给予乙拘留5天的处罚，而对丙给予罚款，甲、乙、丙3人均向法院起诉。

（3）在行政诉讼过程中，被告对原告作出新的行政行为，原告不服又向同一法院起诉的。例如，工商局认定刘某的商店出售假冒化妆品给予处罚，刘某不服而起诉，在诉讼期间工商局认定刘某同时还销售假烟，再次作出处罚，刘某向同一法院起诉的。

注意，"经当事人同意"是新修订的《行政诉讼法》新增的形成普通共同诉讼的条件。

◆ 例 15 – 5

甲公司将承建的建筑工程承包给无特种作业操作资格证书的邓某，邓某在操作时引发事故。某省建设厅作出暂扣甲公司安全生产许可证3个月的决定，市安全监督管理局对甲公司罚款3万元。甲公司对市安全监督管理局罚款不服，向法院起诉。下列哪个说法是正确的？

A. 如甲公司对某省建设厅的决定也不服，向同一法院起诉的，法院可以决定合并审理

B. 市安全监督管理局不能适用简易程序作出罚款3万元的决定

C. 某省建设厅作出暂扣安全生产许可证决定前，应为甲公司组织听证

D. 因市安全监督管理局的罚款决定违反一事不再罚要求，法院应判决撤销

分析：本案中建设厅、安监局属于根据同一事实对同一相对人分别作出不同行为，当事人起诉后可能构成普通共同诉讼，但法院需要经当事人同意后才可以决定合并审理，因此 A 项错误。使用简易程序对单位给予罚款的，数额应当在 1000 元以下，罚款 3 万元不能适用简易程序，B 项正确。C 项错误，因为暂扣许可证的处罚并不适应听证程序。D 项错误，因为建设厅、安监局作出的是不同种类的处罚，没有违反一事不再罚原则。

五、行政诉讼的撤诉

行政诉讼的撤诉制度，包括自愿撤诉、不愿撤诉和视为撤诉三个方面。

（一）自愿撤诉

法院对行政案件宣告判决或者裁定前，原告申请撤诉的；或者被告改变其所作的行政行为，原告同意并申请撤诉的，是否准许由法院裁定。这就是原告自愿撤诉的情况，其主要过程可以概括为三个步骤：

1. 改——被告改变被诉的行政行为。原告撤诉的原因多种多样，但在实践中，大多数情况都是因为被告改变了被诉的行政行为，其时间是在法院宣告判决或裁定之前，其方式包括以下几种：①被告自愿改变被诉行为；②法院经审查认为被诉行为违法或不当，建议被告改变其行为。

被诉行为的改变，包括以下几种表现形式：①行政作为的改变，包括改变被诉行为所认定的主要事实和证据；改变被诉行为所适用的规范依据且对定性产生影响；撤销、部分撤销或变更被诉行为的处理结果。②行政不作为的改变，包括一是被告根据原告的请求依法履行法定职责；履行职责已经没有现实意义时，被告采取了相应的补救、补偿等措施；③行政裁决行为的改变，包括直接改变裁决方案；被告书面认可原告与第三人就所裁决民事争议所达成的和解。

◆ 例 15 - 6

下列情况属于或可以视为行政诉讼中被告改变被诉行政行为的是？

A. 被诉公安局把拘留 3 日的处罚决定改为罚款 500 元

B. 被诉土地局更正被诉处罚决定中不影响决定性质和内容的文字错误

C. 被诉工商局未在法定期限答复原告的请求，在二审期间作出书面答复

D. 县政府针对甲乙两村土地使用权争议作出的处理决定被诉后，甲乙两村达成和解，县政府书面予以认可

分析：A 项属于改变行政行为的结果（被诉行为是作为的情况），C 项属于履行了行政职责（被诉行为是不作为的情况），D 项属于书面认可民事争议

当事人达成的和解方案（被诉行为是行政裁决的情况）。B 项的错误在于并非实质性改变，文字错误的更正不能视为被诉行为的改变。

2. 撤——原告撤诉。即在被告改变被诉行为的情况下，原告基于真实的意思表示自愿撤回了起诉。

3. 裁——法院裁定准予撤诉。

（1）裁定的条件，法院裁定准予撤诉需要满足以下条件：被告改变被诉行为不违反法律、法规的禁止性规定，不超越或放弃职权，不损害公共利益和他人合法权益；被告已经改变或决定改变被诉行为，并书面告知法院；第三人无异议。

（2）裁定的时机：被告改变被诉行为，原告申请撤诉，有履行内容且履行完毕的，法院可以裁定准许撤诉；不能即时履行或一次性履行的，法院可以裁定准许撤诉，也可以裁定中止审理。

（3）裁定的内容：准许撤诉裁定可以载明被告改变被诉行为的主要内容及履行情况，并可以根据具体情况，在裁定理由中明确被诉行为全部或部分不再执行。

上述有关自愿撤诉的规定，既适用于一审，也适用于二审和再审。

（二）不愿撤诉

在行政诉讼中，被告改变了被诉行为，原告仍不愿撤诉的，应分别按照如下几种情况处理：

1. 原告不撤诉，但也没有对改变后的行为提起诉讼。这种情况下，原告对被诉行为本身已经没有什么争议了，其继续诉讼的目的一般在于寻求赔偿。既然原告没有撤诉，法院就应继续审理，不过在最后的判决类型上应有所变通。如果经审查发现被诉行为是合法的，仍应判决驳回原告的诉讼请求；如果经审查发现被诉行为是违法的，不能判决撤销，因为被诉行为已经被撤销了，再次撤销没有意义，应当判决确认该行为违法。

2. 原告撤回了原来的起诉，却起诉了改变后的行为。此时，只要法院同意原告撤诉，原来的诉讼就不复存在，而代之以一个新的诉讼，法院应当审理改变后的行为并作出判决。

3. 原告既没有撤回原来的起诉，又起诉了改变后的行为。这等于原告先后提起了两个诉讼，法院应当对这两个诉讼都进行审理并作出判决。当然，由于原来的行政行为已经不复存在了，法院对这个诉讼的判决也应作出相应变通，这与上述第一种情况类似。

4. 原告起诉行政机关不履行法定职责，而在其起诉后被告已经履行了职责。此时如果原告不撤诉，法院应当继续审查被告行政不作为的合法性并作出判决。这种情况下法院的判决类型也应有所变通。如果经审查发现被告的不作为本来是合法的，仍应判决驳回原告诉讼请求；如果经审查发现被告的不作为是违法的，也不能选择撤销判决，因为对于本来就没有实施的行为无所谓"撤销",法院应确认被告的不作为违法。

◆ 例15-7

某县食品药品监管局认定张某销售假药,作出罚款5000元的决定(1号决定)。该局将决定书送达张某后发现有文字错误,遂予以撤销并作出处罚内容相同的决定(2号决定),但决定书上加盖了该局前身某县药品监督管理局的印章。张某不服提起行政诉讼,诉讼期间该局撤销了2号决定书,作出罚款3000元的决定(3号决定)。下列说法正确的是什么?

A.2号决定与1号决定错误性质相同,属于文字错误

B. 对同一行为给予3次处罚,既违反一事不再罚要求又构成反复无常

C. 某县食品药品监管局撤销2号决定书、作出3号决定应在一审期间内进行

D. 张某对3号决定不服起诉的,法院应当依法审查3号决定

分析:行政文书错误盖章,关系到行政主体是否合法,绝非简单的文字错误,A项错误。本案中的3次处罚是相互取代的关系,不是并存的,没有违反一事不再罚,因此B项错误。被告改变被诉行为可以在一审、二审、再审期间进行,C项错误。原告起诉改变后新的行为,法院对新的行为应当给予审查,D项正确。

(三)视为撤诉与缺席判决

将视为撤诉与缺席判决放在一起介绍,是因为两者的适用条件存在某些相似之处。

1. 视为撤诉。对于以下情况,法院可按撤诉处理:①原告或上诉人经法院传票传唤,无正当理由拒不到庭;②原告或上诉人未经法庭许可中途退庭。

视为撤诉与自愿撤诉的法律效果是相同的,撤诉之后就不得以同一事实和理由重新起诉。如果准予撤诉的裁定确有错误,原告申请再审的,法院应当通过审判监督程序撤销原准予撤诉的裁定,重新对案件进行审理。

2. 缺席判决。行政诉讼的缺席判决只针对被告,被告无正当理由拒不到庭或者未经法庭许可中途退庭的,法院可以缺席判决。缺席判决所产生的法律效果与正常判决完全相同。

需要注意,无论是撤诉还是缺席判决,都是针对原告、被告或上诉人来讲的,与第三人无关,第三人经合法传唤无正当理由拒不到庭,或未经法庭许可中途退庭的,不影响案件的审理。

◆ 例15-8

甲公司不服工商局处罚决定向法院提起行政诉讼,法院受理后通知乙公司作为第三人参加诉讼。开庭审理时,乙公司法定代表人和委托代理人未到庭。下列哪些说法是正确的?

A. 若乙公司经合法传唤无正当理由不到庭，不影响案件的审理

B. 若甲公司经合法传唤无正当理由不到庭，法院可以按撤诉处理

C. 若甲公司经两次合法传唤未到庭，法院应当缺席判决

D. 若甲公司未经法庭许可中途退庭，法院可以按撤诉处理

分析：第三人经合法传唤无正当理由不到庭，不影响案件审理，A 项正确。原告经合法传唤无正当理由拒不到庭或未经法庭许可中途退庭的，按撤诉处理而不是缺席判决，因此 BD 两项对而 C 项错。

六、行政诉讼中对其他争议的处理

在行政诉讼程序中，法院的主要工作是处理"民告官"的行政争议，特殊情况下也可能涉及对其他纠纷的处理。这包括三种情况：

（一）对民事纠纷的处理

我们知道，在民事诉讼与行政诉讼分离的制度模式下，这两种类型的诉讼所解决的是因为不同法律关系所产生的纠纷。民事诉讼解决的是民事法律关系，其核心特征有二：一是争议的内容是民事利益，二是案件当事人之间是一种平等关系。行政诉讼解决是行政法律关系：一是争议的内容是行政行为的合法性，二是案件当事人之间是一种不平等的关系。民事法律关系和行政法律关系在性质上虽然不同，但在现实生活中却通过各种方式存在着复杂的关系，其背后的根本原因是政府对经济社会生活干预深度、广度的加强。在行政国的大背景下，行政权不再停留于对社会秩序的一般维持和管理，而是深深地介入了经济与社会生活的方方面面。在这样的背景下，行政机关的管理活动不可避免地会对民事权利、民事活动产生密切的影响，从而使行政法律关系和民事法律关系以不同形态交织在一起。在这种情况下，很多争议的发生就不仅仅涉及一种法律关系，而是同时存在对民事和行政两种法律关系的争议。但是，按照原来的制度设计，行政争议和民事争议是通过不同的诉讼机制来解决的。除了在个别情况下可以通过附带诉讼的模式通过一个程序同时解决行政和民事争议，在多数情况下，相互间存在着密切关系的行政和民事法律关系都不得不进入不同的诉讼渠道来寻求解决。这就成了矛盾的根源所在，很多此类案件出现了民事判决和行政判决之间的矛盾，甚至两种判断不断地相互否定、翻来覆去、纠缠不清，使当事人陷入"马拉松式"的诉讼进程中无法解脱。修改后的《行政诉讼法》试图改善这一问题，扩大了在行政诉讼中一并解决民事争议的适用范围，可能会取得一定效果。总的来说，民事和行政交织案件的处理可以分成两种情况：一是解决行政争议以解决民事争议为基础的案件；二是解决民事争议以解决行政争议为基础的案件。

1. 解决行政争议以解决民事争议为基础的案件。在行政诉讼中，法院认为行政案件的审理需以民事诉讼的裁判为依据的，可以裁定中止行政诉讼，等待民事诉讼的审理结果再恢复审理行政诉讼。

◆ 例 15 - 9

张某通过房产经纪公司购买王某一套住房并办理了转让登记手续，后王某以房屋买卖合同无效为由，向法院起诉要求撤销登记行为。行政诉讼过程中，王某又以张某为被告就房屋买卖合同的效力提起民事诉讼。下列选项正确的是什么？

A. 本案行政诉讼中止，等待民事诉讼的判决结果

B. 法院可以决定民事与行政案件合并审理

C. 如法院判决房屋买卖合同无效，应当判决驳回王某的行政诉讼请求

D. 如法院判决房屋买卖合同有效，应当判决确认转让登记行为合法

分析：在本案中，张某、王某之间的房屋买卖合同是否有效是一个民事问题，行政机关的转让登记行为是否合法是一个行政问题。很明显，本案民事争议的审理结果构成了行政诉讼的审理依据，当事人又没有在行政诉讼中申请法院一并解决民事纠纷，法院就可以将行政诉讼中止，等待民事诉讼的判决结果，故 A 项正确而 B 项错误。如法院判决房屋买卖合同无效，则转让登记行为违法，法院应当判决撤销该行为，故 C 项错误。如法院判决房屋买卖合同有效，则转让登记行为合法，法院应当判决驳回原告的诉讼请求，D 项也错误。

2. 解决民事争议以解决行政争议为基础的案件。在涉及行政许可、登记、征收、征用和行政机关对民事争议所作的裁决的行政诉讼中，当事人申请一并解决相关民事争议的，法院可以一并审理。这些案件实际上有一个共同的特点，就是存在一个行政行为对于民事权利的归属作出了认定，因此，要解决关于这个民事权利的纠纷，就必须先明确行政行为的合法性，也就是要以解决行政争议作为前提。此时，法院就有可能对两种诉讼一并审理，形成行政附带民事诉讼。

对此需要注意：①要形成这种行政附带民事诉讼，应当以当事人申请一并解决相关民事争议作为条件，法院不能主动决定一并审理。原则上，当事人应当在行政诉讼一审开庭前提出一并审理民事争议的请求；有正当理由的，也可以在法庭调查中提出。②即使当事人提出了申请，法院也未必就一定要一并审理，而是可以自行裁量。③如果法院一并审理，审理的顺序是先行政、后民事。④法院对行政争议和民事争议应当分别裁判。当事人仅对行政裁判或者民事裁判提出上诉的，未上诉的裁判在上诉期满后即发生法律效力。当事人上诉后，一审法院应当将全部案卷一并移送二审法院，由行政审判庭审理。二审法院发现未上诉的那一部分生效裁判确有错误的，应当按照审判监督程序再审，而不是在二审中一并处理该部分的争议。

有下列情形之一的，法院应当决定不准许一并审理民事争议，并告知当事人可以依法通过其他渠道主张权利：①法律规定应当由行政机关先行处理

的；②违反民事诉讼法专属管辖规定或者协议管辖约定的；③已经申请仲裁或者提起民事诉讼的；④其他不宜一并审理的民事争议。当事人对不予准许的决定可以申请复议一次。

对于此类案件，我们可以通过两种具体情况示例说明。先以行政裁决引起的附带民事诉讼为例，例如，县政府对于甲乙两村之间就一块土地的争议作出了裁决，认定其归甲村所有，乙村不服提起行政诉讼，经审理法院认定该裁决违反程序，乙村遂要求法院对两村之间的土地争议一并解决，法院就可以一并处理。如此规定，是因为此时法院对行政争议的处理结果，直接就成为处理民事争议的依据而无须另行审查，因此可以对民事争议一并处理。

再以行政许可引起的附带民事诉讼为例，在行政许可程序中，许可机关可能与被许可人共同侵害公民、法人或其他组织的合法权益，此时，对违法的行政许可行为所提起的诉讼，以及对民事赔偿提起的诉讼，也可以形成行政附带民事诉讼。对此，具体包括几种情况：①行政机关在实施许可的过程中，与第三方恶意串通共同违法侵犯他人合法权益的，应当承担连带赔偿责任。例如，规划部门与房地产开发商恶意串通修改某地块的规划许可，减少小区绿化面积，则规划部门与开发商应当对小区业主承担连带的赔偿责任。②行政机关在实施许可的过程中，与第三方虽未串通，但都违法侵犯他人合法权益的，根据其行为在损害发生过程和结果中所起的作用，分别承担赔偿责任。例如，开发商违法申请修改规划许可意图减少小区绿化面积，行政机关虽未与其串通但因没有认真审查而批准了修改请求，规划部门与开发商应当对小区业主承担分别的赔偿责任。③行政机关在实施许可的过程中，已经依法履行了审慎合理的审查职责，但因第三方的违法行为而造成他人损害的，行政机关不承担赔偿责任。例如，开发商违法申请修改规划许可意图减少小区绿化面积，行政机关已经依法审慎审查但仍被开发商欺骗而批准了修改请求，规划部门不承担赔偿责任，开发商应当对小区业主单独承担赔偿责任。但无论如何，在以上几种情况下，当事人对行政许可行为提起行政诉讼，并请求一并解决有关民事赔偿问题的，法院都可以合并审理。

（二）对刑事犯罪的处理

法院在审理行政案件时，认为其中存在犯罪行为的，应当将有关材料移送公安、检察机关处理。至于移送之后，原来的行政案件应当如何处理，则应当区分两种情况。第一种情况，这个犯罪行为和原来的行政争议具有相关性，此时应当中止行政诉讼的审理，等待刑事诉讼程序的结果再决定是否恢复审理。例如，在一个起诉治安处罚决定的案件中，法院在审理过程中发现原告所实施的不仅仅是治安违法行为，而且已经构成了犯罪，就要把这个案件移送给司法机关，并中止行政诉讼。在刑事程序中，如果最终认定这个原告确实构成了犯罪，原来的治安处罚就会和后面的刑罚折抵，行政诉讼的标的也就不存在了，这时法院应当裁定终止诉讼；如果最终认定这个原告不构成犯罪，仍然是一个治安违法的问题，或者连治安违法也不构成，法院就要重新审理原来的行政诉讼,来判断原来这个治安处罚决定的合法性。第二种情况,这个犯罪行为和原来的行政争议没有实质上的关系,法院就继续审理原来的行政诉讼,和移送后的刑事诉讼程序各不相干。

◆ 例 15 - 10

区工商局以涉嫌虚假宣传为由扣押了王某财产,王某不服诉至法院。在此案的审理过程中,法院发现王某涉嫌受贿犯罪需追究刑事责任。法院的下列哪种做法是正确的?

A. 终止案件审理,将有关材料移送有管辖权的司法机关处理

B. 继续审理,待案件审理终结后,将有关材料移送有管辖权的司法机关处理

C. 中止案件审理,将有关材料移送有管辖权的司法机关处理,待刑事诉讼程序终结后,恢复案件审理

D. 继续审理,将有关材料移送有管辖权的司法机关处理

分析:本案就是在行政案件的审理过程中发现了另一刑事案件的线索,两个案件在事实上虽有联系,但毕竟性质不同。由于法院并无刑事案件的侦查权,只能采取移送方式处理,而移送行为并不影响原行政案件的正常审理。因此只有 D 项正确。

(三) 对行政违法违纪行为的处理

法院在审理行政案件中,认为行政机关的主管人员、直接责任人员违法违纪的,也无权直接处理,应当将有关材料移送监察机关、该行政机关或者其上一级行政机关。

稍有例外的是,法院对于被告藐视法庭的违法行为有权直接作出处理,因为这个违法行为是与正在进行当中的司法活动直接相关的。具体来说,法院对被告经传票传唤无正当理由拒不到庭,或者未经法庭许可中途退庭的情况,可以予以公告,并可以向监察机关或者被告的上一级行政机关提出给予其主要负责人或者直接责任人员处分的司法建议。

本章二维码

第十五章示范案例　　第十五章思考案例　　第十五章练习题　　第十五章课件与授课视频

第十六章

行政诉讼的证据规则

法院对行政争议的裁判"以事实为依据，以法律为准绳"。对于事实的认定和判别，需要借助证据规则；对于法律的运用，需要借助法律适用规则。本章讲述的是证据规则，其内容较为庞杂。但行政诉讼的证据规则与民事诉讼的证据规则有许多是相同的，这些内容在民事诉讼的学习中已经掌握了，没有必要重复，重在掌握行政诉讼证据规则与民事诉讼的不同之处。2014年修订的《行政诉讼法》在证据规则上吸收了原来很多司法解释的内容，原来的司法解释没有和修订后的《行政诉讼法》以及新的司法解释相抵触的部分，也继续有效。因此，整体上变化并不大。

一、行政诉讼证据概述

证据，就是用于证明案件事实的材料。我们先介绍行政诉讼证据规则不同于民事诉讼的基本特点，并了解行政诉讼证据的种类及其形式要求。

（一）行政诉讼证据规则的特点

行政诉讼证据规则与民事诉讼的不同，归根到底是由原被告双方在行政程序阶段中的不平等地位决定的。因为在行政程序中，行政方（在诉讼中转化为被告）处于强势地位，而相对方（在诉讼中转化为原告或原告型第三人）处于弱势，那么到了诉讼程序，就必须把双方的这种地位颠倒过来，以达到权利义务在整体上的平衡，即在诉讼程序中，对原告应当增加其权利、减少其限制，以将其置于优势地位；对被告则应减少其权利、增加其限制，将其置于劣势地位。这种权利义务不均衡的配置，主要就从证据规则中体现出来。

（二）行政诉讼证据的种类和形式要求

行政诉讼证据的种类包括书证、物证、视听资料、电子数据、证人证言、当事人的陈述、鉴定意见、勘验笔录、现场笔录。

书证是指以文字、符号、图形所记载或表示的思想内容来证明案件事实的证据。如财务单据、档案、图纸、专业技术资料等。

物证是指以自己的存在、形状、质量等外部特征和物质属性，证明案件事实的物品。书证和物证的区别在于物证以物质属性和外观特征来证明案件事实，而书证以物品所记载或表示的思想内容来证明。同一物体可以同时成为书证和物证。

视听资料是利用录音、录像等现代科技手段记载法律事件和法律行为的证据，具有较强的准确性和逼真性。例如用录音机对当事人谈话的录音、用摄像机拍摄的当事人的活动等。举证时，对视听资料应当提供原始载体，确有困难的可以提供复印件。提供视听资料应当注明制作方法、制作时间、制作者和证明对象等。如果提供的是录音资料，应当附上该录音内容的文字记录。

电子数据是《行政诉讼法》修订时新增的证据类型，它是指以数字化形式存储、处理、传输的数据。电子数据与视听资料类似，手段都具有现代科技的特征，区别在于电子数据的内容是数据，而视听资料的内容是声音或影像。

证人证言是指证人以口头或书面形式，就自己了解的案件事实向法院所作的陈述。证人是当事人之外的、直接或间接了解案情的单位和个人，必须具有表达能力，否则不能作证。法院对证人证言的认定，主要通过对证人的智力状况、与当事人关系、证言的前后逻辑等方面进行分析。

当事人陈述与证人证言相似，区别在于陈述的主体不同。当事人陈述往往隐瞒甚至歪曲对自己不利的案件事实。因此，法院对于当事人陈述不能偏听偏信，必须结合其他证据综合认定。

鉴定意见是指鉴定人运用自己的专业知识，利用专门的设备和材料，对某些专门问题所作的意见。1989年的《行政诉讼法》使用的是"鉴定结论"的概念，此次修法改为"鉴定意见"。因为鉴定机构所出具的证据在性质上并非终局性的"结论"，而只是该机构的"意见"，这种"意见"是可以被其他证据推翻的。可见，新法修改后的表述更为精准。

勘验笔录是指行政机关或者法院指派的勘验人员对案件的诉讼标的物和有关证据，经过现场勘验、调查所作的记录。实施现场勘验，应当有当地基层组织或当事人所在单位派人参加。

现场笔录是行政诉讼特有的证据种类，由行政机关在行政程序中当场制作而成。行政执法经常需要制作现场笔录，现场笔录通常也是行政决定的依据。行政诉讼的现场笔录，是从行政处罚、行政强制措施等行政执法案件中的检查笔录、现场笔录转化而来。现场笔录是行政诉讼独有的证据类型，其特征是：①必须由行政执法人员制作；②必须是在行政执法过程中制作；③必须在行政执法的现场制作；④必须符合法定程序。当事人拒绝在现场笔录签名或不能签名的，并不影响证据的使用，但执法人员应当注明原因。有其他人在现场的，可由其他人签名。

◆ 例 16－1

某县公安局接到有人在薛某住所嫖娼的电话举报，遂派员前往检查。警察到达举报现场，敲门未开破门入室，只见薛某一人。薛某拒绝在检查笔录上签字，警察在笔录上注明这一情况。薛某认为检查行为违法，提起行政诉讼。下列哪些说法是正确的？

A. 某县公安局应当对电话举报进行登记

B. 警察对薛某住所进行检查时不得少于2人

C. 警察对薛某住所进行检查时应出示工作证件和县级以上政府公安机关开具的检查证明文件

D. 因薛某未在警察制作的检查笔录上签字，该笔录在行政诉讼中不具有证据效力

分析：ABC三项均符合《治安管理处罚法》上规定的立案和检查程序。D项错误，原因在于即使当事人拒绝在检查笔录上签字，只要警察注明原因，该笔录仍然具有证据效力。

二、行政诉讼的举证

举证问题，是行政诉讼证据规则的重点，而举证的重点是举证责任与举证时限。

（一）举证责任

《行政诉讼法》规定被告对其作出的行政行为负有举证责任，应当提供作出该行为的证据和所依据的规范性文件，也就是说主要的举证责任由被告承担。这一规定是行政机关在行政程序中必须遵循"先取证、后裁决"规则的自然延伸。行政机关行使职权必须"以事实为根据"，一旦其作出的行政行为被诉，由作出该行为的被告负担证明责任就是理所当然的。被告对所作行政行为承担举证责任，意味着被告将承担主要的诉讼风险，这种风险也可以促使被告在行政过程中注意形成和保存证据。《行政诉讼法》同时规定原告对个别问题承担举证责任，但实际上，综合司法解释和基本的证据法原理，原告应当承担的举证责任远不止《行政诉讼法》上所列举的个别事项。在此，我们主要应当掌握原告所承担的举证责任，除了这些有限的情况，其他事项的举证责任都应当由被告来承担。

原告承担举证责任的事项包括：

1. 原告起诉时的初步证明责任。原告向法院起诉时，应当提供其符合起诉条件的相应证据材料。起诉条件包括以下几点：①原告是适格的公民、法人或者其他组织，也就是行政行为的相对人或者利害关系人；②有明确的被告；③有具体的诉讼请求和事实根据；④属于法院的受案范围和受诉法院所管辖。

之所以说这只是初步证明责任，是因为这种证明只是形式上的，如果说是实质上的证明责任，就等于要求原告承担全部举证责任了。原告起诉的时候提出了一个诉讼请求，为什么提出这个请求呢，原告必须提出一些事实来，否则他的请求就没有道理、没有依据，但是这些事实是不是真的呢？未必。

需不需要原告在起诉的时候就把这些事实证明清楚呢？不需要。这就是所谓的初步证明责任。这种证明，与其称为"证明"，不如称为"说明"更恰当。还要注意，原告并无证明自己没有超越起诉期限的义务，如果被告认为原告的起诉超越起诉期限的，应当由被告证明。

2. 原告起诉行政不作为的申请证明责任。在起诉被告没有履行法定职责的案件中，原则上，原告应提供其在行政程序中曾经提出申请的证据。如此规定是由人们认识事物、证明事物的基本规律所决定的，法律不可能要求被告去证明原告没有向自己申请过履行职责。但是，被告应当依职权主动履行法定职责的，或原告因正当理由不能提供证据的除外。所谓原告因正当理由不能提供证据，指的是原告没有条件证明其申请事实的情况，例如因被告的申请登记制度不完善所致。例如，某一当事人向工商局申请营业执照，工商局不予办理，当事人如欲起诉，必须证明其曾向工商局提出过申请。此时，原告赖以证明其申请行为的证据主要就是工商局的申请登记册，但如果工商局并未设立此类登记制度导致原告无法举证，就免除原告的举证责任。

3. 损害证明责任。在行政赔偿、补偿的案件中，原告应当对行政行为造成的损害提供证据；但因被告的原因导致原告无法举证的，由被告承担举证责任。之所以原则上要求受害人自己证明损害，而不是由加害人证明没有损害，原因和上述申请证明责任类似。因为，从逻辑上讲，要证明自己没有给别人造成损害是十分困难的。所谓"因被告的原因导致原告无法举证的"，主要是指因为被告的行为损害了受害人的证明能力，如造成受害人死亡或丧失行为能力的情况；或者因为被告的行为将有关证据损毁的情况。

4. 对新主张事实的证明责任。如果原告在诉讼程序中，提出了被告在行政程序中并未作为行政行为的依据、但与被诉行政行为密切相关的事实，也应当由自己提供证据。原告提出这种事实是完全可能的，这些事实是被告在作出行政行为时并不知晓或虽然知晓但未予考虑的，而如果被告当时就知晓或考虑了这些事实，就可能影响其行政行为作出的结果。因此，这些事实到了诉讼中就可能对行政行为的合法性产生影响，由于被告对这些事实原先并不知情，就应当由提出这个事实的原告来证明。

例如，某出租车司机因为超速行驶被交警处以罚款，不服提起了行政诉讼。在诉讼中原告说自己超速是因为车上有一个临产的孕妇，为了将孕妇尽快送到医院才超速。这个事实就是新事实，因为在行政处罚程序中，交警并不知晓这一事实，出租车司机也没有告诉交警这一事实。如果当时交警知道这一情况，就很可能不会对其加以处罚了。因此，原告在诉讼中提出这样的事实，当然应由自己来证明它的存在，而不是由被告来证明的它的不存在。

5. 对部分程序性问题的证明责任。行政诉讼主要由被告证明其作出的行政行为合法，那是就实体问题而言。如果当事人主张的是关于诉讼程序的问题，这些问题虽然与被诉行政行为的合法性没有直接关系，却能影响行政诉讼的进程，那就必须和民事诉讼一样，实行"谁主张，谁举证"，原告提出的主张也不例外。例如，原告提出某个法官应该回避，那就得自己举证，而不是由被告来证明这个法官不需要回避；再如，原告提出应当中止诉讼，也得自己证明出现了必须中止诉讼的事由，而不是由别人来证明不需要中止诉讼。

上述事项均属原告应当举证的事项，对此原告不能举证的，将承担相应的不利后果，如案件被驳回起诉，或者其主张的事实不被认可等。除了承担上述举证责任之外，原告还可以提供证据，用于证明被诉行为的违法或者明显不当，这是其行使举证权利的表现。当然，原告对此提供的证据不成立的，并不免除被告对被诉行为合法性的举证责任。

综合上述分析可以发现，行政诉讼中举证责任的分配原则与民事诉讼并没有本质上的区别，所遵循的都是"谁主张、谁举证"的原则。被告之所以在行政诉讼中要承担最主要的证明责任，要证明被诉行政行为的合法性，是因为这个行为就是被告自己作出的，被告作出这个行为的过程就是它的一个"主张"。只不过这个"主张"是在诉讼之前就产生的，而不是在诉讼的过程中才提出的而已。但行政诉讼从性质上看，本来就可以看作是行政程序的再一次展开，被告在行政程序中的"主张"到了诉讼阶段自然仍应承担证明责任。而诸如符合起诉条件、曾经向被告申请其履行职责、合法权益遭受被诉行政行为的损害、存在被告在行政程序中没有考虑但足以影响被诉行为合法性的事实、存在影响诉讼程序进行的事实等，说到底都是原告的"主张"，所以原告才需要对其真实性承担证明责任。

◆ **例 16 -2**

某药厂以本厂过期药品作为主原料，更改生产日期和批号生产出售。甲市乙县药监局以该厂违反《药品管理法》第 49 条第 1 款关于违法生产药品的规定，决定没收药品并处罚款 20 万元。药厂不服向县政府申请复议，县政府依《药品管理法》第 49 条第 3 款关于生产劣药行为的规定，决定维持处罚决定。药厂起诉。关于本案的举证与审理裁判，下列说法正确的是什么？

A. 法院应对被诉行政行为和药厂的行为是否合法一并审理和裁判

B. 药厂提供的证明被诉行政行为违法的证据不成立的，不能免除被告对被诉行政行为合法性的举证责任

C. 如在本案庭审过程中，药厂要求证人出庭作证的，法院不予准许

D. 法院对本案的裁判，应当以证据证明的案件事实为依据

分析：行政诉讼审查的是被诉的行政行为，而不是审查原告的违法行为，故 A 项错。原告可以证明被诉行为违法，但即使其证据不成立也不免除被告的举证责任，B 项正确。在庭审过程中当事人要求证人出庭的，因为已经错过了举证期限，法院可以准许也可以不准许，C 项错。D 项是证据法的基本原则，当然是正确的。

◆ 例16－3

市城管执法局委托镇政府负责对一风景区域进行城管执法。镇政府接到举报并经现场勘验，认定刘某擅自建房并组织强制拆除。刘某父亲和嫂子称房屋系二人共建，拆除行为侵犯合法权益，向法院起诉，法院予以受理。关于此案，下列哪些说法是正确的？

A. 此案的被告是镇政府

B. 刘某父亲和嫂子应当提供证据证明房屋为二人共建或与拆除行为有利害关系

C. 如法院对拆除房屋进行现场勘验，应当邀请当地基层组织或当事人所在单位派人参加

D. 被告应当提供证据和依据证明有拆除房屋的决定权和强制执行的权力

分析：本案是委托行政，被告是委托者市城管局，因此 A 项错。与被诉行为有利害关系是起诉条件之一，应当由原告证明，B 项正确。现场勘验须有当地基层组织或当事人所在单位派人参加，C 项正确。被告负有证明被诉行为合法的举证责任，D 项正确。

此外还要注意，在行政诉讼中，法院有权要求当事人提供或者补充证据。尽管《行政诉讼法》并未明确法院对哪些证据可以要求当事人提供或者补充证据，但从体系解释的角度可以判断，法院要求当事人提供或者补充证据的前提条件，必然是这些证据属于该当事人的举证责任范围。因为《行政诉讼法》为原、被告分别确定了举证权利范围，如果法院什么都能要求，那当事人的举证责任就成了虚文。之所以规定法院可以依职权要求当事人提供或者补充其举证责任范围内的证据，主要是基于保护国家利益、公共利益和他人合法权益的考虑。在司法实践中，当事人通常会趋利避害，只提供于己有利的证据，隐瞒于己不利的证据，有的事实可能原、被告双方并无异议，但涉及国家利益、公共利益和他人合法权益。这些情况说明，法院应当对案件事实进行全面审查，努力发现被隐瞒的真相，而赋予法院依职权要求当事人提供或补充证据的权力就是一种必要的手段。

（二）举证时限

举证时限要求当事人在一定时限之内提出证据，否则将承担不利后果。举证时限总的来讲有一个原则，就是对被告的要求严格于对原告和第三人的要求。对此主要掌握几点：

1. 举证时限的一般要求。被告的举证时限明显短于原告和第三人，其逾期没有举证可能承担的不利后果也远比原告和第三人严重。

原则上，被告应当在收到起诉状副本之日起 15 日内，提供据以作出被诉行政行为的全部证据和所依据的规范性文件。被告不提供，或者无正当理由逾期提供的，视为被诉行为没有相应的证据。此时被告将遭遇败诉的不利后果。

而对于原告和第三人而言，原则上应当在开庭审理前或法院指定的交换证据之日提供证据。原告和第三人逾期提供证据的，视为其放弃举证权利。但视为放弃举证权利并不当然导致原告或第三人败诉，因为在原告或第三人不能证明被诉行为违法时，也不免除被告证明其行为合法性的责任。如果原告和第三人不能证明被诉行为违法，而被告同时也不能证明其合法的话，由于这一部分的举证责任已经分配给了被告，法院仍应认定被诉行为是违法的。

◆ 例 16 – 4

田某对某市房管局向李某核发房屋所有权证的行为不服，以自己是房屋所有权人为由请求法院判决撤销某市房管局的发证行为。田某向法院提交了房屋所有权证，李某向法院提交了该房屋买卖合同，某市房管局向法院提交了李某的房屋产权登记申请、契税完税证等证据。下列哪一说法是正确的？

A. 房屋所有权证、房屋买卖合同、房屋产权登记申请、契税完税证均系书证

B. 李某可以在一审庭审结束前向法院提交房屋买卖合同

C. 田某向法院提交其房屋所有权证是承担举证责任的表现

D. 法院在收到被告提交的证据后应当出具收据，加盖法院印章和经办人员印章

分析：本例主要考察举证问题，B 项显然错误，因为原告和第三人一般应当在开庭前或庭前证据交换之日举证。C 项的错误在于，提交房屋所有权证并非原告的举证责任，田某提出此项证据是其行使举证权利的表现。而对于 D 项，注意除了正式的法律文书之外，一般无须加盖机关印章，由经办人员签章即可。只有 A 项是正确的，因为房屋所有权证、房屋买卖合同、房屋产权登记申请、契税完税证都是以其记载的内容来证明案件事实的，确实都是书证。

需要进一步把握的是，行政诉讼中的举证期限，不仅仅是提供证据的时间要求，同时也是许多其他诉讼活动的时间要求。当事人申请法院调取证据、申请保全证据、申请证人出庭、申请重新鉴定、申请重新勘验，都应当在举证期限之内提出。

◆ 例 16 – 5

许某与汤某系夫妻，婚后许某精神失常。二人提出离婚，某县民政局准予离婚。许某之兄认为许某为无民事行为能力人，县民政局准予离婚行为违法，遂提起行政诉讼。县民政局向法院提交了县医院对许某作出的间歇性精神病的鉴定意见。许某之兄申请法院重新进行鉴定。下列哪些选项是正确的？

A. 原告需对县民政局准予离婚行为违法承担举证责任

B. 鉴定意见应有鉴定人的签名和鉴定部门的盖章

C. 当事人申请法院重新鉴定可以口头提出

D. 当事人申请法院重新鉴定应当在举证期限内提出

分析：在形式要求上，鉴定结论应有鉴定人签名和鉴定部门盖章，当事人申请重新鉴定的应当在举证期限之内书面提出，故 BD 两项正确而 C 项错误。A 项错误，原因在于原告没有责任证明被诉行为违法。

2. 延期举证问题。延期举证，就是当事人在一般举证时限届满时尚未提出的证据，能否延期提出的问题。对于各方当事人而言，如果因不可抗力等正当事由不能在举证期限之内提供证据，都可以申请法院延期，经法院准许可以延期提供。但是要注意，对于原告或第三人来说，延期提交的证据可以是原来就已经掌握的证据，也可以是新发现的证据；而对于被告来说，延期提交的只能是本来就已经收集的证据，在诉讼过程中，被告及其代理人不得再自行向原告、第三人和证人收集证据。

3. 补充举证问题。补充举证问题，就是当事人在行政程序中没有提出的事实与理由，能否在诉讼程序中再行提出并加以证明的问题。对于被告来说，他在行政诉讼中所提供的证据，原则上都应当是从行政程序证据中转化而来的，而行政程序证据又必须坚持"有证在先"的原则，即证据在先，决定在后。因此，在行政主体作出行政行为之后，包括在诉讼过程当中，被告及其诉讼代理人都不能自行向原告和证人收集证据，他们在这个阶段所收集的证据原则上不得被用于认定被诉行为的合法性。但这也有例外，那就是当原告或第三人提出其在行政程序中没有提出的理由或证据时，被告经法院准许可以补充相应的证据。为何有此例外呢？因为此时原告或第三人补充的这些证据是被告在行政程序中并不知道的，或虽然知道了也未曾予以考虑的。现在原告或第三人提出了这些证据，法院也准许了，就必须也给被告一个补充证据的机会，才能平衡。如果被告没有这种补充举证的权利，就给原告在诉讼中搞"突然袭击"创造了条件，原告很可能在行政程序中已经掌握了对自己有利的事实，就是不提出来，等着行政诉讼的时候再抛出来，搞得被告手足无措。这样做对被告很不公平，必须给被告一个补充举证的机会。

如上文所述的例子，某出租车司机因为超速行驶被交警处以罚款，不服提起了行政诉讼。在诉讼中说自己超速是因为车上有一个临产的孕妇，他为了将孕妇尽快送到医院才超速行驶的。由于原告提出的这一新事实是交警在作出处罚决定时未曾考虑的，此时应当允许被告也补充相应证据来对抗，如交警可以通过证明当时车上的孕妇实际并未处于临产状态，从而证明其处罚决定合法。

而这个问题对于原告或第三人来说，其要求要宽松一些。原则上，原告和第三人可以在诉讼程序中提出其在行政程序中没有提出的反驳理由或证据。但也存在例外，如果被告在行政程序中依照法定程序已经要求原告提供某些证据，原告对此依法应当提供而拒不提供的，原告和第三人在诉讼程序中再提供这些证据，法院一般不予采纳。

通过对比，我们可以明显地发现，对于当事人能否在诉讼程序中提出其在行政程序中没有提出的事实与理由这一问题，对被告的要求与对原告或第三人的要求恰恰是相反的。对于被告，如果一个证据是他在行政程序中没有收集的，那么他在此后再行收集、提供的证据，到诉讼中原则上就没有用了，例外的情况下才有用。而对于原告和第三人来说，对于他们在行政程序中没有提出的事实和理由，到了诉讼程序中原则上还可以提出，例外情况下才不被采纳。

（三）第三人举证

在修订前的行政诉讼证据规则中，有关第三人的举证规则基本上没有独立规定，而是和原告适用相同的规定。但实际上，即使是原告型的第三人，其诉讼主张和原告也完全可能是对立的，应当有独立的举证权利，2014年修订的《行政诉讼法》补充了这一制度，规定被诉行政行为涉及第三人合法权益的，第三人可以提供证据。这一规定主要是针对原告型第三人的。

被诉行政行为涉及原告型第三人的合法权益，包括两种情况：一是这个行为损害了第三人的合法权益，这个时候第三人就想推翻这个行为，其立场实际上就类似于原告，这时，第三人当然有权提供证据来证明行政行为违法。二是这个行为符合第三人的合法权益，而原告希望推翻它，第三人希望维护它，其立场和原告是对立的，这时，第三人也有权提供证据来证明行政行为合法。

例如，张某、李某竞争一个许可证，张某获得了许可。李某不服起诉了许可实施机关县政府，张某作为第三人参加了诉讼。如果被告县政府怠于举证，张某的许可证就可能被撤销，为了维护自己的权益，张某也应有权提出证据来证明县政府的许可行为是合法的。再如，某市因旧城改造需要拆除王某等23户居民的房屋，拆迁人为某市房产开发公司。某市建设局在发布了房屋拆迁公告后，王某等23户居民以建设局为被告，以拆迁人没有足够的拆迁补偿安置资金为由向某市法院提起行政诉讼，请求撤销建设局颁发给第三人的拆迁许可证。法院依法追加某市房产开发公司为第三人参加诉讼。被告建设局既未在法定期限内举证和答辩，也未出庭，意在败诉。在庭审中，第三人某市房产开发公司提供了某市建设银行出具的符合拆迁费用预算报告的拆迁补偿安置资金的证明，以证明建设局向其颁发的拆迁许可证合法。

至于被告型第三人的诉讼地位则相当于被告，应当对被诉行政行为的合法性承担举证责任，同时享有证明原告的起诉不应被受理的权利。

三、证据的调取和保全

（一）证据的调取

在证据获取的问题上，我国采取的是法院依职权取证与当事人举证相结合的制度。行政诉讼证据在一般情况下，应当由当事人自己提供，但有时候，当事人举证不能保证能够完全查清案件事实。由于我国的行政诉讼制度兼有监督行政、维护公益的任务，并不单纯是公民权益的救济制度，也是对行政行为的监督制度，因此，法院在其认为有必要的情况下可以依职权向双方当事人调取证据。但是，法院调取证据的权限应当受到严格限制。这是由法院在诉讼活动中所扮演的角色决定的，法院作为居中裁判的司法机关，如果动辄主动出击，通过自己的积极活动来证明案件事实的话，将严重损害其中立地位，也和司法活动所固有的消极、被动、谦抑属性格格不入。对于法院的取证活动，《行政诉讼法》将其分为依职权取证与依申请取证。

1. 依职权调取。法院有权向有关行政机关以及其他组织、公民调取证据。但是，不得为证明行政行为的合法性调取被告作出行政行为时未收集的证据。这就意味着，依职权调取证据实际上包括了三种情况：

（1）为了证明行政行为的违法性而主动调取证据，其目的当然是保护原告或者第三人的合法权益。

（2）为了证明行政行为的合法性而主动调取证据，其目的当然不是维护被告的利益，而是为了保护国家利益、公共利益或者第三人的利益。但是，在这种情况下，法院只能调取被告作出行政行为时已经收集了的证据。否则，法院和被告的角色就混同了。

（3）为了证明行政诉讼中的某些程序性事项，包括回避、中止诉讼、终结诉讼、变更或者追加当事人等，这些事项只影响诉讼进程，与被诉行政行为合法或者违法没有直接的关系。

2. 依申请调取。这被严格地限定于依原告或第三人的申请取证，绝对不能依被告的申请举证。原因有二：一是因为被告是被诉行为的实施者，而行政程序中坚持"有证在先"的原则，被告在行政程序中就应当掌握充分证据，不能等到诉讼阶段再收集证据，更不能申请法院来帮它调取证据。二是法院在行政诉讼中扮演的不仅是一个居中裁判者的角色，还担负着行政机关监督者的角色，其任务在于审查被诉行为的合法性。如果法院依被告的申请为其调取证据，无疑是颠倒了它作为监督者的角色。因此，法院只能依原告或第三人的申请调取证据。而法院依申请调取的这些证据，应当是原告或第三人能够提供确切线索，但出于客观条件的限制而无法自行收集的。如对于由国家有关部门保存的证据材料，或是涉及国家秘密、商业秘密、个人隐私的证据材料，一般当事人无从获得，此时就可以申请法院代为调取。

◆ 例 16 - 6

甲公司与乙公司开办中外合资企业丙公司，经营房地产。因急需周转资金，丙公司与某典当行签订合同，以某宗国有土地作抵押贷款。典当期满后，丙公司未按约定回赎，某典当行遂与丁公司签订协议，将土地的使用权出售给丁公司。经丁公司申请，2001 年 4 月 17 日市国土局的派出机构办理土地权属变更登记。丙公司未参与变更土地登记过程。2008 年 3 月 3 日甲公司查询土地抵押登记情况，得知该土地使用权已变更至丁公司名下。甲公司对变更土地登记行为不服向法院起诉。下列说法正确的是什么？

A. 甲公司有权以自己的名义起诉

B. 若丙公司对变更土地登记行为不服，应当自2008年3月3日起3个月内起诉

C. 丙公司与某典当行签订的合同是否合法，是本案的审理对象

D. 对市国土局与派出机构之间的关系性质，法院可以依法调取证据

分析：中外合资的任何一方均可以自己名义提起行政诉讼，因此A项正确。本案土地权属变更登记作出时，丙公司不知情，应从实际知道此行为内容之日起6个月内起诉；而且，案中甲公司于2008年3月3日查询得知抵押登记情况，案情并没有交代丙公司何时得知，B项属于偷梁换柱，错误。C项的错误明显，因为本案审理对象是土地权属变更登记行为，不是丙公司与某典当行签订的合同合法性问题。至于D项，查明"市国土局与派出机构之间的关系性质"关系到本案是否需要追加或变更被告，属于程序性事项，不是用于证明被诉行政行为的合法性，因此法院可以依职权调取，是正确的。

（二）证据的保全

证据保全是指法院对于可能灭失或者以后难以取得的证据所采取的调查、收集、固定、保管等措施，旨在对证据加以确定和保护的行为。依据发起方式的不同，证据保全分为依职权和依申请两种情况。证据保全一般以当事人申请为前提，另外情况下法院才会依职权主动进行保全。

所谓依申请保全，指在证据可能灭失或者以后难以取得的情况下，诉讼参加人向法院申请保全证据。诉讼参加人包括原告、被告、第三人以及他们的诉讼代理人。需要注意，被告虽然不能在行政诉讼过程中自行收集证据，也不能申请法院调取证据，但可以申请法院保全证据。为了避免证据保全给被保全人造成不利影响，当事人申请证据保全的，法院可要求其提供相应的担保。

所谓依职权保全，指在证据可能灭失或者以后难以取得的情况下，诉讼参加人没有申请，法院主动采取保全措施。

法院保全证据时，可以根据具体情况，采取查封、扣押、拍照、录音、录像、复制、鉴定、勘验、制作询问笔录等保全措施，并可以要求当事人或者其诉讼代理人到场。

四、行政诉讼的质证

质证是当事人在法官的主持下，围绕证据的真实性、关联性、合法性与证明力的有无、证明力的大小等问题展开的对质、辨认活动，是对行政诉讼证据加以全面审查的关键环节。

（一）质证的对象

质证对象的确定分三种情况：①一般情况下的质证对象。原则上所有证据都应当在法庭上出示并由当事人相互质证。未经庭审质证的证据不能作为定案的依据，但当事人在庭前证据交换过程中没有争议并记录在卷的证据，经审判人员在庭审中说明后，可以直接作为定案的依据，无须再行质证。对经过庭审质证的证据，除确有必要外，一般不再进行质证。②二审中的质证对象。在二审程序中，法庭对当事人提供的新证据应当进行质证，当事人对一审认定的证据仍有争议的，法庭也应当进行质证。③再审中的质证对象。在再审程序中，法庭对当事人提供的新证据应当进行质证，因原生效裁判认定事实的证据不足而提起再审所涉及的主要证据，也应当进行质证。

（二）对几类特殊证据的质证

对于以下几类证据，适用比较特殊的质证规则：

1. 缺席证据。对于被告经合法传唤无正当理由拒不到庭或未经许可中途退庭，法院决定实行缺席判决的案件，被告所提供的证据原则上不能作为定案依据，但当事人在庭前交换证据中没有争议的证据除外。

2. 涉密证据。涉及国家秘密、商业秘密和个人隐私的证据，不得在开庭时公开质证。

3. 调取证据。对于法院依申请调取的证据，应当由申请调取证据的当事人在庭审中出示，并由当事人质证，法庭不参与质证；对于法院依职权调取的证据，无须进行质证，而是由法庭出示该证据并就调取该证据的情况进行说明，听取当事人的意见即可。

在对证据进行对质和辨认的过程中，经法庭准许，当事人及其代理人可以就证据问题相互发问，也可以向证人、鉴定人或者勘验人发问。但当事人及其代理人相互发问，或者向证人、鉴定人、勘验人发问时，发问的内容应当与案件事实有关联，不得采用引诱、威胁、侮辱等语言或者方式。

（三）对不同形式证据的质证

对于不同形式的证据，在质证时还应当注意以下问题：

1. 对书证和物证，当事人应当出示原件或者原物，但出示原件或者原物确有困难的，经法庭准许可以出示复制件或者复制品；原件或者原物已不存在，当事人可以出示证明复制件、复制品与原件、原物一致的其他证据。

2. 对视听资料，当事人原则上应向法庭出示视听资料的原始载体。视听资料应当当庭播放或者显示，并由当事人进行质证。

3. 对证人证言，凡是知道案件事实的人，都有出庭作证的义务，必要时，原告或者第三人甚至可以要求相关行政执法人员作为证人出庭作证。不过特殊情况下，经法院准许，当事人可以提交书面证言，如当事人在行政程序或者庭前证据交换中对证人证言无异议的，证人因年迈体弱或者行动不便无法出庭的，证人因路途遥远、交通不便无法出庭的，证人因自然灾害等不可抗力或者其他意外事件无法出庭的，证人因其他特殊原因确实无法出庭的。

4. 对鉴定意见，当事人可以要求鉴定人出庭接受询问。鉴定人因正当事由不能出庭的，经法庭准许，可以不出庭，由当事人对其书面鉴定意见进行质证。对于出庭接受询问的鉴定人，法庭应当核实其身份、与当事人及案件的关系，并告知鉴定人如实说明鉴定情况的法律义务和故意作虚假说明的法律责任。

此外，如果案件涉及专门性问题，当事人可以申请由专业人员出庭进行说明，法庭也可以通知专业人员出庭说明。必要时，法庭可以组织专业人员进行对质。当事人对出庭的专业人员的专业资格有异议的，由法庭决定其是否可以作为专业人员出庭。专业人员可以对鉴定人进行询问。

五、行政诉讼的认证

对证据的核实认定，其实就是认证的问题。认证就是法院对证据证明力进行判断的活动，是对当事人举证、质证结果的评价和认定。法官在质证环节结束后，应当对证据作出是否采信的认定，这就是认证。认证的主体是合议庭的法官，内容是对证据是否具有真实性、关联性和合法性作出确认。对于经审查核实后未采纳的证据，法官应当在裁判文书中说明理由。

（一）对证据真实性的审查认定

证据的真实性是指作为证据的事实必须客观存在，不得是虚构的事实。法庭应当从以下方面审查证据的真实性：证据形成的原因；发现证据时的客观环境；证据是否为原件、原物，复制件、复制品与原件、原物是否相符；提供证据的人或者证人与当事人是否具有利害关系；影响证据真实性的其他因素。

（二）对证据关联性的审查认定

证据的关联性是指证据必须与案件事实之间存在着内在联系。法庭应当遵循法官职业道德，运用逻辑推理和生活经验，进行全面、客观和公正的分析判断，确定证据材料与案件事实之间的证明关系，排除不具有关联性的证据材料，准确认定案件事实。需要注意的是，被告及其诉讼代理人在作出行政行为后或者在诉讼程序中自行收集的证据不能被作为认定被诉行政行为合法的证据。这是因为这些证据不是被诉行政行为作出时的依据，与被诉行政行为的合法性之间不存在关联性。

（三）对证据合法性的审查认定

证据的合法性包括两方面的含义：一方面是证据必须符合法律对其的形式要求；另一方面是证据的收集必须符合法律要求。因此，法庭应当根据案件的具体情况，从三方面审查证据的合法性：证据是否符合法定形式；证据的取得是否符合法律、法规、司法解释和规章的要求；是否有影响证据效力的其他违法情形。以非法手段取得的证据，不得作为认定案件事实的根据，这些证据主要包括以下几种：①严重违反法定程序收集的证据；②以偷拍、偷录、窃听等手段获取侵害他人合法权益的证据；③以利诱、欺诈、胁迫、暴力等不正当手段获取的证据；④以违反法律禁止性规定或者侵犯他人合法权益的方法取得的证据；⑤被告在行政程序中非法剥夺公民、法人或其他组织依法享有的陈述、申辩或听证权利所采用的证据。

在对证据进行审核认定过程中，如果发现证明同一事实的数个证据之间存在内容上的冲突，可以按照以下情形分别认定效力等级：①国家机关以及其他职能部门依职权制作的公文文书优于其他书证；②鉴定意见、现场笔录、勘验笔录、档案材料以及经过公证或者登记的书证优于其他书证、视听资料和证人证言；③原件、原物优于复制件、复制品；④法定鉴定部门的鉴定意见优于其他鉴定部门的鉴定意见；⑤法庭主持勘验所制作的勘验笔录优于其他部门主持勘验所制作的勘验笔录；⑥原始证据优于传来证据；⑦其他证人证言优于与当事人有亲属关系或者其他密切关系的证人提供的对该当事人有利的证言；⑧出庭作证的证人证言优于未出庭作证的证人证言；⑨数个种类不同、内容一致的证据优于一个孤立的证据。

本章二维码

| 第十六章示范案例 | 第十六章思考案例 | 第十六章练习题 | 第十六章课件与授课视频 |

第十七章

行政诉讼的裁判与执行

　　法院将一个行政诉讼案件审理完毕之后，要通过作出裁判文书来结案。法院的裁判以法律、法规为依据，参照行政规章，并可以参考规章以下的行政规范性文件，此外还要遵守最高人民法院作出的司法解释。行政诉讼的一审判决方式是一个非常重要的制度，2014 年修订的《行政诉讼法》对这一制度也进行了较大幅度的修改，这是本章的核心内容，也是一个难点。二审裁判、再审裁判等问题相对比较简单。法院裁判文书所确定的权利义务的实现，首先取决于当事人的自觉履行；如果当事人不履行，这些权利义务就需要通过法院或行政机关的强制执行来实现。因此，我们把与执行相关的制度也放在本章一并介绍。

一、行政诉讼裁判的依据

　　司法裁判的依据解决的就是法律适用的问题。所谓法律适用，指的是法院将法律、法规、规章等文件运用到各种行政争议当中，用以判明受争议行政行为合法性的活动，主要是解决不同等级的规范性文件在行政诉讼中的地位。

　　（一）法律和法规的适用

　　法律，指的是全国人大及其常委会制定的立法文件，法规包括国务院的行政法规、地方性法规、经济特区法规、自治条例与单行条例。法律与法规在行政诉讼中，是作为法院审理行政案件的依据，其中地方性法规仅适用于审理本区域内发生的行政案件，而自治条例和单行条例适用于审理民族自治地方的行政案件。在这些立法文件的效力等级上，法律的效力高于法规；在法规中，行政法规高于地方性法规；在地方性法规中，省级地方性法规高于市州的地方性法规。

　　法律与法规是法院审理行政案件的依据，何谓"依据"？就是法院在审判时所必须遵循的、不得拒绝适用的根据，即法院在审理行政案件时，如果法律和法规已经对与该案件有关的某个问题作出了规定，就必须适用它。

　　需要注意的是，经济特区法规与民族自治地方的单行条例、自治条例可以根据法律的规定或根据有关授权对上位法作出某些变通规定，并在本区域内优先适用这些变通规定。

法院审理行政案件，适用的主要是行政法律规范。但在审理行政协议的案件中，还可以同时适用不违反行政法强制性规定的民事法律规范。

（二）行政规章的适用

行政规章包括部门规章与地方政府规章，它们在行政诉讼中的地位，是作为法院审理行政案件的参照。"参照"的地位自然与作为"依据"的法律、法规不同，"参照"一词意味着法院对行政规章并不是无条件地适用，而是有其判断选择的余地，法院可以对行政规章的内容加以审查鉴定。经审查鉴定认为内容合法的规章，法院自然必须适用；经审查鉴定认为不合法的规章，法院有权"灵活处理"，不予适用。但是，如果法院在审理行政案件的过程中，发现行政规章之间相互冲突，难以决定如何适用时，法院没有选择权，应当由最高人民法院送请国务院作出解释或裁决。之所以规章在行政诉讼中的地位要低于法律与法规，不得不屈居"参照"的地位，原因有二：其一，规章的制定主体，即国务院部门与地方政府本身都有可能成为行政诉讼的被告，如果将规章的地位确立为"依据"，就有可能出现用被告制定的规范来审理被告的尴尬；其二，规章本身制定的质量，总体上不如法律与法规，越权制定规章，规章中出现违法条款，以及规章间相互冲突的现象严重，因此，法院对行政规章不应当无条件地适用。

（三）其他行政规范性文件的适用

其他行政规范性文件，即行政机关制定、发布的效力低于规章的行政规范性文件。这些文件在行政诉讼中的地位理所当然地要比规章更低，法院在审理行政案件的过程中，对这些规范性文件的合法性应当加以审查，并有权作出处理。

如前文所述，原告认为行政行为所依据的规章以上的其他行政规范性文件不合法的，在对行政行为提起诉讼时，可以一并请求法院对该规范性文件进行审查。即使原告在诉讼时没有提出这种一并审查的请求，法院在法律适用的过程中也可以主动对此进行审查。对此，需要注意几个问题：

1. 原告请求法院一并审查这些规范性文件，应当在一审开庭前提出。有正当理由的，也可以在法庭调查中提出。

2. 虽然法院可以审查这些规范性文件，但是不能判决撤销或者改变这些规范性文件，就是"审而不判"。这是因为，《宪法》已经规定了这些规范性文件的监督机制：县级以上地方各级人大常委会有权撤销本级人民政府的不适当的决定和命令，县级以上的地方各级人民政府有权改变或者撤销所属各工作部门和下级人民政府的不适当的决定。在这样的背景下，《行政诉讼法》就不宜赋予法院直接判决撤销或者改变不合法的规范性文件的权力。此外，司法权的谦抑性决定了法院不宜过多地介入行政，否则法院就容易变成行政机关的隐形领导。总之，这些规范性文件只能由《宪法》规定的有权机关加以改变或撤销，在这些有权机关改变或撤销之前，这些规范性文件仍然是继续有效的。法院经过审理之后，能做的只不过是在审判相关案件时对违法的规范性文件不予适用，并在裁判理由中予以阐明，同时向其制定机关提出处理建议，并可以抄送制定机关的同级政府或者上一级行政机关。

3. 法院判断这些规范性文件是否合法的标准主要有三个：一是看其是否超出了制定机关的制规权限，这是一个比较容易掌握的形式标准。例如，根据《行政处罚法》第 14 条的规定，规章以下的行政规范性文件无权创设行政处罚。如果某县政府出台一个规范性文件，对公民某项行为设定行政处罚措施，那这个文件就是违法的。另外一个比较常见的现象是，行政机关的内设机构和临时机构以自己的名义制定规范性文件，这种规范性文件同样因为越权而违法。二是看这些规范性文件是否与上位法相抵触，因为这些规范性文件只能在上位法已规定的规则范围内进行细化，不能超出这一范围给行政相对人创设新的权利义务。三是看规范性文件的出台是否符合法定的程序和形式。

4. 规范性文件不合法，并不意味着据此作出的行政行为必定不合法。对此，法院还应当继续依照法律、法规，并参照规章，对被诉行政行为进行审查后作出认定，不能简单地将规范性文件的合法性与行政行为的合法性捆绑起来认定。

（四）司法解释的适用

司法解释，即司法机关对法律的解释，在多数情况下特指最高人民法院对法律的解释。法律解释的效力本来应当等同于法律，但对司法解释在我国法律渊源中的地位，理论上一直存在巨大争论，对其予以排斥，因此它并非正式的法律渊源。尽管如此，由于我国的许多法律在内容上较为粗糙，在实际运用中不具有操作性，必须借助司法解释对它的具体化才能够在审判实践中得到运用。这就使得司法解释在现实中具有十分显要的地位，法院在行政诉讼中适用司法解释作为审理依据是不可避免的。但出于立法上和理论上的限制，又不能将司法解释明确列举为行政诉讼的审理依据，因此，实践中对司法解释的定位十分含糊，只规定法院审理行政案件时适用最高人民法院司法解释的，应当在裁判文书中援引。从实际角度来看，司法解释在行政诉讼中的作用接近于法律，事实上已成为法院审理行政案件的依据之一。

二、行政诉讼的判决

行政诉讼的判决包括一审判决、二审判决、再审判决。其中，一审判决最为重要，是后面二者的基础。

（一）行政诉讼的一审判决

行政诉讼的一审判决，分为驳回判决、撤销判决、履行判决、变更判决、确认判决、赔偿判决六种，前五种是可以独立适用的。最后一种"赔偿判决"除了在单独提起的行政诉讼中外，不能单独适用，而是在撤销判决、履行判决、变更判决、确认判决之后附带适用。从另外一个角度来分类，也可以将驳回判决称为被告胜诉的判决，将其他四种判决称为原告胜诉的判决。此外，针对行政复议决定和双方行政行为（行政协议），还有一些特殊的判决方式。

1. 驳回判决。按照 1989 年的《行政诉讼法》的规定，在被告胜诉的情况下，法院原则上应当作出维持被诉行政行为的判决，个别情况下难以适用维持判决的，才转而判决驳回原告的诉讼请求，也就是以维持判决为主，以驳回判决为辅。2014 年修订的《行政诉讼法》废除了维持判决，对于被告胜诉的情况，一律适用驳回判决。这一修改是非常正确的，因为行政行为在作出之后本来就具有拘束力、确定力和执行力，只要没有通过撤销、变更、废止等方式来推翻它，这个行为就一直是有效的，没有必要再通过一个法院的判决来画蛇添足地维持它。如果法院经过审查，认为一个行政行为是正确的，只需要判决驳回原告的诉讼请求，就等于肯定了这个行为的效力。

具体而言，驳回判决适用于两种案件：①作为案件，即行政行为证据确凿，适用法律、法规正确，符合法定程序的情况；②不作为案件，即原告申请被告履行法定职责或者给付义务但理由不成立的情况。

◆ 例 17 -1

某银行以某公司未偿还贷款为由向法院起诉，法院终审判决认定其请求已过诉讼时效，予以驳回。某银行向某县政府发函，要求某县政府落实某公司的还款责任。某县政府复函："请贵行继续依法主张债权，我们将配合做好有关工作。"尔后，某银行向法院起诉，请求某县政府履行职责。法院经审理认为，某县政府已履行相应职责，某银行的债权不能实现的原因在于其主张债权时已超过诉讼时效。下列哪一说法是错误的？

A. 本案应由中级法院管辖

B. 因法院的生效判决已对某银行与某公司的民事关系予以确认，某县政府不能重新进行确定

C. 法院应当判决确认某县政府的复函合法

D. 法院应当判决驳回某银行的诉讼请求

分析：本案被告是县政府，级别管辖就是中院，A 项正确。根据司法最终原则，一个法律关系如果已经受到生效司法判决的约束，行政机关当然不能对其作出新的决定，B 项也正确。CD 两项涉及的是本案的判决方式，由于一个案件只能有一个判决，本案属于起诉不作为而不能成立的情况，应当判决驳回原告的诉讼请求，因此 D 项正确，那么 C 项就是错误的。

◆ 例 17 -2

在行政诉讼中，针对下列哪些情形，法院应当判决驳回原告的诉讼请求？

A. 起诉被告不作为理由不能成立的

B. 受理案件后发现起诉不符合起诉条件的

C. 被诉行政行为合法，但因法律变化需要变更或者废止的

D. 被告在一审期间改变被诉行政行为，原告不撤诉的

分析：A项应当判决驳回是十分明确的。B项应当裁定驳回起诉，因为这是程序问题而不是实体问题，因此不是判决驳回原告的诉讼请求，该项错误。C项的情况在2014年修订的《行政诉讼法》中没有再作规定，但仍应视为被诉行为合法，故适用驳回判决是正确的。D项的情况存在两种可能性，即原来的被诉行政行为可能合法也可能违法，因此有可能判决驳回，但也有可能判决确认违法，答案不确定，故D项错误。

2. 撤销判决。撤销判决是判定原告胜诉的最重要的判决类型，适用于原告起诉被告作出行政行为的案件。具体而言，撤销判决又包含几种子类型：根据是否撤销被诉行为的全部内容分为：全部撤销与部分撤销；根据撤销的同时是否责令被告作出新行为分为：简单撤销与撤销并责令重做。被诉行为有下列情形之一的，法院应当判决撤销或部分撤销该行为，并可以判决被告重新作出行政行为：①主要证据不足的；②适用法律、法规错误的；③违反法定程序的；④超越职权的；⑤滥用职权的；⑥明显不当的。

这里应当特别注意撤销并责令重作的判决。法院在判决撤销被诉行为的同时，可以同时判令被告作出新的行为，但是不能直接替代被告作出新的行政行为，否则就构成变更判决了。例如，法院审理一个行政机关不予行政许可的案件，即使认为原告请求准予许可的理由是成立的，被告也没有选择不予许可的裁量余地，此时法院也不能直接判决给原告颁发许可证，只能判决撤销不予许可的决定，责令被告重新作出决定，并在判决理由中写明意见。被告重新作出的行为应当遵循不得雷同的原则，即不得以同一事实和理由作出与原行政行为基本相同的行政行为，至少应当在行为结果、行为主要事实、行为主要理由这三个要素中有一个与原来的行为明显不同。如果被告以同一事实和理由重新作出与原来基本相同的行为，将被视为拒绝履行法院的判决，法院应当重新判决将该行为撤销或部分撤销，并依法对被告强制执行。

◆ **例 17-3**

法院因主要证据不足判决撤销被诉行政行为并判令被告重新作出行政行为后，被告以同一事实与理由作出与原行政行为基本相同的行政行为，原告向法院提起诉讼的，法院下列哪种做法是正确的？

A. 确认被告重新作出的行政行为违法

B. 确认被告重新作出的行政行为无效

C. 判决撤销该行政行为，并判令被告重新作出行政行为

D. 判决撤销该行政行为并向该行政机关的上一级行政机关或者监察、人事机关提出司法建议

分析：法院作出撤销并责令重作判决之后，被告不得作出原行为的雷同行为；被告违反这一规定的，法院应重新判决撤销，并依法强制执行。对被

告强制执行的措施,包括向有关行政机关作出司法建议(详见后文"执行制度"),因此只有 D 项正确。

◆ **例 17－4**

某县工商局认定王某经营加油站系无照经营,予以取缔。王某不服,向市工商局申请复议,在该局作出维持决定后向法院提起诉讼,要求撤销取缔决定。关于此案,下列哪些说法是正确的?

A. 市工商局审理王某的复议案件,应由 2 名以上行政复议人员参加

B. 此案的被告应为某县工商局

C. 市工商局所在地的法院对此案有管辖权

D. 如法院认定取缔决定违法予以撤销,市工商局的复议决定自然无效

分析:行政复议案件应当由 2 人以上合议审理(详见后文"行政复议"),A 项正确。复议维持的,应当以原机关县工商局、复议机关市工商局作为共同被告,B 项错误。经过复议的案件,原机关所在地和复议机关所在地的法院都有管辖权,C 项正确。经过复议维持的案件,法院应当对原行为和复议决定一并裁判,撤销原行为并不意味着复议决定自然无效(详见后文"对复议决定的判决"),D 项错误。

3. 履行判决。履行判决也是一种原告胜诉的判决,适用于起诉被告不作为的案件。具体包括两种情形:

(1)责令履行法定职责。法院经过审理,查明被告不履行法定职责的,应当判决被告在一定期限内履行;尚需被告调查或者裁量的,应当判决被告针对原告的请求重新作出处理。需要注意的是,在撤销并责令重作的判决中,法院并不为被告重作行为设定期限;而在责令履行职责的判决中,原则上应当为被告设定履行期限。

(2)责令履行给付义务。法院经过审理,查明被告依法负有给付义务的,应当判决被告履行给付义务。应当说,行政机关对当事人负有的给付义务实质上也是一种法定职责,但这种职责表现得更加具体、明确而已,直接表现为一种给付义务。在这种情况下,法院判决被告履行给付义务,相对于原来只判决履行法定职责而言,更加有利于直截了当地满足原告的诉求,减少讼累。例如,原告向行政机关申请一个许可证,行政机关经审查后不予答复,原告起诉。法院经过审理认为被告应当向原告颁发该许可证,这就是一种给付义务。此时,如果法院仅仅判决被告履行法定职责,要求其作出许可决定,被告作出许可决定之后原告可能仍然会不服(比如被告作出的是不予许可的决定),原告还需要重新再起诉一遍,再要求法院来撤销这个不许可的决定。如此一来,就十分曲折,不但增加了各方当事人的负担,浪费了司法资源,还有可能导致问题的解决出现反复,原告的合法诉求最终无法得到满足。对此,如果法院直接判决责令被告履行给付义务,即责令被告向原告颁发许可

证，那就一次性地解决了问题，大大提高了效率。

原告申请被告履行支付抚恤金、最低生活保障费、社会保险费等给付义务的，被告依法负有给付义务而拒绝或拖延履行义务且无正当理由的，法院在判决被告履行给付义务时，可以同时规定履行的期限。

4. 变更判决。变更判决同样是判定原告胜诉的判决类型。行政处罚明显不当，或者其他行政行为涉及对款额的确定、认定确有错误的，法院可以判决变更。对此需要注意：

（1）变更判决与适当性审查的关系。我们知道，法院在行政诉讼中主要审查被诉行政行为的合法性，兼顾审查适当性，即可以审查明显不当的行为。而变更判决就是一种用于处理适当性问题的判决，但并非所有不适当的行政行为都可以适用变更判决。变更判决本质上是法院替代行政机关作出一个新的行政行为，涉及司法权和行政权之间的关系。因此，只有在行政机关的自由裁量余地很小且法院具有较强判断能力的领域，才能适用变更判决。行政处罚明显不当，在绝大多数情况下就体现为数额上的不当，如罚款的金额、拘留的期限、暂扣许可证的期限等；在部分情况下，也可能体现为种类上的不当，如对应当适用警告的违法行为进行了罚款。其他行政行为涉及对款额的确定、认定确有错误的，主要也是一个适当性问题，而且这个适当性问题也应当达到较为明显的程度才能称得上是"错误"，如税费征收行为、行政给付行为、土地房屋征收补偿行为等，都有可能出现这样的案件。

（2）禁止不利变更原则。法院判决变更被诉的行政行为，不得加重原告的义务或者减损原告的权益；但利害关系人同为原告且诉讼请求相反的除外。以行政处罚案件为例，如果只有被处罚人作为原告起诉，要求减轻处罚甚至免除处罚，法院经过审理之后却发现应当加重处罚，此时不得加重对原告的处罚。如果只有受害人起诉，加害人作为第三人参加诉讼的话，由于加害人并非原告，此时法院可以加重其处罚。如果加害人与受害人同时起诉，两人就都是原告，如果法院经过审理认为对加害人这个原告的处罚确实轻了，仍然可以判决加重对他的处罚。否则作为受害人的原告其诉求便没有被满足的可能，其诉权就失去了意义。

◆ 例 17－5

2012 年 9 月，某计划生育委员会以李某、周某二人于 2010 年 7 月违法超生第二胎为由，作出要求其缴纳社会抚养费 12 万元，逾期不缴纳每月加收千分之二滞纳金的决定。二人不服，向法院起诉。下列哪些说法是正确的？

A. 加处的滞纳金数额不得超出 12 万元

B. 本案为共同诉讼

C. 二人的违法行为发生在 2010 年 7 月，到 2012 年 9 月已超过《行政处罚法》规定的追究责任的期限，故决定违法

D. 法院不能作出允许少缴或免缴社会抚养费的变更判决

分析：根据《行政强制法》的规定，执行罚总额不得超过原来应当给付的金额，A 项正确。本案属于一个行政行为对两人作出，属于必要共同诉讼，B 项正确。本案是缴纳社会抚养费，不是行政处罚，不适用行政处罚的追究期限，C 项错误。本案是涉及确定款额的行为，可以适用变更判决，D 项错误。

5. 确认判决。此即判决确认被诉行政行为违法或无效。确认判决也是判定原告胜诉的判决，适用于被诉行政行为虽然违法但不应被撤销或变更，或不宜责令被告履行的案件。具体包括确认违法判决和确认无效判决：

（1）被诉行政行为违法，但不具有可撤销内容的。这种情况指的是被诉行政行为已经不复存在，或已经被执行完毕并且无法恢复原状的情况。例如，被诉的是公安机关的一个拘留决定，而原告已经被拘留并期满释放；又如，被诉的是工商部门销毁伪劣商品的决定，而商品已经被销毁完毕。此时，撤销被诉行为已无实际意义，法院应当转而适用确认违法判决。

（2）被告改变原违法行政行为，原告仍要求确认原行政行为违法的。这种情况和上一种情况实际上具有相同性质，因为既然原来违法的行政行为已经被被告自己改变了，这个行为也就不存在了，如果还要撤销，就连对象都找不到了。但是，如果原告不愿意撤诉，就意味着对这个行为的诉讼仍然存在，法院仍然必须对这个行为作出一个评价，那就是将其确认违法。

（3）被告不履行或者拖延履行法定职责，但判决履行没有意义的。在这种情况下，被告不履行法定职责这一事实给原告带来的损失已经形成，被告此时再履行职责已无济于事，难以挽回损失。例如，原告起诉公安机关没有履行保护其人身安全的职责，但原告已经因此被他人殴打导致轻伤，则此后公安机关采取任何措施都不能消除原告被殴打这一事实。此时适用履行判决在道理上已无可能，法院只能转而适用确认违法判决。

◆ 例 17-6

罗某受到朱某的人身威胁，向公安机关报案，公安机关未采取任何措施。3 天后，罗某了解到朱某因涉嫌抢劫被刑事拘留。罗某以公安机关不履行法定职责为由向法院提起行政诉讼，同时提出行政赔偿请求，要求赔偿精神损失。法院经审理认为，公安机关确未履行法定职责。下列哪些说法是正确的？

A. 因朱某已被刑事拘留，法院应当判决驳回罗某起诉

B. 法院应当判决确认公安机关不履行职责行为违法

C. 法院应当判决公安机关赔偿罗某的精神损失

D. 法院应当判决驳回罗某的行政赔偿请求

分析：随着朱某被刑事拘留，罗某受到的人身威胁已解除，但精神损害已产生，法院应作出确认违法判决，故 A 项错而 B 项对。又因本案的精神损害不属于国家赔偿范围，故 C 项错而 D 项对。

（4）被诉行政行为违法，但撤销该行为将给国家利益或公共利益造成重大损失的。这是一种利益权衡之下作出的判决，出于保护重大国家利益或公共利益的需要，法院不应撤销被诉的行为，而是使其继续存在下去；但与此同时，法院又必须否定被诉行为的合法性，就只能将其判决确认违法了。

◆ **例 17-7**

某县政府与甲开发公司签订《某地区改造项目协议书》，对某地区旧城改造范围、拆迁补偿费及支付方式和期限等事宜加以约定。乙公司持有经某市政府批准取得的国有土地使用证的第 15 号地块，位于某地区改造范围。甲开发公司获得改造范围内新建房屋预售许可证，并向社会公开预售。乙公司认为某县政府以协议形式规划、管理和利用项目改造的行为违法，向法院起诉，法院受理。下列哪一说法是正确的？

A. 某县政府与甲开发公司签定的《某地区改造项目协议书》属内部协议

B. 某县政府应当依职权先行收回乙公司持有的第 15 号地块国有土地使用证

C. 因乙公司不是《某地区改造项目协议书》的当事人，法院应驳回起诉

D. 若法院经审理查明，某县政府以协议形式规划、管理和利用项目改造的行为违法，应当判决确认某县政府的行为违法，并责令采取补救措施

分析：D 项是正确的，原因在于甲公司开发的房屋已经公开预售，撤销县政府的协议书意味着要将该地块恢复原状，势必给公共利益造成重大损失，因此不能采用撤销判决，而应采取 D 项的做法。A 项的错误在于，《某地区改造项目协议书》是具有外部性的行政协议。B 的错误在于，县政府无权收回市政府批准的地块。C 项的错误在于，乙公司作为利害关系人具有原告资格。

◆ **例 17-8**

秦某租住江某房屋，后伪造江某的身份证和房屋所有权证，将房屋卖给不知情的吴某。房屋登记部门办理过户时未发现材料有假，便向吴某发放了房屋所有权证。江某发现房屋被卖时秦某已去向不明。江某以登记错误为由，提起行政诉讼要求撤销登记。下列哪些说法是正确的？

A. 法院应判决房屋登记部门撤销颁发给吴某的房屋所有权证

B. 吴某是善意第三人，房屋登记部门不应当撤销给吴某颁发的房屋所有权证

C. 江某应当先申请行政复议，对复议决定不服的，才能向法院起诉

D. 江某提起行政诉讼最长期限是 20 年，自房屋登记机关作出过户登记之日起计算

分析：案情表明，房屋登记部门向吴某颁发房屋所有权证的行为存在违法情节，如果被撤销吴某必然受到损害。但要注意，吴某一人的利益不是公

共利益，不足以排除撤销判决的适用，故 A 项对而 B 项错。本案不属于需要复议前置的情形，C 项错误。本案是不动产案件，起诉期限最长不得超过行政行为作出之日起 20 年，D 项正确。

（5）行政行为程序轻微违法，但对原告权利不产生实际影响的。程序合法是行政行为的合法性要件之一，但如果程序违法的程度较为轻微且对原告权利义务也无实质影响，此时撤销被诉的行政行为就违背了实质法治的精神，也会给行政机关依法履行职责造成不利影响。因此，2014 年修订的《行政诉讼法》规定，这种情况下法院不应撤销被诉的行政行为，而是转而采取确认违法判决。例如，在一个行政处罚案件中，行政执法人员在听取当事人的陈述申辩意见之后，应当将其记入笔录，并经当事人阅读核对后签字确认。但是，行政执法人员忘记告知当事人需要阅读核实，直接就让其签字了，当事人事后不服提起了行政诉讼。法院经审理认为该行政处罚决定在实体上是完全正确的，虽然执法人员将陈述申辩意见记入笔录后未经当事人阅读核实，但经审查其记录内容并无错误。这就是一种轻微的、瑕疵性的程序违法，且对当事人权利义务没有实际影响（因为记录内容没有错误），法院如果将该处罚决定撤销，就明显不利于行政机关依法行使职权，此时就应当判决确认违法。

（6）行政行为明显重大违法的。例如，行为的实施主体不具有行政主体资格，或者行为没有依据等情形。这种情况不同于上述五种情况的确认违法，而是应当判决确认无效。我们知道，明显重大违法的行政行为构成无效，一般的违法行为构成可撤销，也就是说，无效行为的违法程度比可撤销的行为严重得多。如果被诉行为在性质上已经达到了明显重大违法的程度，法院自然不能选择对其否定性评价较轻的撤销判决，而应判决确认该行为无效。

◆ 例 17 – 9

法院在审理某药品行政处罚案时查明，药品监督管理局在作出处罚决定前拒绝听取被处罚人甲的陈述申辩。下列关于法院判决的哪种说法是正确的？

A. 拒绝听取陈述申辩属于违反法定程序，应判决撤销行政处罚决定，并判令被告重新作出行政行为

B. 拒绝听取陈述申辩属于程序瑕疵，应判决驳回原告的诉讼请求

C. 拒绝听取陈述申辩属于违反法定程序，应判决确认行政处罚决定无效

D. 拒绝听取陈述申辩属于违反法定程序，应判决确认行政处罚决定不能成立

分析：本案的正确说法是 C 项，即法院应作出确认无效判决，而非 D 项的确认不成立，更非其他选项。尽管《行政处罚法》第 41 条将行政机关及其执法人员在作出行政处罚决定之前，不依法向当事人告知处罚的事实、理由和依据，或者拒绝听取当事人陈述、申辩的行为，特别规定为不成立的行政

行为。但《行政诉讼法》上所规定的判决类型，却无确认不成立的判决类型，造成立法上的矛盾。因此，法院只能以被诉行为明显重大违法而判决确认其无效。

法院判决确认违法或者无效的，可以同时判决责令被告采取补救措施；给原告造成损失的，依法判决被告承担赔偿责任。

6. 赔偿判决。赔偿判决也是原告胜诉的一种判决类型，但它在普通行政诉讼中不单独适用，而是在法院作出了撤销判决、履行判决、变更判决或确认判决之后，所附带作出的判决。法院作出赔偿判决，必须同时符合几个条件：①被诉的行政行为是违法或明显不当的；②原告在起诉之后到一审庭审结束之前提出了赔偿请求；③符合行政赔偿的其他构成要件。

7. 对复议决定的判决。经过复议的案件，在复议改变的情况下，原告起诉的是复议决定，以复议机关为被告。此时，法院只需要将复议决定当作一个普通的行政行为作出判决就可以了，没有什么特殊之处。

而在复议维持的情况下，法院审理的是原行为和复议决定两个行政行为。然而，这两个行为在实体上具有一致性，实际上审的是一个事实；但在程序上，这两个行为是按照各自的程序分别实施的，法院还是应当分别审理。所以，对于复议维持的案件，法院应当在审查原行为合法性的同时，一并审查复议程序的合法性。原机关和复议机关对被审查的原行为的合法性共同承担举证责任，但也可以由其中一个机关实际承担举证行为。不过，复议机关应当自行对复议程序的合法性承担举证责任。

对于复议决定的判决，根据对原行为判决的不同，具体分为如下几种情况：

（1）法院判决撤销原行为的，应当同时也判决撤销复议决定。需要责令重作的，应当责令原机关（而不是复议机关）重作。

（2）法院判决责令原机关履行法定职责或给付义务的，应当同时判决撤销复议决定。

（3）原行政行为合法、复议决定违反法定程序的，应当判决驳回原告针对原行为的诉讼请求，并判决确认复议决定违法。

（4）原行政行为被撤销、确认违法或者无效，给原告造成损失的，应当判决原机关承担赔偿责任；但是，因复议程序违法给原告造成损失的，应判决复议机关承担赔偿责任。

◆ 例 17 - 10

余某拟大修房屋，向县规划局提出申请，该局作出不予批准答复。余某向市规划局申请复议，在后者作出维持决定后，向法院起诉。县规划局向法院提交县政府批准和保存的余某房屋所在中心村规划布局图的复印件一张，余某提交了其房屋现状的录像，证明其房屋已破旧不堪。下列哪些说法是正确的？

  A. 县规划局提交的该复印件，应加盖县政府的印章

  B. 余某提交的录像应注明制作方法和制作时间

  C. 如法院认定余某的请求不成立，可以判决驳回余某的诉讼请求

  D. 如法院认定余某的请求成立，在对县规划局的行为作出裁判的同时，应对市规划局的复议决定作出裁判

  分析：AB 两项均符合行政诉讼证据形式要求的规定，正确。本案属于诉不作为而不成立的案件，应当（而不是可以）判决驳回余某的诉讼请求，C 项错误。经过复议维持的案件，法院应当同时对原行为和复议决定作出裁判，因此 D 项正确。

  8. 针对行政协议的特殊判决。2014 年修订的《行政诉讼法》将特许经营协议、房屋土地征收补偿协议等行政协议纳入受案范围。但是，行政协议是双方行为，法院对这种行为的判决方式和针对传统行政行为的判决方式是完全不同的，而是更加接近于对民事合同的判决方式。具体包括以下两种：

  （1）针对被告行为违法的判决。被告不依法履行、未按照约定履行或者违法变更、解除行政协议的，法院可以根据原告的诉讼请求判决确认协议有效、判决被告继续履行协议，并明确继续履行的具体内容；被告无法继续履行或者继续履行已无实际意义的，判决被告采取相应的补救措施；给原告造成损失的，判决被告予以赔偿。

  在上述情况下，如果原告的诉讼请求是解除协议或者确认协议无效，法院应当判决解除协议或者确认协议无效，并根据《合同法》等相关法律作出处理。

  （2）针对被告行为合法的判决。被告因公共利益需要或者其他法定理由合法地单方变更、解除协议，给原告造成损失但未依法给予补偿的，法院应当判决给予补偿。

  被告因上述原因合法地变更、解除行政协议，且已依法给予补偿的，法院应当判决驳回原告的诉讼请求。

  （二）行政诉讼的二审裁判

  行政诉讼的二审判决，即法院对上诉行政案件的判决，也是生效的终审判决。二审判决应当对两个问题作出结论：一是一审裁判，二是被诉的行政行为。法院对二审案件按以下规则裁判：

  1. 维持原裁判。一审判决、裁定认定事实清楚，适用法律、法规正确的，二审法院应当判决或者裁定驳回上诉，维持原判决、裁定。

  2. 直接改变原裁判。一审判决、裁定认定事实错误或者适用法律、法规错误的，二审法院应当依法改判、撤销或者变更。其中，依法改判是针对一审判决而言的，撤销或者变更是针对一审裁定而言的。在这种案件中，一审裁判的基本事实是具备的、主要证据也是充足的，但是一审法院在事实认定

或法律适用上出现了错误，说到底就是专业判断上出现了错误，如果二审法院将其发回原审法院重审的话，就会造成不必要的时间拖延，降低诉讼效率，因此，直接改变原裁判结果即可。

二审法院需要改变一审判决的，应当同时对被诉行政行为作出判决。二审法院对被诉行为的判决，也按照一审判决的适用规则作出。

3. 发回重审或者直接改判。一审判决认定基本事实不清、证据不足的，二审法院可以发回一审法院重审，也可以查清事实后直接改判。

4. 撤销原判，发回重审。如果一审判决存在严重违反法定程序的情况，如遗漏应当参加诉讼的当事人、遗漏应当判决的诉讼请求、违法缺席判决、当事人应出庭而未出庭、审判人员应回避而未回避等，二审法院应当裁定撤销原判决，发回一审法院重审。一审法院对发回重审的案件作出判决后，当事人提起上诉的，二审法院不得再次发回重审。

总之，就是一审裁判的错误越轻微，二审法院就越倾向于直接处理；一审裁判的错误越严重，二审法院就越倾向于发回重审。

◆ 例 17 - 11

县环保局以一企业逾期未完成限期治理任务为由，决定对其加收超标准排污费并处以罚款 1 万元。该企业认为决定违法并诉至法院，提出赔偿请求。一审法院经审理维持县环保局的决定。该企业提出上诉。下列哪一说法是正确的？

A. 加收超标准排污费和罚款均为行政处罚

B. 一审法院开庭审理时，如该企业未经法庭许可中途退庭，法院应予训诫

C. 二审法院认为需要改变一审判决的，应同时对县环保局的决定作出判决

D. 一审法院如遗漏了该企业的赔偿请求，二审法院应裁定撤销一审判决，发回重审

分析：依上文所述可知 C 项正确。A 项的错误在于，加收超标准排污费是行政征收，罚款才是行政处罚。B 项的错误在于，原告未经许可中途退庭的，可以视为撤诉而不是训诫。D 项的错误在于，按照原《若干解释》的规定，此时法院应当先行调解，调解不成的单就赔偿问题发回一审重审。

◆ 例 17 - 12

某公司提起行政诉讼，要求撤销区教育局作出的《关于不同意申办花蕾幼儿园的批复》，并要求法院判令该局在 20 日内向花蕾幼儿园颁发独立的《办学许可证》。一审法院经审理后作出确认区教育局批复违法的判决，但未就颁发《办学许可证》的诉讼请求作出判决。该公司不服一审判决，提起上诉。下列说法正确的是什么？

A. 二审法院应当裁定撤销一审判决

B. 二审法院应当维持一审判决

C. 二审法院可以裁定发回一审法院重审

D. 二审法院应当裁定发回一审法院重审，一审法院应当另行组成合议庭进行审理

分析：本案一审遗漏了应当判决的上述请求，二审法院应当撤销一审判决，发回重审，一审法院应当另组合议庭重审。因此 AD 两项正确。

（三）行政诉讼的再审判决

当法院对某个已经作出生效判决的案件决定再审时，首先应当裁定中止原判决的执行。在裁定中止执行并对案件重新加以审理之后，再审法院应按以下规则作出处理：

1. 裁定执行原审生效判决。再审法院经过审理，认为原生效判决正确的，应当裁定撤销此前作出的、关于中止原判决的裁定，继续执行原判决。

2. 撤销原审判决，发回重审。再审法院对于原审违反法定程序可能影响案件正确裁判的情况，应当裁定撤销原审判决，具体包括六种情形：①审理本案的审判人员、书记员应当回避而未回避的；②依法应当开庭审理而未经开庭即作出判决的；③未经合法传唤当事人而缺席判决的；④遗漏必须参加诉讼的当事人的；⑤对与本案有关的诉讼请求未予裁判的；⑥其他违反法定程序可能影响案件正确裁判的。

3. 撤销原审判决，发回重审或者直接改判。再审法院认为原审判决有误的其他情况，在撤销原生效裁判的同时，既可以发回原审法院重审，也可以直接改判。

4. 再审法院对原审裁定的处理。当事人对于不予受理、驳回起诉、管辖异议三种生效裁定申请再审的，再审法院应当按照以下规则处理：①再审法院认为二审法院维持一审不予立案裁定错误的，应当同时撤销一审、二审裁定，指令一审法院立案。②再审法院认为二审法院维持一审驳回起诉裁定错误的，应当同时撤销一审、二审裁定，指令一审法院继续审理案件。③当事人对生效管辖异议裁定的申诉不影响受案法院的管辖和审理，如果法院已经作出了生效判决，当事人对驳回管辖异议的裁定和判决一并申诉的，法院经查发现管辖错误但生效判决正确的，不再改变管辖；如果发现管辖裁定与生效判决均错误的，应当决定再审。

三、行政诉讼的裁定、决定和其他问题

在行政诉讼中，法院除了针对案件的实体问题作出判决，还需针对程序问题作出裁定，或针对某些特殊事项作出决定。

（一）行政诉讼的裁定

裁定用于处理程序问题，主要适用于下列事项：①不予立案；②驳回起

诉；③管辖异议；④终结诉讼；⑤中止诉讼；⑥移送或指定管辖；⑦诉讼期间停止行政行为的执行或驳回停止执行的申请；⑧财产保全；⑨先予执行；⑩准许或不准许撤诉；⑪补正裁判文书中的笔误；⑫中止或终结执行；⑬提审、指令再审或发回重审；⑭准许或不准许执行行政机关的行政行为；⑮其他需要裁定的事项。

当事人不服不予立案、驳回起诉、管辖异议三种一审裁定的，有权在裁定书送达之日起 10 日内向上一级法院提起上诉。当事人不服停止执行被诉行为、不停止执行被诉行为、先予执行被诉行为三种裁定的，可以申请法院复议一次。

（二）行政诉讼的决定

决定用于处理特殊问题，主要适用于下列事项：①审判人员的回避；②排除妨碍诉讼的强制措施（包括训诫、责令具结悔过、罚款、拘留）；③再审决定；④延长审限的决定；⑤减免诉讼费的决定；⑥采取强制执行措施的决定；⑦准许或不准许一并审理民事争议的决定；⑧其他需要决定的事项。

当事人对于所有决定均不得上诉，决定一经宣布或送达立即生效。但对于其中的回避、司法罚款、司法拘留、准许或不准许一并审理民事争议四种决定，当事人不服可以申请法院复议一次。

（三）裁判结果的公开

1. 公开宣判。法院对公开审理和不公开审理的案件，一律应当公开宣告判决。其中，当庭宣判的，应当在 10 日内发送判决书；定期宣判的，宣判后立即发给判决书。其中，宣告一审判决的，还必须告知当事人上诉权利、上诉期限和上诉法院。

2. 公布文书。法院应当公开发生法律效力的判决书、裁定书供公众查阅，但涉及国家秘密、商业秘密和个人隐私的内容除外。注意，需要公开的只是生效的裁判文书，尚未生效的不予公开。

四、行政诉讼中的执行制度

行政诉讼中有关执行的制度，既包括行政诉讼裁判文书的执行，也包括行政行为在诉讼期间的执行。

（一）行政诉讼裁判文书的执行

当事人拒绝履行法院生效的判决、裁定、调解书的，其他当事人可以申请法院强制执行，或由有权的行政机关自己执行。对此需要注意：

1. 执行根据。执行根据是法院在行政诉讼中作出的所有生效法律文书，包括行政判决书、行政裁定书、行政赔偿调解书。

2. 被执行人。被执行人是行政诉讼中的所有当事人，包括行政主体与一般公民、法人或其他组织。掌握法院的强制执行措施，必须注意区分被执行人，因为对行政机关的执行与对普通公民、法人、其他组织的执行措施是有所不同的。

3. 执行机关。被执行人是行政主体的，执行机关只能是法院。被执行人是普通公民、法人或其他组织的，执行机关可以是法院，也可以是作为被告的行政机关自己。如果被告是拥有直接强制执行权的机关，如公安、国安、税务、工商、海关等，既可自己执行，也可申请法院执行；如果被告并不具有直接强制执行权，或者是第三人要求执行的，只能申请法院执行。

由法院强制执行的案件，一般由一审法院负责执行。一审法院认为情况特殊需要由二审法院执行的，可以报请二审法院执行，二审法院可以决定自己执行，也可决定仍由一审法院执行。

4. 强制执行的措施。由有权的行政机关对公民、法人或其他组织强制执行的，采用行政强制执行的一般措施，对此本书前文"行政强制"部分已有详细介绍，此不赘述。

由法院对公民、法人或其他组织强制执行的，采用民事诉讼法中的强制执行措施，此不赘述。

由法院对行政主体强制执行的，其执行措施包括以下几种：①划拨，对被告应当归还的罚款或者应当给付的款额，通知银行从该行政机关的账户内划拨。②罚款，被告在规定期限内不履行的，从期满之日起，对该行政机关负责人按日处 50 元至 100 元的罚款。③公告，将行政机关拒绝履行的情况予以公告。④提出司法建议，向监察机关或者该行政机关的上一级行政机关提出司法建议。接受司法建议的机关，根据有关规定进行处理，并将处理情况告知法院。⑤司法拘留，被告拒不履行判决、裁定、调解书，社会影响恶劣的，法院可以对该行政机关直接负责的主管人员和其他直接责任人员予以拘留。⑥追究刑事责任，前项情形如果情节严重构成犯罪，还应当依法追究刑事责任。以上第③、⑤两项措施是 2014 年修订的《行政诉讼法》所增加的，意在加大对行政机关强制执行的力度。

◆ 例 17 −13

某公司向区教委申请《办学许可证》，遭拒后向法院提起诉讼，法院判决区教委在判决生效后 30 日内对该公司申请进行重新处理。判决生效后，区教委逾期拒不履行，某公司申请强制执行。关于法院可采取的执行措施，下列哪些说法是正确的？

A. 对区教委按日处 100 元的罚款

B. 对区教委的主要负责人处以罚款

C. 经法院院长批准，对区教委直接责任人予以司法拘留

D. 责令由市教委对该公司的申请予以处理

分析：由上文所述直接可知 BC 两项正确。A 项根据 1989 年的《行政诉讼法》的规定是正确的，但 2014 年修订的《行政诉讼法》已经取消该项措施。至于 D 项，法院无权责令被告的上级机关作出行政行为，只能向其提出司法建议，因此是错误的。

（二）行政行为在复议与诉讼期间的执行

行政行为在行政诉讼与行政复议期间，以不停止执行为原则，以停止执行为例外。

1. 在行政诉讼期间。原则上在行政诉讼期间不停止被诉行政行为的执行，但下列情况例外：①被告认为需要停止执行的；②原告或者利害关系人申请停止执行，法院认为该行政行为的执行会造成难以弥补的损失，并且停止执行不损害国家利益、社会公共利益的；③法院认为该行政行为的执行会给国家利益、社会公共利益造成重大损害的；④法律、法规规定停止执行的。

2. 在行政复议期间。原则上被复议的行政行为也不停止执行，但下列情况例外：①被申请人认为需要停止执行的；②行政复议机关认为需要停止执行的；③申请人申请停止执行，行政复议机关认为其要求合理，决定停止执行的；④法律规定停止执行的。

简单对比可以发现，行政行为在行政诉讼与行政复议期间都实行不停止执行的原则，其停止执行的例外情形也基本相似。

（三）先予执行

先予执行，指的是在法院尚未作出生效裁判或尚未对非诉执行的申请作出裁定之前，先执行有关财产的行为，包括对诉讼裁判的先予执行和对行政行为的先予执行。

1. 对诉讼裁判的先予执行。其适用范围十分有限，仅适用于行政给付案件。法院对起诉行政机关没有依法支付抚恤金、最低生活保障金和工伤、医疗社会保险金的案件，权利义务关系明确、不先予执行将严重影响原告生活的，可以根据原告的申请裁定先予执行。

2. 对行政行为的先予执行。对行政行为的先予执行相对费解一些。根据非诉执行的一般原理，行政机关作出行政行为之后，当事人不起诉、不复议也不履行的，行政机关经催告后可以申请法院强制执行。但是，法院的强制执行必须以当事人没有起诉为前提，如果当事人已经提起了诉讼，被告在诉讼期间申请法院强制执行的，法院原则上不应执行。先予执行就是这一原则的例外，如果对被诉行为不及时执行可能给国家利益、公共利益或他人合法权益造成不可弥补的损失的，法院可以先予执行。

对先予执行的裁定，可以申请法院复议一次。

◆ 例 17-14

陈某申请领取最低生活保障费，遭民政局拒绝。陈某诉至法院，要求判令民政局履行法定职责，同时申请法院先予执行。对此下列哪一说法是正确的？

A. 陈某提出先予执行申请时，应提供相应担保

B. 陈某的先予执行申请，不属于《行政诉讼法》规定的先予执行范围

C. 如法院作出先予执行裁定，民政局不服可以申请复议

D. 如法院作出先予执行裁定，情况特殊的可以采用口头方式

分析：原告申请对行政诉讼裁判的先予执行，不需要提供担保，A 项错误。陈某申请先予执行的是领取最低生活保障费，这是一个行政给付行为，属于先予执行的范围，B 项错误。当事人不服先予执行申请的裁定，可以申请法院复议一次，C 项正确。法院的裁定应当以书面方式作出，D 项错误。

◆ **例 17 – 15**

对下列哪些案件人民法院可以适用先予执行？

A. 10 岁孤儿王某起诉要求乡人民政府颁发孤儿生活供养证的

B. 伤残军人罗某起诉要求县民政局发放抚恤金的

C. 张某被工商执法人员殴打致残起诉要求赔偿的

D. 王某因公致残起诉要求某市社会保险管理局支付保险金的

分析：BD 两项属于行政给付案件，可以适用先予执行。A 项是行政确认行为，C 项是行政赔偿案件，都不适用先予执行。

这里有一个问题使学习者经常感到困惑，就是诉讼期间不停止执行与诉讼期间不受理非诉执行申请两个原则，以及先予执行三者之间的关系。根据诉讼期间不停止执行的原则，行政诉讼期间并不停止对被诉行政行为的执行；而根据诉讼期间不受理非诉执行申请的原则，如果被告或权利人在行政诉讼期间申请法院强制执行被诉行为的，法院不予执行，而在特殊情况下又可先予执行。这三者看起来似乎存在矛盾。

实际上三者毫不冲突，因为并非所有的行政机关都有直接强制执行权。对于一个没有直接强制执行权的机关来说，就算诉讼期间不停止执行，它也没有权力来执行自己作出的行为。因此，诉讼期间不停止执行的原则，是专门针对那些有直接强制执行权的机关来讲的。而诉讼期间不受理非诉执行申请的原则，是专门针对那些没有直接强制执行权的机关来讲的，正因为它们没有这种权力，才不得不申请法院强制执行，这就是非诉执行。而法院的非诉执行又必须以当事人逾期没有起诉为前提，一旦当事人提起了诉讼，法院就不再受理行政机关强制执行的申请了。至于先予执行，仍然是针对没有直接强制执行权的机关来讲的，只不过它是出于对国家利益、公共利益或他人合法权益的考虑，而对诉讼期间不受理非诉执行申请的原则所作的一点变通而已。

本章二维码

| 第十七章示范案例 | 第十七章思考案例 | 第十七章练习题 | 第十七章课件与授课视频 |

第十八章

行政复议

行政复议，指的是在当事人的参与下，由行政复议机关对行政行为（附带部分行政规范性行为）的合法性与合理性加以审查，并作出评判的活动。与行政诉讼制度相比，行政复议同样是一种解决行政争议、救济私人权利、监督行政机关的重要制度。不同之处在于，行政诉讼是一种由司法机关实施的外部监督审查机制，而行政复议是由行政系统内部（通常是行政行为实施者的上一级机关）实施的内部监督审查机制。相对于行政诉讼，行政复议具有高效率、低成本的优点，但在公正性上则不如行政诉讼，可以说两种制度各有优劣。我国的行政复议制度，在立法框架上与行政诉讼制度有许多类似之处，在具体内容上也有许多共同点。因此，我们在全面掌握了行政诉讼制度的基础上再来学习行政复议，就会事半功倍。

一、行政复议的受案范围

判断行政复议受案范围的标准，与行政诉讼是类似的，都是看三个方面：

（一）主体标准

这一点与行政诉讼是相同的，必须是由具有行政职权的机关、组织及其工作人员，或者是由这些机关、组织所委托的组织和个人所实施的行为，也就是基于行政职权的行使而引发的争议，才有可能进入行政复议。

（二）行为标准

这一点与行政诉讼略有不同。一方面，行政复议既可以直接审查行政行为，还可以附带审查一部分行政规范性文件，这一点和 2014 年修订的《行政诉讼法》是一致的。对此，需要掌握三点：

1. 理解好附带审查的概念。这里关键是看两点：一是"附带"，这是相对于直接审查而言的。直接审查意味着可以对这个抽行政行为直接申请复议，附带审查则不行，如果直接申请的话，复议机关不予受理。但是，如果申请人先对一个行政行为要求审查，再提出一个作为这个行为依据的行政规范性文件，要求复议机关一并审查，复议机关就应当受理，这就是所谓的行政行为对行政规范性文件的"附带"。二者的关系是，行政规范性文件"依附"于行政行为，由行政行为"带领"着行政规范性文件进入复议。二是"审查"，审查就意味着要作出结论。这和复议机关在法律适用中判断行政行为依据的个案效力是不同的，因为后者并不直接对这个依据的合法性作出判断，仅仅是明确了该依据在个案中是否应当被适用，即使该依据在本案中不被适用，并不意味着它在另外一个案件中同样不被适用。而附带审查则是要对这个依据的合法性作出明确的结论，这个结论是具有普遍效力的。如果该规范性文件的效力通过附带审查被否定，就从此失去了效力，在其他案件中也不能被当作行政行为的合法依据了。这一点，也是行政复议和行政诉讼在附带审查制度上的重要差别。

2. 理解附带审查的范围。按照《行政复议法》的规定，目前行政复议附带审查的范围指的是行政规章以下（不含行政规章）的其他行政规范性文件，行政规章或效力高于规章的其他行政规范性文件，不在行政复议的审查之列。之所以有这样的限制，有几个方面的原因：一是规章以下的行政规范性文件数量最多、效力层级较低，复议机关或者复议机关转送的其他机关比较容易对其进行处理。二是规章以下的文件制定质量较差，相互之间矛盾冲突较多，存在违法情形的可能性比较大，最需要进行合法性审查，行政复议的附带审查是对这些文件进行纠错的一个有效途径。三是规章和规章以上的行政立法行为，已经有其他法律机制来对其加以监督审查了，如《立法法》上规定的备案制度、上级政府的监督审查制度、本级人大及常委会的监督审查制度等。如果这些制度有效运行的话，已经能够比较好地解决这些高位阶行政规范性文件的合法性问题，没有必要再通过行政复议来附带审查了。与此同时，如果将其纳入复议附带审查范围的话，在大多数案件中，复议机关的行政层级与这些文件制定主体的行政层级相差较多，需要经过多个层次的多次转送才能得到处理，其处理效率很低。此外，还需要处理好复议附带审查制度与对行政立法的其他监督审查制度之间的衔接、协调问题，比较复杂。因此，《行政复议法》暂时没有将规章与规章以上的行政规范性文件纳入审查的范围。当然，这种限制也并不是绝对的。规章及以上的行政规范性文件只是在复议申请阶段不能被申请人一并申请附带审查，而在复议审理阶段中，如果复议机关自己发现这些依据存在问题时，仍然可以依职权主动进行审查处理，并不受这些依据有关效力层级方面的限制。

3. 申请复议审查的时机。按照《行政复议法》第 7 条的规定，公民、法人或者其他组织认为行政机关的具体行政行为所依据的下列规定不合法，在对具体行政行为申请行政复议时，可以一并向行政复议机关提出对该规定的审查申请。但在实践中发现，很多复议申请人在对行政行为申请复议的时候，还没有注意到其某个依据存在问题，甚至还没有完全了解这个行为的依据都有哪些。一般来说，要等到被申请人作出答辩之后，申请人根据其答辩意见才能充分了解这一点。申请人完全有可能在此时才提出该行政行为的某个依据存在问题，要求复议机关附带审查。对此，2007 年的《行政复议法实施条例》第 26 条解决了这一问题，它规定依照《行政复议法》第 7 条的规定，申请人认为行政行为所依据的规定不合法的，可以在对行政行为申请行政复议的同时一并提出对该规定的审查申请；申请人在对行政行为提出行政复议申请时尚不知道该行政行为所依据的规定的，可以在行政复议机关作出行政复议决定前向行政复议机关提出对该规定的审查申请。

行政复议受案行为标准的另一方面是，行政诉讼只受理当事人认为违法和明显不当的行政行为，行政复议则受理当事人认为违法和所有不当（不合理）的行政行为，即行政复议既审查行政行为的合法性，也全面审查行政行为的适当性（合理性）。其原因在于法院与复议机关性质上的差别，法院与行政机关之间的关系是监督关系而非领导关系，因此只能对行政行为作合法性审查，兼及一部分可以视为违法的明显不当行为；复议机关一般是被申请人的领导机关，特殊情况下还可能是被申请人自己，当然可以对被申请人的行为作合法性与合理性上的全面审查。

（三）结果标准

行政诉讼与行政复议受案的结果标准也是相同的，都要求只有在当事人认为行政行为侵害其合法权益的情况下，方能受理。

行政复议的受案范围可以总结为这样几句话：一是行政行为可以直接申请复议；二是低于行政规章的行政规范性文件不得直接、但可以附带地申请复议；三是行政规章以上（包含行政规章）的行政规范性文件，不得直接或附带地申请复议。

二、行政复议的管辖（复议机关）

复议管辖，又称复议机关的确定。行政复议机关一般是复议被申请人的上级行政机关或其他直接主管机关，特殊情况下由被申请人自己充当。复议机关的确定主要有三种规则，另有一些例外情况适用稍有特殊的规则，具体包括以下几种：

（一）条块管辖

在日常生活中，人们常常将行政机关之间垂直领导的关系称为"条条"关系，而将地方政府对其下属部门的领导称为"块块"关系，行政复议机关的确定规则，就以行政管理体制上的这种"条块"划分为基础。

条块管辖，是确定复议机关的一般原则，也是最常见的情况，指的是由被申请人的同级政府或上一级主管部门作为复议机关的情况。条块管辖适用于县级以上地方政府的一般工作部门作为复议被申请人的情况。具体而言，这些作为被申请人的机关包括县、市、省三级政府的一般工作部门，它们在体制上既受同级政府领导，又受其上一级主管部门领导，这两个领导机关都可以充当其复议机关。例如，对某市水利局行政行为不服的案件，其复议机关是市政府或者省水利厅，申请人可以选择向其中任何一个机关申请复议。

（二）条条管辖

条条管辖，指的是只由被申请人的上一级领导机关充当复议机关，而排除其同级政府作为复议机关的情况。条条管辖的情况相对特殊，适用于两种情况：

1. 地方各级政府作为复议被申请人的情况。此时，被申请人自己就是一级政府，它的直接领导机关自然只有一个，就是上一级政府。例如，以成都市政府作为被申请人的案件，复议机关是四川省政府。在某些地区没有地级市的建制，只有省级政府设立的派出机关（地区行政公署），在这些地区对某个县级政府行政行为不服的复议案件，就由该地区的行政公署管辖。

2. 垂直领导部门作为被申请人的情况。这主要指的是中央垂直领导，即从中央到基层均实行垂直领导的部门，具体包括海关、金融、国税、外汇管理四个部门。还有的部门实行的并非完全的垂直领导，主要是国家安全部门，它同时受到同级政府与上一级国安部门的领导，名义上还是同级政府的一个工作部门，但偏重于受上一级主管部门的垂直领导，因此《行政复议法》也将其与上述四个垂直领导部门同等对待。以上五个部门为被申请人的复议案件，只能由被申请人的上一级主管部门作为复议机关。如以某市国税局为被申请人的案件，其复议机关只能是省国税局。

关于条条管辖，需要特别注意省级以下垂直领导部门的复议管辖问题。实践中，除了实行全国垂直领导的部门，还有一些部门实行或曾经实行过省级以下的垂直领导，包括工商、地税、质量技术监督、药品监督、国土资源管理等。然而，按照《行政复议法实施条例》的规定，不服省级以下垂直领导部门的行为，当事人仍可选择向其上一级主管部门或同级政府申请行政复议，即仍实行"条块管辖"。但如果其所在省份对此作出特别规定的，从其规定。这种特别规定（在本省范围内，地方政府不作为省级以下垂直领导部门的复议机关）在理论上可能存在，但实践中十分罕见。

◆ 例 18 – 1

2008 年，某省甲市乙县工商局以某企业构成不正当竞争为由，决定予以罚款 2 万元。某企业不服，申请行政复议。有关本案复议机关，下列哪一说法是错误的？

A. 复议机关可以为乙县政府

B. 复议机关可以为甲市工商局

C. 若国家工商总局对工商部门作出的行政行为申请复议的复议机关作出了规定，依此规定办理

D. 若某省政府对工商部门作出的行政行为申请复议的复议机关作出了规定，依此规定办理

分析：在 2008 年，工商局是省级以下垂直领导的部门。但在行政复议中，原则上仍应实行"条块管辖"，除非其所在省份另作规定。因此 ABD 三项的说法都是正确的。C 项说法是错误的，因为对于省级以下垂直领导部门复议机关的例外规定，只能由地方上的省级人大及其常委会或者省级政府来

规定，国务院的部门无权规定本系统内的行政复议适用特殊的管辖规则。

（三）自我管辖

自我管辖，指的是复议被申请人自己作为复议机关的情况。这只有一种情况，就是省部级行政机关管辖自己作为被申请人的复议案件。省部级行政机关，包括国务院的组成部门、直属单位以及其他有行政主体地位的下属机构，还包括各省级政府。需要注意的是，对于省部级行政机关作出的行政行为适用自我管辖规则，并不意味着对这些行为不能直接提起诉讼。当事人对这些行为不服，既可直接提起行政诉讼，也可申请行政复议，而对于复议结果不服，仍可再提诉讼，或申请国务院作出裁决（相当于二次复议）。有关自我管辖，需注意两点：

1. 申请人对多个国务院部门共同作出的行政行为不服的，可以向其中任何部门提出复议申请，但由这些部门作为共同复议机关来审理。

2. 为了改善自我管辖情况下复议机关和被申请人重合可能导致的不公正，在此类自我管辖的案件中，由省部级行政机关内部原承办行政行为的部门或机构扮演被申请人的角色，提出书面答复，并提交作出行为的证据、依据和其他有关材料；由省部级单位内部的复议机构（法制机构）扮演复议机关的角色，实际审理案件，从而实现复议机关和被申请人在内部的相对"分离"。

（四）复议转送

除了上述条块管辖、条条管辖、自我管辖三类规则，还存在着其他更为特殊的复议案件，包括以下几种：①地方政府派出机关作为被申请人的案件；②行政机关的派出机构作为被申请人的案件；③被授权的社会组织作为被申请人的案件；④多个行政机关作为共同被申请人的案件；⑤作出行政行为的机关被撤销的案件。这些案件的特殊之处表现在：其一，其复议机关的确定与以上三种规则并不完全相同；其二，这些案件可以由案件发生地的县级政府转送复议申请。

1. 这些案件复议机关的确定。

（1）地方政府派出机关作为被申请人的案件。地方政府的派出机关主要是地区行政公署、区公所、街道办事处三种，其地位类似于一级政府，其作为被申请人的案件，由设立它的地方政府作为复议机关。

（2）行政机关的派出机构作为被申请人的案件。行政机关的派出机构常见的如派出所、税务所、工商所等，当其作为复议被申请人时，复议机关是派出它的行政机关及该机关的同级政府，但如果派出它的机关是垂直领导部门，则复议机关中不包括其同级政府。例如，对县公安局派出所的行政行为不服的，复议机关是县公安局和县政府；而对县国税局（垂直领导部门）派出的税务所的行政行为不服的，复议机关就只有县国税局。

◆ 例 18 - 2

甲市乙区公安分局所辖派出所以李某制造噪声干扰他人正常生活为由，处以500元罚款。李某不服申请复议。下列哪些机关可以成为本案的复议机关？

A. 乙区公安分局　　　　　　B. 乙区政府

C. 甲市公安局　　　　　　　D. 甲市政府

分析：派出所罚款500元，属于行使自己的职权，应当以派出所自己作为被申请人。而公安机关并没有实行垂直领导，那么，派出所的复议机关可以包括其所在的区公安局和区公安局的同级政府（区政府），因此AB两项是正确的。

（3）被授权的社会组织作为被申请人的案件。此类案件的复议机关是直接管理该组织的行政机关。例如，对中国人民大学的行为不服的，其复议机关是教育部。

（4）多个行政机关作为共同被申请人的案件。此类案件的复议机关是这些机关的共同上一级行政机关。例如，某市甲县公安局和乙县公安局的共同上一级机关就是市公安局；而该市文化局与该市公安局的共同上一级机关就是该市政府。

（5）作出行政行为的机关被撤销的案件。此时，首先要找到另外一个机关替代原机关作为复议被申请人，再根据后者的具体情况确定其相应的复议机关。一般来讲，一个行政机关被撤销时，应当有另外一个机关继续行使其职权，此时后者就代替前者作为被申请人。例如，某市新闻出版局被合并于文化局，则当事人对原新闻出版局的行为不服申请复议的，就以文化局为被申请人，相应地，复议机关就是该市政府或省文化厅。但有时候，一个行政机关被撤销是因为其职权已经无须行使了，不存在另外一个机关来继续行使它的职权，此时应当以撤销它的机关代替它作为复议被申请人。例如，某市曾设立一个专业市场管理局，其职权为管理该市若干大型专业贸易市场，后来因该市各大专业贸易市场相继倒闭，市政府决定将该局撤销，其职权不再行使。则对该局原来作出的行政行为不服的，应当以该市政府为复议被申请人，复议机关是该省政府。

2. 这些案件的复议转送问题。由于以上五类案件复议机关的确定规则不同寻常、较为复杂，一般当事人很难准确识别，这无疑提高了当事人申请行政复议的"门槛"。为了便利当事人申请行政复议，对于这些案件，申请人除了向复议机关申请之外，也可以向行政行为发生地的县级政府提出复议申请。接受复议申请的县级政府可能并非真正的复议机关，其扮演的是一个传递、转送的角色。县级政府对于其接受的复议申请应当作出判断，对于自己有权管辖的案件应当受理，对于自己无权管辖的案件应当在接到申请之日起7日内转送至有权管辖的复议机关，并告知申请人。

三、行政复议的参加人

行政复议的参加人包括申请人、被申请人、第三人、代表人、代理人等。

(一) 申请人及其他

行政复议申请人的确定规则,与行政诉讼原告的确定规则是相同的。与被申请行政行为有法律上直接利害关系的公民、法人或其他组织,都可以申请行政复议。行政诉讼原告和行政复议申请人的确定标准必然具有一致性,否则,由于当事人不服复议决定原则上还可以提起行政诉讼,这两个制度就难以顺利衔接了。只不过,如果一个案件是经过行政复议之后再提起诉讼的,具有原告资格的人范围会有所扩大。因为,复议决定等于是一个新的行政行为,这个新的行为在原行为的基础上有可能产生新的利害关系人,这些新的利害关系人如果不服复议决定,同样可以提起行政诉讼。这一点,本书前文在介绍行政诉讼原告时,已经有所分析,此处不再重复。

除了申请人外,行政复议第三人、代表人、代理人的确定,与行政诉讼基本上也是相同的。

(二) 被申请人

行政复议被申请人的确定规则,与行政诉讼被告的确定规则大体相似,但稍有不同。确认行政复议的被申请人,一般也是看两点:一看是否具备行政主体资格;二看申请人是否针对其提出了申请,但特殊情况下存在例外。主要掌握以下两点即可:

1. 共同行政行为案件中的被申请人。当事人对共同行政行为申请复议时,应当以实施这些行为的多个行政主体作为共同被申请人。如果申请人没有将共同行政行为的所有实施者全部列为申请人,复议机关应当直接将遗漏的行政主体追加为共同被申请人,而不是像行政诉讼那样,将这一部分行政主体列为第三人。

某些情况下,行政主体与非行政主体共同署名作出行为,当事人申请复议的,只以其中的行政主体作为被申请人,非行政主体只能作为复议的第三人。

2. 经批准行为的被申请人。下级行政机关经上级行政机关批准作出行政行为的,当事人申请复议,应当按照实质标准,以批准的上级机关作为被申请人。这与行政诉讼也是不同的,行政诉讼在这种情况下,是按照名义标准,以署名的行政机关作为被告的。行政诉讼和行政复议的这两种做法各有短长,采取形式标准的好处是当事人很容易判断,降低了起诉门槛,缺点是被告不是真正作出决定的主体,即使原告胜诉了,法院的判决也不容易得到履行。采取实质标准则相反,有利于真正落实最后的复议决定,但当事人不容易判断到底是谁批准了这个行为,加大了申请复议的难度。

◆ **例 18 - 3**

肖某提出农村宅基地用地申请，乡政府审核后报县政府审批。肖某收到批件后，不满批件所核定的面积。下列哪些说法是正确的？

A. 肖某须先申请复议，方能提起行政诉讼

B. 肖某申请行政复议，复议机关为县政府的上一级政府

C. 肖某申请行政复议，应当自签收批件之日起 60 日内提出复议申请

D. 肖某提起行政诉讼，县政府是被告，乡政府为第三人

分析：本案不属于需要复议前置的情况，A 项错误。C 项符合复议申请期限的计算规则，正确。关键看 BD 两项：本案是乡政府经县政府批准的行为，复议被申请人应该是县政府，复议机关自然是其上一级政府，因此 B 项正确。由于案中没有交代批件到底由哪级政府签名盖章作出，行政诉讼的被告待定（乡政府、县政府都有可能），而且即使他们当中的某一个充当了被告，另外一个也不会再参加诉讼了，更不可能充当第三人，因此 D 项是错误的。

◆ **例 18 - 4**

甲县政府设立的临时机构基础设施建设指挥部，认定有 10 户居民的小区自建的围墙及附属房系违法建筑，指令乙镇政府具体负责强制拆除。10 户居民对此决定不服起诉。下列说法正确的是什么？

A. 本案被告为乙镇政府

B. 本案应由中级法院管辖

C. 如 10 户居民在指定期限内未选定诉讼代表人的，法院可以依职权指定

D. 如 10 户居民对此决定申请复议，复议机关为甲县政府

分析：基础设施建设指挥部与镇政府是委托关系，应由委托者承担法律责任。而指挥部又是没有行政主体资格的临时机构，应以其所在机关县政府作为被告或被申请人，因此 A 项错误。相应地，管辖法院就是中院，B 项正确。复议机关为县政府的上一级政府，而不是县政府自己，D 项错误。至于 C 项对诉讼代表人的表述则是正确的。

四、行政复议的程序

行政复议程序分为申请、受理、审理、决定四个阶段。对于决定阶段，本书将结合行政复议的决定方式在后文叙述，这里主要介绍申请、受理、审理。

（一）申请

申请环节是行政复议程序的开始，主要掌握如下几点：

1. 申请期限的长度。当事人应当在知道行政行为之日起 60 日内提出复议申请，但法律规定的申请期限超过 60 天的除外。即申请复议的一般期限为 60 天，如法律另有规定超过 60 天的，从其规定；如另有规定少于 60 天的，以

60 天为准。例如，1994 年的《治安管理处罚条例》（已失效）规定对于治安处罚不服申请复议的期限是 5 天，则这一期限是无效的，以 60 天为准。

◆ 例 18－5

《环境保护法》规定，当事人对行政处罚决定不服，可以在接到处罚通知之日起 15 日内申请复议，也可以在接到处罚通知之日起 15 日内直接向法院起诉。某县环保局依据《环境保护法》对违法排污企业作出罚款处罚决定，该企业不服。对此，下列哪一说法是正确的？

A. 如该企业申请复议，申请复议的期限应为 60 日

B. 如该企业直接起诉，提起诉讼的期限应为 3 个月

C. 如该企业逾期不缴纳罚款，县环保局可从该企业的银行账户中划拨相应款项

D. 如该企业逾期不缴纳罚款，县环保局可扣押该企业的财产并予以拍卖

分析：由上文所述可知，行政复议的申请期限应当以 60 天为准，短于 60 天的特别规定无效，A 项正确。行政诉讼的起诉时限实行特别法优于一般法的原则，由于有《环境保护法》的特别规定，本案应为 15 天而不再是 3 个月，因此 B 项错误。环保局没有直接强制执行权，不能划拨款项，也不能拍卖，因此 CD 两项错误。

◆ 例 18－6

《反不正当竞争法》规定，当事人对监督检查部门作出的处罚决定不服的，可以自收到处罚决定之日起 15 日内向上一级主管机关申请复议；对复议决定不服的，可以自收到复议决定书之日起 15 日内向法院提起诉讼；也可以直接向法院提起诉讼。某县工商局认定某企业利用广告对商品作引人误解的虚假宣传，构成不正当竞争，处 10 万元罚款。该企业不服，申请复议。下列哪些说法是正确的？

A. 复议机关应当为该工商局的上一级工商局

B. 申请复议期间为 15 日

C. 如复议机关作出维持决定，该企业向法院起诉，起诉期限为 15 日

D. 对罚款决定，该企业可以不经复议直接向法院起诉

分析：本案适用条块管辖，复议机关应当为该工商局的上一级工商局或县政府，A 项错。行政复议申请期限应以 60 天为准，《反不正当竞争法》短于 60 天的特别规定无效，因此 B 项错。经复议后起诉的期限为 15 日，C 项正确。又因本案是一般的复议诉讼自由选择案件，D 项正确。

2. 申请期限的起算。如果被申请的行政行为是作为的，其申请期限按以下规则起算：①当场作出行为的，自其作出之日起计算；②载明行为的法律文书直接送达的，自签收之日起计算；③载明行为的法律文书邮寄送达的，

自在邮件签收单上签收之日起计算；没有邮件签收单的，自在送达回执上签名之日起计算；④行为通过公告形式告知受送达人的，自公告规定的期限届满之日起计算；⑤行政机关作出行为时未告知当事人，事后补充告知的，自当事人收到补充告知之日起计算；⑥被申请人能够证明当事人知道其行为的，自证明之日起计算。行政机关作出行政行为，依法应当送达法律文书而未送达的，视为当事人不知道该行为。

如果被申请的行政行为是不作为的，其申请期限按以下规则起算：①有规定履行期限的，自履行期限届满之日起计算；②没有规定履行期限的，自行政机关收到申请满 60 日起计算；③当事人在紧急情况下请求行政机关履行法定职责，行政机关不履行的，可以立即申请复议。

3. 申请复议的方式。

（1）书面申请。申请人书面申请行政复议的，可以采取当面递交、邮寄或传真等方式提出，有条件的行政复议机构可以接受以电子邮件形式提出的申请。

（2）口头申请。申请人口头申请行政复议的，复议机构应当场制作行政复议申请笔录交申请人核对或者向申请人宣读，并由申请人签字确认。

（二）受理

1. 受理条件。行政复议申请符合下列条件的，应当受理：①有明确的申请人和符合规定的被申请人；②申请人与行政行为有利害关系；③有具体的行政复议请求和理由；④在法定申请期限内提出；⑤属于行政复议法规定的行政复议范围；⑥属于收到行政复议申请的行政复议机构的职责范围；⑦其他行政复议机关尚未受理同一行政复议申请，法院尚未受理同一主体就同一事实提起的行政诉讼。

2. 受理期限。复议机关收到行政复议申请后，应当在 5 日内进行审查，视情况作出如下处理：①对符合条件的复议申请，决定受理；②对不符合法定的行政复议申请，决定不予受理，并书面告知申请人；③对符合法律规定，但是不属于本机关受理的行政复议申请，应当告知申请人向有关行政复议机关提出；④行政复议申请材料不齐全或表述不清楚的，应当自收到该行政复议申请之日起 5 日内书面通知申请人补正，申请人无正当理由逾期不补正的，视为申请人放弃复议申请。

3. "受""理"分离。根据上文对复议管辖的介绍，申请人对派出机关的复议、对派出机构的复议、对被授权组织的复议、对共同行为的复议、对被撤销机关的复议五种特殊情况，除了可以向法定的复议机关申请复议之外，还可以向行政行为发生地的县级政府提交复议申请。对属于其他复议机关管辖的申请，县级政府应当接受，并在 7 日内转送有关复议机关。

4. 管辖竞合。申请人就同一事项向两个或两个以上有权受理的机关申请行政复议的，由最先收到申请的机关受理；同时收到申请的，由这些机关在 10 日内协商确定；协商不成的，由其共同上一级机关在 10 日内指定受理机关。协商确定或指定受理机关所用时间不计入复议审理期限。

5. 督促受理。当事人依法提出复议申请，复议机关无正当理由不予受理的，上级行政机关认为不予受理的理由不成立的，可以先督促其受理；经督促仍不受理的，应当责令其限期受理，必要时也可以直接受理；如上级行政机关认为复议申请不符合法定受理条件的，应当告知申请人。当然，如果复议机关应当受理而不受理的，申请人也可以转而提起行政诉讼，起诉复议机关不作为。

（三）审理

1. 审理机构。行政复议案件一般由复议机关中负责法制工作的机构具体审理（法制办、法制处、法制科等），行政复议机构审理行政复议案件，应当由 2 名以上行政复议人员参加。

2. 审理方式。行政复议原则上采取书面审查的办法，但是申请人提出要求或行政复议机构认为有必要时，可以实地调查核实证据；对重大、复杂的案件，申请人提出要求或行政复议机构认为必要时，可以采取听证的方式审理。

3. 审理过程。行政复议审理的一般过程包括：①送达申请书。行政复议机构应当自行政复议申请受理之日起 7 日内，将申请书副本或者申请笔录复印件发送被申请人。②提供证据和答辩。被申请人应当自收到申请书副本或者申请笔录复印件之日起 10 日内，提出书面答复，并提交当初作出行政行为的证据、依据和其他有关材料。

◆ 例 18 - 7

甲市乙区政府决定征收某村集体土地 100 亩。该村 50 户村民不服，申请行政复议。下列哪一说法是错误的？

A. 申请复议的期限为 30 日

B. 村民应推选 1～5 名代表参加复议

C. 甲市政府为复议机关

D. 如要求申请人补正申请材料，应在收到复议申请之日起 5 日内书面通知申请人

分析：行政复议的申请期限是 60 日，A 项错。复议代表人为 1～5 人，B 项对。本案被复议的对象是区政府的行为，复议机关当然是市政府，C 项对。行政复议申请材料不齐全或表述不清楚的，复议机关应当自收到该行政复议申请之日起 5 日内书面通知申请人补正，D 项也对。

五、行政复议的证据规则与法律适用

复议机关审理行政复议案件和法院审理行政诉讼案件类似，在审理的依据上都要"以事实为根据、以法律为准绳"，也就是都要讲证据规则和法律适

用规则。在证据规则和法律适用规则的具体内容上，行政复议的规定和行政诉讼是类似的，但其内容要简单得多。在实践中，对于这一方面的问题，如果遇到行政复议制度上没有详细规定的情况，可以参照行政诉讼的相关规定来处理。

（一）证据规则

行政复议的证据规则，只规定了举证问题，对此掌握三个方面：

1. 被申请人举证。

（1）举证责任。被申请人在复议中承担主要的举证责任。行政复议机构应当自受理复议申请之日起 7 日内，将复议申请书副本或复议申请笔录复印件发送被申请人，被申请人应当自收到之日起 10 日内，提出书面答复，并提交当初作出行政行为的证据、依据和其他有关材料。

被申请人逾期没有举证的，视为其行为没有证据和依据，复议机关应当撤销其行为。

◆ 例 18 - 8

齐某不服市政府对其作出的决定，向省政府申请行政复议，市政府在法定期限内提交了答辩，但没有提交有关证据、依据。开庭时市政府提交了作出行政行为的法律和事实依据，并说明由于市政府办公场所调整，所以延迟提交证据。下列哪一说法是正确的？

A. 省政府应接受市政府延期提交的证据材料

B. 省政府应中止案件的审理

C. 省政府应撤销市政府的行政行为

D. 省政府应维持市政府的行政行为

分析：在行政复议中，被申请人逾期没有举证的，复议机关应当直接撤销其行政行为——即使这个行为在实质上是合法的，因此 C 项正确。

（2）举证方式。被申请人举证应当遵循"有证在先"的原则，提供其在行政程序中收集的证据。在行政复议过程中，被申请人不得自行向申请人和其他单位或个人收集证据。

2. 申请人举证。

（1）举证责任。申请人对个别问题承担举证责任，包括以下几种：其一，申请证明责任，当事人认为行政机关不履行法定职责的，应当提供其曾经要求被申请人履行职责而对方未履行的证据；其二，损害证明责任，当事人复议时一并提出行政赔偿请求的，应当提供受行政行为侵害而造成损害的证据；其三，其他证明责任，即法律、法规规定需要申请人举证的其他情形。

（2）举证方式。申请人或第三人提供的证据，主要来源于对有关材料的查阅。申请人、第三人可以查阅被申请人提出的书面答复、作出行政行为的证据、依据和其他有关材料，除涉及国家秘密、商业秘密或个人隐私外，复议机关不得拒绝，并为其提供必要条件。

3. 复议机关调查取证。由于行政复议属于内部监督与审查程序，因此，复议机关可以在必要时主动出击调查取证，其范围原则上不受限制。

调查取证时，行政复议人员不得少于 2 人，并应当向当事人或有关人员出示证件。被调查单位和人员应当配合行政复议人员的工作，不得拒绝或者阻挠。行政复议人员向有关组织和人员调查取证时，可以查阅、复制、调取有关文件和资料，向有关人员进行询问。

（二）法律适用

由于行政复议是一种内部监督与审查程序，因此，复议机关在审理案件时所适用的依据，在范围上比行政诉讼更宽，包括法律、法规、规章，甚至可以包括规章以下的一般行政规范性文件。

六、行政复议的结案与执行

行政复议的结案方式与行政诉讼一审的结案方式比较接近，但相对更灵活一些。

（一）结案的期限

复议机关应当自受理申请之日起 60 日内结案；但是法律规定的行政复议期限少于 60 日的除外。情况复杂，不能在规定期限内结案的，经复议机关负责人批准可以适当延长，并告知申请人和被申请人，但延长期限最多不超过 30 日。

行政复议的申请期限和审理期限容易被混淆，原则上都是 60 天，但要注意区别：

1. 两者的含义不同。复议的申请期限，是对申请人的期限限制，指的是从当事人知道行政行为之日到提出复议申请之间的时段。而复议的审理期限，是对复议机关的期限限制，指的是从复议机关受理复议申请之日起到作出复议决定之间的时段。

2. 两者的例外规定不同。复议申请期限原则上是 60 天，法律可对其作出长于 60 天的例外规定。复议审理期限原则上也是 60 天，法律可对其作出短于 60 天的规定。存在这种差别，是因为申请期限限制的对象是申请人，以宽松为宜；而审理期限限制的是复议机关，以严格为宜。

3. 两者能否延长不同。申请期限不能延长，只能在发生不可抗力等正当事由时，将耽误的时间扣除。而审理期限可以延长，对于情况复杂的复议案件，经行政复议机关的负责人批准，可以延长不超过 30 日的时间。

（二）不作出复议决定结案

行政复议结案的主要形式是作出复议决定，但例外情况下，可以不作出复议决定结案，包括：

1. 申请人撤回申请。申请人在行政复议决定作出之前，自愿撤回行政复议申请的，经行政复议机构同意，可以撤回，复议程序终止。申请人撤回行政复议申请之后，不得再以同一事实和理由提出行政复议申请，但能够证明撤回行政复议申请违背其真实意思表示的除外。

复议期间被申请人改变原行政行为的，不影响行政复议案件的审理，但申请人因此撤回复议申请的除外。

◆ 例18−9

2006年5月9日，县公安局以甲偷开乙的轿车为由，向其送达1000元罚款的处罚决定书。甲不服，于同月19日向市公安局申请行政复议。6月8日，复议机关同意甲撤回复议申请。6月20日，甲就该处罚决定向法院提起行政诉讼。下列说法正确的是什么？

A. 对甲偷开的轿车县公安局可以扣押

B. 如甲能够证明撤回复议申请违背其真实意思表示，可以同一事实和理由再次对该处罚决定提出复议申请

C. 甲逾期不缴纳1000元罚款，县公安局可以每日按罚款数额的3%加处罚款

D. 法院不应当受理甲的起诉

分析：本案中的轿车属于甲的非法所得，应当归还受害人乙，而不是将其扣押，A项错误。申请人撤回行政复议申请之后，不得再以同一事实和理由提出行政复议申请，但能够证明撤回行政复议申请违背其真实意思表示的除外，可知B项正确。对金钱给付义务可以适用执行罚，C项正确。撤回复议申请后不得再申请复议，但其诉权不受影响，仍可依法起诉，因此D项错误。

2. 和解结案。当事人对行政机关行使法律、法规规定的自由裁量权作出的行政行为不服申请行政复议，申请人与被申请人在复议决定作出前自愿达成和解的，应当向复议机构提交书面和解协议；和解内容不损害社会公共利益和他人合法权益的，复议机构应当准许。

◆ 例18−10

甲取得了县房产局颁发的扩大原地基和建筑面积的建房许可证，阻碍了邻居乙的正常通行，乙与甲协商未果，向市房产局提起行政复议。下列哪些说法是正确的？

A. 乙可以委托两名代理人参加行政复议

B. 市房产局应当通知甲作为第三人参加行政复议

C. 若复议过程中第三人甲意外死亡，行政复议即应终止

D. 复议过程中，乙和县房产局达成和解协议，协议内容不违法并且甲也同意该协议，则市房产局应当准予

分析：行政复议申请人、第三人可以委托1~2名代理人，A项正确。甲

具有第三人资格,复议机关可以(而不是应当)通知其作为第三人参加复议,B 项错误。第三人不参加复议,不影响案件审理,C 项错误。和解协议内容合法且第三人同意的,复议机关应予准许,D 项正确。

3. 调解结案。与行政诉讼类似,对于以下两种情况,复议机关可以按照自愿、合法的原则进行调解:①当事人对行政机关行使法律、法规规定的自由裁量权作出的行政行为不服申请行政复议的;②行政赔偿或行政补偿纠纷。

当事人经调解达成协议的,复议机关应当制作行政复议调解书,载明行政复议请求、事实、理由和调解结果,并加盖行政复议机关印章。行政复议调解书经双方当事人签字,即具有法律效力。调解未达成协议或调解书生效前一方反悔的,复议机关应当及时作出行政复议决定。

调解结案是《行政复议法实施条例》上的规定,它打破了行政争议不得调解的圭臬。之所以规定上述两类案件可以调解,主要原因在于,这两种案件的处理均与行政行为的合法性判断无关。第一类案件,实际上是对行政行为合理性的判断,自然与合法性判断非此即彼的性质有所不同,具有一定的裁量空间。第二类案件,由于行政赔偿或行政补偿问题都是在被申请行为合法性已经明确的前提下展开的,也不再涉及合法性争议。

◆ 例 18 - 11

对下列哪些情形,行政复议机关可以进行调解?

A. 市政府征用某村土地,该村居民认为补偿数额过低申请复议

B. 某企业对税务机关所确定的税率及税额不服申请复议

C. 公安机关以张某非法种植罂粟为由对其处以拘留 10 日并处 1000 元罚款,张某申请复议

D. 沈某对建设部门违法拆除其房屋的赔偿决定不服申请复议

分析:A 项是行政补偿案件,C 项是行政裁量案件,D 项是行政赔偿案件,在行政复议中都是可以调解的。至于 B 项,由于税率税额是法定的,不是裁量性的行为,不可能调解结案。

(三)作出复议决定结案

除了上述情形,在其他情况下复议机关必须作出复议决定。行政复议决定的类型,与行政诉讼一审判决的类型比较接近,但也有所差别。

1. 被申请人获胜的决定。被申请人在行政复议中获胜,即被申请的行政行为认定事实清楚,证据确凿,适用依据正确,程序合法,内容适当的,复议机关应当决定维持。而在行政诉讼中,维持判决已经被废除了。

在个别情况下,被申请人在行政复议中获胜,不适合采取维持的方式,应当决定驳回申请人的复议申请。驳回决定适用于:①申请人认为行政机关不履行法定职责而申请复议,复议机关受理后发现该机关没有相应法定职责

或已经履行法定职责的；②复议机关受理申请后，发现该申请不符合受理条件的。

2. 申请人获胜的决定。第一种情况，申请人针对作为申请复议而获胜的，原则上通用撤销、变更、确认违法的复议决定。被申请行政行为有下列情形之一的，复议机关应当决定撤销、变更或确认该行政行为违法：①主要事实不清、证据不足的；②适用依据错误的；③违反法定程序的；④超越或者滥用职权的；⑤行政行为明显不当的。

复议机关决定撤销或确认被申请行为违法的，可以同时责令被申请人在一定期限内重新作出行政行为，被申请人不得以同一事实和理由作出与被申请行为相同或基本相同的行政行为。重做的行政行为，被申请人应当在法律、法规、规章规定的期限内重新作出，法律、法规、规章未规定期限的，应当在60日内作出。

复议机关变更被申请行为的，在申请人的复议请求范围内，不得作出对其更为不利的复议决定，如加重罚款数额或增加拘留日期等。

一般情况下，对于违法或不当的行政行为，撤销决定、变更决定、确认违法决定三者可以通用，但下列两种情况除外：①只有一般合理性问题的行为，可以撤销或变更，但不能确认违法；②只有程序违法的行为，可以撤销或确认违法，但不得变更。

◆ 例 18 - 12

被申请行政复议的行政行为有下列哪些情形，复议机关可以作出变更决定？

A. 事实清楚，证据确凿，适用依据正确，程序违法的

B. 事实清楚，证据确凿，适用依据错误，程序合法的

C. 事实清楚，证据确凿，适用依据正确，程序合法，但是明显不当的

D. 事实不清，证据不足，复议机关经审理查明事实清楚，证据确凿的

分析：除了只有程序违法的行为（A项），其他作为形态的行政行为错误，都可以适用变更决定，也就是BCD三项都可以作出变更决定。

第二种情况，申请人针对不作为申请复议而获胜的，复议机关应当作出履行决定，责令被申请人在一定期限内履行职责；不作为已经造成不可挽回的损失，履行职责已失去现实意义的，复议机关应当确认不作为违法。

3. 赔偿决定。行政复议的赔偿决定包括两种类型：一是依申请作出的，二是依职权作出的；这是行政复议与行政诉讼的一个不同之处，因为行政诉讼绝不可能出现法院依职权作出赔偿判决的情形。

（1）依申请作出的赔偿决定。如果申请人在申请复议时一并提出行政赔偿请求的，对于其中符合国家赔偿要件的情况，复议机关在对行政行为违法决定撤销、变更或确认违法的同时，应当决定被申请人对申请人给予赔偿。

（2）依职权作出的赔偿决定。如果申请人在申请复议时虽然没有提出行政赔偿请求，但被申请的行政行为是直接针对财物作出的，如罚款、违法集资、没收财物、征收财物、摊派费用、查封财产、扣押财产、冻结财产等，且该行为依法应当被撤销或变更的，复议机关应当同时依职权责令被申请人给予赔偿。需要注意的是，只有直接以财务为对象的行政行为应当被撤销或变更的同时，复议机关才可以主动作出赔偿决定。如果这个行为是针对别的对象作出的，但是也造成了申请人的财产损害，还不能依职权决定予以赔偿。例如，行政机关吊销了申请人的许可证，这就很可能造成其财产损失，但这个行为的对象是一个许可证，而不是一个财物，就仍然不能依职权作出行政赔偿决定。

◆ 例 18 - 13

张某因不服税务局查封财产决定向上级机关申请复议，要求撤销查封决定，但没有提出赔偿请求。复议机关经审查认为该查封决定违法，决定予以撤销。对于查封决定造成的财产损失，复议机关正确的做法是什么？

A. 解除查封的同时决定被申请人赔偿相应的损失

B. 解除查封并告知申请人就赔偿问题另行申请复议

C. 解除查封的同时就损失问题进行调解

D. 解除查封的同时要求申请人增加关于赔偿的复议申请

分析：本案显然是直接针对财产作出的行政行为（查封财产），该决定又被复议机关所撤销，则复议机关应当依职权主动作出赔偿决定，答案为 A 项。同时，根据《行政复议法实施条例》的规定，对于行政赔偿案件可以适用调解，因此 C 项也是正确的。

4. 对行政行为依据的附带处理决定。复议机关对行政行为依据附带审查后的处理方式，根据其启动方式的不同，分为两种情况：一是依申请处理，二是依职权处理。

（1）依申请的处理。如果申请人在对某一行政行为申请复议时，一并提出对作为该行政行为依据的、效力在规章以下的行政规范性文件的审查申请，复议机关就有义务对该行政规范性文件加以审查。对于这个行政规范性文件，复议机关有权处理的，应当在 30 日内处理完毕；无权处理的，应当在 7 日内依法转送有权处理的其他行政机关，后者应当在 60 日内处理完毕。在对行政规范性文件处理期间，复议机关应先中止对行政行为的审查。

（2）依职权的处理。如果申请人在对某一行政行为申请行政复议时，并未对该行为的依据申请审查，但复议机关在案件的审查过程中主动发现其依据不合法的，也应加以处理。复议机关有权处理的，应当在 30 日内处理完毕；无权处理的，应当在 7 日内依法转送有权的国家机关处理。在处理期间复议机关应同样中止对行政行为的审查。

依申请的附带审查与依职权的附带审查存在着如下三个方面的区别：①对象不同。如前所述，依申请的只能效力层级低于规章的一般行政规范性文件，依职权的审查则范围不限，可以审查该行政行为的各种依据。但是，对于依申请的审查，只要当事人对受案范围内的规范性文件提出申请，复议机关就必须加以审查；而对于依职权的审查，复议机关并不负有必须加以审查的义务，是可以选择的。②复议机关无权处理这些依据时，所转送的对象不同。对于当事人申请审查的规范性文件，复议机关无权处理时，应当转送给有权处理的其他行政机关；依职权的情况下，则是转送给有权处理的其他国家机关，这个机关既可能是行政机关，也可能是其他的机关，如某一级的人大常委会。因为，依申请审查的对象是规章以下的行政规范性文件，其制定机关自己或其上级行政机关肯定是有权审查的；而依职权审查的未必是行政规范性文件，还有可能是地方性法规或人大常委会的决定，此时行政机关就无权进行审查了，而是需要转送给其他的机关。③在转送处理的情况下，接受转送的行政机关在处理期限上有无限制不同。对于依申请的情况，有权机关应当在 60 日内处理完毕；而对于依职权的情况，关于有权机关的处理期限是没有规定的。《行政复议法》上没有规定这个期限，并不意味着有权机关的处理就是无限期的，而是因为对这些依据的处理一般要依据《立法法》的有关立法监督审查制度来处理，而这些制度本身已经规定了处理期限，《行政复议法》上就没有必要再规定了。

对行政规范性文件附带审查之后的处理，其处理结果的法律效力原则上和对行政行为的处理是相同的。如果被附带审查的行政规范性文件违法或者不当，复议机关或其他有权机关应当将其撤销、改变或确认违法。在实践中，也可能表现为要求该文件的制定机关自行修改或停止实施。无论是哪一种处理方式，处理结果都具有普遍效力而不是个案效力，也就是说，该行政规范性文件不但不能作为审查案中行政行为的依据，而且该文件的全部或部分内容自此便失去效力，在行政管理中不得继续作为依据使用。

◆ 例 18－14

为严格本地生猪屠宰市场管理，某县政府以文件形式规定，本县所有猪类屠宰单位和个人，须在规定期限内到生猪管理办公室申请办理生猪屠宰证，违者予以警告或罚款。个体户张某未按文件规定申请办理生猪屠宰证，生猪管理办公室予以罚款 200 元。下列哪些说法是错误的？

A. 若张某在对罚款不服申请复议时一并对县政府文件提出审查申请，复议机关应当转送有权机关依法处理

B. 某县政府的文件属违法设定许可和处罚，有权机关应依据《行政处罚法》和《行政许可法》对相关责任人给予行政处分

C. 生猪管理办公室若以自己名义作出罚款决定，张某申请复议应以其为被申请人

D. 若张某直接向法院起诉，应以某县政府为被告

分析：我们首先应当注意本案的被告和被申请人，由于县政府对生猪管理办公室的"授权"是无效的，后者不具备行政主体资格，被告和被申请人仍应该是县政府，故 C 项错而 D 项对。县政府作为被申请人，复议机关自然是市政府，应该有权处理县政府的规范性文件，无须转送他人，故 A 项错误。又因给予公务员行政处分的依据是《公务员法》和《行政机关公务员处分条例》，不是《行政处罚法》和《行政许可法》等，所以 B 项明显错误。

（四）结案后的后续处理措施

为了更加妥善地解决行政争议，《行政复议法实施条例》规定了三种结案后的后续处理措施：

1. 复议意见书。在复议期间，复议机关发现被申请人或其他下级行政机关的相关行政行为违法或需要做好善后工作的，可以制作行政复议意见书。有关机关应当自收到行政复议意见书之日起 60 日内，将纠正相关行政违法行为或做好善后工作的情况通报行政复议机构。

2. 复议建议书。在复议期间，行政复议机构发现法律、法规、规章实施中带有普遍性的问题，可以制作行政复议建议书，向有关机关提出完善制度和改进行政执法的建议。

3. 复议备案制。下级复议机关应当及时将重大行政复议决定报上级复议机关备案。

◆ 例 18 - 15

关于行政复议，下列哪一说法是正确的？

A.《行政复议法》规定，被申请人应自收到复议申请书或笔录复印件之日起 10 日内提出书面答复，此处的 10 日指工作日

B. 行政复议期间，被申请人不得改变被申请复议的行政行为

C. 行政复议期间，复议机关发现被申请人的相关行政行为违法，可以制作行政复议意见书

D. 行政复议实行对行政行为进行合法性审查原则

分析：行政法中常见的按照工作日计算的期限包括：行政许可实施中的各种期限、行政强制中的 10 日以下、政府信息公开中的 15 日和 20 日、行政复议中的 7 日以下等，A 项属于行政复议中的 10 日，应该按自然天数计算，因此是错误的。行政复议期间，被申请人可以改变被申请复议的行政行为，因此 B 项错误。复议机关发现被申请人的相关行政行为违法，可以制作复议意见书，C 项正确。行政复议既进行合法性审查，也进行适当性（合理性）审查，D 项错误。

（五）行政复议决定的执行

行政复议决定的执行措施，包括了三种性质完全不同的行为方式，有的是一种内部行政行为，有的是行政强制执行，还有的属于法院的非诉执行。

1. 属于内部行政行为的执行措施。复议被申请人不履行或无正当理由拖延履行复议决定的，复议机关或有关上级行政机关应当责令其限期履行，这实际上是一种内部行政行为。

◆ 例18－16

某县政府依田某申请作出复议决定，撤销某县公安局对田某车辆的错误登记，责令其在30日内重新登记，但某县公安局拒绝进行重新登记。田某可以采取下列哪一项措施？

A. 申请法院强制执行

B. 对某县公安局的行为申请行政复议

C. 向法院提起行政诉讼

D. 请求某县政府责令某县公安局登记

分析：复议被申请人不履行复议决定的，不存在强制执行的问题，只能通过行政机关的内部程序解决，即由被申请人的上一级机关责令其履行，因此只有D项是可以选择的措施。

2. 属于行政强制执行的措施。申请人、第三人逾期不起诉又不履行行政复议决定的，或不履行属于终局裁决的复议决定时，如果作出原行政行为的机关或复议机关具有直接强制执行权的，在复议维持的情况下由作出原行为的机关负责执行，在复议改变的情况下由复议机关负责执行。这种执行措施，在性质上就属于行政强制执行。

3. 属于法院非诉执行的措施。申请人、第三人逾期不起诉又不履行行政复议决定的，或不履行属于终局裁决的复议决定时，如果作出原行政行为的机关与复议机关不具备直接强制执行权的，在复议维持的情况下由作出原行为的机关申请法院执行，在复议改变的情况下由复议机关申请法院执行。此时的执行措施，就属于法院非诉执行的范围了。

七、行政复议与行政诉讼的衔接关系

行政诉讼与行政复议共同构成了行政争议法的主体内容，这两套制度的衔接关系历来是考察的重点。当事人自由选择复议与诉讼，是这一关系的原则，但存在某些例外，如复议前置乃至复议终局等。行政诉讼与行政复议之间的衔接关系，可以概括为四种基本类型：

（一）复议诉讼自由选择

这是当事人选择救济程序的一般模式，适用于绝大部分行政纠纷。如果一个案件同时属于行政诉讼与行政复议受案范围，当事人既可以直接选择向法院起诉，也可以选择先向复议机关申请复议，对复议决定仍不服再提起行政诉讼。对此着重理解几点：

1. 已经诉讼，不得复议。当事人已经对某一行政纠纷提起诉讼的，一旦法院受理，无论法院是否已经作出判决，当事人都不得再就同一争议申请行政复议。因为根据司法最终的原理，只可能出现复议在先诉讼在后的情况，绝不可能颠倒过来。当然，如果原告在起诉之后又撤诉了，可以当作他从来没有起诉过，如果此时尚在行政复议的申请期限之内，则当事人仍可申请复议，不受此限。

2. 已经复议，暂缓诉讼。当事人如果就同一争议同时提起行政诉讼又申请行政复议的，应由先受理的机关管辖；如果两机关同时受理的，则由当事人任选其一。如当事人已经申请行政复议的，则在复议期间不得再就同一争议向法院起诉；只有在复议决定作出之后，或复议期限届满之后，或当事人撤回复议申请之后，才能就该争议向法院起诉。

3. 复后再诉，时间受限。如果当事人经过复议之后仍然不服，继续向法院起诉，此时他会受到期限上的限制。这种期限原则上是 15 天，如果其他法律另有规定的，从其例外。这一期限的起算有两种方式：复议机关作出复议决定的，从当事人收到复议决定书之日起算；复议机关逾期不作出复议决定的，从复议审理期满之日起算。

4. 一事一议，不得重复。原则上，复议机关只对同一行政争议处理一次，当事人如对复议机关的处理决定不服，可以依法提起行政诉讼，不能再就此事向原来的复议机关或其他复议机关申请重新复议。但"一事一议"存在例外，就是对于省部级行政单位的行为，在申请原机关一次复议失败之后，仍可选择向国务院申请做二次复议（法律上称为裁决）。

（二）复议前置但不终局

除上述自由选择关系之外，其他情况均属复议与诉讼关系的例外。最常见，就是复议前置但并不终局的情况（简称复议前置）。在这种关系中，当事人对特定的行政争议不服的，必须先行申请复议；对复议决定仍然不服，或复议机关拒不作出处理的，再行提起行政诉讼；当事人就此类争议直接提起行政诉讼的，法院不予受理。复议前置案件，常见的是如下几类：

1. 纳税争议案件。根据《税收征收管理法》与《海关法》的规定，当事人就纳税问题与税务机关发生争议时，应当先申请复议，对复议决定不服的再提起行政诉讼。

需要注意的是，这里的"纳税争议"范围是特定的，并非泛指所有有关税收的争议，而是特指围绕纳税问题展开的争议。何谓"纳税"争议，法律上所列举的种类十分复杂，可以概括为十二个字，即"交不交、谁来交、交多少、怎么算"。此外的其他税收争议，包括当事人对税务机关的处罚决定、强制执行措施或税收保全措施不服的，既可以申请复议，也可以直接提起行政诉讼。

◆ **例 18 -17**

某县地税局将个体户沈某的纳税由定额缴税变更为自行申报，并在认定沈某申报税额低于过去纳税额后，要求沈某缴纳相应税款、滞纳金，并处以罚款。沈某不服，对税务机关下列哪些行为可以直接向法院提起行政诉讼？

A. 由定额缴税变更为自行申报的决定

B. 要求缴纳税款的决定

C. 要求缴纳滞纳金的决定

D. 罚款决定

分析：结合上文分析可以发现，A 项属于"怎么算"的问题，B 项属于"交不交"的问题，均属纳税争议，需要复议前置。C 项属于税收强制执行，D 项属于税收处罚，可以直接起诉。

◆ **例 18 -18**

李某购买中巴车从事个体客运，但未办理税务登记，且一直未缴纳税款。某县国税局要求李某限期缴纳税款 1500 元并决定罚款 1000 元。后因李某逾期未缴纳税款和罚款，该税局将李某的中巴车扣押，李某不服。下列哪些说法是不正确的？

A. 对缴纳税款和罚款决定，李某应当先申请复议，再提起诉讼

B. 李某对上述三行为不服申请复议，应向某县国税局的上一级国税局申请

C. 对扣押行为不服，李某可以直接向法院提起诉讼

D. 该国税局扣押李某中巴车的措施，可以交由县交通局采取

分析：本案中国税局要求李某缴纳税款的争议属"纳税"争议，而罚款决定、扣押行为均属一般税收争议，两者性质不同。因此，需要复议前置的仅是缴纳税款，其他纠纷仍可在复议与诉讼之间自由选择。据此，A 项错误而 C 项正确。国税局属于垂直领导部门，复议机关只能是上一级国税局，B 项正确。行政强制措施只能由法定的机关实施，不得委托其他机关，因此 D 项错误。

2. 禁止或限制经营者集中的行为。根据《反垄断法》规定，不服反垄断执法机构禁止或限制经营者集中的行为，也需要先经复议之后才能诉讼。所谓经营者集中，主要是企业间的收购、并购行为，为了防止这些行为导致垄断，行政机关采取的禁止性或限制性措施，如果当事人对其不服，就属于复议前置的范畴。

3. 侵犯已经取得的自然资源权利的确认性行为。根据《行政复议法》第30 条第 1 款的规定，当事人认为行政机关的具体行政行为侵犯其已经依法取得的自然资源所有权或使用权的，应当先申请行政复议，对复议决定不服再

提起行政诉讼。对于这一规定，最高人民法院又专门于2003年作出了司法解释，指出上述条款所规定的行政行为，必须是确认自然资源所有权或使用权的行政行为；而对于涉及自然资源权利的行政处罚、行政强制措施等其他行为提起行政诉讼的，无须复议前置。综合以上规定，可以归纳出对于这类案件，同时满足如下两个条件时就需要复议前置：①侵犯既得的自然资源权利，②被复议的行为确认了该自然资源权利。

◆ **例18-19**

甲省乙市人民政府决定征用乙市某村全部土地用于建设，甲省人民政府作出了批准乙市在该村征用土地的批复。其后，乙市规划建设局授予丁公司拆迁许可证，决定拆除该村一组住户的房屋。一组住户不服，欲请求救济。下列哪一种说法不正确？

A. 住户对甲省人民政府征用土地的批复不服，应当先申请复议再提起诉讼

B. 住户可以对乙市人民政府征用补偿决定提起诉讼

C. 住户可以对乙市规划建设局授予丁公司拆迁许可证的行为提起诉讼

D. 住户可以请求甲省人民政府撤销乙市规划建设局授予丁公司拆迁许可证的行为

分析：本案中省政府的征地批复，可能侵犯某村的集体土地，但土地征用并不属于将集体土地确认归另一主体的行为，无须复议前置，故A项不正确。而乙市人民政府的征用补偿决定、乙市规划建设局授予丁公司拆迁许可证的行为都属于行政行为，住户既可以申请复议，也可以提起诉讼，BCD三项的说法都是正确的。

◆ **例18-20**

甲村与乙村相邻，甲村认为乙村侵犯了本村已取得的林地所有权，遂向省林业局申请裁决。省林业局裁决该林地所有权归乙村所有，甲村不服。按照《行政复议法》和《行政诉讼法》规定，关于甲村寻求救济的下列哪种说法是正确的？

A. 只能申请行政复议

B. 既可申请行政复议，也可提起行政诉讼

C. 必须先经过行政复议，才能够提起行政诉讼

D. 只能提起行政诉讼

分析：本案中省林业局的行政裁决行为实际上已将林地所有权确认归乙村所有，侵犯了甲村既得的林地所有权，应当复议前置，因此只有C项正确。

◆ **例18-21**

段某拥有两块山场的山林权证。林改期间，王某认为该山场是自家的土

改山，要求段某返还。经村委会协调，段某同意把部分山场给予王某，并签订了协议。事后，段某反悔，对协议提出异议。王某请镇政府调处，镇政府依王某提交的协议书复印件，向王某发放了山林权证。段某不服，向县政府申请复议，在县政府作出维持决定后向法院起诉。下列哪些说法是正确的？

A. 对镇政府的行为，段某不能直接向法院提起行政诉讼

B. 县政府为本案第三人

C. 如当事人未能提供协议书原件，法院不能以协议书复印件单独作为定案依据

D. 如段某与王某在诉讼中达成新的协议，可视为本案被诉行政行为发生改变

分析：镇政府对段某、王某山林权争议进行调处后向王某发放山林权证的行政裁决行为，确定了该山场的归属，侵犯了段某既得的山林权，需要复议前置，故 A 项正确。B 项的错误在于，根据 2014 年修订的《行政诉讼法》，行政复议维持时县政府作为复议机关应充当共同被告，不是作为第三人。无法与原件、原物核对的复制件或者复制品不得单独用于定案，C 项正确。D 项的错误在于，民事争议当事人之间就民事纠纷达成新的协议，需要经过行政机关书面认可，才构成行政裁决行为的改变。

(三) 复诉自由但复议终局

复诉自由但复议终局关系，也是行政诉讼与行政复议关系中的特例。其含义是：当事人如对特定行政争议不服，既可以提起行政诉讼，也可以申请行政复议，而一旦申请了行政复议，复议机关的决定就具有终局的效力，对该决定当事人不得再行提起诉讼。这只有一种情况，就是省级单位对自身行为的复议决定。根据《行政复议法》的规定，当事人不服省部级行政机关行政行为时，其救济途径有两种：一是直接起诉，二是向原机关申请行政复议。如果当事人选择行政复议的，对其复议决定不服仍有两种选择：一是起诉，二是申请国务院作出裁决，在这里，国务院的裁决实际上就是一种二次复议决定，是"一事一议"原则的例外。当事人如果选择国务院裁决，则该裁决具有终局效力，不得再对其提起行政诉讼。这一规定的目的，是要避免国务院成为行政诉讼被告。因此，对省部级单位就自身行为作出的复议决定而言，其法律救济方式就属于复议（二次复议）与诉讼自由选择，但复议终局的关系。

◆ 例 18-22

国务院某部对一企业作出罚款 50 万元的处罚。该企业不服，向该部申请行政复议。下列哪一说法是正确的？

A. 在行政复议中，不应对罚款决定的适当性进行审查

B. 企业委托代理人参加行政复议的，可以口头委托

C. 如在复议过程中企业撤回复议的，即不得再以同一事实和理由提出复议申请

D. 如企业对复议决定不服向国务院申请裁决，企业对国务院的裁决不服向法院起诉的，法院不予受理

分析：行政复议既审查合法性也审查适当性，A项错误。申请人委托代理人应当采取书面形式，口头委托是无效的，B项错误。申请人撤回复议申请后，如果能证明并非出于其本人真实的意思表示，仍可以同一事实和理由再行申请，C项错误。对省部级单位行为不服、经复议后再申请国务院裁决的，该裁决将具有终局效力，不得再提起行政诉讼，D项正确。

（四）复议前置且终局

复议前置且终局关系，是行政复议与行政诉讼关系中最为特殊的一种。在这种关系之下，当事人对特定行政争议不服时，只能先申请复议，而一旦申请复议，复议决定又产生终局效力，不得再对其提起行政诉讼。换言之，对于此类争议，当事人只有行政复议一种选择，不得提起行政诉讼。此类案件包括两种：

1. 特定情况下确认自然资源权利的行为。综合《行政诉讼法》和《行政复议法》的规定，不服行政机关确认自然资源权利的行为，当事人需要先申请行政复议。在一般情况下，当事人不服复议决定仍可以继续提起诉讼。但在符合《行政复议法》第30条第2款规定的特殊情况下，如果经过了行政复议，复议决定就将是终局的。该条第2款的规定是：省级政府根据国务院或者省级政府对行政区划的勘定、调整或征用土地的决定，确认自然资源所有权或使用权的行政复议决定为最终裁决。这就意味着，这种情况下的复议终局要同时满足如下两个条件：①复议决定是省级政府作出的，如果是其他机关作出的，复议决定就不会终局；②复议决定作出的依据是国务院或省级政府勘定、调整行政区划或征用土地的决定，如果是以其他依据作出的复议决定，也不会产生终局的效力。

◆ 例 18 – 23

某市A、B相邻两村就某一土地所有权发生争执，该地历史上归B村所有，最后两村申请市政府解决。市政府作出了确定争议土地归A村的决定，B村对此可以提起行政诉讼，也可以申请行政复议。假如B村选择向省政府申请复议，省政府根据几年前其作出的有关行政区划勘定的决定，改变了市政府的裁决，将争议的土地裁决给B村。此时，A村如果继续不服，可以如何寻求救济呢？

分析：此案就符合《行政复议法》第30条第2款规定的情形，复议决定由省政府作出，作出的依据又是省政府自己勘定行政区划的决定。此时，省政府的复议决定就已经具有终局效力，足以排除司法救济。即使A村不服复

议决定，也不能再提起行政诉讼了，当然更不可能申请第二次复议了。如果说还有什么救济渠道，在我国目前的制度背景下，那就是申述和信访了。

2. 对外国人、境外人采取的出入境强制措施。根据 2013 年实施的《出境入境管理法》的规定，外国人、境外人对公安出入境管理机构实施的继续盘问、拘留审查、限制活动范围、遣送出境措施不服的，可以申请行政复议，该行政复议决定为最终决定。

◆ 例 18—24

当事人对下列哪些事项既可以申请行政复议也可以提起行政诉讼？

A. 行政机关对民事纠纷的调解

B. 出入境边防检查机关对外国人采取的遣送出境措施

C. 是否征收反倾销税的决定

D. 税务机关作出的处罚决定

分析：行政调解不是行政行为，既不能提起行政诉讼，也不能申请限制复议，A 项错误。对外国人采取的遣送出境措施只能复议不能诉讼，B 项错误。对于反倾销行政案件原来一度规定为复议终局，但我国加入 WTO 组织后，最高法院已经通过司法解释废除了原来的规定，现在既可以复议也可以诉讼，C 项正确。税务处罚行为不属于"纳税争议"，既可以复议也可以诉讼，D 项正确。

本章二维码

第十八章示范案例　第十八章思考案例　第十八章练习题　第十八章课件与授课视频

第十九章

行政赔偿

国家赔偿法，是调整因国家权力的违法行使而引起的国家责任的法，分为行政赔偿与司法赔偿两部分，后者又以刑事赔偿为重点。其中，行政赔偿指的是因行政主体违法行使职权的行为造成公民、法人或其他组织合法权益损害而引起的赔偿责任。尽管我国采取行政赔偿和司法赔偿合并立法的模式，但行政赔偿是国家赔偿的典型形态，也是国家赔偿一般理论的来源。大多数行政赔偿中的理论和制度，在整个国家赔偿的语境下也是适用的。因此，我们在这一章既介绍国家赔偿中的共同问题，包括国家赔偿责任的构成要件、国家赔偿的归责原则、国家赔偿的方式和计算等，也介绍有关行政赔偿的专门制度，包括赔偿范围、赔偿请求人、赔偿义务机关和赔偿程序等。

一、国家赔偿的构成要件

国家赔偿构成要件，就是要求国家承担赔偿责任的全部必要条件，包括主体、行为、结果、因果、法律五项，缺一不可，其中尤以行为与因果两个要件，需要重点掌握。从总体上看，国家赔偿责任的这些构成要件是比较严格的，这就使得国家赔偿被限制在比较小的一个范围之内，和民事侵权上"有损害必有赔偿"的原则有比较大的差距。但这种情况也不是我国所独有的，在那些国家赔偿和民事赔偿分立的国家，国家赔偿的范围或多或少的总是小于民事赔偿的范围。

（一）主体要件

所谓国家赔偿，必须是因国家侵权行为所引起的赔偿责任，而国家的行为必须通过一定的机关来实施。国家机关包括国家权力机关（各级人大及其常委会）、国家元首、行政机关、司法机关、军事机关，这些机关所实施的行为都有可能侵犯公民、法人或其他组织的合法权益。但并非所有国家机关实施的行为都能够获得国家赔偿，按照 2010 年《国家赔偿法》的规定，只有行使国家行政权与司法权的机关和组织所实施的行为，才有可能引起国家赔偿。行使国家行政权的主体就是行政主体，包括行政机关与获得行政授权的机构、组织；行使国家司法权的主体包括法院、检察院，以及实施刑事侦查活动的公安、国安、监狱管理等机关。

个理性的第三人看来，这种条件的存在或者出现是完全可能的，是正常的。那么，在这种情况下，侵害行为与损害结果之间仍然构成有效因果关系。例如，某城管局执法人员李某为了驱逐一条街道上的小摊小贩，开着城管局的汽车在路上撵着一水果摊摊主高某的人力三轮车。高某见状十分惊恐，拼命踩着自己的三轮车企图逃脱李某的追赶，此时前方突然出现一辆货车，高某为了紧急避让不得不马上转向让自己的三轮车撞向路边，结果三轮车被毁，高某撞成重伤。在这个案子里，城管局执法人员李某所实施的驾车驱赶高某的行为，显然并不能单独造成高某重伤这一结果，而必须与此后出现的一系列情况相结合。而且对于货车的出现、高某的紧急避让等情况，李某也不能预料到这些情况的必然出现。但是，在一个正常的理性人看来，包括在道路上出现一辆货车的情况，以及高某在紧急情况下避让货车的情况，这些情况的发生都是完全可能的，都是正常的，是可以合理想象的，因此并不属于意外事件。因此，在此案中，李某驾车驱赶高某的行为与高某重伤的损害结果之间，仍然构成有效的国家赔偿因果关系。

4. 如果仅有国家机关及其工作人员实施的某种侵害行为，并不能单独造成当事人的损害，而需要与其他条件相结合方能产生这一结果，而且在一个理性人看来，这种其他条件的出现是完全无法预见的，其发生的概率也很小。则在这种情况下，侵害行为与损害结果之间就不构成有效的因果关系。例如，某派出所民警赵某与钱某二人在白天对犯罪嫌疑人汪某进行了刑讯逼供，晚上就用手铐将汪某一人铐在办公室的长凳上。汪某因为害怕第二天还将遭到二人拷打，就拼命弄断了长凳挣脱出来，并跳窗逃跑，但手上仍然戴着手铐。当汪某跑到一条河边时，由于害怕戴着手铐被人认出，就不敢从桥上过去。因当时正值枯水期，河水较浅，汪某就决定涉水过河，没想到这条河中的沙石因为长期被人抽取用于建筑房屋，在水底形成许多暗流与旋涡，汪某不幸被卷入旋涡身亡。在这个案件里，两位民警对汪某实施的刑讯逼供等行为当然不足以造成汪某死亡，还需结合汪某逃跑、涉水过河、水底存在旋涡等条件，而这些条件的同时发生与存在，在一个正常的理性人看来，发生的概率确实极低，纯属偶然事件而已。因此，两位民警与汪某的死亡并不存在因果关系。

◆ **例 19 − 2**

某区公安分局因追赃将甲厂的机器设备连同其产品、工具等物品一并扣押，经评估价值 10 万元。甲厂雇人看管扣押的设备等物品，共花费 900 元。后市公安局通过复议决定撤销区公安分局的扣押决定，区公安分局将全部扣押物品退还甲厂。甲厂将所退物品运回厂内安装，自付运输、装卸费 800 元。甲厂提出国家赔偿请求。依据国家赔偿法的规定，下列哪些损失应予赔偿？

A. 5000 元的购买设备贷款利息

B. 设备被扣押期间 2 万元的企业利润损失

C. 800 元的运输、装卸费

D. 900 元的看管费

分析：CD 两项均属直接财产损失，在国家赔偿之列。B 项也很简单，可得利益是间接损失，不在国家赔偿之列。要注意的是 A 项，该项不属于赔偿范围，这并不是说贷款利息不属于国家赔偿范围，而是因为案中贷款利息的发生与公安局的侵权行为之间不存在因果关系。因为，即使本案不存在公安机关的侵权行为，甲厂既然向银行贷了款，无论如何都要支付这笔利息。

（五）法律要件

如果一个案件完全符合上述的主体要件、行为要件、结果要件、因果要件，但无法找到有效的法律依据的话，仍然不能引起国家赔偿。国家赔偿责任的构成，还需要以现实中存在明确的法律依据——也就是需要法律条文上列举的赔偿范围作为条件，这就是国家赔偿责任的法律要件。法律要件的存在，进一步缩小了国家赔偿的范围。

二、国家赔偿的归责原则

国家赔偿的归责原则，指的是国家对公民、法人或其他组织承担赔偿责任的理由，或者说是国家给予赔偿的一种内在正当性。国家赔偿最初脱胎于民事赔偿，而我们知道，民事赔偿的最基本归责原则是过错责任。但是，国家赔偿是不可能直接适用一般的过错责任的，因为过错无论是故意或者过失，指的都是一种主观状态，但国家或者某个国家机关实施侵权行为时的主观状态是很难被探究的。如果直接适用一般的过错责任，受害人势必很难证明这种过错的存在，因为很难有效获得赔偿。因此，立法上的基本思路是要将这种过错客观化，即通过某一个客观的、可操作的标准来判断过错是否存在。在民事赔偿中，这种客观化的过错，一般指的是所谓一般第三人的注意义务，而在国家赔偿中，这种客观过错的最佳标准就是法律。因为，在一个法治国家，国家机关的行为都要受到法律严密的规范。如果国家机关违反了法律的规定，我们就可以推定其行为存在某种过错，如果这种行为还给公民、法人或其他组织的利益造成了损失，就应当承担赔偿责任，这就是违法归责原则。可以说，违法归责和过错归责在本质上是相同的，实际上是一种最彻底的客观化的过错归责。我国的国家赔偿制度从建立时起，就采取了这种违法归责原则。

（一）1994 年《国家赔偿法》的归责原则

1994 年颁布、1995 年实施的《国家赔偿法》（以下简称 1994 年《国家赔偿法》）第 2 条第 1 款规定："国家机关和国家机关工作人员违法行使职权侵犯公民、法人和其他组织的合法权益造成损害的，受害人有依照本法取得国家赔偿的权利。"其第 9 条第 1 款规定："赔偿义务机关对依法确认有本法第 3 条、第 4 条规定的情形之一的，应当给予赔偿。"第 20 条第 1、2 款规定：

"赔偿义务机关对依法确认有本法第 15 条、第 16 条规定的情形之一的，应当给予赔偿。赔偿请求人要求确认有本法第 15 条、第 16 条规定情形之一的，被要求的机关不予确认的，赔偿请求人有权申诉。"通过这些规定可以发现，1994 年《国家赔偿法》实行的是单一的、严格的违法归责原则。首先，所有的国家侵权行为都应当是"违法行使职权"的行为，其他归责原则没有适用的余地。其次，侵权行为的违法性还要通过一些程序来专门加以确认。在行政赔偿中，赔偿请求人可以通过普通的行政诉讼与行政复议程序将侵权的行政行为确认违法，也可以在赔偿义务机关的先行处理程序中将其确认违法；对于行政事实行为，则只能在先行处理程序中来确认违法。在司法赔偿中，侵权行为要么是通过司法程序中的其他行为一并确认违法，如通过不批捕决定确认拘留决定违法，通过无罪判决确认逮捕决定违法，通过撤案决定确认拘留和逮捕违法，等等；要么是通过专门程序来确认违法。为此，法院系统、检察院系统都建立了自己的司法侵权违法确认制度。

这种单一的、严格的违法归责原则存在着十分严重的弊端，这些弊端在《国家赔偿法》实施后不久很快就显现了出来，至少包括以下几点：

1. 部分国家侵权行为根本无法按照违法归责原则来认定。这主要表现在刑事赔偿领域，在刑事诉讼中，很多错案的形成与司法机关是否存在违法行为并不一定存在必然联系，有时候仅仅是由于证据出现变化，或者在刑事诉讼的不同阶段证明标准有所差别而造成的。如果一定要与司法机关的违法行为来挂钩，势必导致很多刑事错案的受害人最后无法获得赔偿。即使按照1994 年《国家赔偿法》，违法归责原则也不能覆盖全部应予赔偿的具体情形。例如，1994 年《国家赔偿法》第 15 条规定："行使侦查、检察、审判、监狱管理职权的机关及其工作人员在行使职权时有下列侵犯人身权情形之一的，受害人有取得赔偿的权利：……③依照审判监督程序再审改判无罪，原判刑罚已经执行的……"在这里，就没有要求原来已经被执行的有罪判决必须是违法作出的。在司法实践中，有可能存在这样的情况，按照原审时法院掌握的证据依法应当判处当事人刑罚，后来因为出现了新的证据，将当事人改判无罪。在这种情况下，原审判决并不违法，但如果因此而不予当事人赔偿，无疑是极不公正的。可见，即使是 1994 年《国家赔偿法》，其总则上规定的违法归责原则也无法在该法中完全适用。

2. 实践中对违法归责原则的理解和操作过于狭窄，导致很多应当赔偿的国家侵权行为无法获得赔偿。对于 1994 年《国家赔偿法》上的违法归责原则，行政机关和司法机关在大多数情况下都倾向于作尽可能狭义的解释，将"违法"的含义局限于违反具体的法律规范这个层面上，从而将其他情形都排除了出去。尽管学术界在努力扩大"违法"二字的内涵，认为违法行为包括作为形态的违法和不作为形态的违法，违法的形态包括违反法律规范、违反法律原则、行为明显不当、未尽合理注意等，而违法的"法"包括程序法和实体法，包括宪法、法律、法规、规章等各个层次的法律规范等。但是，由于立法上规定了一个严格的违法确认程序，在这个专门的程序中，上述相对宽泛的违法认定标准与这些确认程序中所具体规定的标准往往是不相符合的。在这些确认程序当中，法院、行政复议机关或其他司法机关都不可能抛开具体条文的拘束，采纳理论界提出的相对宽泛的违法认定标准来自由裁量。这就使得在实践中得到认定从而能够获得国家赔偿的侵权行为始终被局限在一个很小的范围内，成为《国家赔偿法》长期不能发挥应有权利救济功能的一个根本原因。

3. 违法确认程序的存在大大提高了请求人请求赔偿的门槛。按照 1994 年《国家赔偿法》，侵权行为确认违法是受害人获得赔偿的一个根本前提，未经确认违法的行为当事人不得请求赔偿。这种规定，等于给赔偿程序的启动设置了一道"门槛"，进一步加大了受害人寻求赔偿的难度。在行政赔偿中，如果侵权行为是一个行政行为的话，确认违法的问题还比较好解决。因为，对于违法的行政行为，我国已经建立了相对成熟、运行多年的行政诉讼与行政复议制度，而且，受害人可以通过行政诉讼和行政复议程序在将侵权行为确认违法的同时一并请求赔偿，并没有在实质上加重其程序性的负担。但是，如果侵权行为是一个行政事实行为的话，确认违法就要困难得多。因为，对于行政事实行为，受害人必须通过赔偿义务机关的先行处理程序来确认违法，而要求一个行政机关承认自己的行为违法并给予赔偿无疑是极其困难的。尽管按照有关司法解释，当事人在赔偿义务机关拒绝确认违法的情况下，仍然可以向法院提起单独的行政赔偿诉讼，但这已经明显地加大了受害人求偿的难度了。这个问题在司法赔偿中更加严重，因为大量的司法侵权行为是无法在其他司法程序当中一并确认违法，而是要通过专门的确认程序来认定的。而这些行为单独确认违法的第一步，也是要求赔偿义务机关自我确认，很多时候这无异于与虎谋皮。

（二）2010 年修订的《国家赔偿法》的归责原则

《国家赔偿法》在 2010 年和 2012 年分别进行了修订，（2012 年《国家赔偿法》未作过多修改，故在此只关注 2010 年的《国家赔偿法》）2010 年修订的《国家赔偿法》在归责原则的问题上有了显著的进步，主要表现在这样几个方面，一是在总则的归责原则条款中删除了"违法"二字，2010 年修订的《国家赔偿法》第 2 条第 1 款规定："国家机关和国家机关工作人员行使职权，有本法规定的侵犯公民、法人和其他组织合法权益的情形，造成损害的，受害人有依照本法取得国家赔偿的权利。"二是废除了国家赔偿的违法确认程序，降低了求偿的门槛。三是主要在司法赔偿领域引入了结果归责原则。

1. 这些修改使得对违法归责原则中的"违法"进行广义的扩大理解成为可能。尽管在 2010 年修订的《国家赔偿法》中删去了归责原则条款中的"违法"二字之后，在关于赔偿范围的规定中仍有多处使用了"违法"的字样，对违法归责有"抽象否定、具体肯定"之嫌。但是，2010 年修订的《国家赔偿法》废除了违法确认程序。这样一来，即使赔偿的决定机关需要以"违法"

作为其作出赔偿决定的一个条件，也不会再受到确认程序中各种严苛条件的限制，而是可以比较自主地判断侵权行为是否构成违法，这就为对"违法"的扩大理解提供了一种可能。无论是在《国家赔偿法》修订前还是修订后，学术界一贯主张在违法归责原则没有被正式修改之前，对于这里"违法"二字的含义应当作尽可能宽泛的理解，而在 2010 年该法修订之后，这种理解在实践中正被越来越多的人所接受。一般认为，广义的"违法"至少包括如下四个层次：一是违反法律规范，这是违法行为的典型形态；二是违反法律原则，在没有具体法律规范时，违反法律的基本原则也是违法行为；三是行为明显不当，十分明显、严重不当（不合理）的行为等同于违法行为；四是未尽合理注意，在没有其他依据可供判断的情况下，可以一般人的必要注意义务为标准，国家机关及其工作人员未尽合理注意义务造成私人损害的视同违法。基于以上任何一种形态的违法行为损害私益时，构成国家赔偿责任。为什么这种广义的违法归责相对于狭义的、局限于违反具体法律规范的理解更具价值呢？我们可以来看一个案例：

◆ 例 19 - 3

某日晚上，王某酒后在某酒店酗酒闹事，砸碎店里玻璃数块。此时某区公安分局太平派出所民警任某、赵某执勤路过酒店，任某等人欲将王某带回派出所处理，王某不从，民警欲采取强制措施将其强制带回派出所，王某与任某发生推搡。双方在扭推过程中，王某被推倒，头撞在水泥地上，当时失去知觉，送往医院途中死亡，后被鉴定为颅内出血死亡。此后，王某之父申请国家赔偿。

分析：在这个案件中，我们发现，民警将酗酒闹事的王某带回派出所处理完全是一个合法的行为，遭到王某抗拒之后，民警采取强制措施欲将其强制带回调查也是合法的。但是，由于双方扭打推搡导致王某失足摔死，说明民警在这一过程中没有尽到必要的注意义务，是有责任的。如果适用狭义理解的违法归责原则，民警的行为显然没有违法，王某之父不能获得国家赔偿。但这显然是不公平的。只有对违法归责原则作广义的扩大理解，将未尽合理注意义务的行为视为违法的行为，才能确定公安机关在此案中的赔偿责任。当然，本案中当事人王某自己也存在过错，但这种过错只能减轻公安机关的赔偿责任，而不能免除这种责任。

与违法行为相对应，国家的合法行为可能导致国家补偿责任，这里的"合法行为"指的是国家基于公共利益的需要，合法限制一定范围公民权利的行为。在现代社会，公民的某些权利（特别是财产性权利）是受到一定限制的，这种限制就包括在特殊情况下出于重大的、迫切的公益的需要，应国家的要求作出一定的牺牲、忍让和付出。由于付出这种牺牲的私人只占全部人的极小比例，人们称之为"特别牺牲"，出于公平负担的原则，国家应当给其一定的补偿。

◆ 例 19 – 4

李某租用一商店经营服装。某区公安分局公安人员驾驶警车追捕时，为躲闪其他车辆，不慎将李某服装厅的橱窗玻璃及模特衣物撞坏。事后，公安分局与李某协商赔偿不成，李某请求国家赔偿。下列哪些说法是错误的？

A. 公安分局应作为赔偿义务机关，因为李某曾与其协商赔偿

B. 公安分局不应作为赔偿义务机关，因该公安人员行为属于与行使职权无关的个人行为

C. 公安分局不应作为赔偿义务机关，因为该公安人员的行为不是违法行使职权，应按行政补偿解决

D. 公安分局应作为赔偿义务机关，因为该公安人员的行为属于与行使职权有关的行为

分析：案中的公安人员对李某服装店财产造成的损失，实质是牺牲了李某的这部分财产权来实现追捕逃犯的公共利益，符合国家补偿责任的属性。公安机关对李某承担的应该是国家补偿责任而不是国家赔偿责任，因此只有C 项的说法正确。

2. 2010 年修订的《国家赔偿法》对结果归责原则的引入扩大了司法赔偿的范围，大大降低了司法赔偿中受害人求偿的门槛。一方面，2010 年修订的《国家赔偿法》明确将结果归责适用于刑事赔偿中的错捕、错判两类情形。所谓错捕，指的是对公民采取逮捕措施后，决定撤销案件、不起诉或判决宣告无罪终止追究刑事责任的情况，总之就是逮捕后无罪的情况；所谓错判，指的是再审改判无罪，原判刑罚已经执行的情况。在这些情况下，只要出现当事人"无罪"这一结果，不管此前的刑事诉讼活动有无违法，国家均应承担赔偿责任。另一方面，对于因监所暴力而导致死亡或严重伤害的情况，引入了有条件的结果归责。这种归责方法与结果归责类似，但赔偿责任的构成增加了一个条件，指的是公民被限制人身自由期间（包括行政拘留、行政强制措施、刑事拘留、逮捕、自由刑等）死亡或丧失行为能力时，国家就应对其承担赔偿责任。但是，赔偿义务机关可以通过证明其行为与当事人的死亡或丧失行为能力不存在因果关系而免责。

三、行政赔偿的范围

行政赔偿的范围，完全是国家赔偿责任构成要件在行政侵权领域的反映，基本上不存在特殊规定。2010 年修订的《国家赔偿法》第 3 条、第 4 条详细列举了行政赔偿的具体事项，概括起来无非就是说，只有造成人身自由权、生命权、健康权、财产权损害的情况下，才能获得国家赔偿。同时结合 2010 年修订的《国家赔偿法》第 35 条的规定，公民人身权受到损害的同时伴有精

神损害的，还应当为受害人消除影响，恢复名誉，赔礼道歉，造成严重后果的还应支付相应的精神损害抚慰金。

根据侵权赔偿的一般原理，对于行政机关工作人员个人行为造成的侵权损害、当事人自己的行为导致的损害、第三人的行为导致的损害、不可抗力导致的损害，国家都不承担赔偿责任。

四、行政赔偿请求人

行政赔偿请求人是行政赔偿法律关系中的权利人一方，需要掌握如下几点：

（一）请求人资格的确定

行政赔偿请求人资格，包括本来的请求人资格与经转移的请求人资格。

1. 本来的请求人资格。谁受到了国家侵权行为的侵害，谁就有资格要求国家赔偿。

2. 经转移的请求人资格。当受害的公民死亡，或受害的法人和其他组织终止时，就产生了请求人资格转移的问题。

受害的公民死亡的，其继承人、其他有扶养关系的亲属以及死者生前抚养的无劳动能力人有权替代死者要求国家赔偿。需要注意的是，在公民死亡时，其国家赔偿请求人资格的转移与行政诉讼原告资格的转移有所不同。在行政诉讼中，当本来具有原告资格的公民死亡时，有权替代死者提起诉讼的是其近亲属和其他具有扶养、赡养关系的亲属。

受害的法人或其他组织终止的，其权利承受人替代其要求国家赔偿。但是，企业法人或其他组织被行政机关撤销、变更、兼并、注销，即从形式上消灭主体资格之后，认为其经营自主权受到侵害的，原企业法人或其他组织，或对其享有权利的法人和其他组织仍然是国家赔偿请求人，可以依法提起行政赔偿诉讼，此时请求人资格没有发生转移。

（二）请求权行使的时效

国家赔偿请求人请求国家赔偿的时间有期限上的限制，这就是国家赔偿的请求时效。

1. 一般时效。一般时效为 2 年，自受害人知道或应当知道国家机关及其工作人员的行为侵犯其权利之日起计算，但被限制人身自由期间应当被扣除。赔偿请求人在请求时效的最后 6 个月内，因不可抗力或其他障碍不能行使请求权的，时效中止，从中止时效的原因消除之日起恢复计算。

2. 特殊时效。受害人如果通过行政复议或行政诉讼一并提出赔偿请求的，适用行政复议、行政诉讼的有关时效。行政复议即为复议申请期限，一般是60 天；行政诉讼即为起诉时限，一般是 6 个月。

五、行政赔偿义务机关

行政赔偿义务机关的确定与行政诉讼被告的确定十分接近。根据确定行政主体的一般原理，我们知道，一个独立的行政机关或一个获得行政授权的组织都具有行政主体资格，对于自己实施的行政侵权行为应当承担赔偿责任。而在行政委托关系中，接受行政委托的行政机关、行政机构、社会组织以及公民个人都不具备行政主体资格，对于它们实施的行政侵权行为，应当由委托的行政主体承担赔偿责任。此外需要注意几种特殊情况：

（一）共同行政侵权的赔偿义务机关

两个以上行政主体共同行使行政职权侵权时，共同作为赔偿义务机关，承担连带责任。请求人可以向共同赔偿义务机关中的一个或几个要求支付赔偿金额的全部或一部分，接到要求的赔偿义务机关应当按其要求支付，支付后再与其他赔偿义务机关分割份额。

在共同行政侵权的情况下，赔偿请求人提起行政赔偿诉讼的，共同赔偿义务机关原则上应当作为共同被告。但如果请求人仅将其中一个或数个侵权机关列为被告的，法院就必须按照其诉讼请求的性质来确定被告。如果原告的诉讼请求属于可分之诉，如要求支付赔偿金，则只将原告所列的一个或数个侵权机关作为被告即可；如果原告的诉讼请求是不可分之诉，如要求返还原物、恢复原状等，则法院应当依法追加其他侵权机关作为共同被告。

（二）侵权机关被撤销时的赔偿义务机关

实施侵权行为的机关被撤销的，继续行使其职权的行政机关替代其作为赔偿义务机关；如果没有继续行使其职权的行政机关，由撤销原侵权机关的行政机关替代其作为赔偿义务机关。这同实施行政行为的机关被撤销时，行政诉讼被告与行政复议被申请人的确定完全一致。

（三）复议加重时的赔偿义务机关

尽管《行政复议法实施条例》规定，复议机关在申请人的请求范围内，不得作出对申请人更为不利的复议决定，即复议不得加重损害。但在实践中，复议加重当事人损害的情况时有发生。在这种情况下复议机关与作出原行政行为的机关应当就其侵权行为造成的损害分别负责，不承担连带责任。作出原行为的机关对其造成的损害负责，复议机关就其加重的损害负责。

对于复议加重的案件，如果赔偿请求人提起行政赔偿诉讼的，其被告的确定与普通行政诉讼有所不同，并不必然以复议机关作为被告。如果请求人只起诉了作出原行为的机关，则以原机关作为被告，但原告的诉讼请求不得超过其赔偿范围；如果请求人只起诉了复议机关，则以复议机关作为被告，但原告的诉讼请求也不得超过其赔偿范围；如果请求人同时起诉了两个机关，则两个机关都作为被告，但法院应当判决两被告分别承担其各自的赔偿责任。可见这种情况下行政赔偿诉讼的被告与普通行政诉讼的被告不完全相同。如果在复议加重损害的情况下，当事人提起普通行政诉讼，被诉行为只能是复议决定，被告只能是复议机关，作出原行为的机关不作为被告。

（四）上下级交办案件的赔偿义务机关

在某些情况下，上下级行政机关之间存在着所谓的"交办"任务，如地方政府向其派出机关交办任务。如果下级机关在执行交办任务时造成了行政侵权，则赔偿义务机关的确定应当按照行政委托关系处理，将"交办"定性为行政委托，由委托的交办机关作为赔偿义务机关。

当然，在这种情况下，接受交办任务的下级行政机关也有自己的独立职权，也具备行政主体资格，如果该机关是在行使自身职权时造成行政侵权，应以该机关自己作为赔偿义务机关。

（五）非诉执行案件的赔偿义务机关

行政机关申请法院强制执行其行政行为，最终造成被执行人合法权益损害时，其赔偿义务机关的确定也值得注意。此时，首先必须辨别侵权行为的性质，如果是法院及其工作人员在执行过程中违法造成侵权的，属于民事、行政司法赔偿的范畴，应当由负责执行的法院作为赔偿义务机关。如果法院的执行行为没有错误，但是其据以执行的根据，即被执行的行政行为存在错误的，则以申请执行的行政机关，也就是该行政行为的作出者作为赔偿义务机关。

六、行政赔偿程序

行政赔偿的程序，指的是行政赔偿请求人依法获取赔偿，赔偿义务机关或其他法定机关办理行政赔偿案件所遵循的方式、步骤与顺序。行政赔偿程序，按照侵权行为性质的不同（行政行为侵权或行政事实行为侵权）而有所不同。

（一）行政行为侵权的赔偿程序

如果侵权行为是行政行为，受害人请求赔偿有三种途径：

1. 普通行政诉讼与行政复议程序。受害人如果不服行政行为提起普通的行政诉讼或行政复议，同时认为该行为造成了侵权，就可以一并提出行政赔偿的请求，由法院作出赔偿判决，或由复议机关作出赔偿决定。

通过普通行政诉讼与行政复议程序一并解决行政赔偿问题，是最为便捷的一种方式，其具体制度在本书前文行政诉讼法、行政复议法中已有详述，此不赘述。这种程序的缺点在于，它只能解决行政行为所导致的侵权赔偿问题，不适用于行政事实行为侵权，因为后者不属于行政诉讼或行政复议的受案范围。

2. 赔偿义务机关先行处理程序。此即赔偿义务机关自己对赔偿事务进行处理的程序。对于一个侵权的行政行为，如果受害人未曾提起行政诉讼或申请行政复议，或在行政诉讼、行政复议中没有提出赔偿请求，都可以直接向赔偿义务机关提出申请，由其自己处理。

（1）申请。受害人要求赔偿应当递交申请书，书写申请书确有困难的可以委托他人代书，也可以口头申请后由赔偿义务机关记入笔录。

（2）受理。赔偿请求人当面递交申请书的，赔偿义务机关应当场出具加盖本行政机关专用印章并注明收讫日期的书面凭证。申请材料不齐全的，赔偿义务机关应当场或在 5 日内一次性告知赔偿请求人需要补正的全部内容。

（3）审理和决定。赔偿义务机关应当自收到申请之日起 2 个月内作出是否赔偿的决定。赔偿义务机关作出赔偿决定，可以与赔偿请求人就赔偿方式、赔偿项目、赔偿数额进行协商。

（4）送达。赔偿义务机关决定（不予）赔偿，应制作书面决定并在 10 日内送达赔偿请求人。

先行处理程序，既适用于行政行为侵权，也适用于行政事实行为侵权的处理。

3. 单独提起的行政赔偿诉讼程序。单独提起的行政赔偿诉讼之所以称为"单独"，是因为在这种诉讼中，法院只就行政赔偿问题作出判决，而不对侵权行为的合法性作出判决，这是它与普通行政诉讼的根本区别。

受害人通过先行处理程序向赔偿义务机关请求赔偿后，如果赔偿义务机关在规定期限内没有作出决定，或者受害人对其赔偿决定不服，都可以再向法院单独提起行政赔偿诉讼。关于单独提起的行政赔偿诉讼，其基本制度与普通行政诉讼类似，但某些问题存在区别。对此需要掌握：

（1）受案范围。单独提起的行政赔偿诉讼，除了可以受理行政行为所造成的侵权赔偿案件之外，还可以受理因侵犯生命权、健康权、财产权的行政事实行为所引起的赔偿案件，以及行政终局裁决行为中的赔偿问题。

（2）管辖法院。单独提起的行政赔偿诉讼，在级别管辖上与普通行政诉讼相同，在地域管辖上也类似。但有一点不同，就是对于行政机关基于同一事实对同一当事人，既限制其人身自由，又对其财产采取强制措施的案件，单独提起行政赔偿诉讼的，可以由被告住所地、原告住所地或不动产所在地法院（如果涉案财产是不动产的话）管辖。而在普通行政诉讼中，这种案件应当由被告所在地或原告所在地法院管辖。

（3）起诉期限。如果赔偿义务机关在先行处理程序中作出了赔偿决定，受害人不服的，应当在该决定作出之日起 3 个月内，提起单独的行政赔偿诉讼。如果赔偿义务机关在先行处理程序中没有作出赔偿决定，受害人应当从赔偿义务机关处理期限（2 个月）届满之日起 3 个月内，提起单独的行政赔偿诉讼。

◆ 例 19-5

甲县人民政府在强行拆除乙厂未经批准建造的房屋时，未及时通知乙厂，也未制作物品清单，导致房屋内的物品被毁损。该强制拆除行为后因违反法定程序被法院判决确认违法。2002 年 12 月，乙厂被工商部门吊销营业执照，2003 年 4 月，乙厂的企业法人登记被注销。2003 年 1 月，乙厂向法院提起行政诉讼，要求甲县人民政府赔偿建房投入和物品损失。下列哪些说法是不正确的？

A. 乙厂具有原告资格

B. 乙厂提起行政赔偿诉讼的时效为自该强制拆除行为被确认违法之日起两年

C. 因乙厂被拆房屋为违法建筑，乙厂的请求不成立

D. 因甲县人民政府的拆除行为只存在程序违法，乙厂的请求不成立

分析：乙厂的企业法人登记虽然被注销，但其诉讼原告资格和赔偿请求权并没有被消灭，因此 A 项正确。乙厂被拆房屋虽然为违法建筑，但行政机关的强制拆除行为也存在程序违法情形，程序违法和实体违法一样，都需要承担赔偿责任，因此 CD 两项错误。本案的关键还在 B 项，乙厂提起行政赔偿诉讼，是单独提起的（因为此前的一个诉讼已经对强制拆除行为的违法性作出了判决），故其起诉时限是自赔偿义务机关先行处理期限届满之日起 3 个月，或赔偿义务机关作出赔偿决定之日起 3 个月，而不是强制拆除行为被确认违法之日起两年，因此 B 项错误。

（4）审理程序。法院审理行政赔偿案件，包括一并提起的与单独提起的行政赔偿诉讼，都可以在合法、自愿的前提下就赔偿范围、赔偿方式和赔偿数额进行调解。而法院审理普通的行政诉讼案件不得适用调解。

（5）举证责任。无论是在一并提起的还是单独提起的行政赔偿诉讼中，原告都应当对自己的主张承担举证责任，但被告有权提供不予赔偿或减少赔偿数额方面的证据。赔偿义务机关采取行政拘留或限制人身自由的强制措施期间，当事人死亡或丧失行为能力的，赔偿义务机关的行为与被限制人身自由的人的死亡或丧失行为能力是否存在因果关系，由赔偿义务机关证明。

（6）执行问题。当事人申请法院强制执行生效的行政赔偿判决、裁定或调解协议，其申请期限是公民为 1 年，法人或其他组织为 6 个月。而在普通行政诉讼中，当事人申请法院强制执行生效裁判，其申请期限是公民为 1 年，法人或其他组织则为 180 天。

◆ 例 19 - 6

关于行政赔偿诉讼，下列哪些说法是正确的？

A. 当事人在提起行政诉讼的同时一并提出行政赔偿请求，法院应分别立案

B. 除特殊情形外，法院单独受理的一审行政赔偿案件的审理期限为 3 个月

C. 如复议决定加重损害，赔偿请求人只对复议机关提出行政赔偿诉讼的，复议机关为被告

D. 提起行政诉讼时一并提出行政赔偿请求的，可以在提起诉讼后至法院一审判决前提出

分析：当事人提起行政诉讼一并要求赔偿的，法院应当按照行政诉讼和行政赔偿诉讼分别立案，可以一并审理，也可分别审理，因此 A 项正确。行

政赔偿诉讼的审理期限与普通行政诉讼相同，现在一般应为 6 个月，B 项错误。复议决定加重损害时，复议机关与原机关承担按份责任，请求人如只对复议机关提出赔偿请求，则只能以复议机关为被告，C 项正确。一并提出的赔偿请求，应当在起诉后至一审庭审结束前提出，D 项错误。

◆ 例 19 - 7

某区规划局以一公司未经批准擅自搭建地面工棚为由，限期令其自行拆除，该公司逾期未拆除。根据规划局的请求，区政府组织人员将违法建筑拆除，并将拆下的钢板作为建筑垃圾运走。如该公司申请国家赔偿，下列哪些说法是正确的？

A. 可以向区规划局提出赔偿请求

B. 区政府为赔偿义务机关

C. 申请国家赔偿之前应先申请确认运走钢板的行为违法

D. 应当对自己的主张提供证据

分析：本案行政侵权行为的实施虽然经过区规划局请求，但其实施机关仍然是区政府，并非区规划局实施，区政府是赔偿义务机关，当事人应该向区政府提出赔偿请求，因此 A 项错误而 B 项正确。又因国家赔偿的确认违法程序已经被废除了，C 项错误。赔偿案件的举证原则是"谁主张、谁举证"，D 项正确。

（二）事实行为侵权的赔偿程序

行政侵权行为，除行政行为之外，还包括行政事实行为，但并非所有的行政事实行为都纳入了赔偿范围。根据《国家赔偿法》的规定，只有侵犯生命权、健康权、财产权的事实行为可以获得行政赔偿。对此类行为造成的损害，受害人可以通过以下途径寻求赔偿：

1. 赔偿义务机关先行处理程序。行政事实行为不属于行政诉讼或行政复议的受案范围，无法通过这些程序 并提出赔偿请求，只能直接向赔偿义务机关申请赔偿，由其先行处理。行政事实行为的先行处理程序，与行政行为侵权的先行处理程序是相同的。

2. 单独提起的行政赔偿诉讼程序。受害人通过先行处理程序向赔偿义务机关请求赔偿后，如果赔偿义务机关在规定的期限内没有作出决定，或受害人对其赔偿决定不服，都可以向法院单独提起行政赔偿诉讼。单独提起的行政赔偿诉讼，在审理行政行为侵权和审理行政事实行为侵权方面，也是相同的。

需要说明的是，无论是行政行为还是行政事实行为，在单独提起行政赔偿诉讼之前都必须经过赔偿义务机关的先行处理。如果赔偿义务机关在先行处理程序中拒不承认其行为侵权的，应当在单独提起的行政赔偿诉讼中，由法院在判决理由内一并确认其侵权。

◆ 例 19－8

兴汇有限公司申报进口人工草坪，某海关征收关税和代征增值税后放行。后某海关发现兴汇有限公司进口人工草坪税则归类错误导致税率差异，遂又向兴汇有限公司补征关税和代征增值税近 5 万元。兴汇有限公司以第一次征税行为违法致使其未能将税款纳入成本造成损失为由要求某海关赔偿，在遭拒绝后，兴汇有限公司遂向法院提起行政赔偿诉讼。下列说法正确的是什么？

A. 此案为涉外行政案件

B. 因兴汇有限公司提起诉讼，补征税款的决定停止执行

C. 兴汇有限公司的起诉符合单独提起行政赔偿诉讼的程序要求

D. 兴汇有限公司应当对所遭受的损失承担举证责任

分析：本案当事人不是外国公司，因此并非涉外案件，A 项错误。海关有直接行政强制执行权，其行为在被诉期间原则上不停止执行，B 项错误。海关错误计算税率是典型的行政事实行为（因为此行为不包含行政主体的意思表示），侵犯的是当事人的财产权，兴汇公司要求赔偿遭拒绝后，是可以单独提起行政赔偿诉讼的，C 项正确。原告提出赔偿请求时对损害事实负有举证责任，D 项正确。对 C 项需要特别说明的是，按照 1994 年《国家赔偿法》的规定，只有行政事实行为在赔偿义务机关拒绝确认违法之后，才可以向法院单独提起行政赔偿诉讼；行政行为只有确认违法之后才能单独提起行政赔偿诉讼。而 2010 年修订的《国家赔偿法》废除了国家赔偿的确认违法程序，因此，无论是行政行为还是行政事实行为，只要经过了先行处理程序，都可以单独向法院提起行政赔偿诉讼，由法院在判决理由中一并确认行政机关侵权。

（三）行政追偿程序

国家追偿，指的是国家在向赔偿请求人支付了赔偿费用之后，依法责令在国家侵权行为中具有故意或重大过失，或有其他违法情形的工作人员、受委托组织和个人承担全部或部分赔偿费用的制度。国家追偿分为行政追偿与司法追偿，对行政追偿掌握以下几点：

1. 追偿前提。只有在赔偿义务机关承担了赔偿责任，向请求人支付赔偿费用之后，才可以向有关责任者追偿。

2. 追偿人。由赔偿义务机关代表国家行使追偿权，多个行政主体作为共同赔偿义务机关的，不能共同行使追偿权，应当各自向自己所属的工作人员追偿。

3. 被追偿人。被追偿人是在侵权行为中主观上具有故意或重大过失的工作人员或受委托的组织与个人，2 个以上工作人员共同实施侵权行为的，应当承担连带责任。

4. 追偿额度。追偿人可以根据被追偿人的过错程度，决定追偿部分或全

部赔偿费用，但追偿额度不得超过赔偿费用的总额。

5. 附带处理措施。对于具有故意或重大过失的责任人员，在进行行政追偿的同时，有关机关应当依法给予行政处分，构成犯罪的应当依法追究刑事责任。

七、国家赔偿的方式和计算

国家赔偿的方式，指的是国家对其侵权行为承担赔偿责任的各种形式。在赔偿方式及其计算的问题上，行政赔偿和司法赔偿是完全相同的，因此我们在这里进行统一介绍。由于在大多数情况下，国家赔偿都适用金钱赔偿的方式，因此国家赔偿又涉及对赔偿金额的计算标准。根据当事人在国家侵权行为中所遭受损害的权利类型的不同，国家赔偿的方式也有所不同。

（一）侵害人身自由权的赔偿方式

侵害人身自由权的行为包括行政拘留、行政强制措施、非法拘禁、刑事拘留、逮捕、人身自由刑等。侵犯公民人身自由，应赔偿受害人的误工费，每日的误工费按照国家上年度职工日平均工资计算。注意"国家上年度职工日平均工资"的计算基准：其一，"上年度"，指的是有权机关作出最终确定不变的赔偿决定当年的上一年，如果前一赔偿决定被后一决定机关所维持的，则以被维持的赔偿决定作出的时间为准，总之，哪一个赔偿决定作出后再也没有变动过，就以它作出决定的当年的上一年为计算基准。其二，"日平均"，指的是按照国家统计局公布的职工年平均工资除以全年工作日的总数所得。

◆ 例19－9

2001年5月李某被某县公安局刑事拘留，后某县检察院以证据不足退回该局补充侦查，2002年11月李某被取保候审。2004年，县公安局撤销案件。次年3月，李某提出国家赔偿申请。县公安局于2005年12月作出给予李某赔偿的决定书。李某以赔偿数额过低为由，于2006年先后向市公安局和市法院赔偿委员会提出复议和申请，二者均作出维持决定。对李某被限制人身自由的赔偿金，应按照下列哪个年度的国家职工日平均工资计算？

A. 2002年度　　　　　　　　　　B. 2003年度

C. 2004年度　　　　　　　　　　D. 2005年度

分析：本案中作出最终不变的赔偿决定在2005年（2006年是维持原来的决定），其上年度便是2004年，因此正确的是C项。

（二）侵害生命健康权的赔偿方式

侵害公民生命健康权的行为，就是造成公民死亡或伤害的国家赔偿案件，按照下列方式计算赔偿金：

1. 造成公民身体伤害的，应当支付医疗费、护理费与误工费。每日的误工费按照国家上年度职工日平均工资计算，但受到最高额的限制，最高额为国家上年度职工年平均工资的 5 倍。

2. 造成公民部分或全部丧失劳动能力的，应当支付医疗费、护理费、残疾生活辅助具费、康复费、继续治疗费与残疾赔偿金。残疾赔偿金根据丧失劳动能力的程度，按照国家规定的伤残等级确定，最高不超过国家上年度职工年平均工资的 20 倍。造成全部丧失劳动能力的，对其扶养的无劳动能力的人还应当支付生活费。生活费的发放标准，参照当地最低生活保障标准执行。被扶养的人是未成年人的，其生活费给付至 18 周岁为止；被扶养人是其他无劳动能力的人，其生活费给付至死亡时为止。

3. 造成公民死亡的，应当支付死亡赔偿金与丧葬费。死亡赔偿金与丧葬费的总额为国家上年度职工年平均工资的 20 倍。对死者生前扶养的无劳动能力的人，也应当支付生活费，生活费的计算标准与造成公民完全丧失劳动能力的情况相同。

◆ 例 19 –10

廖某在监狱服刑，因监狱管理人员放纵其被同室服刑人员殴打，致一条腿伤残。廖某经 6 个月的治疗，部分丧失劳动能力，申请国家赔偿。下列属于国家赔偿范围的是什么？

A. 医疗费　　　　　　　　B. 残疾生活辅助具费

C. 残疾赔偿金　　　　　　D. 廖某扶养的无劳动能力人的生活费

分析：上述选项属于部分残疾赔偿内容的包括医疗费、残疾生活辅助具费、残疾赔偿金，故 ABC 三项正确。D 项属于受害人完全残疾或死亡的赔偿金，而本案是部分残疾，故错误。

这里还有一个问题需要进一步分析，那就是国家侵权行为造成公民生命健康权损害时，其赔偿方式与数额之间是否存在吸收关系的问题。我们知道，国家侵权行为对公民生命健康权的损害，按照程度轻重不同分为造成身体伤害、导致劳动能力丧失、造成公民死亡三种情况，而这些情况是完全可能从轻到重发生转化的。

◆ 例 19 –11

某行政机关工作人员使用暴力殴打公民谢某导致其脑部重伤，谢某遂住院治疗，半年后出院，期间花去医疗费若干。出院后不久谢某病情复发导致残疾，完全丧失劳动能力，经进一步治疗未能痊愈，又花去医疗费若干，不久谢某病情加重，不治身亡。此时，应当如何计算谢某的赔偿金呢？是否可以将造成谢某身体伤害、完全丧失劳动能力、死亡三部分的赔偿金直接相加呢？还是应当由死亡赔偿金吸收残疾赔偿金与身体伤害赔偿金，最后只支付对谢某死亡的赔偿金呢？

分析：应当说，本案的上述三种赔偿金当中，有的是可以相互吸收的，有的则不能，我们应当按照不同赔偿金的用途与性质来加以判断。首先，误工费以及残疾赔偿金、死亡赔偿金所赔偿的都是公民因暂时，或部分，或永久丧失劳动能力而造成的损失，这些赔偿金是可以相互吸收的，既然案件中的谢某已经死亡，则最后支付其死亡赔偿金即可，无须再行支付误工费与残疾赔偿金。其次，医疗费是赔偿公民因身体伤害而支付的医疗费用，实际开销多少就应赔偿多少，不存在相互吸收的问题，因此对本案中谢某两度开销的医疗费，国家都应给予赔偿。最后，丧葬费是赔偿公民死亡后因安葬而需要花费的金钱，也不存在与其他费用相互吸收的问题，因此本案中对谢某的丧葬费仍然应当支付。所以，在此案中，国家应当赔偿谢某的丧葬费、全部医疗费与死亡赔偿金。

（三）侵害财产权的赔偿方式

国家侵权行为造成公民、法人和其他组织财产权损害的，按照以下方式赔偿：

1. 能够返还财产的，应当返还财产。其中，由于金钱属于种类物，金钱损害（如罚款、罚金、征收金钱、摊派费用等）必定能够返还；其他财产能够返还的也必须返还，如因财物灭失而不能返还的，应当给付相应的赔偿金。返还金钱的，应当支付银行同期存款利息。

2. 能够恢复原状的，应当恢复原状。所谓"恢复原状"，包括恢复物理原状与恢复法律原状。恢复物理原状指的是将形状、功能已经发生变化的财物修复还原；恢复法律原状指的是将被查封、扣押、冻结的财产，解除查封、扣押、冻结。如果财产的原状无法恢复的（如因财物毁损无法复原，或财物虽未毁损但恢复其原状成本较高的），应当给付相应的赔偿金。解除冻结的，应当支付银行同期存款利息。

3. 财产已经拍卖或者变卖的，给付拍卖或者变卖所得的价款；变卖的价款明显低于财产价值的，应当支付相应的赔偿金。

4. 处以行为罚的，应当赔偿停业期间必要的经常性费用开支。此即行政机关违法吊销许可证和执照、责令停产停业的，应当赔偿其停产停业期间必要的经常性费用开支。必要的经常性费用开支，指的是当事人被迫停止营业后，为了维持生存或为了维持企业正常存在而必须付出的费用，如水电费、租金、职工工资、应缴税费等。对于受害人因停业造成的营业损失，不予赔偿。

此外，国家侵权行为对财产权造成其他损害的，应当按照直接损失给予赔偿。所谓直接损失，指的是当事人因受国家侵权行为的影响，所不可避免、必然遭受的损失，不包括其可得利益、期待利益的损失。

◆ 例 19-12

某县工商局以某厂擅自将专利申请号用于产品包装广告来进行宣传、销售为由，向某厂发出扣押、封存该厂胶片带成品通知书。该厂不服，向法院起诉要求撤销某县工商局的扣押财物通知书，并提出下列赔偿要求：返还扣押财物、赔偿该厂不能履行合同损失的100万元、该厂名誉损失和因扣押财物造成该厂停产损失的100万元。后法院认定某县工商局的扣押通知书违法，该厂提出的下列何种请求事项不属于国家赔偿的范围？

A. 返还扣押财物　　　　B. 某厂不能履行合同损失100万元

C. 某厂名誉损失　　　　D. 某厂停产损失100万元

分析：分析本案的关键在于认定四个选项中所列损失哪些是直接损失。不难判断，符合条件的只有A项的返还财物。B项是可得利益的损失，不赔。而C项与人身损害无关，不属应当赔偿的精神利益（详见下文"精神损害的赔偿方式"）。对D项要特别注意，国家赔偿上的停产停业损失，必须是因吊销许可证和执照、责令停产停业而导致的，本案却并非如此，故不赔。

◆ 例19－13

张某租用农贸市场一门面从事经营。因赵某提出该门面属于他而引起争议，工商局扣缴张某的营业执照，致使张某停业2个月之久。张某在工商局返还营业执照后，提出赔偿请求。下列属于国家赔偿范围的是什么？

A. 门面租赁费　　　　B. 食品过期不能出售造成的损失

C. 张某无法经营的经济损失　D. 停业期间张某依法缴纳的税费

分析：因扣缴营业执照造成损失的应当赔偿停业期间必要的经常性费用开支，即AD两项。而BC两项是间接损失，不予赔偿。

◆ 例19－14

张某是持有合法运输矿石手续的个体户，一日经过某矿务局检查站时，被认定所运货物与其所持手续不符，汽车与矿石被押。某矿务局决定没收全部矿石，罚款500元。张某缴纳罚款后，检查站迟迟未归还张某车辆，后归还的汽车遭到损坏。某矿务局的行为后被法院确认违法，张某提出国家赔偿。关于赔偿范围和方式，下列哪些说法是正确的？

A. 返还没收的矿石

B. 返还500元罚款

C. 赔偿张某汽车被扣押期间的营业收入

D. 修理被损坏的汽车

分析：AB两项的返还财产和D项的恢复原状都是最基本的财产损害赔偿方式，都是正确的。而C项的营业收入属于间接损失，不予赔偿。

（四）精神损害的赔偿方式

国家机关对公民造成人身损害并致人精神损害的，应当在侵权行为影响的范围内为受害人消除影响、恢复名誉、赔礼道歉；造成严重后果的还应支付相应的精神损害抚慰金。国家侵权行为如单独造成公民精神损害，或因损害财产而一并造成公民精神损害的，均不予赔偿。

◆ 例 19－15

下列哪些国家侵权行为不适用消除影响、恢复名誉、赔礼道歉的责任方式？

A. 公安人员盘问过程中殴打刘某

B. 海关违法扣留张某 5 小时

C. 法院以转移被查封财产为由错误拘留陈某 15 日

D. 镇政府公布本镇有不良嗜好人员的名单

分析：国家机关对公民造成人身损害并致人精神损害的，才可能适用消除影响、恢复名誉、赔礼道歉的责任方式，ABC 三项均有人身损害，D 项没有。因此 D 项不能适用消除影响、恢复名誉、赔礼道歉的责任方式。

◆ 例 19－16

某县人口与计划生育局认定段某非法为他人施行计划生育手术，以办"学习班"名义将段某关押 5 日。之后，该局以涉嫌非法进行节育手术罪将段某移交某县公安局处理，段某被刑事拘留 15 日。段某被释放后，请求国家赔偿。下列哪一说法是正确的？

A. 某县人口与计划生育局和某县公安局为共同赔偿义务机关

B. 对段某关押 5 日的每日赔偿金应按照国家上年度职工日平均工资计算

C. 对段某刑事拘留属错误拘留，应为段某消除影响和给予精神损害抚慰金

D. 就段某对某县人口与计划生育局和某县公安局提出的赔偿请求，应适用行政赔偿程序立案受理

分析：人口与计划生育局对段某的非法拘禁属行政赔偿，公安局对段某的刑事拘留属刑事赔偿，两者性质不同，应当分别适用行政赔偿程序和刑事赔偿程序，分别承担赔偿责任，故 AD 两项皆错误。B 项关于赔偿金计算标准的表述是正确的。对于 C 项，段某虽因人身自由被限制导致名誉损害，但其赔偿方式不一定包括给予精神损害抚慰金（是否造成严重后果题中没有交代），故错误。

◆ 例 19－17

2006 年 9 月 7 日，县法院以销售伪劣产品罪判处杨某有期徒刑 8 年，并处罚金 45 万元，没收其推土机一台，杨某不服提起上诉。12 月 6 日，市中级法院维持原判交付执行，杨某仍不服，向省高级法院提出申诉。2010 年 9 月 9 日，省高级法院宣告杨某无罪释放。2011 年 4 月，杨某申请国家赔偿。关于本案的赔偿范围和标准，下列哪些说法是正确的？

A. 对杨某被羁押，每日赔偿金按国家上年度职工日平均工资计算

B. 返还 45 万元罚金并支付银行同期存款利息

C. 如被没收推土机已被拍卖的，应给付拍卖所得的价款及相应的赔偿金

D. 本案不存在支付精神损害抚慰金的问题

分析：A 项关于公民被羁押期间的误工费计算方式、B 项关于返还金钱并支付存款利息的计算方式都是正确的。C 项错误，原因在于给付拍卖所得无须增加赔偿金。D 项错误，原因在于本案有限制人身自由导致的精神损害，存在支付精神损害抚慰金的可能性。

◆ 例 19－18

某法院以杜某逾期未履行偿债判决为由，先将其房屋查封，后裁定将房屋过户以抵债。杜某认为强制执行超过申请数额而申请国家赔偿，要求赔偿房屋过户损失 30 万元，查封造成屋内财产毁损和丢失 5000 元，误工损失 2000 元，以及精神损失费 1 万元。下列哪一事项属于国家赔偿范围？

A. 2000 元　　　　B. 5000 元　　　　C. 1 万元　　　　D. 30 万元

分析：A 项的误工损失 2000 元并非因限制人身自由或造成身体伤害所致，不赔。B 项的查封造成屋内财产毁损和丢失 5000 元属于直接损失，应赔。C 项的精神损失费 1 万元并非人身伤害所伴随引起的，不赔。D 项的房屋过户损失 30 万元不会全部得到赔偿，只应赔偿执行超过申请数额的部分。因此只有 B 项正确。

（五）国家赔偿金的支付

赔偿请求人凭生效的判决书、复议决定书、赔偿决定书或者调解书，向赔偿义务机关申请支付赔偿金。赔偿义务机关应当自收到支付赔偿金申请之日起 7 日内向财政部门提出支付申请，财政部门应当自收到支付申请之日起 15 日内支付赔偿金。

本章二维码

第十九章示范案例　第十九章思考案例　第十九章练习题　第十九章课件与授课视频

第二十章

司法赔偿

　　司法赔偿，指的是因司法机关违法行使职权导致公民、法人或其他组织的合法权益受到损害所引起的赔偿责任，包括刑事赔偿（也称冤狱赔偿）、民事与行政司法赔偿，重点是刑事赔偿。严格地讲，司法赔偿制度不属于行政法学科，因为这一制度主要调整的是由于司法行为——特别是刑事司法行为而导致的国家赔偿责任，因此这一制度主要属于刑事诉讼法的范畴。但在我国，由于采取行政赔偿和司法赔偿合并立法的模式，两者被共同规定了《国家赔偿法》当中，习惯上就放在行政法学科当中来教学与研究。司法赔偿制度主要包括赔偿范围、赔偿义务机关和赔偿程序等内容。有关赔偿构成要件和归责原则的问题，我们在上一章已经做了介绍。至于赔偿请求人和赔偿方式及其计算的问题，和行政赔偿是相同的，在本章原则上就不再重复了。

一、司法赔偿的范围

　　司法赔偿的范围，主要掌握刑事赔偿的范围，包括人身损害赔偿和财产损害赔偿，其中以人身损害赔偿为重点。至于民事司法、行政司法赔偿的范围，相对比较简单。

　　（一）人身损害赔偿

　　刑事赔偿中的人身损害赔偿包括三类：

　　1. 人身自由权损害。在刑事诉讼活动中，造成公民人身自由权损害的司法行为主要是刑事强制措施与人身自由刑。刑事强制措施包括拘传、拘留、逮捕、取保候审、监视居住等，人身自由刑主要包括管制、拘役、有期徒刑、无期徒刑等。尽管刑事诉讼过程中用于限制人身自由的司法行为种类众多，但在司法机关违法实施这些行为的情况下，受害人却并不必然都能够获得国家赔偿。对于刑事赔偿中的人身自由赔偿，我国的做法是：以当事人有无受到实际羁押为标准，如果对当事人人身自由的限制不是通过实际羁押的方式来进行的，国家不承担赔偿责任。

　　因此，在刑事强制措施当中，国家只赔偿因拘留和逮捕给当事人带来的人身自由损害，包括以下几种：①违法对公民采取拘留措施的；②依法拘留但超期羁押，当事人后来被认定无罪的；③对公民采取逮捕措施，当事人后来被认定无罪的。对于违法实施拘传、取保候审、监视居住的强制措施不予赔偿。在人身自由刑中，赔偿的是已经对当事人执行刑罚而后来改判无罪的情况。我们可以发现，对于逮捕和刑罚，适用的是结果归责原则，只要一个公民受到了逮捕或者被实际执行了刑罚，最后又被认定为无罪——不管是基于何种原因认定为无罪，都可以获得国家赔偿。而对于拘留，适用的还是违法归责原则，就是这个拘留一定要存在某种违法的情形，才会予以赔偿。可能是原来决定拘留的时候就违法了，比如说拘留的对象错了，或者拘留的程序错了；也可能是原来的拘留决定没有错，但在执行的过程中违法了，这就是超期羁押。总之，拘留一定要存在某种违法之处，否则即使这个人后来被认定为无罪，也不能获得国家赔偿。

与此同时，根据最高人民法院《关于人民法院执行〈中华人民共和国国家赔偿法〉几个问题的解释》的规定，司法机关对于依法不具有刑事责任能力或依法免于追究刑事责任的人采取拘留、逮捕措施限制其人身自由的，国家不承担赔偿责任。但是上述人员如已被法院判处拘役、有期徒刑、无期徒刑和死刑并已执行的，有权就以上刑罚给其造成的损害取得赔偿。换言之，司法机关对于一个实施了事实上的犯罪行为，但没有刑事责任能力或免于追究刑事的人进行了拘留、逮捕，而后又经法院判处了人身自由刑甚至死刑，当事人只能就刑罚部分获得赔偿，对于判决前所受到的人身自由限制不能获得赔偿。之所以如此规定，是因为上述人员之所以无须承担刑事责任只是出于法律的特别豁免，但其行为仍具有不法性、具有社会危害性，司法机关为了调查这种不法行为而对行为人进行拘留、逮捕并没有错误，因此当事人不能就其所受到的拘留或逮捕要求赔偿。但由于这些人的刑事责任已经依法被豁免了，如果还对他们追究并执行刑罚，这个刑罚部分就应当予以赔偿。

◆ 例20-1

2006年12月5日，王某因涉嫌盗窃被某县公安局刑事拘留，同月11日被县检察院批准逮捕。2008年3月4日王某被一审法院判处有期徒刑2年，王某不服提出上诉。2008年6月5日，二审法院维持原判，判决交付执行。2009年3月2日，法院经再审以王某犯罪时不满16周岁为由撤销生效判决，改判其无罪并当庭释放。王某申请国家赔偿，下列哪些说法是错误的？

A. 国家应当对王某从2008年6月5日到2009年3月2日被羁押的损失承担赔偿责任

B. 国家应当对王某从2006年12月11日到2008年3月4日被羁押的损失承担赔偿责任

C. 国家应当对王某从2006年12月5日到2008年3月4日被羁押的损失承担赔偿责任

D. 国家应当对王某从2008年3月4日到2009年3月2日被羁押的损失承担赔偿责任

分析：本案中的王某属于因为没有刑事责任能力而改判无罪的，那么，其拘留、逮捕期间的损失就不予赔偿，只赔偿自由刑部分的损失，即从 2008 年 6 月 5 日到 2009 年 3 月 2 日被羁押的损失，因此 BCD 三项均为错误说法，只有 A 项是正确的说法。

而在刑罚部分，《国家赔偿法》同样强调以实际羁押作为确定赔偿范围的标准，当事人无罪而被判处刑罚的，国家只赔偿其被实际羁押期间的损失。对无罪的人判处管制、有期徒刑缓刑、剥夺政治权利、驱逐出境等没有实际羁押人身的刑罚，国家不承担赔偿责任；对无罪的人判处拘役、有期徒刑、无期徒刑等实际羁押人身的刑罚，但当事人在服刑期间被减刑、假释、保外就医的，即对刑罚全部或部分没有实际执行的，国家对减刑部分、假释期间、保外就医期间也不承担赔偿责任。当然，当事人如果在判决生效前就被羁押的，国家对于这一部分承担赔偿责任。换言之，如果司法机关对无罪的人先行拘留、逮捕，此后又判处了没有实际羁押人身的刑罚，或判处了羁押人身的刑罚但没有实际（完全）执行，国家只赔偿判决前的拘留、逮捕部分，而不赔偿判决后的未实际羁押人身的刑罚或没有被实际（完全）执行的刑罚。

◆ 例 20 - 2

李某因涉嫌盗窃被公安局刑事拘留，后检察院批准将其逮捕。法院审理时发现，李某系受人教唆，且是从犯，故判处李某有期徒刑 2 年，缓期 3 年执行。后李某以自己年龄不满 16 周岁为由提起上诉，二审法院因此撤销原判，改判李某无罪并解除羁押。下列哪一说法是正确的？

A. 对于李某受到的羁押损失，国家不予赔偿

B. 对于一审有罪判决至二审无罪判决期间李某受到的羁押损失，国家应当给予赔偿

C. 对于一审判决前李某受到的羁押损失，国家应当给予赔偿

D. 对于检察院批准逮捕之前李某受到的羁押损失，国家应当给予赔偿

分析：本案中的李某因没有刑事责任能力而被改判无罪，因此拘留、逮捕期间的损失不予赔偿；又因其判处的是缓刑，没有被实际羁押，因此刑罚部分也不赔；所以李某不能获得国家赔偿，只有 A 项的说法是正确的。这里要注意一个问题，就是 B 项所讲的"一审有罪判决至二审无罪判决期间李某受到的羁押损失"，这个损失要不要赔偿呢？从本质上看，这段时间的羁押应当被视为逮捕的延续，这段时间被羁押的损失要不要赔偿也就取决于逮捕本身要不要赔偿，如果逮捕期间的损失要赔偿，这段时间也要赔偿，反之亦然。那么，在本案中，逮捕期间的损失是不赔偿的，相应的，这段时间的损失也不赔偿。

◆ 例20－3

2009年2月10日，王某因涉嫌诈骗被县公安局刑事拘留，2月24日，县检察院批准逮捕王某。4月10日，县法院以诈骗罪判处王某3年有期徒刑，缓期2年执行。5月10日，县公安局根据县法院变更强制措施的决定，对王某采取取保候审措施。王某上诉，6月1日，市中级法院维持原判。王某申诉，12月10日，市中级法院再审认定王某的行为不构成诈骗，撤销原判。对此，下列哪一说法是正确的？

A. 因为王某被判决无罪，国家应当对王某在2009年2月10日至12月10日期间的损失承担赔偿责任

B. 因为王某被判处有期徒刑缓期执行，国家不承担赔偿责任

C. 因为王某被判决无罪，国家应当对王某在2009年6月1日至12月10日期间的损失承担赔偿责任

D. 因为王某被判决无罪，国家应当对王某在2009年2月10日至5月10日期间的损失承担赔偿责任

分析：本案中王某被判处的是缓刑，没有遭到实际羁押，因此对2009年5月10日解除羁押后的损失不予赔偿，只赔偿此前的刑事强制措施，也就是2009年2月10日至5月10日期间的损失，那么就只有D项是正确的。

2. 生命权与健康权损害。在刑事诉讼活动中，司法机关及其工作人员给公民造成生命权与健康权的损害，包括三种情况：①对无罪的人判处死刑并实际执行的；②刑讯逼供，或以殴打、虐待等行为，或唆使、放纵他人以殴打、虐待等行为造成公民身体伤害或者死亡的；③违法使用武器、警械造成公民身体伤害或死亡的。

其中，上述第②项在2010年《国家赔偿法》的修改中是一个比较重要的亮点，相对于旧法，该规定主要发生了两点变动：一是不再局限于暴力行为，任何侵犯公民健康权、生命权的行为均包括在内；二是不再局限于司法机关及其工作人员的自身行为和唆使行为，放纵他人采取此类行为亦属于国家赔偿范围之内。这一条款的修改背景主要是一部分监狱、看守所存在放纵"牢头狱霸"的现象，因此，全国人大常委会一些委员在审议《国家赔偿法》2010年修正案时提出，不管是行政机关，还是刑事、侦查、审判机关，都存在以不作为方式侵害公民权利的现象。比如，在看守所或者监狱，新进去的人员常常遭受"牢头狱霸"的殴打、体罚，而有些管教人员却视而不见。因此，2010年修正后的《国家赔偿法》明确规定，行使侦查、检察、审判职权的机关以及看守所、监狱管理机关及其工作人员在行使职权时，无论是其自身实施的刑讯逼供或者殴打、虐待等行为，还是唆使、放纵他人以殴打、虐待等行为造成公民身体伤害或者死亡的情况，受害人都有取得赔偿的权利。

3. 精神损害。司法机关在刑事诉讼活动中对公民造成人身损害，由此引起精神损失的，应当在侵权行为影响的范围内为受害人消除影响、恢复名誉、

赔礼道歉，造成严重后果的应支付相应的精神损害抚慰金。

在刑事诉讼中因其他原因引起公民精神损害的，不予赔偿。

（二）财产损害赔偿

财产损害赔偿主要包括两种情况：一是因针对财产的刑事强制措施引起的赔偿，其中包括违法对财产采取的查封、扣押、冻结、追缴等措施；二是因错误判处并执行财产刑而引起的赔偿，即当事人被判处罚金、没收财产等财产刑，后来经再审改判无罪，但财产刑已经执行的。

这里需要注意一点，就是对于财产刑的赔偿，只有经再审改判无罪的情况才予以赔偿。如果经过再审只是减轻了量刑，但仍然是有罪的，不予赔偿。

（三）民事与行政司法赔偿

除了刑事司法活动外，对于司法机关及其工作人员在民事或行政司法活动中造成的侵权损害，国家也应当承担赔偿责任。有关民事、行政司法赔偿的问题，主要规定于最高人民法院《关于民事、行政诉讼中司法赔偿若干问题的解释》当中。国家承担的民事、行政司法赔偿责任主要包括以下几种情况：

1. 违法采取排除妨害诉讼的强制措施。法院采取的排除妨害诉讼强制措施，包括训诫、责令具结悔过、拘留、罚款，这些强制措施都有被违法实施的可能，但国家只对法院违法采取的拘留和罚款两种措施给予赔偿。

2. 违法采取保全措施。法院违法采取的保全措施，包括财产保全措施与证据保全措施，国家对此主要赔偿在保全措施实施过程中，因司法机关及其工作人员实施违法行为而给当事人造成的财产损害。

（1）违法采取证据保全措施。证据保全，是指在证据可能灭失或者以后难以取得的情况下，法院根据当事人的请求或者依职权对证据加以固定的措施。证据保全的违法性主要表现为两种情况：一是不符合法定的条件和范围而采取保全措施；二是采取保全措施的程序违法。

（2）违法采取财产保全措施。财产保全，是指法院根据利害关系人的申请或者依职权对与本案有关的财物采取的一种强制措施。所谓违法采取保全措施，是指法院依职权采取的下列行为：依法不应当采取保全措施而采取保全措施的；依法不应当解除保全措施而采取解除保全措施的；保全案外人财产的，但案外人对案件当事人负有到期债务的情形除外；明显超过申请人申请保全数额或者保全范围的；对查封、扣押的财物不履行监管职责，严重不负责任，造成毁损、灭失的，但依法交由有关单位、个人负责保管的情形除外；变卖财产未由合法评估机构估价，或者应当拍卖而未依法拍卖，强行将财物变卖给他人的；违反法律规定的其他情形。

对于在保全过程中，因申请人的行为、司法机关工作人员的个人行为、被保全人的行为、被执行人的行为、保管人员的行为，以及不可抗力等原因造成的损害，不予赔偿。

◆ 例 20 - 4

甲公司向某区法院起诉要求乙公司返还货款 15 万元，并请求依法保全乙公司价值 10 万元的汽车。在甲公司提供担保后，法院准予采取保全措施。二审法院最终维持某区法院要求乙公司返还货款 10 万元的判决。甲公司在申请强制执行时，发现诉讼期间某区法院在乙公司没有提供担保的情况下已解除保全措施，乙公司已变卖汽车、转移货款，致判决无法执行。甲公司要求某区法院赔偿损失。下列哪些说法是正确的？

A.《国家赔偿法》未明确规定法院在民事诉讼过程中违法解除保全措施应承担赔偿责任，故甲公司的请求不成立

B. 违法采取保全措施应包括依法不应当解除而解除保全措施

C. 就某区法院的措施是否属国家赔偿范围问题，受理赔偿诉讼的法院可以进行调解

D. 甲公司应当先申请确认某区法院解除保全措施的行为违法

分析：《国家赔偿法》确实没有明确规定法院在民事诉讼过程中违法解除保全措施应承担赔偿责任，但司法解释作出了补充规定。简单地说，就是不应保全而予以保全的、保全过程中违法的、应当保全却没有保全的，都应当予以赔偿。因此，A 项错 B 项对。国家赔偿的调解是在确定予以赔偿的前提下，针对赔偿事项、方式、数额来进行的，对于是否属于赔偿范围这个基本前提是不能调解的，故 C 项错误。D 项要求国家赔偿必须先经过确认违法，这一表述按照 2010 年修订的《国家赔偿法》已经是错误的。

3. 错误执行生效法律文书。错误执行生效法律文书，指的是司法机关及其工作人员对生效的判决书、裁定书、民事制裁决定书、调解书、支付令、仲裁裁决书、具有强制执行效力的公证债权文书、行政处罚决定、行政处理决定等，执行错误的行为，对此国家承担赔偿责任。这具体包括下列行为：①执行尚未发生法律效力的判决、裁定、民事制裁决定等法律文书的；②违反法律规定先予执行的；③违法执行案外人财产且无法执行回转的；④明显超过申请数额、范围执行且无法执行回转的；⑤执行过程中，对查封、扣押的财产不履行监管职责，严重不负责任，造成财物毁损、灭失的；⑥执行过程中，变卖财物未由合法评估机构估价，或者应当拍卖而未依法拍卖，强行将财物变卖给他人的；⑦违反法律规定的其他情形。

这里需要特别注意，判断司法机关是否在执行问题上承担赔偿责任，是看执行行为本身是否存在错误，而不是看作为执行根据的生效法律文书是否存在错误。如果司法机关正确地执行了错误的生效法律文书，不予赔偿，但应当责令取得财产的人予以返还，拒不返还的予以强制执行；如果这个法律文书是其他机关作出的（比如是行政机关作出的行政决定），那就应该由作出这个错误法律文书的机关来赔偿，也不是由法院来赔偿。此外，对于执行过程中因司法机关工作人员的个人行为、被执行人的行为、保管人员的行为，

以及不可抗力等原因造成的损害，同样不予赔偿。

4. 使用非法暴力造成死亡或伤害。对于司法机关及其工作人员在民事、行政诉讼或者执行过程中，以殴打、虐待等行为，或唆使、放纵他人以殴打、虐待等行为造成公民身体伤害或者死亡的，国家应当承担赔偿责任，这与刑事诉讼活动中司法机关及其工作人员使用非法暴力致人伤亡的情况完全相同。

5. 违法使用武器警械造成死亡或伤害。对于司法机关及其工作人员在民事、行政诉讼或者执行过程中，违法使用武器、警械造成公民身体伤害、死亡的，国家也应承担赔偿责任，这与刑事诉讼活动中司法机关及其工作人员违法使用武器、警械致人伤亡的情况也是相同的。

6. 精神损害。司法机关在民事、行政诉讼或者执行过程中，对公民造成人身损害，由此引起精神损失的，应当在侵权行为影响的范围内为受害人消除影响、恢复名誉、赔礼道歉，造成严重后果的应支付相应的精神损害抚慰金。

二、司法赔偿的请求人与义务机关

司法赔偿的请求人，与行政赔偿的请求人适用完全相同的规定，无需重复掌握，所以这里主要介绍司法赔偿义务机关。而对于赔偿义务机关，又以刑事赔偿义务机关为主。

（一）赔偿义务机关的确定

1. 错误拘留的赔偿义务机关。拘留决定错误的，作出拘留决定的机关为赔偿义务机关。拘留决定一般由刑事侦查机关作出，以公安部门最为常见，少数情况下由国家安全部门、检察机关等作出。

在某些检察院自侦案件当中，检察院并不对犯罪嫌疑人作出正式的拘留决定，而是要求公安机关对犯罪嫌疑人采取限制其人身自由的强制措施，此时应当视为检察院作出了拘留决定。如果引起赔偿的，由检察院作为赔偿义务机关。

2. 错误逮捕的赔偿义务机关。逮捕决定错误的，作出逮捕决定的机关为赔偿义务机关。作出逮捕决定的机关以检察院最为常见，当然法院也有可能成为决定机关。这里注意两点：①执行逮捕的机关不承担赔偿责任。对犯罪嫌疑人的逮捕决定一般是公安机关提请检察院作出的，也是由公安机关执行的，但它自己并非决定机关，对此不承担赔偿责任。②提起公诉的机关也不承担赔偿责任。决定逮捕的机关与提起公诉的机关一般是同一检察院，但特殊情况下可能由其他检察院提起公诉，此时批捕检察院与公诉检察院是不同的。如此类案件经法院一审判决无罪，或检察院撤回起诉并作出不起诉决定或撤案决定，即依法作无罪处理的，仍由批捕检察院作为赔偿义务机关，公诉检察院不承担赔偿责任。原因是《国家赔偿法》只规定了错误逮捕的国家赔偿责任，没有规定错误公诉的国家赔偿责任。

3. 未生效判决错误的赔偿义务机关。未生效判决错误，即法院对无罪的人一审判处刑罚，但该判决没有生效即被推翻的情况，由一审法院作为赔偿义务机关。未生效判决错误具体包括以下几种：①一审法院判决有罪，二审法院改判无罪的。②一审法院判决有罪，二审法院裁定发回重审，经一审重审后改判无罪的。③一审法院判决有罪，二审法院裁定发回重审，在重审期间退回检察院补充侦查，检察院最后作出不起诉决定或撤案决定的。④一审法院判决有罪，二审法院裁定发回重审，在重审期间检察院要求撤回起诉，法院裁定准许撤诉后，检察院最后作出不起诉决定或撤案决定的。这四种情况从表面上看各不相同，但不同的只是确认一审判决违法的方式而已，共同点都是确定了一审判决的违法性，因此它们的赔偿义务机关就是相同的，即一审法院。

4. 生效判决错误的赔偿义务机关。生效判决错误，就是对无罪的人判处刑罚，但该判决生效后经再审又改判无罪的情况，应当由作出生效判决的法院作为赔偿义务机关。

5. 民事与行政司法赔偿义务机关。对于司法机关（主要是法院）在民事与行政诉讼活动中的侵权行为，应当由实施该行为的司法机关作为赔偿义务机关。

对于委托执行的情况，被委托的法院对判决、裁定或其他生效法律文书执行造成损害时，如何确定赔偿义务机关？对此，《国家赔偿法》和有关司法解释没有规定，需要具体分析。如果生效法律文书存在错误，而受委托的法院严格按照法律文书的内容执行后发生损害，委托执行的法院是赔偿义务机关；如果因为受委托的法院所采取的执行措施违法造成损害的，受委托的法院是赔偿义务机关。简而言之，就是"谁违法、谁赔偿"。

6. 其他案件的赔偿义务机关。在其他情况下，司法机关工作人员在行使职权时实施侵权行为的，应当由该工作人员所在的司法机关承担赔偿责任，即侵权行为是通过司法机关工作人员实施的，如通过刑讯逼供、殴打或虐待、唆使或放纵他人殴打或虐待、违法使用武器警械等行为造成公民身体伤害或死亡的，或违法对财产采取查封、扣押、冻结、追缴的，只要这些行为与该工作人员行使职权有关，就由其所在机关承担赔偿责任。

（二）赔偿义务机关后置原则

赔偿义务机关后置原则是刑事赔偿中的一项重要原则，指的是在多个刑事司法机关都实施了违法行为的情况下，应当由最后一个作出生效法律文书的机关承担全部的赔偿责任，此前的其他司法机关均免于承担赔偿责任。结合刑事诉讼活动中可能出现的各种情况，赔偿义务机关后置原则具体表现为：

1. 公安机关先作出拘留决定，而后检察院又决定逮捕，后来经一审无罪判决或检察院决定不起诉、决定撤案等方式，该逮捕决定被确认违法的，由批捕检察院承担拘留、逮捕期间的全部赔偿责任，作出错误拘留决定的公安机关不负赔偿责任。

2. 公安机关先作出拘留决定，而后检察院又决定逮捕，又经一审法院判决有罪，但后来经二审改判无罪，或一审重审之后改判无罪，或一审重审期间检察院决定不起诉、决定撤案等方式，将一审判决确认为违法的，总之是未生效的一审判决错误的情况，均由一审法院赔偿。作出错误拘留决定的公安机关、作出错误逮捕决定的检察院都不负赔偿责任。

3. 公安机关先作出拘留决定，而后检察院又决定逮捕，又经一审或二审法院判决有罪，且该判决生效，最后经再审改判无罪，从而确认原生效判决违法的，应当由作出原生效判决的法院承担全部赔偿责任，而此前作出错误拘留决定的公安机关、作出错误逮捕决定的检察院，以及一审法院（如果经过一审的话），均不承担赔偿责任。

确立刑事赔偿义务机关后置的原则，是因为在刑事诉讼的拘留、逮捕、审判的一般过程中，作出后一司法行为的机关同时负有监督和审查前一司法行为的职责。如果后一司法行为的作出是错误的，必定意味着后一机关已经认同了前一司法行为的错误，如检察院决定逮捕意味着它对公安局拘留决定的认同，法院判决当事人有罪意味着它对检察院逮捕决定与公安局的拘留决定的认同。既然后一司法行为的作出意味着对前一司法行为的认同，那么，后一司法机关对于前一司法机关的错误也就应当一并承受。

刑事赔偿义务机关后置的原则仅仅针对限制公民人身自由的行为而言，如果不同的司法机关在刑事诉讼中分别损害了公民的人身自由与其他权利，不适用赔偿义务机关后置的原则。例如，公安局民警对被拘留的犯罪嫌疑人马某进行了刑讯逼供，而后马某又被检察院批捕，但一审法院以证据不足判决马某无罪。此时应当由检察院赔偿马某被拘留、逮捕期间的损失，而由公安局赔偿对马某刑讯逼供造成的损失，检察院并不吸收公安局对刑讯逼供所承担的国家赔偿责任。

◆ 例 20－5

甲市乙区公安分局以孙某涉嫌诈骗罪为由将其刑事拘留，并经乙区检察院批准逮捕。后因案情特殊由丙区检察院提起公诉。2006 年，丙区法院判处孙某有期徒刑 3 年，孙某不服上诉，甲市中级法院裁定发回丙区法院重新审理。重审期间，丙区检察院经准许撤回起诉，并最终作出不起诉决定。孙某申请国家赔偿。关于赔偿义务机关，下列哪一说法是正确的？

A. 乙区公安分局、乙区检察院和丙区法院

B. 乙区公安分局、丙区检察院和丙区法院

C. 乙区检察院和丙区法院

D. 丙区法院

分析：本案属于司法机关作出未生效一审错判的情况，赔偿义务机关是作出一审判决的丙区人民法院。至于作出拘留决定的乙区公安分局、作出逮捕决定的乙区检察院，它们的赔偿责任已经被一审法院吸收了。因此，只有 D 项是正确的说法。

◆ 例 20 - 6

区公安分局以涉嫌故意伤害罪为由将方某刑事拘留，区检察院批准对方某的逮捕。区法院判处方某有期徒刑 3 年，方某上诉。市中级法院以事实不清为由发回区法院重审。区法院重审后，判决方某无罪。判决生效后，方某请求国家赔偿。下列哪些说法是错误的？

A. 区检察院和区法院为共同赔偿义务机关

B. 区公安分局为赔偿义务机关

C. 方某应当先向区法院提出赔偿请求

D. 如果区检察院在审查起诉阶段决定撤销案件，方某请求国家赔偿的，区检察院为赔偿义务机关

分析：本案属于未生效一审判决错误，赔偿义务机关是一审的区法院，方某应当先向区法院提出赔偿请求。如果是检察院在审查起诉阶段就撤案的，就说明是逮捕阶段错误，应当由逮捕决定机关区检察院赔偿。因此 CD 两项说法正确，AB 两项错误。

三、司法赔偿程序

司法赔偿程序与行政赔偿程序性质不同，属于非讼程序。行政赔偿有可能通过诉讼程序来解决，包括一并提起的行政赔偿诉讼和单独提起的行政赔偿诉讼；也可能通过非诉讼的程序来解决，如行政复议程序、赔偿义务机关先行处理程序等。而司法赔偿不可能通过诉讼程序来解决，即使在某一阶段，可能由法院的赔偿委员会来处理司法赔偿问题，但那也是一种非诉讼程序，而不是一种诉讼。司法赔偿程序包括四个环节：赔偿义务机关先行处理程序、复议程序、赔偿委员会处理程序、赔偿委员会重审程序。

（一）赔偿义务机关先行处理程序

请求人单独提出司法赔偿的请求，应当由赔偿义务机关先行处理。所谓先行处理，指的就是赔偿义务机关自己对赔偿事务的处理，司法赔偿的请求时效与行政赔偿一样，原则上为 2 年，自请求人知道或应当知道侵权行为发生之日起计算。

赔偿义务机关先行处理的期限是自收到受害人申请之日起 2 个月。赔偿义务机关作出赔偿决定，应当充分听取赔偿请求人的意见，并可以与赔偿请求人就赔偿方式、赔偿项目和赔偿数额进行协商。

无论赔偿义务机关决定予以赔偿还是不予赔偿，都应当制作书面决定，并在 10 日内送达赔偿请求人。先行处理可能出现如下几种结果：①赔偿义务机关直接拒绝赔偿；②赔偿义务机关决定给予赔偿，但受害人对赔偿方式、赔偿项目或赔偿数额有异议；③赔偿义务机关未作出任何决定；④赔偿义务机关决定给予赔偿，受害人对赔偿满意。在上述情况下，只有最后一种是对

赔偿案件的圆满处理，在其他的情况下争议仍然存在。为了解决争议，还需要进行以下程序：

（二）复议程序

赔偿义务机关（之一）不是法院的，如果赔偿义务机关逾期不予赔偿，或者赔偿请求人对赔偿方案不服的，请求人可以自赔偿义务机关处理期间（2个月）届满之日起，或在赔偿义务机关作出决定之日起30日内，向其上一级机关申请复议。复议机关应当自收到申请之日起2个月内作出复议决定。

（三）赔偿委员会处理程序

中级以上（含中级）法院设立赔偿委员会，该委员会由本院3名以上单数审判员组成，赔偿委员会实行少数服从多数的原则。

赔偿委员会处理的司法赔偿案件有两种来源：①如果赔偿义务机关（之一）是法院的，当赔偿义务机关逾期不予赔偿，或请求人对赔偿数额不服时，请求人可以在赔偿义务机关处理期限（2个月）届满之日起，或在赔偿义务机关作出决定之日起30日内，直接向该法院的上一级法院赔偿委员会申请作出赔偿决定。②如果赔偿义务机关（之一）不是法院的，请求人经过复议之后仍不服复议决定时，可以在收到复议决定之日起30日内，向复议机关所在地的同级法院赔偿委员会申请作出赔偿决定；复议机关逾期不作决定的，赔偿请求人可以自复议期限届满之日起30日内，申请作出赔偿决定。

赔偿委员会处理赔偿请求，采取书面审查的办法。必要时，可以向有关单位和人员调查情况、收集证据。赔偿请求人与赔偿义务机关对损害事实及因果关系有争议的，赔偿委员会可以听取赔偿请求人和赔偿义务机关的陈述和申辩，并可以进行质证。

需要注意，赔偿义务机关逾期不作出赔偿决定，或请求人不服其赔偿决定时，是需要先经复议程序才能向赔偿委员会提出申请，还是直接向赔偿委员会提出申请，关键看赔偿义务机关中是否含有法院。如果不含法院就需先经复议；如果包含法院就可以直接向赔偿委员会申请。例如，某一案件的赔偿义务机关是区检察院，当事人不服该检察院的赔偿决定，应先向市检察院申请复议，对复议决定仍不服的再申请市中级法院赔偿委员会作出决定；如果赔偿义务机关是区检察院与区法院，当事人不服两机关的赔偿决定，就可以直接向市中级法院赔偿委员会申请作出赔偿决定。

赔偿委员会应当自收到赔偿申请之日起3个月内作出决定；疑难、复杂、重大案件经本院院长批准可以延长3个月。赔偿委员会作出的赔偿决定是生效决定，必须执行。

（四）赔偿委员会重审程序

赔偿委员会作出的赔偿决定存在错误的，可以由本院或上级法院赔偿委员会重新审理。

1. 本院赔偿委员会重审，可能由两种方式引起：①本院院长决定；②上级法院指令。此时，赔偿委员会应当在2个月内重新审查并作出决定。

2. 上级法院赔偿委员会重审，也可能由两种方式引起：①赔偿请求人或赔偿义务机关向上一级法院赔偿委员会提出申诉；②最高检察院或上级检察院发现下级法院赔偿委员会的赔偿决定违法，向同级法院赔偿委员会提出意见，后者应当在 2 个月内重新审查并作出决定。

◆ 例 20-7

县公安局以李某涉嫌盗窃为由将其刑事拘留，并经县检察院批准逮捕。县法院判处李某有期徒刑 5 年。李某上诉，市中级法院改判李某无罪。李某向赔偿义务机关申请国家赔偿。下列哪一说法是正确的？

A. 县检察院为赔偿义务机关

B. 李某申请国家赔偿前应先申请确认刑事拘留和逮捕行为违法

C. 李某请求国家赔偿的时效自羁押行为被确认为违法之日起计算

D. 赔偿义务机关可以与李某就赔偿方式进行协商

分析：本案属于未生效一审错判的案件，赔偿义务机关是一审的县法院，A 项错误。国家赔偿的确认违法程序已经被废除，因此 BC 两项皆错误。又因为国家赔偿的方式、项目、数额是可以协商的，D 项正确。

◆ 例 20-8

甲市某县公安局以李某涉嫌盗窃罪为由将其刑事拘留，经县检察院批准逮捕，县法院判处李某有期徒刑 6 年，李某上诉，甲市中级法院改判无罪。李某被释放后申请国家赔偿，赔偿义务机关拒绝赔偿，李某向甲市中级法院赔偿委员会申请作出赔偿决定。下列说法正确的是什么？

A. 赔偿义务机关拒绝赔偿的，应书面通知李某并说明不予赔偿的理由

B. 李某向甲市中级法院赔偿委员会申请作出赔偿决定前，应当先向甲市检察院申请复议

C. 对李某申请赔偿案件，甲市中级法院赔偿委员会可指定 1 名审判员审理和作出决定

D. 如甲市中级法院赔偿委员会作出赔偿决定，赔偿义务机关认为确有错误的，可以向该省高级法院赔偿委员会提出申诉

分析：赔偿义务机关无论作出赔偿还是不予赔偿决定，都应采取书面形式，A 项正确。本案赔偿义务机关是一审法院（县法院），申请赔偿无需经过复议程序，直接申请甲市中院赔偿委员会作出决定即可，B 项错误。法院赔偿委员会由 3 名以上单数的审判员组成，审理赔偿案件实行合议制，C 项错误。赔偿请求人或赔偿义务机关都可以对赔偿决定提出申诉，D 项正确。

◆ 例 20-9

某县公安局以沈某涉嫌销售伪劣商品罪为由将其刑事拘留，并经县检察院批准逮捕。后检察院决定不起诉。沈某申请国家赔偿，赔偿义务机关拒绝。

下列说法正确的是什么?

    A. 县公安局为赔偿义务机关

    B. 赔偿义务机关拒绝赔偿,应当书面通知沈某

    C. 国家应当给予沈某赔偿

    D. 对拒绝赔偿,沈某可以向县检察院的上一级检察院申请复议

    分析:本案属于错捕案件,赔偿义务机关是检察院,故 A 项错。赔偿义务机关无论是否赔偿都应书面通知请求人,B 项对。错捕的案件适用结果归责原则,当然应予国家赔偿,C 项对。由于赔偿义务机关不包含法院,因此不服县检察院自己作出的赔偿决定,需要先申请上一级机关复议,D 项对。

(五) 司法追偿

    司法追偿程序与行政追偿程序接近,但其范围小于行政追偿,特别是不包括过失违法的情形,仅限于如下三种情况:①实施暴力伤害行为的工作人员,即在司法程序中实施刑讯逼供,或以殴打、虐待等行为,或唆使、放纵他人以殴打、虐待等行为造成公民身体伤害或者死亡的。②违法使用武器警械造成公民身体伤害或死亡的工作人员。③在处理案件中有贪污受贿、徇私舞弊、枉法裁判行为的工作人员。

    之所以将司法追偿限制在较小的范围,是因为司法机关工作人员的工作性质较之一般行政机关工作人员更为复杂,更易发生侵权,如果对于一般过错的工作人员也进行追偿的话,可能使其不能顺利履行职责。

四、赔偿方式和标准的不足和完善

    尽管 2010 年修订后的《国家赔偿法》在赔偿方式和计算标准方面有所进步,但远远称不上完善和令人满意。特别是在刑事赔偿领域,赔偿标准的低下和填平受害人损失的实际需求之间,以及和社会公众的合理预期之间,还存在比较大的差距。我们认为,国家赔偿的方式和标准至少在如下三个方面,是需要进一步解决和完善的。

(一) 精神损害赔偿的标准

    尽管 2010 年修订后的《国家赔偿法》对精神损害引入了物质赔偿的方式,但这种赔偿仅仅适用于造成严重后果的情况,至于何谓造成严重后果,又应当如何给予赔偿,在法律上都没有规定。这就给作出赔偿决定的机关以极大的自由裁量权,甚至有可能成为使这种赔偿最终落空的理由。目前,只有广东省的司法机关在这个问题上给出了一个初步的回答。2012 年,广东省高级人民法院、广东省人民检察院、广东省公安厅《关于在国家赔偿工作中适用精神损害抚慰金若干问题的座谈会纪要》对于国家赔偿中精神损害抚慰金,作出了如下规定:

一、精神损害抚慰金的适用范围

1. 《国家赔偿法》第35条规定，有《国家赔偿法》第3条或者第17条规定情形之一，致人精神损害，后果严重的，应当支付相应的精神损害抚慰金。依此，精神损害抚慰金的适用应当具有精神损害事实和后果严重两个条件。

二、精神损害"后果严重"的情形

2. 精神损害后果严重，是指发生《国家赔偿法》第3条或者第17条规定情形之一，致受损害人有下列一种或者多种后果：①死亡；②重伤或者残疾；③精神疾病或者严重精神障碍；④婚姻家庭关系破裂或者引致家庭成员严重伤害；⑤因丧失人身自由而失去重要的（就业等）机会，以及对其生产经营造成严重影响或者重大亏损等，产生重大精神损害；⑥其他重大精神损害。

受损害人完全没有犯罪行为或者犯罪事实并非受损害人所为的，可以认为是精神损害后果严重。

3. 精神损害后果特别严重的，应当适当增加抚慰金的数额。精神损害后果特别严重，是指发生《国家赔偿法》第3条或者第17条规定情形之一，致受损害人有下列一种或者多种后果：①非正常死亡，而国家机关及其工作人员负有重大责任；②因超期羁押造成重大人身损害；③因刑讯等造成伤残或者精神失常。

4. 精神损害"后果严重"或者"后果特别严重"，由赔偿申请人负责举证。处理赔偿申请的机关根据申请人的举证情况和现有证据认定事实。必要时，处理赔偿申请的机关根据申请人的申请或者依职权调取相关证据。

三、精神损害抚慰金的适用原则

5. 侦查、检察、审判机关国家赔偿工作部门在办理精神损害抚慰金赔偿案件时应当遵循以下原则：

（1）依法原则。严格执行《国家赔偿法》关于精神损害抚慰金给付条件的规定。对符合法律规定的申请人给予精神损害赔偿，但不应当超出规定扩大适用范围。

（2）损害程度与赔偿数额相适应原则。确定精神损害抚慰金数额时应当充分考虑损害后果的严重程度，包括羁押时间的长短、损害的后果、违法的程度等因素。

（3）原则性与地区差别相结合原则。在依法确定精神损害抚慰金数额时，各地可以根据本地区经济社会发展的实际情况，在本纪要所定幅度内酌情赔偿。

四、精神损害抚慰金的协商确定

6. 对于精神损害抚慰金的申请，应当本着实事求是、公平合理的原则，妥善处理。有条件和解的，应当充分听取申请人的意见，着重于自愿协商。

7. 协商精神损害抚慰金的数额，一般不应超过本纪要第9条、第10条确定的最高数额。

8. 协商达成一致意见的，可以形成书面协议。书面协议可作为处理相关纠纷的依据，在处理决定书中予以体现。

五、精神损害抚慰金的数额

9. 确定精神损害抚慰金数额，应当以丧失人身自由的时间长短为主要依据，结合其他损害或者损失的情况综合确定：①20 日以下的，1000 元以下；精神损害后果特别严重的，2000 元以下。②20 日以上，2 个月以下的，3000 元以下；精神损害后果特别严重的，5000 元以下。③2 个月以上，3 个月以下的，1 万元以下；精神损害后果特别严重的，3 万元以下。④3 个月以上，1 年以下的，2 万元以下；精神损害后果特别严重的，5 万元以下。⑤1 年以上，3 年以下的，5 万元以下；精神损害后果特别严重的，10 万元以下。⑥3 年以上，5 年以下的，10 万元以下；精神损害后果特别严重的，15 万元以下。⑦5 年以上，10 年以下的，15 万元以下；精神损害后果特别严重的，20 万元以下。⑧10 年以上的，20 万元以下；精神损害后果特别严重的，30 万元以下。

10. 致受损害人重伤、残疾或者死亡的，可不受受损害人丧失人身自由时间长短限制，在 30 万元以下确定。

11. 本纪要第 9 条、10 条所述数额中，"以下"包括本数，"以上"不包括本数。

12. 精神损害后果特别严重，在上述规定限额之内赔偿仍不足以抚慰受损害人精神损害、需要在限额以上确定抚慰金的，应当层报省级主管部门。

六、其他规定

13. 人身自由损害赔偿金数额的确定，不影响精神损害抚慰金的酌定。

14. 涉及精神损害抚慰金的案件的信息共享。省公安厅、省人民检察院和省高级人民法院对本系统办理的涉及精神损害抚慰金的案件的具体案例，及时提供简要情况供其他各方参考。

应该说，广东省的上述做法是值得借鉴的，在《国家赔偿法》再次修改之前，最高法院、最高检察院、公安部等机关至少应当以联合作出司法解释的方式在全国确立一个统一的标准。

（二）可得利益的赔偿问题

目前，国家赔偿对于财产权的损害只赔偿直接损失，对于间接损失一概不予赔偿。这种规定是很不合理的，因为在所谓的间接损失中，很多也是当事人因国家职权行为必然发生的可得利益损失。在最低限度上，也应当将这些可得利益的损失纳入国家赔偿范围。例如，对于停产停业损失，目前只赔偿因责令停产停业或吊销许可证与执照带来的停业期间的必要经常性费用开支，对于其他情况如货物被扣押、工作人员被限制人身自由等情况下的停产停业损失都不予赔偿，对于停产停业期间除必要经常性费用开支之外的其他营业损失也不予赔偿。原则上，对于财产权损害，应当借鉴民事侵权赔偿来确定赔偿的范围和标准。

（三）惩罚性赔偿制度的建立

惩罚性赔偿，主要是针对那些侵权人存在明显故意或者重大过失，同时存在恶劣情节或严重损害后果的侵权行为，在填平受害人损失之余，额外增加赔偿数额的做法。处以惩罚性赔偿的目的是通过加大其赔偿力度，使其因侵权行为受到更大损失，从而阻止其再次实施类似侵权行为的可能性。《国家赔偿法》之所以没有惩罚性赔偿制度，其理由是国家赔偿金最终来自纳税人，惩罚性赔偿最终惩罚的是广大纳税人。这个理由实际上并不充分，事实上对于存在故意或者重大过失的国家侵权行为，目前已经建立了向具体实施侵权行为的国家机关工作人员追偿的制度，如果建立惩罚性赔偿制度的话，完全可以将惩罚性赔偿部分增加到追偿金额当中去，通过加大追偿力度，最终由具体实施侵权行为的国家机关工作人员承担这部分赔偿责任。

本章二维码

| 第二十章示范案例 | 第二十章思考案例 | 第二十章练习题 | 第二十章课件与授课视频 |

中国特色社会主义法治理论系列教材

（第一批教材书目·本科）

书　名	作　者
法理学	雷　磊
宪法	秦奥蕾
行政法与行政诉讼法	林鸿潮
中国法制史	赵　晶
民法总论	刘智慧
物权法	刘家安
合同法	田士永
经济法总论	刘继峰
商法总论	王　涌
民事诉讼法	杨秀清
刑法学总论	罗　翔
刑法学分论	方　鹏
刑事诉讼法	汪海燕
国际法	李居迁
国际私法	霍政欣
国际经济法	杨　帆
法律职业伦理	许身健